中共推进
马克思主义时代化研究

陈洪玲 | 著

人民出版社

目　录

序　言

　　马克思主义是关于全世界无产阶级争取自身解放和全人类争取彻底解放的科学理论。它不仅研究、继承和改造了人类文明的一切优秀学说，回答了人类先进思想提出的种种问题，揭示了社会历史发展客观规律的总趋势，而且融合了各民族的特点，为被压迫民族的广大人民提供了科学的世界观和方法论，并随着实践的推进和人类社会的发展而不断地与时俱进。这一科学理论只有为群众所掌握，才能转化为强大的物质力量。也就是说，无产阶级和广大劳苦大众只有掌握了马克思主义这一科学理论，才能获得争取自身解放的锐利武器。在马克思主义诞生之时，中国正值遭受西方资本主义的侵略之际，尽管马克思恩格斯在他们的著作中曾经多次提到过中国，对西方资本主义的侵略行径进行了强烈抨击，并预见了中国社会将出现的一系列变化。但是，在马克思主义诞生后很长一段时间内，中国人与马克思主义是隔绝的。

　　中华民族是一个不畏强暴、热爱独立与自由，敢于反抗外敌入侵、自强不息的伟大的民族。1840年的鸦片战争是中国社会历史发展的转折点，从此，中国进入了半殖民地半封建社会。面对西方资本主义的大肆侵略，中国的先进分子和人民群众前赴后继，英勇奋斗，为救亡图存、寻求强国富民的真理进行了艰苦的探索。

　　第一个阶段，在"器物"层面的学习与探索。鸦片战争爆发后，清王朝的腐败无能日趋暴露，林则徐、魏源等地主阶级中的开明人士提出向西方学习，学习其坚船利炮，即"师夷长技以制夷"，但其根本目的是维护清王朝的统治，并没有要求改变清王朝落后的政治制度。曾国藩、李鸿章、左宗棠等地主阶级洋务派以"中学为体、西学为用"为指导,照搬、引进、学习和使用西方的科学技术、生产工业,即"师夷长技以自强",以求富国强兵,来挽救统治危机,洋务运动非但不触动封建制度,反而以维护其存在为目的。

第二个阶段,在"制度"层面学习与探索。太平天国农民运动是中国历史上规模最大的农民革命,这一革命有力地打击了清王朝的封建统治和外国帝国主义的侵略,促进了封建社会的崩溃,阻止了中国殖民化的进程;太平天国农民运动倡导向西方学习,进行经济、政治和文化改革。但是,由于农民阶级的局限性,以及没有先进的理论做指导,没有科学彻底的革命纲领和正确的革命政策与方针,太平天国农民运动在中外反动势力的联合绞杀下失败了。康有为、梁启超、谭嗣同等资产阶级维新派提出了君主立宪的变法维新方案,主张吸收、采纳西方政治法律制度,期望通过自上而下的社会改良,改革封建专制政体,发展资本主义。资产阶级维新派的政治思想、改良方案以及"革故鼎新"的精神,有力地冲击了封建专制政治制度和文化制度,在意识形态领域里产生了很大影响,并在一定程度上改变了社会思想和风气。这在当时的历史条件下,是具有重大的启蒙意义和进步意义的。但是,维新派的政治思想体系中还含有保守的、反对根本变革的思想成分,他们幻想用"和平"、"合法"的手段,实行自上而下的社会改革,其结果必然遭到失败。孙中山、黄兴等资产阶级革命派,借鉴西方资产阶级的天赋人权、自由平等的学说,并结合中国的国情,提出了三民主义的理论纲领,主张用暴力推翻清王朝,建立资产阶级民主共和国。资产阶级革命派领导的辛亥革命推翻了清王朝的统治,结束了统治中国两千多年的封建帝制,建立了中国历史上第一个资产阶级专政的共和国——中华民国,使民主共和的观念深入人心。但是,由于中国民族资产阶级的软弱性和妥协性,没有发动与依靠广大人民群众,没有明确提出反对帝国主义的要求,更没有提出彻底的土地纲领,因而,在中外反动势力的勾结下,其胜利果实被北洋军阀袁世凯所窃取,这表明在半殖民地半封建的中国,资产阶级共和国的方案是行不通的。

第三个阶段,在"文化"层面的变革与探索。陈独秀、李大钊等领导五四前的新文化运动，是一场旨在使人们从封建思想的束缚中即蒙昧状态中解放出来的运动。为了在中国建立西方式的资产阶级国家，新文化运动打出了民主与科学的大旗，强调了"四个提倡"（即提倡民主、提倡科学、提倡新道德、提倡新文学）、"四个反对"（即反对独裁转载、反对迷信盲从、反对旧道德、反对旧文学），动摇了封建思想的统治地位，人们的思想得到空前的解放；弘扬了民主与科学的思想，为新思潮的传播开辟了道路；启发了民众的民主主义觉悟，为五四运动的爆发做了思想上和文化上的准备；促进了文化的普及与繁荣。五四前的新文化运动是一场资产阶级民主主义的新文化反对封建主义的旧文化的斗争，也是一次伟大的思想启蒙运动。然而，五四前的新文化运动仍属于旧民主主义性质，因而不能有效地改造中国社会；并且，这场运动把改造国民性置于优先地位，不仅脱离了广大劳动群众也脱离了改造产生封建思想的社会环境的革命实践，所以，其目标不可能实现；最关键的是，运动中的许多领导人还不具备马克思主义的批判精神，形式主义地看问题，必然对新文化运动的发展产生不利的影响。

可见，在中国近代历史上，无论是农民阶级、地主阶级还是资产阶级，由于其历史局限性和近代中国的国情和社会性质，他们都不可能为实现中华民族的独立和富强指明道路。因为他们既不是先进生产力的代表，也没有科学的理论做指导。在半殖民地半封建的中国，要实现中华民族的独立和富强，只能由先进的阶级结合科学的指导思想进行新的探索。

俄国十月社会主义革命胜利后，马克思主义开始真正为中国的先进分子所认识，他们从十月社会主义革命胜利的曙光里认识到马克思主义是能够改变中国命运的强大的思想武器。正如毛泽东所说，"十月革命一声炮响，给我们送来了马克思列宁主义"，从而帮助了中国的知识分子开始"用无产阶级的宇宙观作为观察国家命运的工具，重新考虑自己的问题。"①

在 1919 年爆发的五四爱国运动中，无产阶级开始作为独立的政治力量登上历史舞台，一大批初步具有共产主义思想的革命知识分子，如李大钊、陈独

---

① 《毛泽东选集》第 4 卷，1991 年版，第 1471 页。

秀、毛泽东、周恩来、邓中夏等，从运动中认识到无产阶级的历史使命和强大力量，他们深入工人群众中，积极宣传马克思主义并进行组织工作，开始把马克思主义与中国的工人运动结合起来，这就在思想上、阶级上和干部上为中国共产党的成立准备了条件。五四运动是一场由无产阶级领导的、彻底的反帝反封建的伟大的、真正意义上的群众爱国运动，运动促进了全国人民对改造中国的问题的反思和探索，推动了马克思主义在中国的广泛传播及其与中国工人运动的结合，成为中国新民主主义革命的开端。

中国革命迎来了光辉灿烂的新曙光。1921 年 7 月，中国共产党成立，从成立之日起，中国共产党就是一个以马克思列宁主义为指导思想的政党。"历史从哪里开始，思想进程也应当从哪里开始。"① 有了马克思列宁主义的指导，并不意味着中国革命所面临的一切问题都能够得到解决，也就是说，马克思主义还有一个与运用它的所在国的实际情况相结合的过程。在中国，必须将马克思主义的基本原理与我国的社会历史、时代特征和具体的革命实际结合起来，即实现马克思主义中国化，才能充分发挥马克思主义的指导作用。那么，什么是马克思主义中国化呢？马克思主义中国化就是将马克思主义的基本原理与中国具体实际相结合，不断形成具有中国特色马克思主义理论成果的过程，这一过程既是坚持马克思主义、又是对马克思主义丰富和发展的过程。从一定意义上来说，中国共产党的历史就是一部提出和探索马克思主义中国化，并随着实践的发展而不断推进马克思主义中国化的历史。对这一问题的认识，中国共产党人经历了一个过程。

第一个阶段，中国共产党自成立后，努力接受和运用马克思列宁主义，来观察和解决中国革命的基本问题，在马克思主义中国化的道路上取得了一系列成果。比如，在有关中国革命基本问题的认识方面，正确认识和明确了中国革命是世界无产阶级社会主义革命的重要的一部分，中国革命必须首先进行资产阶级性质的革命即国民革命，无产阶级不仅要参加国民革命而且要争取对国民革命的领导权，农民问题是国民革命的中心问题，无产阶级要同资产阶级民主

---

① 《马克思恩格斯选集》第二卷，人民出版社 1995 年版，第 43 页。

派结成反帝反封建的民族民主革命联合战线，中国革命的前途是非资本主义的，等等。也就是说，在此历史时期，中国新民主主义革命的基本思想已经形成。中国共产党不断探索取得的这些理论成果，对国民革命的兴起和发展，起到了直接的推动作用。但是，由于中共在幼年时期，理论准备和实践经验都不足，对中国的历史和社会状况、中国革命的特点和规律在认识方面还有很大的局限性，还不善于将马克思列宁主义的理论同中国革命实践相结合，在把理论上的认识转变为实际工作的方针政策并有效地贯彻执行方面，尚有很大的距离。具体表现在党还不能正确处理工农群众运动同资产阶级联合战线的关系，没有真正认识到掌握革命武装的极端重要性，也没有对资产阶级既联合又斗争的成熟的策略方针，理论上虽然懂得无产阶级掌握革命领导权的重要性，但在关键时刻往往又自动放弃了革命领导权。尤其在国民革命后期，以陈独秀为代表的党的领导机关犯了右倾主义错误，集中体现了对上述问题在认识方面存在的局限性，这与共产国际在一些问题上的错误指导密切相关，致使中国革命走了一些弯路，出现了严重的曲折，成为国民革命失败的主观原因。

中国革命向何处去的问题摆在了中国共产党人面前，随着南昌起义的爆发、中共八七会议的召开和各地武装起义的发动，中国革命开始进入土地革命战争时期。中国共产党在经历了国民革命的洗礼之后，开始探索中国革命的新道路。随着工农武装割据思想的形成，中国共产党逐渐明确了以农村斗争为重点的思想，由此奠定了农村包围城市、武装夺取全国政权的中国特色革命道路理论的基础。在这一过程中，党克服了李立三的"左"倾错误，随后王明的"左"倾机会主义和冒险主义错误给中国革命带来了严重危害。在革命受挫的同时，党一方面同"左"倾错误进行了坚决的斗争，另一方面对中国革命基本问题的认识逐步提高，逐渐认识到中国革命的长期性、艰巨性、残酷性、不平衡性，比较全面地把握了中国革命战争的特点，加深了对反对教条主义，按照中国的具体情况灵活运用马克思主义、共产国际指示和别国经验的重要性的认识。在1938年10月扩大的中国六届六中全会上，毛泽东明确地提出了"马克思主义中国化"的命题，深刻论证了马克思主义中国化的必要性和极端重要性，系统阐述了马克思主义中国化的科学内涵和实现马克思主义中国化的正确路径，开辟了马克思主义在中国发展的新道路，为党沿着正确的方向发展奠定了坚实的基础。此后，随着中国革命实践的向前推进，毛泽东思想逐步形成和发展。在毛泽东思想指引下，中国共产党领导全国各族人民，取得了新民主主义革命的伟大胜利，建立了中华人民共和国。新中国成立后，毛泽东思想在指导社会主义革命和建设的进程中，一方面，推动了社会主义改造的顺利完成，确立了社会主义基本制度，发展了社会主义的经济、政治和文化，初步探索了社会主义建设的道路；另一方面，毛泽东思想得到了进一步丰富和发展。毛泽东思想是马克思主义中国化的第一次伟大飞跃的理论成果，它丰富和发展了马克思主义。正如邓小平指出的那样："毛泽东思想不是在个别的方面，而是在许多领域发展了马克思列宁主义。毛泽东思想是个体系，是发展了的马克思主义。"①

第二个阶段，党的十一届三中全会以来，以邓小平为主要代表的中国共产党人，认真总结国内外社会主义建设的历史经验，否定了"以阶级斗争为纲"的指导思想，在纠正"左"、右倾错误的基础上，重新确立了马克思主义的实事求是的思想路线，果敢地将党和国家的工作重点转移到以经济建设为中心的社会主义现代化建设的轨道上来，并在马克思主义理论的指导下，实行改革开放，开始了建设社会主义的新探索。到1982年，邓小平在党的十二大上明确提出了"把马克思主义的普遍真理同我国的具体实际结合起来，走自己的道路，建设有中国特色的社会主义"②的重大命题，初步开辟了"建设有中国特色的社会主义的全新的事业。"③1987年，党的十三大第一次比较系统地阐述了社会主义初级阶段理论，制定了党在社会主义初级阶段的基本路线，概括了改革开放以来党关于建设有中国特色的社会主义的一系列科学的理论观点，构成了"建设有中国特色的社会主义理论"的基本框架，明确了"三步走"的发展战略，为经济社会沿着健康方向前进夯实了基础。1992年，邓小平发表南方谈话，深入阐述了社会主义本质、社会主义与市场经济的关系、"三个有利于"标准、"发展才是硬道理"等一系列经常困扰和束缚人们思想的重大理论和政

---

① 《邓小平文选》第二卷，人民出版社1994年版，第43页。
② 《邓小平文选》第三卷，人民出版社1993年版，第2—3页。
③ 《邓小平文选》第三卷，人民出版社1993年版，第269页。

策问题，极大地解放了人们被束缚已久的思想，是中国特色社会主义理论的新发展。1997年，党的十五大提出了社会主义初级阶段的基本纲领，制定了改革开放跨世纪发展的目标和任务。正式使用"邓小平理论"概念，并作为党的指导思想写入了党章。邓小平理论第一次比较系统地初步回答了什么是社会主义、在中国这样一个经济文化比较落后的国家怎样建设社会主义、怎样巩固和发展社会主义等一系列重大问题，是马克思主义与中国实践相结合的第二次历史性飞跃的第一个伟大理论成果，也是改革开放以来马克思主义中国化探索的最新理论成果，是中国特色社会主义理论体系的开创之作，推进了马克思主义的中国化。

党的十三届四中全会以来，以江泽民为核心的第三代中央领导集体，面对东欧剧变、苏联解体、国内发生严重的政治风波等严峻复杂的国际国内形势，顶住了空前的压力，经受住了政治风险的重大考验，捍卫并继续推进中国特色社会主义伟大事业。在总结实践经验的基础上，江泽民根据国内外形势和党的历史方位的新变化，始终关注两大问题，一是在新的历史条件下如何加强党的建设并巩固党的执政地位；二是如何坚持党的基本路线，不断加快社会主义现代化建设。基于对这两个问题的长期的理论思考和实践探索，提出了"三个代表"重要思想，即"总结我们党七十多年的历史，可以得出一个重要的结论，这就是：我们党所以赢得人民的拥护，是因为我们党在革命、建设、改革的各个历史时期，总是代表着中国先进生产力的发展要求，代表着中国先进文化的前进方向，代表着中国最广大人民的根本利益，并通过制定正确的路线方针政策，为实现国家和人民的根本利益而不懈奋斗。"[①]"三个代表"重要思想提出的一系列关于中国特色社会主义的新思想、新观点、新论断，进一步回答了什么是社会主义、怎样建设社会主义的问题，创造性地回答了建设什么样的党、怎样建设党的问题，深化了对中国特色社会主义的认识，丰富和发展了中国特色社会主义理论体系。党的十六大将"三个代表"重要思想写入党章，实现了党的指导思想的又一次与时俱进，进一步推进了马克思主义的中国化。

---

① 　江泽民：《论"三个代表"》，中央文献出版社2001年版，第2页。

进入新时期新阶段，以胡锦涛为总书记的党中央领导全党全国各族人民，提出以人为本的科学发展观等一系列重大战略思想，在推进中国特色社会主义事业的历史进程中科学回答了实现什么样的发展、怎样发展等关系到中国未来前途和命运的重大问题，包括经济建设、政治建设、文化建设、社会建设、生态文明建设以及党的建设，深化了我们党对共产党执政规律、社会主义建设规律、人类社会发展规律的认识。党的十八大将其确立为党必须长期坚持的指导思想并写入党章，推进了马克思主义中国化的发展进程。

总之，中国共产党在领导中国革命、建设、改革和科学发展的长期实践中，实现了马克思主义同中国具体实际相结合的两次历史性飞跃，产生了两大理论成果。第一次飞跃的理论成果是毛泽东思想，是被实践证明了的关于中国革命和建设的正确的理论原则和经验总结。第二次飞跃的理论成果是中国特色社会主义理论体系，它包括邓小平理论、"三个代表"重要思想和科学发展观等重大战略思想，是马克思主义中国化的最新成果。

诚然，马克思主义时代化是马克思主义中国化的题中应有之义，马克思主义中国化的过程也是马克思主义时代化的过程。因而，推进马克思主义时代化，是中国革命、建设、改革和科学发展取得胜利的必然途径。研究中国共产党人对马克思主义时代化的艰辛探索、积极推进，认真总结这一过程中所积累的历史经验，既有理论价值，又有现实意义。在中共推进马克思主义时代化的进程中，中共早期领导人和中共历代领导集体都起到了至关重要的作用。以李大钊、陈独秀、邓中夏、瞿秋白、蔡和森为代表的中共早期领导人，宣传和传播马克思主义，论述中国社会的性质、中国革命与世界革命的关系，分析革命性质、领导权、革命道路和革命前途，积极组织建党，形成了新民主主义革命基本思想，为毛泽东思想和新民主主义革命理论的形成铺设了理论基础。民主革命时期，毛泽东对马克思主义时代化的推进体现在掌握了中国革命发展的基本规律，不是机械地、教条主义地运用马克思主义，而是将马克思主义与中国革命的具体实践和时代特征相结合，为创立新民主主义革命理论奠定了重要基础，成为推进马克思主义时代化的关节点。新民主主义革命理论的形成，标志着党彻底放弃了三民主义，解决了马克思主义时代化问题，新民主主义革命理论的形成过程就是马克思主义时代化实现的过程。新中国成立后的社会主义革命和建设时期是党在理论准备很不充足的情况下进行的，也是在新的历史起点上开始探索马克思主义时代化，具有"探索"的痕迹，其中有益的探索同样推进了马克思主义时代化。改革开放以来党的三代中央领导集体坚持与时俱进，将马克思主义的基本理论与不断变化了的时代主题、中国改革和科学发展的实际相结合，创立了马克思主义与中国实际相结合的第二次飞跃的理论成果——中国特色社会主义理论体系，再一次实现了马克思主义时代化。中国改革不断深化，马克思主义时代化的历史进程也必将不断向前推进。中国共产党的历史是马克思主义中国化的历史，当然也是马克思主义时代化的历史。作为一个领导着十几亿人口奔向现代化的中国共产党，只有不断推进马克思主义中国化、时代化、大众化，始终坚持以马克思列宁主义、毛泽东思想和中国特色社会主义理论体系为指针，不断地深化改革，才能在中国特色社会主义道路上实现中华民族伟大复兴的中国梦。

导　论

首先需要说明的是，研究马克思主义时代化与研究马克思主义中国化是不可分的。题中"中共推进马克思主义时代化"的"马克思主义时代化"，即是把马克思主义同中国革命、建设和改革不同历史时期的时代特征相结合，适应时代需要、把握时代脉搏、回答时代课题，实现马克思主义的与时俱进。中国共产党从建立之日起就以马克思主义为自己的指导思想，因此，中国共产党领导中国革命、建设、改革开放和科学发展的过程，就是把马克思主义与中国革命、建设、改革开放和科学发展的具体实际相结合的过程，是马克思主义中国化的过程。由于马克思主义时代化是马克思主义中国化的题中应有之义，所以，马克思主义中国化的过程实际上也是马克思主义时代化的过程，是将马克思主义与中国国情和时代特征相结合、提出符合当时实际的路线方针政策、以便更好地指导中国革命、建设、改革开放和科学发展的过程。

一、选题缘由

自从 2009 年 9 月党的十七届四中全会第一次明确提出"马克思主义时代化"的新概念之后，学界有关马克思主义时代化的研究成果便如雨后春笋，但是在众多研究成果中，关于中共推进马克思主义时代化研究的成果还没有。2010 年，我有幸到清华大学马克思主义学院从事博士后研究工作。入站之初，导师肖贵清教授即指导我以其教育部重点项目《毛泽东推进马克思主义中国化、时代化、大众化研究》为依托，具体探讨毛泽东对马克思主义时代化的推进。随着研究过程的深入与研究层面的拓展，便对中国共产党对马克思主义时代化的探索与实践产生了浓厚的兴致。因此，我从马克思主义时代化的基础理论文献研究入手，对中共早期领导人对马克思主义时代化的探索、民主革命时期毛泽东对马克思主义时代化的推进、新民主主义革命理论与马克思主义时代化的实现、新中国成立后中共第一代领导集体对马克思主义时代化的推进、改革开放以来中共对马克思主义时代化的推进、中共推进马克思主义时代化的基本经验进行了探讨和研究。这一研究，从一定层面上来说，对于了解马克思主义时代化的历史进程，总结马克思主义时代化的历史经验、解决时代新问题，加快实现马克思主义中国化、时代化和大众的时代任务，具有较大的理论价值和现实意义。

一是以中共推进马克思主义时代化为切入点来研究马克思主义时代化，有较大理论价值。作为马克思主义中国化学科中的重要课题，马克思主义时代化研究已经取得重大进展。然而，当前学界对时代化的研究更多是以"马克思主义时代化的内涵"、"马克思主义时代化与中国化和大众化的关系"以及"马克思主义时代化的实现路径"为重心，从中国共产党推进马克思主义时代化层面进行的考察相对较少。对比中国知网中有关两者的论文数量，就多少发现学界的研究主要集中于前者：以"马克思主义时代化"为题的文章为719篇，以"中共推进马克思主义时代化"为题的文章仅有8篇(统计数字截至2012年12月)。虽然广义的马克思主义时代化研究已经包含了中共推进马克思主义时代化研究，但是在前人的研究基础上，将中共推进马克思主义时代化进行历史考察与探究，有利于从一个具体层面充实当前的马克思主义理论研究。

二是以中共推进马克思主义时代化为切入点来研究马克思主义时代化，有助于更好的总结马克思主义时代化的历史经验，解决时代新问题。中国共产党历经90多个春秋，其间跌宕峰回，波澜壮阔，马克思主义时代化，始终是贯穿于全过程的主题。中国共产党的成长、发展过程以及中国革命、建设、改革和科学发展过程，就是在实践中不断探索马克思主义时代化道路的过程；也是将实践经验不断与时俱进，并在理论上升华，形成一系列马克思主义时代化的思想观点、实现马克思主义时代化的历史性飞跃、创建时代化的马克思主义理论和继续推进马克思主义时代化的实践向前发展的过程。深入探讨中国共产党对马克思主义时代化的推进，既是总结过去中国共产党夺取革命、建设和改革事业伟大胜利的基本经验，从中汲取智慧和力量，探寻新形势下治党、安民、兴国之道的需要；也是在当前国际国内形势深刻而复杂的变化之中，应对时代挑战，克服各种困难，解决好当今中国面临的新情况、新问题的需要。

三是以中共推进马克思主义时代化为切入点来研究马克思主义时代化，对于加快实现马克思主义中国化、时代化和大众化的时代任务不乏启迪。十七届四中全会提出要不断推动马克思主义的中国化、时代化、大众化，表明"三化"已成为全党和全民的一项战略任务。怎样才能加快实现这一重大目标？如何具体推进？马克思主义的发展实践证明，真正的马克思主义者，要敢于直面时代新课题，并在应对过程中，寻求和把握推动社会主义发展的各种有利因素和新的契机。既然中国共产党人在指导思想上矢志不渝地坚持马克思主义，那么，在回应时代课题、完成时代战略任务方面，中国共产党人能否充分发挥主观能动性无疑至关重要。具体分析中共早期领导人对马克思主义时代化的探索、民主革命时期毛泽东对马克思主义时代化的探索、新民主主义革命理论与马克思主义时代化的实现、新中国成立后中共第一代领导集体对马克思主义时代化的推进、改革开放以来中共对马克思主义时代化的推进，系统总结中共推进马克思主义时代化的基本经验，对于当前中国共产党人更好地肩负时代重任，实现马克思主义时代化的更大飞跃具有启发意义。

二、研究框架

本书分为导论与七章内容。

导论主要对本书的基本情况进行简要说明。

第一章为马克思主义时代化的基础理论文献研究。主要对马克思主义时代化的相关概念进行了厘定，重点阐述了马克思主义时代化的内涵；并对马克思

3

主义中国化、时代化和大众化三者的关系进行了探究，指出了马克思主义中国化、时代化、大众化的多维区别，阐明了马克思主义中国化、时代化、大众化的内在统一，强调坚持不懈地推进马克思主义中国化、时代化和大众化。

第二章为中共早期领导人对马克思主义时代化的探索。阐述了中共早期领导人包括李大钊、陈独秀、蔡和森、邓中夏、瞿秋白等对马克思主义时代化的探索和推进。主要体现在四个方面：一是他们准确把握了时代主题，并在传播马克思主义过程中，始终把马克思主义与中国国情、时代特征和时代主题相结合，提出中国革命是世界无产阶级社会主义革命的一部分，不断推进马克思主义由理论形态向实践形态转变，为毛泽东正确认识中国革命与世界革命的关系、实现马克思主义时代化奠定了重要基础；二是他们正确判断了中国社会性质和革命性质，为解决中国革命的基本问题，即应当进行什么性质的革命，依靠谁来革命，革命往什么方向发展等问题奠定了关键基础；三是他们在把马克思主义的普遍真理与中国革命实践相结合过程中，深入分析了中国社会各阶级，对无产阶级在民主革命中的领导权问题进行了探索，发展了马克思主义关于无产阶级革命的理论；四是他们对革命阶段与革命前途进行了认识和探索，实际上也是对马克思恩格斯的"不断革命论"和列宁的"革命转变论"在中国革命中的最初运用，推进了马克思主义与中国时代特征的结合。中共早期领导人在探索马克思主义时代化的过程中，创立了新民主主义革命基本思想。尽管没有完全解决马克思主义时代化问题，但是早期的时代化探索于后来的时代化探索来说，是非常重要的链条，是不可或缺的一环，它是一个重要的基础。毛泽东的探索和新民主主义革命理论的创立正是在上述基础上进行的，所以中共早期领导人对马克思主义时代化探索的功绩是不可磨灭的。

第三章为民主革命时期毛泽东对马克思主义时代化的推进。主要是以毛泽东对"新民主主义理论的系统阐述"为分界点。1939年底1940年初，毛泽东先后发表了《〈共产党人〉发刊词》、《中国革命和中国共产党》和《新民主主义论》等重要著作，对新民主主义理论进行了系统阐述，标志着新民主主义理论体系基本形成，也标志着新民主主义理论对马克思主义时代化的实现。在新民主主义理论体系基本形成之前，中国共产党人只是在对马克思主义时代化进行探索和推进，本章即为此意。新民主主义革命时期，毛泽东在领导中国革命的过程中，适应时代发展要求，深入实际广泛开展调查研究，准确把握战争与革命这一时代主题，不断将马克思主义与时代特征和中国国情相结合，正确分析中国社会性质和革命性质，探索了中国革命的对象、领导权、动力、道路和革命前途等一系列问题，形成了毛泽东思想，新民主主义革命理论也初步形成，推进了马克思主义时代化。

第四章为新民主主义革命理论与马克思主义时代化的实现。新民主主义革命理论是以毛泽东为代表的中国共产党人在领导中国革命的过程中，以马克思主义科学世界观和方法论为指导，将马克思列宁主义的普遍原理同中国革命的具体实践相结合、指引中国新民主主义革命取得胜利、实现马克思主义中国化的革命实践中独创的，是中国革命的总蓝图。马克思主义时代化的实现是一个过程，新民主主义革命理论的形成过程，就是马克思主义时代化不断推进和实现的过程。发生在这一过程中的民主革命已经不是一般的资产阶级民主革命，而是有了新的领导阶级、新的时代特征和新的前途。可以说，在1940年1月《新民主主义论》发表之前，马克思主义时代化问题在党内没有完全得到解决，一直到1939年12月，毛泽东首次提出"新民主主义革命"概念和次年《新民主主义论》的发表，我们党才彻底放弃了三民主义，从而解决了马克思主义时代化问题。因为这时我们党有了自己创立的新的理论——新民主主义革命理论，新民主主义革命理论是发展了的马克思主义。理论的形成过程也是其指导革命的过程，正是在新的理论指导下，以毛泽东为主要代表的中国共产党人始终紧紧抓住准确把握时代主题这一中国革命的关节点，牢牢把握无产阶级掌握资产阶级民主革命的领导权这一中国革命的关键，坚持资产阶级民主革命的非资本主义前途，不断将马克思列宁主义与中国革命的具体实际相结合，不仅回答了中国革命向何处去的战略方向问题，而且创造性地发展了马克思列宁主义，实现了马克思主义时代化，也实现了马克思主义中国化。

第五章为新中国成立后第一代中央领导集体与马克思主义时代化的推进。中国马克思主义者和共产党人在早期从事和领导民主革命时是在理论准备很不充足的情况下进行的，与这一情况相类似，新中国成立之初的社会主义革命和社会主义建设也是如此展开的，尽管有马克思主义理论的指导，并且可以参照苏联模式，但是，由于缺乏经验，照抄苏联的办法搞社会主义建设，把斯大林时期形成的苏联模式当成了唯一的社会主义模式，暴露出诸多弊端。于是，中国共产党人开始重新认识苏联的经验，把探索适合中国国情的社会主义建设道路提到了突出的位置。从而决定了新中国成立初期的社会主义革命和社会主义制度确立后的社会主义建设（主要指20世纪50年代到70年代末这段时间）带有强烈的探索性质。可以说，这也是在新的历史起点上，中国共产党人对马克思主义时代化的探索。探索的内容包括：过渡时期社会矛盾的分析与时代主题的判断，实行人民民主专政与完成社会主义改造，社会主义矛盾学说的理论构建和"三个世界划分"思想的提出与实践。

第六章为改革开放以来中共推进马克思主义时代化研究。与时俱进是马克思主义的理论品质，是马克思主义者十分注重和一直坚持的基本原则，其最本质的体现就是贯穿于马克思主义时代化发展的全过程。改革开放以来，中国共产党人坚持与时俱进，不断将马克思主义的基本理论与中国改革开放的实际和时代特征相结合，创立了马克思主义与中国实际相结合的第二次飞跃的理论成果——中国特色社会主义理论体系，再次实现了马克思主义时代化。具体说来，这一过程有三个组成部分：

一是邓小平是我国改革开放的总设计师，是新阶段马克思主义时代化的伟大奠基者。"文化大革命"结束后，邓小平通过准确判断国际形势，科学审视中国社会主义建设的历史与现实，重新确立了解放思想、实事求是的党的思想路线，不断推进马克思主义继续发展，在领导我国改革开放和社会主义现代化建设过程中，创立社会主义本质论、社会主义初级阶段论、改革开放论和社会主义市场经济论，取得了一系列马克思主义时代化的理论成果，极大地丰富了马克思主义的理论宝库。

二是将马克思主义时代化与"三个代表"重要思想结合起来，探讨分析"三个代表"重要思想对马克思主义时代化的实践。"三个代表"重要思想把发展先进生产力和先进文化、实现最广大人民的根本利益同坚持党的先进性联系在一起，上升到党的任务、党的宗旨、党的建设、党的性质、历史地位、历史作用的高度，上升到党的指导思想的高度，构成一个完整的科学的理论体系，这是以江泽民为代表的当代中国共产党人结合时代发展、时代背景、时代要求对辩证唯物主义和历史唯物主义创造性地运用和发展，既坚定不移地坚持了马克思主义的世界观和方法论，又赋予它们鲜明的时代特征和时代精神，实践并推进了马克思主义时代化。

三是科学发展观，科学发展观与马克思列宁主义、毛泽东思想、邓小平理论、"三个代表"重要思想一道，是党必须长期坚持的指导思想。科学发展观是把马克思主义理论应用于我国社会主义现代化建设实践过程中而形成的独创性理论，它不仅秉承了马克思主义的价值取向和发展理念，总结和深化了毛泽东思想、邓小平理论和"三个代表"重要思想，而且以更加宽广的理论视野和立体多样的思维方式，将马克思主义的基本原理与时代特征和中国实际紧密结合，不仅解决了在新的历史条件下中国特色社会主义前进道路上的新情况、新问题，并且丰富了马克思主义的发展理论，推进了马克思主义时代化，是马克思主义时代化的最新理论成果。

第七章为中共推进马克思主义时代化的基本经验。中国共产党在领导中国革命和建设的过程中，坚持马克思主义理论与中国实际相结合，与时俱进，在理论上和实践上取得了伟大成就，形成了时代化（这里马克思主义时代化和中国化是一致的，如前所述，由于马克思主义时代化是马克思主义中国化的题中应有之义，因此，实现马克思主义中国化的过程就是实现马克思主义时代化的过程，实现马克思主义中国化所取得的丰富经验也是实现马克思主义时代化的丰富经验。）的马克思主义理论伟大成果——毛泽东思想和中国特色社会主义理论体系。由于马克思主义时代化是一个过程，这不仅表现为理解马克思主义是一个过程，表现为了解中国具体实际是一个过程，还表现为把握时代特征是一个过程，而且表现为将马克思主义运用于中国实际解决问题也是一个过程，这些过程又是在不断地发展变化着的，所以，实现马克思主义时代化必须从认识到实践才能把握这个过程的规律。中国共产党人在近一个世纪的时间内，孜孜不倦地追求实现马克思主义时代化的历程，波澜壮阔，积累了丰富的经验。具体包括：

一是坚持马克思主义时代观，准确把握时代主题。马克思主义时代化就是将马克思主义与时代发展、时代特征结合起来，使之能够适应时代需要、把握时代脉搏、回答时代课题。马克思主义的本质属性是时代性，与时俱进是马克思主义的本质特征。马克思主义经久不衰的根本原因就是顺应时代、应时而生、应时而变。因此，推进马克思主义时代化，决然不能离开对时代特征的科学判断，不能离开对时代主题的准确把握。否则，马克思主义就失去了任何存在的价值。

二是坚持一切从实际出发，正确认识中国国情。马克思主义是科学的世界观和方法论，是指导中国革命、建设、改革和发展的锐利思想武器。中国共产党领导全国各族人民进行革命、建设、改革和发展的历史，就是不断推进马克思主义中国化和时代化的奋斗史。在这一历史过程中，中国共产党人始终坚持一切从实际出发，立足不同阶段的具体国情，深刻把握不同阶段的国情变化，具体分析和解决中国的实际问题，不断促进马克思主义与中国不同阶段的具体实际和国情相结合，推动马克思主义中国化和时代化在不同阶段的理论创新，使马克思主义理论在中国焕发出强大的生命力、创造力和感召力，实现了马克思主义中国化和时代化。

三是不断坚持并与时俱进地发展马克思主义。马克思主义理论是科学的思想体系，它揭示了客观世界的本质联系和人类社会发展的内在规律，是科学的世界观和方法论，是为各国无产阶级革命和社会主义建设实践反复检验和证明了的真理，是解决中国现实问题，促进革命、建设和改革事业顺利发展的根本立场、基本观点和科学方法。我国革命、建设和改革的历史雄辩地证明，没有马克思主义，就没有新中国；没有马克思主义及其在中国的新发展，就没有中国特色社会主义。在任何时候、任何情况下，都要坚持马克思主义的指导地位不动摇，否则党和国家的事业就会因为没有正确的理论基础和思想灵魂而迷失方向，就会归于失败。同时，马克思主义是不断发展的理论，与时俱进是马克思主义的理论品质，《共产党宣言》问世以来160多年的实践充分证明，马克思主义是不断开放发展的科学理论体系，它只有与时代发展同步伐、与时代特征相契合、与时代需求相一致，与时俱进地随着时代的发展而发展，随着实践的丰富而丰富，才能不断焕发出旺盛的生命力。

　　四是坚持世界眼光，不断吸收人类文明优秀成果。中国是世界的中国，中国的发展离不开世界，马克思主义时代化开创的中国特色社会主义道路同样对于世界的发展具有重要的意义。坚持世界眼光既是马克思主义的特质和要求，也是马克思主义时代化的基本要求。在推进马克思主义时代的过程中，一方面，要坚持将马克思主义普遍真理与时代特征和中国的具体实际相结合，创造出符合中国革命、建设、改革和发展的理论成果，即时代化的马克思主义成果，更好地指导中国的社会主义实践；另一方面要坚持世界眼光，借鉴国际经验，不断吸收人类文明优秀成果，并逐步融入全球化进程，加强与世界的联系、互动和交流，抓住机遇发展社会主义的力量，在全球化进程中寻找社会主义发展的新生长点，不断提高综合国力，更好地发挥中国在世界的作用，进一步推进马克思主义时代化。

　　五是永葆党的先进性，坚定不移地走中国特色社会主义道路。"马克思主义具有与时俱进的理论品质。"中国共产党从成立之日起就以实现共产主义为最终目标，以马克思列宁主义、毛泽东思想和中国特色社会主义理论为行动指南，以先进的理论武装自己。在世界发展的潮流中，中国共产党团结带领全国各族人民，在革命、建设、改革和发展征程中，取得了伟大的胜利。建党90多年以来，中国共产党始终坚持和发展马克思主义，始终代表中国先进生产力的发展要求，代表中国先进文化的前进方向，代表中国最广大人民的根本利益，不断进行理论创新和实践创新，推进了马克思主义时代化，也使我们党具有和始终保持了马克思主义政党的先进性。同时，在中国共产党领导下，我们既坚持了科学社会主义的基本原理，又根据我国实际和时代特征而开辟的中国特色社会主义道路是一条完全正确、能够引领中国发展进步的道路，在当代中国，坚持中国特色社会主义道路，就是真正坚持社会主义。

三、研究现状

　　目前，学术界虽无与本书完全相同的学术成果，但是从某一侧面或就某一问题对中共早期领导人对马克思主义时代化的探索、民主革命时期毛泽东对马克思主义时代化的探索、新民主主义革命理论与马克思主义时代化的实现、新中国成立后中共第一代领导集体对马克思主义时代化的推进、改革开放以来中共推进马克思主义时代化和中共推进马克思主义时代化的基本经验的研究也为数不少。前人的丰硕成果，为本书的研究提供了重要的思想资源和诸多启发。

（一）马克思主义时代化基础理论研究综述

自党的十七届四中全会提出要"推进马克思主义中国化，时代化，大众化"以来，理论界涌现出一大批关于马克思主义时代化的研究成果，其中包括对马克思主义时代化内涵的研究，对马克思主义时代化与中国化、大众化关系的研究以及对马克思主义时代化实现路径的研究。

首先，关于马克思主义时代化的内涵。"马克思主义时代化"是一个新概念。在党的十七届四中全会之前，已有许多研究者指出要把马克思主义与时代发展的特征相结合，如杨麻在 2004 年第 9 期的《理论前沿》上发表的文章《中国化的马克思主义是时代性与实践性的统一》，将马克思主义时代化概括为马克思主义的"时代性"。真正明确完整提到"马克思主义时代化"的文章仅有一篇，是学者钱仲宜发表在《理论学刊》2004 年第 2 期上的《能这样解读马克思主义时代化、民族化吗?》。直至 2009 年 9 月 15 日至 18 日，党的十七届四中全会召开，会议通过《中共中央关于加强和改进新形势下党的建设若干重大问题的决定》中指出："马克思主义时代化就是把马克思主义同当前时代特征的发展，同当前时代的特征结合起来，使之能够适应时代需要、把握时代脉搏、回应时代课题。"[①] 关于对马克思主义时代化内涵的研究，多数研究者都直接引用《决定》中关于马克思主义时代化的释义，即马克思主义时代化就是在时代发展的过程中用发展着的马克思主义指导发展着的实践，这种观点侧重

[①] 《中共中央关于加强和改进新形势下党的建设若干重大问题的决定》，人民出版社 2009 年版，第 84 页。

于从中国社会主义发展的角度进行思考。除此之外，也有研究者从不同角度阐释了自己不同的见解。如曹泳鑫认为，马克思主义时代化应侧重于"马克思主义"。他指出："马克思主义时代化，是指马克思主义政党与时俱进地发展马克思主义，使马克思主义充满时代气息，不因时代的发展而丧失生命力。"① 徐崇温则认为，马克思主义时代化应侧重于"时代化"。他指出"马克思主义时代化，就是要把握时代主题，反映时代精神，吸收新的时代内容，积极回应时代挑战，使马克思主义紧跟时代发展步伐、引领时代前进潮流，拓宽视野、丰富内涵，正确回答当今世界经济、政治、社会、文化发展提出的新的重大问题"。②

以上几种观点为推动马克思主义时代化研究作了极为有益的探索，均对本书写作提供了帮助。本书认为"马克思主义的时代化是要坚持把马克思主义与时代发展紧密结合"这种观点的阐述，不但表述了马克思主义时代化的要义是坚持与发展，并且蕴涵了马克思主义时代化与时俱进的理论品质。同时，本书进一步认为，马克思主义时代化归根到底应该落实到当代中国，落实于解决实际发展中的问题。用发展来解决发展中的问题，在发展中实现时代化。

其次，关于马克思主义"时代化"与"中国化"、"大众化"的关系。"三化"的问题可以说是当前学术界研究的一个热点和重点。对于三者所处的地位和所起的作用的看法主要有以下几种观点：一是"基础——品质——目的"说。即中国化是基础，时代化是理论品质，大众化是根本目的。如，肖贵清教授认为，"马克思主义中国化是实现时代化和大众化的基础"，"马克思主义时代化是马克思主义的理论品质"，"马克思主义大众化是马克思主义中国化和时代化的根本目的"，"马克思主义中国化、时代化和大众化具有不同的内涵，又有内在的联系。"③ 二是"核心——关键——基础"说。秋石认为"马克思主义中国化、

---

① 曹泳鑫：《马克思主义中国化、时代化、大众化的基本内涵和基本要求》，《毛泽东邓小平思想研究》2010 年第 1 期。

② 徐崇温：《坚持不懈地推进马克思主义中国化、时代化、大众化》，《学习论坛》2010 年第 4 期。

③ 肖贵清：《马克思主义中国化、时代化、大众化研究的几个问题》，《高校理论战线》2011年第 5 期

时代化、大众化是一个相互联系的统一整体。在这个有机整体中，中国化是核心，是统领时代化和大众化的总原则、总要求；时代化是关键，是展现中国化和大众化的科学性与先进性的重要标识；大众化是基础，是拓展中国化和时代化深度与广度的重要途径。"① 三是"本体——总体——主体"说。即中国化是本体，时代化是总体，大众化是主体。如，高放教授认为"中国化是本体，这是表明我们中国人学习、运用马克思主义，根本目的在于把马克思主义基本原理与当代中国实际相结合，寻求解决当代中国社会发展的最佳方案"，"时代化是总体，这就要求我们对当今人类社会所处的时代从总体上作出正确的分析和判断"，"大众化是主体，这是指中国特色社会主义现代化建设事业和促进世界和平、发展与合作事业，不仅需要党和政府的正确坚强领导，而且更需要十几亿人民群众群策群力，组成强大的行动主力军和生力军。"② 四是"核心——动力——归宿"说。即中国化是核心，时代化是动力，大众化是归宿。如，李爽认为"只有以中国化为核心，以时代化为动力，以大众化为归宿，马克思主义基本原理才能真正符合中国国情，顺应时代发展，走入人民大众，转化为认识和改造世界的巨大物质力量。"③ 此外，还有研究者就三者之间的关系提出了一些其他看法，如"前提—纽带—目的"说、"地域性—时域性—应用性"说等。

以上观点从不同的视角诠释了马克思主义"时代化"与"中国化"、"大众化"的关系，对本书写作有借鉴与启示意义。本书认为，马克思主义"时代化"与"中国化"、"大众化"实际上是同一历史过程，是并列的马克思主义理论建设战略任务的三个方面，只有在对之进行理论分析时才能分开，即中国化是使马克思主义基本原理服务于中国社会主义现代化的实践，强调的是地域性；大众化是指马克思主义的受众范围和普及对象，强调的是对象性；时代化是根据时代发展要求对马克思主义的扬弃和创新，强调的是时间性。胡锦涛强调，"《共产党宣言》发表以来近一百六十年的实践证明，马克思主义只有与本国国情相

---

① 秋石：《大力推进马克思主义中国化、时代化、大众化》，《求是》2009 年第 23 期。

② 高放：《论"马克思主义中国化、时代化、大众化"三位一体》，《学习时报》2009 年 12 月 28 日。

③ 李爽：《试论推进马克思主义中国化、时代化、大众化》，《党建研究》2010 年第 2 期。

结合、与时代发展同进步、与人民群众共命运，才能焕发出强大的生命力、创造力、感召力。"①

　　再次，关于马克思主义时代化实现途径的研究方面，学术界从不同角度就马克思主义时代化实现的路径做了深入的研究，如：（1）学者刘飞涛认为应关注时代热点，引领时代潮流，在不断总结新的时代特点，解决时代问题中，把握时代发展方向；随着科学技术的发展，在推陈出新过程中，在实践过程中不断总结新的经验，提出新的观点和想法，并上升为新的科学理论，进一步丰富和发展马克思主义理论。②（2）刘建武认为要做到"五个结合"：即坚持马克思主义基本原理与解决不同历史时期面临的时代课题相结合；坚持马克思主义的指导地位与弘扬中华民族的传统文化、吸收融合人类文明优秀成果相结合；坚持弘扬科学真理与修正错误、破除谬误相结合；坚持领袖主体、知识分子主体和广大人民群众主体的理论和实践创造活动相结合。③（3）徐崇温认为，"推进马克思主义时代化，就是要把握时代主题，反映时代精神，吸收新的时代内容，积极回应时代挑战，使马克思主义紧跟时代发展步伐、引领时代前进潮流、拓宽视野、丰富内涵，正确回答当今世界经济、政治、社会、文化发展提出的新的重大问题。"④

　　本书认为，第一种观点侧重的是在实践中丰富和发展马克思主义理论；第二种观点是从历史角度出发，总结了推进马克思主义时代化的普遍的历史经验；第三种观点是关注时代特征，在推进马克思主义时代化过程中，把握时代脉搏，引领时代特点，始终把推进马克思主义时代化作为重要切入点。只有提出时代问题，回答时代课题，才能反映时代要求和主题，解决时代矛盾和难题。上述观点对本书研究马克思主义时代化的实现路径具有十分重要的借鉴意义，尤其在思路方法方面的启示是至关重要的。本书将在此基础上，将路径研

---

① 《十七大以来重要文献选编》（上），中央文献出版社 2009 年版，第 9 页。
② 刘飞涛：《后危机时代的国际政治格局与趋势》，《国际问题研究》2010 年第 3 期。
③ 刘建武：《科学发展观开创了马克思主义中国化的新境界》，《求索》2008 年第 8 期。
④ 徐崇温：《坚持不懈地推进马克思主义中国化、时代化、大众化》，《学习论坛》2010 年第 4 期。

究深入到具体措施方面，力求有所突破。

（二）中共早期领导人对马克思主义时代化的探索

尚没有研究者同时以李大钊、陈独秀、蔡和森、邓中夏和瞿秋白五位为例，来探讨中共对于马克思主义时代化的探索，但是偶有著作和文章涉及某一位中共早期领导人对马克思主义时代化的某一方面内容的探索。

1. 相关著作

关于中共早期领导人对传播马克思主义的特殊贡献研究：这方面的重要著述，最有代表性的为杨先农主编的《马克思主义中国化研究纲要》。这本书主要考察数位领导人对传播马克思主义的特殊贡献。就李大钊而言，他是中国传播马克思列宁主义的先驱；通过发表文章、组织研究会、翻译和出版马克思主义著作以及讲授课程，向中国人民介绍和宣传马克思主义，对传播马克思主义起了极大作用。就陈独秀而言，他是我国南方宣传马克思主义最有影响的人物；是五四运动的总司令；对马克思主义的传播起了重大的促进作用；五四运动以后，开始把马克思主义和中国工人运动结合起来。就瞿秋白而言，他比较完整、科学地阐明了马克思列宁主义的理论体系，深化了中国共产党人对马克思列宁主义的理解。就蔡和森而言，他阅读了大量马克思主义著作并翻译相关著作，在赴法学生中宣传十月革命及各国工人运动，旗帜鲜明地提出中国要走俄国十月革命的道路，要创建共产党，并系统地阐明了有关建党的理论、方针和组织原则。①

2. 相关论文

关于中共早期领导人对马克思主义时代化的探索：其一，李大钊对马克思主义时代化的探索。关于马克思主义的传播。彭明先生在《李大钊和马克思主义在中国的传播》一文中，明确指出李大钊是我国最早选择了马克思主义的先

---

① 杨先农：《马克思主义中国化研究纲要》，四川出版集团、四川人民出版社 2008 年版，第 36—42 页。

驱，是马克思主义在中国的早期传播者，马克思主义的传播使中国人民选择了社会主义道路。① 有研究者探讨了李大钊关于马克思主义同中国实际相结合的思想，认为他是中国最早的马克思主义者，是中国共产党的创始人和早期领导人，他提出解决中国的问题必须以马克思主义作指导，要根据中国的实际情况和时代环境来运用马克思主义。② 有研究者从奠定毛泽东思想形成基础的角度，阐明了李大钊为马克思主义在中国传播所开创的业绩以及为中国革命和中国共产主义事业所建立的丰功，认为李大钊从最早接受马克思主义学说，到转变成为马克思主义者，向中国人民传播马克思主义真理，并首倡马克思主义普遍原理与中国革命实践结合的原则，为中国革命指出了一条正确的道路。③ 有研究者从李大钊在中国高等学校中对马克思主义的传播的角度进行探讨，认为马克思主义在中国的传播与发展史，严格说来，发端于李大钊对马克思主义的认识与传播；马克思主义之所以能够传播开来，则是与中国近代高等教育的变革与发展分不开的。④ 对中国革命基本问题的探索。有研究者认为研究国情，指导革命，是李大钊革命思想的精华。⑤ 有研究者研究了李大钊与毛泽东思想的萌芽，认为李大钊在中国最早传播马克思列宁主义，并创建中国共产党，对毛泽东思想的萌芽具有决定作用。李大钊最早认识到中国革命应该分两步走，认识到反帝反封是中国革命的首要任务，认识到无产阶级在革命中的重要地位，提出了无产阶级领导权的思想，是中国共产党人中最早深入研究中国农民问题的，对毛泽东思想萌芽具有理论贡献。⑥ 有研究者着重提到了李大钊与中国农

---

① 彭明：《李大钊和马克思主义在中国的传播》，【中国会议】《李大钊研究论文集》，1999年6月30日，第1—3页。

② 钱风华、阎治才：《李大钊关于马克思主义同中国实际相结合的思想》，《社会科学战线》2008年第12期。

③ 刘建国：《李大钊是马克思主义在中国传播的奠基人》，《社会科学战线》1984年2期。

④ 宋月红：《李大钊在中国高等学校中对马克思主义的传播》，【中国会议】《纪念〈教育史研究〉创刊二十周年论文集（2）——中国教育思想史与人物研究》，2009年9月1日，第1827页。

⑤ 陈君聪：《李大钊论中国国情》，《东岳论丛》1984年第3期。

⑥ 朱文通、李柏良：《浅谈李大钊与毛泽东思想的萌芽》，【中国会议】《毛泽东与中国历史文化》，1993年10月1日，第386页。

民运动理论，认为他对现代中国农民运动发生的必然性及其发展方向、农民运动的领导力量等方面进行了详细论述，给党的早期农民运动工作提供了宝贵的经验，也为推动中国新民主主义革命做出了贡献，① 等等。

其二，陈独秀对马克思主义时代化的探索。关于马克思主义的传播。肖贵清教授认为陈独秀在向马克思主义方向转变的同时积极宣传了马克思主义，并通过成立"马克思主义研究会"、创办刊物向工人群众介绍和宣传马克思主义，开始把马克思主义与中国工人运动结合起来；并坚持走社会主义道路，提出建立无产阶级政党的主张。② 有研究者研究了陈独秀早期对马克思主义的传播，认为其对马克思主义在我国早期传播中的杰出贡献主要有：传播唯物史观，开创将唯物史观与中国实际相结合的先河；剖析各种社会主义，指明中国应实行苏俄式的社会主义。③ 有研究者研究了陈独秀对广东马克思主义传播的贡献，认为陈独秀在主持广东省教育委员会期间，对宣传马克思主义做了大量工作。他采用公开演讲、发表文章、创办刊物、建立学校团体等方式，向广东人民群众宣传马克思主义，并坚持用马克思主义指引青年学生、劳动妇女和工人阶级积极投身各种运动，为马克思主义在广东的广泛传播以及马克思主义的中国化作了重要贡献。④ 在对中国革命基本问题的探索方面，有研究者研究了陈独秀对革命领导权问题的认识与实践，认为，陈独秀对革命领导权问题的认识与实践，先后是有明显不同的。国共合作之前，他重视工人阶级的力量及其对革命运动的领导作用；之后，他在这个问题上是有反复的，但总的倾向是由于摇摆到妥协进而走上了投降的道路。⑤ 有研究者归纳了陈独秀在探索过程中的贡献与失误，认为他对中国的基本国情有了比较正确的认识、对中国革命的性质进行了正确的阐明、提出了中国革命分两步走的思想、初步提出并践行了

①　秦爱民：《李大钊与中国农民运动理论》，《南京政治学院学报》2003 年第 5 期。

②　肖贵清：《陈独秀政治思想研究》，东北师范大学中共党史专业 2004 年博士学位论文，第 11—13 页。

③　田子渝、于丽：《陈独秀对马克思主义在我国早期传播的杰出贡献》，《湖北大学学报（哲学社会科学版）》2011 年第 4 期。

④　赵旭英：《浅谈陈独秀对广东马克思主义传播的贡献》，《党史文苑》2011 年 8 月下半月。

⑤　钱枫，刘其发：《陈独秀对革命领导权问题的认识与实践》，《江汉论坛》1982 年第 5 期。

建立革命统一战线的思想；但由于他对马克思主义和十月革命经验采取教条化的态度，因而在探索道路上也具有明显的局限性。① 有研究者专门就陈独秀的"二次革命论"进行了研究，提出了"二次革命论"产生的思想根源、理论来源、阶级基础、指导依据和经验依据。② 有研究者研究了陈独秀对形成新民主主义革命基本思想的贡献，概述了陈独秀对形成析民主主义革命基本思想的贡献，认为他正确认识了中国社会的性质、革命的性质和对象；正确分析和阐述了革命的动力；在对革命领导权和革命前途的认识方面，虽犯有严重错误，但是，也有一些正确思想可供借鉴。③

其三，蔡和森对马克思主义时代化的探索。关于马克思主义研究与传播。有研究者对蔡和森旅法期间对马克思主义的学习和研究进行了阐述，认为他已经选择了马克思的科学社会主义和俄国十月革命道路，由革命民主主义者转变为马克思主义者，并通过新民学会对马克思主义进行了广泛的传播。④ 有研究者对蔡和森在五四时期是怎样接受和宣传马克思主义的进行了研究，认为蔡和森在法国的两年里宣传马克思主义的积极活动，不仅引导了留法学生在各种思潮的迷雾中走上信仰马克思主义的道路，而且通过书信和编译资料，极大地帮助了毛泽东、陈独秀、何叔衡等同志了解马克思主义和各国的情况及其革命经验，为马克思主义在中国的广泛传播，作出了重大的贡献。⑤ 等等。关于建党的思想和对中国革命基本问题的探索。有研究者从蔡和森当时所处的时代和他的学习和活动的全部环境和条件去进行考察，认为他的建党思想，是以马克思、列宁主义为指导而产生的。具体地说，是在列宁起草的《加入共产国际的

① 徐治彬：《陈独秀在推进马克思主义中国化进程中的贡献、失误及启示》，《黑龙江史志》2010 年第 5 期。

② 罗玉明、杨明楚：《陈独秀的"二次革命论"探源》，《安徽史学》1991 年第 3 期。

③ 王健：《陈独秀对形成新民主主义革命基本思想的贡献》，《内蒙古民族师院学报（哲学社会科学版）》1992 年第 3 期。

④ 王凤：《论蔡和森在马克思主义中国化早期进程中的贡献》，西北大学中国近现代史专业2008 年硕士学位论文，第 14—17 页。

⑤ 陈建洲：《蔡和森和向警予在五四时期是怎样接受和宣传马克思主义的》，《淮阴师专学报（社会科学版）》1984 年第 1 期。

条件》影响、启发下提出来的。表明中国共产党一开始就是在第三国际的影响下，按照列宁的建党思想、建党原则去建党的。① 有研究者探讨了蔡和森在建党初期的杰出贡献，阐明蔡和森在探索中国革命道路的过程中提出了建党问题、系统的建党思想和计划，强调党必须坚持以马克思列宁主义作为指导思想，实行集权制的组织原则，同时提出了建立中国共产党的具体计划和步骤以及中国共产党和中国少年共产党的名称。② 有研究者论述了蔡和森对中国新民主主义革命理论的探索，认为这些探索，对毛泽东思想的形成、特别是新民主主义理论体系的建立，产生了巨大的、积极的影响。③ 有研究者阐述了蔡和森对形成新民主主义革命理论的贡献，认为他发表的《中国革命的性质及其前途》一文，就曾对中国革命性质、任务和革命转变等问题，作出了精辟的论述，为新民主主义革命理论的形成作出了重要贡献。④ 等等。

其四，邓中夏对马克思主义时代化的探索。有研究者阐述了邓中夏对新民主主义革命理论的历史贡献，认为他提出的民主革命是无产阶级领导的多阶级参加的革命、工人阶级必须争取中国革命的领导权、建立扩大的革命统一战线和总结革命经验、开展武装斗争是邓中夏对新民主主义革命理论的重要贡献。⑤ 有研究者研究了邓中夏对新民主主义革命基本思想的贡献，提出他在对旧中国社会的特殊性质进行探讨的基础上，对中国革命的对象、任务、革命的动力、领导者，革命的斗争手段、策略，以及革命的前途等问题，都有比较正确的论断。虽然他没有明确提出新民主主义革命的概念，但对新民主主义革命基本思想的形成是作出了重要贡献。⑥ 有研究者论述邓中夏对中国革命的理论探索，指出他将马克思主义与中国工人运动相结合的过程中，阐述了我党关

---

① 张伟良:《蔡和森建党思想的形成及其理论渊源》,《清华大学学报（哲学社会科学版）》1992 年第 2 期。

② 徐建源:《蔡和森同志在建党初期的杰出贡献》,《辽宁大学学报（哲学社会科学版）》1982 年第 1 期。

③ 易永卿:《蔡和森对中国新民主主义革命理论的探索》,《求索》2004 年第 12 期。

④ 贾忠诚:《蔡和森对形成新民主主义革命理论的贡献》,《毛泽东思想研究》1985 年第 1 期。

⑤ 葛洪泽:《邓中夏对新民主主义革命理论的历史贡献》,《毛泽东思想研究》1995 年第 1 期。

⑥ 谭双泉:《邓中夏对新民主主义革命基本思想的贡献》,《求索》1984 年第 4 期。

于工人运动和工会工作的重要理论，并较早地提出了中国革命无产阶级领导权思想和联合战线思想，为我党革命理论的成熟与确立起到了重要的铺垫作用。① 还有研究者探讨了邓中夏对早期农民运动的理论贡献②、邓中夏对马克思主义中国化的初步探索及贡献③和邓中夏对革命统一战线有哪些方面的理论贡献④。等等。

其五，瞿秋白对马克思主义时代化的探索。有研究者研究了瞿秋白对马克思主义中国化的重要贡献，提出瞿秋白对马克思主义的宣传介绍，极大地推动了中国共产党的马克思主义理论建设，重视马克思主义对中国革命的指导作用，坚持马克思主义与中国革命具体实际相结合。⑤ 有研究者探讨了瞿秋白在1923年至1928年党的"六大"期间，为新民主主义革命理论的形成所作的独创性贡献。表现为科学把握民主革命与社会主义的区别及其联系、以马克思主义的统一战线理论诠释国共两党的合作、提出在"工人阶级领导下的苏维埃工农民主专政"的国家政权观、中国国民革命应以"土地革命为中枢"、认定武装斗争是中国民主革命的主要形式与唯一道路。⑥ 还有研究者阐述了瞿秋白为形成中国化的马克思主义革命理论——毛泽东思想作出的杰出贡献⑦、瞿秋白对中国革命与世界革命关系论述⑧和瞿秋白关于无产阶级领导权的思想。⑨等等。

---

① 程卫红：《邓中夏对中国革命的理论探索》，《聊城大学学报(社会科学版)》2003年第2期。

② 柳礼泉：《邓中夏对早期农民运动的理论贡献》，《毛泽东思想研究》1986年第1期。

③ 杨军：《邓中夏对马克思主义中国化的初步探索及贡献》，《甘肃社会科学》2009年第5期。

④ 左双文、郑建：《邓中夏对革命统一战线有哪些理论贡献?》，《毛泽东思想研究》1991年第4期。

⑤ 武志军：《瞿秋白对马克思主义中国化的重要贡献》，《瞿秋白研究论丛》2005年第1期。

⑥ 徐爱玉、张建荣：《瞿秋白与新民主主义革命理论的萌芽》，《浙江社会科学》2006年第3期。

⑦ 佘玉花：《瞿秋白对新民主主义革命理论形成的开拓性贡献》，【中国会议】《瞿秋白研究论丛——纪念瞿秋白同志英勇就义65周年专集》，2000年6月1日，第24页。

⑧ 叶孟魁：《瞿秋白论中国革命是世界革命的一部分》，《瞿秋白研究论丛》2000年第2—3期。

⑨ 刘显斌：《瞿秋白关于无产阶级领导权的思想》，《东北师范大学学报》1982年第2期。

（三）民主革命时期毛泽东对马克思主义时代化的推进

目前，还没有研究者将民主革命时期毛泽东与马克思时代化联系起来进行研究，虽然有不少文章涉及其中某一方面的内容，但是并没有将其与马克思主义时代化相联系。有研究者研究了青年毛泽东"改造中国与世界"的思想，指出青年毛泽东把改造中国与改造世界联系在一起，从起初主张思想改造，到后来试办"新村"、建立"湖南共和国"的初步实践，再到最后确定"走俄国革命的道路"，反映了青年毛泽东认识世界和改造社会的不断深入。表明毛泽东形成了改造中国社会的基本思路，那就是通过新民主主义革命，推翻帝国主义和封建主义的统治，建立人民的政权；也表明毛泽东找到了人民大众——这个解决中国社会问题的根本力量。[①] 有研究者考察了毛泽东关于"中国革命是世界革命的一部分"的认识时，指出，在新的世界革命运动的影响下，中国的先进分子在五四时期就把中国革命看成是世界社会主义革命的一部分，中共二大时党已初步认识了中国革命同世界革命之间的联系和区别。[②] 有研究者认为毛泽东根据中国革命和20世纪二三十年代的世界革命，特别是殖民地半殖民地的革命运动，发展了马克思列宁主义关于殖民地半殖民地革命的理论，把"全世界无产者和被压迫民族联合起来"的战略口号，具体化为"以资本主义国家的无产阶级为主力军，以殖民地半殖民地的被压迫民族为同盟军"的无产阶级的社会主义的世界革命，并确定这种革命无产阶级通过共产党领导的民族民主革命毫无疑问是"无产阶级社会主义世界革命的一部分"的历史范畴，是从第一次世界大战和俄国十月革命以后开始的。[③] 有研究者对毛泽东思想的世界眼光进行了阐述，认为中国革命是世界革命的一部分，是毛泽东思想从萌芽到形成过程中的一个基本出发点，毛泽东在成为

[①] 赖亦明、曾芳莲：《青年毛泽东"改造中国与世界"思想的历史演进》，《湖北社会科学》2006年第12期。

[②] 宋仲福：《关于"中国革命是世界革命的一部分"之认识史的考察》，《西北师大学报（社会科学版）》1986年第2期。

[③] 王春良：《简论殖民地半殖民地革命的历史范畴——纪念毛泽东同志诞辰九十周年》，《山东师范大学学报（人文社会科学版）》1984年第2期。

马克思主义者之初，就接受了马克思列宁主义关于世界革命的战略思想和时代特征的一系列论断，并初步认识到世界革命的重要意义、中国革命与世界革命不可分。这是毛泽东运用马克思列宁主义的世界眼光对中国革命与世界革命的关系的初步认识。① 有研究者阐述了毛泽东对认识近代中国社会性质的历史贡献，认为在中共二大前后，以毛泽东为代表的中国共产党人，对中国社会性质的认识还处在初级阶段，但已经认识到中国社会性质基本上是一个半殖民地社会，这是以毛泽东为代表的中国共产党人，在把马克思列宁主义普遍原理与中国实际相结合过程中，对近代中国国情认识的初步成果。即使在国民革命失败后，毛泽东仍认为中国社会的性质依然是半殖民地社会，国民党新军阀的统治依然是城市买办阶级和乡村豪绅阶级的统治。② 有研究者探讨了毛泽东对近代中国社会性质的深层思考，认为毛泽东同志正是在对近代中国社会性质作深层思考的基础上，确立了中国新民主主义革命的战略策略，从而保证了中国革命的最终胜利。③ 有研究者研究了毛泽东对于中国革命性质的认识发展过程，认为在 1928 年毛泽东首次用"资产阶级的民主革命"这个准确的概念来取代"国民革命"的概念，而且还第一次提出了无产阶级对于民主革命的领导权。可以说，这是毛泽东对于中国革命性质的第一次较为准确的表述。④ 有研究者探讨了毛泽东同志对于无产阶级在民主革命中领导权思想的发展，认为毛泽东在深刻总结北伐战争中被蒋介石集团窃取领导权、篡夺革命成果的沉痛教训和党内右倾机会主义者放弃和取消无产阶级领导权所造成的危害的基础上，明确提出了无产阶级必须在民主革命中牢牢掌握领导权的思想。⑤ 有研究者论述了毛泽东对资产阶级共和国方案的批判，指出他对陈

---

① 刘德喜：《论毛泽东思想的世界眼光》，《中共中央党校学报》2000 年第 4 期。

② 孙宏健：《毛泽东对认识近代中国社会性质的历史贡献》，《内蒙古大学学报（人文社会科学版）》2004 年第 5 期。

③ 刘永洪：《毛泽东对近代中国社会性质的深层思考》，《成都师专学报（文科版）》1993 年第 3 期。

④ 李晓勇：《略论毛泽东对于中国革命性质的认识发展过程》，《马克思主义研究》1989 年第 4 期。

⑤ 周贤德、陈启示：《毛泽东同志对于无产阶级在民主革命中领导权思想的发展》《绍兴文理学院学报（社会科学版）》1984 年第 1 期。

独秀"二次革命论"和"戴季陶主义"企图在中国建立资产阶级共和国的主张进行了批判,并科学地分析了中国资产阶级的状况,认为资产阶级已失去了充当革命领导者的资格,不可能在中国建立起一个独立的资产阶级共和国的,尤其是抗战爆发后,国际和国内环境都不容许中国走欧美资产阶级的老路。① 有研究者探究了秋收起义前后毛泽东对中国革命道路探索的创造性贡献,认为毛泽东领导的秋收起义,指示了中国农村包围城市,武装夺取政权道路的最初走向,成为中国走上这条独特而又崭新的革命道路的开端。②

上述论著尽管从不同层面阐述了毛泽东对中国革命基本问题的探索,但基本没有与马克思主义时代化联系起来,因此,本书在写作过程中尽量弥补该方面的不足,在学习、吸收和借鉴的基础上,主要探究毛泽东对马克思主义时代化的推进。

(四)新民主主义革命理论与马克思主义时代化的实现

综述以新民主主义革命理论与马克思主义时代化为考察对象的成果,就有必要提及郑德荣先生所著的《毛泽东与马克思主义中国化》一书。该书从总体上就马克思主义中国化的双层次问题进行了有益的探索,并提出一些新鲜课题和独到见解,形成从宏观上研究毛泽东思想及其与马克思主义关系的独具特色的理论框架与风格。从其目录如"用马克思主义指导中国革命的真谛在于运用中国化了的马克思主义"、"中国特殊国情要求必须把马克思主义根植于中国这块土壤上"、"毛泽东是马克思主义中国化的伟大旗手和奠基人"等可以看出,这是一部以史料为依据,将"如何认识和理解马克思主义"、"照搬照抄是不是真正的马克思主义"、"中国革命向何处去"、"道路怎样走"③ 等迫切需要回答

---

① 田克深:《毛泽东对资产阶级共和国方案的批判》,《山东大学学报(哲学社会科学版)》1990 年第 1 期。

② 绳晓旭:《秋收起义前后毛泽东对中国革命道路探索的创造性贡献》,《保定学院学报》2008 年第 1 期。

③ 郑德荣:《毛泽东与马克思主义中国化》,东北师范大学出版社 1997 年版。

的重大课题置于中国特殊国情的实际中进行探讨，寻找"结合"点，体现了"中国化"是什么，怎样"化"中国，要"化"成什么样子。从而，为我们展现了党的理论和历史发展的紧密结合，展现了马克思主义中国化的理论和实践。

相关领域的另一典型代表作是中央文献研究室《中国道路》课题组撰写的《中国道路十章——马克思主义中国化经典文献回眸（一、二）》，此文站在新的历史起点来回望马克思主义在中国的发展，检视中国共产党引领中国人民走过的九十年的道路，并以选择不同历史时期党的重要文献的方式来总结这条道路。提出中国共产党在领导中国革命、建设、改革、发展事业的征程中，历经艰辛寻找到的正确道路，就是适合中国国情的中国道路。这条路，就是中华民族走向伟大复兴之路，就是马克思主义中国化之路，就是中国革命、建设、改革、发展之路，就是中国特色社会主义之路。这条路，集中体现在《毛泽东选集》、《邓小平文选》、《江泽民文选》、《科学发展观重要论述摘编》等凝聚中国共产党人鲜血和智慧、散发着历史风烟的重要文献中。它们从波澜壮阔的历史实践中脱颖而出，成为历史航道的灯塔，成为思想心灵的旗帜，引领着中国道路，从昨天走到了今天。尤其是文中的一些观点和论述，如"马克思主义中国化的里程碑：《新民主主义论》"、"以《新民主主义论》为代表的理论成果，把马列著作中已经提出的一些观点完全中国化、具体化，使之成为带有中国特色、符合中国革命实际的理论、纲领、路线和方针、政策，大大丰富了这些观点的内容"、"提出了一系列经典著作从来没有讲过，但却符合马列主义原理原则的观点、概念、论断"、"新民主主义理论的提出和成熟，构成了马克思主义中国化第一次历史飞跃的最重要标志，它为中国人民指明了一条适合中国国情的夺取民主革命胜利的正确道路，也是毛泽东思想走向成熟的重要标志"①，让研究者对新民主主义革命理论和马克思主义时代化的关系获得了全新认识。

另外，还有一些著作和文章涉及了新民主主义革命理论与马克思主义时代化之间的关系，并且在具体内容上也各有侧重。如王桧林主编的《中国新民主

---

① 中央文献研究室《中国道路》课题组：《中国道路十章——马克思主义中国化经典文献回眸（一、二）》，《党的文献》2011 年第 1 期。

主义理论研究》认为，中国新民主主义革命胜利的历史，就是马克思列宁主义普遍原理与中国革命具体实践相结合的过程史。换句话说，也就是马克思列宁主义中国化的历史。二者相结合在理论上的成果就是毛泽东思想。并强调不能片面地强调中国的特殊性，来否定马克思主义适合中国国情。① 有研究者探究了中国共产党关于"革命分两步走"战略思想的探索过程，认为毛泽东从分析中国国情入手，肯定了革命分两步走的战略，批判了"一次革命论"；创造性地提出了"新民主主义革命"的命题，正确规定了中国民主革命阶段有关革命性质、革命任务、革命动力、革命领导权、革命前途等一系列基本理论问题；正确地解决了中国民主革命与社会主义革命之间的关系问题。《新民主主义论》发表，标志中共关于"革命分两步走"的思想，经 20 年的探索，已臻完善。②

（五）新中国成立后中共第一代领导集体与马克思主义时代化的推进

关于新中国成立后毛泽东与马克思主义时代化的推进，目前，还没相同的成果，一些著作和学术论文对其某一方面的内容进行了探讨，可以为本书提供借鉴。如学者张玉瑜在他的著作《毛泽东与中国社会主义》中指出，毛泽东的一生，也是为在中国实现社会主义而不断探索和开拓、寻找适合中国情况的革命和建设道路的一生。在毛泽东的一生中，进行了三次伟大的探索。第一次，在民主革命的实践中开拓了一条具有中国特色的新民主主义革命道路。第二次，在新中国成立以后，探索了一条适合中国情况的社会主义改造道路。第三次，在社会主义改造基本完成以后，又为探索一条适合中国情况的社会主义建设道路而努力。新中国成立后毛泽东适时提出了新的历史课题，在我国社会主义改造即将基本完成的时候，又提出了探索适合中国情况的社会主义建设道路的新的历史课题，而且从原则上提出了探索的方法，就是在社会主义建设的实

---

① 王桧林：《中国新民主主义理论研究》，党建读物出版社 1998 年版。
② 朱汉国：《中国共产党关于"革命分两步走"战略思想的探索过程》，《北京师范大学学报（社会科学版）》1994 年第 2 期。

践中去解决。他从中国的基本国情出发，分析了过渡时期的社会矛盾，提出了过渡时期的总路线，并依据马克思列宁主义的基本原理指导新中国的建设，在社会主义建设和社会主义理论方面取得了重大进展和成就；也曾经出现了严重的失误，使我国的社会主义事业遭受了重大损失。① 一些论文对新中国成立后毛泽东对社会主义道路的探索进行了探究，有研究者对毛泽东关于时代主题的认识考量及现实依据进行了研究，提出毛泽东基于国家利益的考量，提出革命和战争是这一时代的主要特征，同时认为和平与发展的时代态势不是不可能出现的，但却取决于社会主义制度的建立和社会主义阵营的扩大与团结，取决于世界人民的不屈斗争，并且战争和革命与和平和发展这样的时代特征不是凝固不变的而是可以相互转化的。② 有研究者提出坚持、巩固和发展人民民主专政，是中共始终不渝的治国方略③，毛泽东人民民主专政理论是在继承马克思主义无产阶级专政理论的基础上结合中国的具体实际创造出的适合于中国革命和建设的政权理念。④ 有研究者探究了毛泽东对适合中国国情的社会主义建设道路的探索，认为在社会主义革命时期，毛泽东创立了有中国特色的社会主义革命转变理论，开辟了一条适合中国国情的社会主义改造道路，用国家资本主义的形式与和平赎买的政策改造资本主义工商业、用逐步过渡的形式改造个体农业和手工业，使社会生产力在改造过程中继续得到发展，广大人民的生活水平得到提高。在建立社会主义制度以后，毛泽东又在面对着在经济文化比较落后的基础上如何巩固和发展社会主义的课题时，在借鉴苏联社会主义建设经验教训的基础上，开始了对适合中国国情的社会主义建设道路的先行探索。⑤ 有

①　张玉瑜：《毛泽东与中国社会主义》，学林出版社 2001 年版。

②　张俊国：《毛泽东对时代主题的认识考量及现实依据》，《胜利油田党校学报》2007 年第 2 期。

③　田居俭：《坚持人民民主专政是坚持人民民主专政是中共始终不渝的治国方略》，《北京党史》2009 年第 5 期。

④　沈浩：《论毛泽东人民民主专政理论对马克思主义无产阶级专政理论的发展》，《前沿》2006 年第 5 期。

⑤　徐崇温：《毛泽东对适合中国国情的社会主义建设道路的先行探索》，《中共云南省委党校学报》2010 年第 2 期。

研究者将苏共二十大与毛泽东探索适合中国国情的社会主义建设道路相联系，认为苏共二十大的召开，为毛泽东独立自主地探索适合中国国情的社会主义建设道路创造了重要条件，产生了积极作用，带来一个较为宽松、有利的国际环境；但也给他致力于的社会主义建设带来了极其严重的负面影响，引发了毛泽东"左"的指导思想的发展。[1] 还有研究者认为，社会主义建设时期，对主要矛盾的误判，可以说是毛泽东最终未能实现马克思主义中国化第二次飞跃的一个主要原因。[2] 有研究者探讨了新中国成立后毛泽东提出的中间地带理论和三个世界理论，认为其在国际政治和中国对外关系两个领域具有十分重要的实践意义。有研究者从三个方面探讨了社会主义建设时期毛泽东对马克思主义中国化的探索与贡献，认为社会主义建设时期，毛泽东率先提出"以苏为戒"和实现"第二次结合"的历史任务，谱写了马克思主义中国化第二次历史性飞跃的前奏曲；毛泽东的探索对马克思主义中国化第二次历史性飞跃的理论成果——中国特色社会主义理论体系的形成和发展起了思想先导作用，为马克思主义中国化第二次历史性飞跃的实践结晶——中国特色社会主义道路的开辟奠定了坚实的物质基础和政治根基。[3] 上述研究无疑为研究新中国成立后以毛泽东核心的第一代中央领导集体与马克思主义时代化的推进提供了研究基础。

（六）改革开放以来中共推进马克思主义时代化研究

目前，尚没有将改革开放以来三代中央领导集体推进马克思主义时代化同时进行研究的成果，一些学术论文就三代领导人推进马克思主义时代化分别进行了研究，为本书的写作提供了借鉴。

---

[1] 李晓：《苏共二十大与毛泽东适合中国国情的社会主义建设道路的探索》，《青海师范大学学报（哲学社会科学版）》2004 年第 5 期。

[2] 凌弓、郭永康：《论毛泽东的国情观对马克思主义中国化的影响》，《前沿》2004 年第 1 期。

[3] 孙进：《论社会主义建设时期毛泽东对马克思主义中国化的探索与贡献》，《扬州大学学报（人文社会科学版）》2009 年第 5 期。

1. 关于邓小平推进马克思主义时代化研究

目前，学术界从整体上对邓小平推进马克思主义时代化研究的学术成果还比较少。学者侯惠勤等的著作《马克思主义中国化理论创新 30 年（1978——2008）》，阐述了新时期马克思主义中国化的基本轨迹，认为：突破传统社会主义认识局限、提出社会主义本质论，破除社会主义和市场经济的对立、把市场经济和社会主义联系起来，破除抽象的社会主义优越论、确立改革为社会主义发展的动力，破除社会主义的封闭式发展，在改革开放中发展社会主义等，是社会主义建设理论的突破性创新，体现了中国特色，标志着我们党实现了马克思主义中国化的第二次历史性飞跃①。这一厚重的成果让研究者对改革开放以来中共对社会主义建设理论的创新获得了全新的认识。此外，学界还有很多学者对邓小平推进马克思主义时代化研究从不同侧面、不同角度进行了阐述。例如，研究者邹谨、唐棣宣认为，邓小平坚持与时俱进，把马列主义、毛泽东思想的一些基本观点时代化，提出了具有创新性的思想观点，丰富和发展了马列主义、毛泽东思想，为马克思主义时代化的实践树立了光辉典范。② 研究者赵刚则认为，邓小平坚持马克思主义划分时代的基本标准，提出了和平与发展的时代主题。③ 研究者苑申成除了从时代主题的变化这一角度出发对邓小平推进马克思主义时代化的贡献进行论述，还从重新确立党的基本路线这一角度进行论述。④ 还有学者提出了"邓小平社会主义本质论揭示了社会主义的本质，把对社会主义的认识提高到了新的科学水平"⑤；"社会主义本质论不仅立足于当

①　侯惠勤等：《马克思主义中国化理论创新 30 年（1978——2008）》，中国社会科学出版社 2008 年版。

②　邹谨、唐棣宣：《邓小平对推进马克思主义时代化的贡献》，《中共南昌市委党校学报》2011 年第 2 期。

③　赵刚：《党的三代领导集体核心对马克思主义时代化理论的贡献》，《安阳师范学院学报》2011 年第 6 期。

④　苑申成：《邓小平对马克思主义中国化、时代化和大众化的杰出贡献》，《思想教育研究》2010 年第 8 期。

⑤　郑玉元、王剑民：《邓小平社会主义本质论是科学社会主义理论发展的新阶段》，《贵州工业大学学报（社会科学版）（季刊）》1999 年第 3 期。

代中国，实际上体现了科学社会主义的普遍性"①；"没有改革开放就没有新时期的马克思主义中国化"②；此外，值得一提的是，硕士学位论文《邓小平对马克思主义时代化的推进》对该问题进行了探讨。该文从三方面对邓小平推进马克思主义时代化进行论述，包括对邓小平推进马克思主义时代化的理论与现实基础的分析、邓小平对马克思主义时代化推进的内容解读以及对邓小平推进马克思主义时代化的现代启示的研究。③ 这些研究为本书全面展开对邓小平推进马克思主义时代化研究提供了很好的基础；但是，需要指出的是，该文没有提及邓小平推进马克思主义时代化的逻辑起点与理论创新问题，没有从时代化角度对上述问题进行系统而全面的分析；并且对邓小平推进马克思主义时代化的基本经验也尚未提及。本书则对这几方面内容进行了系统研究，弥补了该研究的不足。

2. 关于"三个代表"重要思想与马克思主义时代化的推进

有研究者研究了"三个代表"重要思想在马克思主义中国化进程中的历史地位，认为"三个代表"重要思想回答了新世纪、新阶段、新任务条件下，党的建设面临的两大历史性课题，解决了当代世界社会主义国家执政党的建设没有解决或没解决好的新课题；"三个代表"重要思想是社会主义本质在党的建设上的必然要求、"三个规律"在党的建设上的高度概括、唯物史观在党的建设上的集中体现，具有深厚的理论底蕴；"三个代表"重要思想是马克思主义中国化历史性飞跃的最新成果和马克思主义党建学说的重大理论创新。④ 有研究者认为，"三个代表"重要思想以新的视野，新的形式对中国共产党所处的历史方位做出准确的判断，并把马克思主义唯物史观创造性地运用到党的建设中来，体现了马克思主义基本原理同中国具体实际相结合的创新精神，是马克

---

① 雷云：《把握社会主义的普遍性加深对社会主义本质论的认识》，《中国特色社会主义研究》2012 年第 1 期。

② 黎康：《马克思主义中国化的多维审思》，江西人民出版社 2011 年版。

③ 钟燕：《邓小平对马克思主义时代化的推进》，湖南师范大学中共党史专业 2011 年硕士学位论文，第 1 页。

④ 郑德荣：《"三个代表"重要思想在马克思主义中国化进程中的历史地位》，《东北师大学报（哲学社会科学版）》2004 年第 1 期。

思主义中国化的又一次伟大创新。① 有研究者从马克思主义中国化最新理论成果的视角研究了"三个代表"重要思想，认为"三个代表"重要思想开辟了马克思主义理论发展的新境界，第一次提出了先进生产力是建立在高新技术基础上的生产力的观点，赋予马克思主义发展观以新的内涵；同时，"三个代表"重要思想是中国共产党发展史上新的里程碑，对党的性质、宗旨、历史任务做出了新的概括，科学地阐述了立党之本、执政之基、力量之源，实现了马克思主义在中国发展的第三次历史性飞跃；作为党的指导思想之一，"三个代表"重要思想体现了马克思主义与时俱进的理论品质，是不断促进党的事业胜利前进的根本保障。② 有研究者认为，"三个代表"思想是同马克思列宁主义、毛泽东思想和邓小平理论一脉相承的，反映了当代世界和中国的发展变化对党和国家工作的新要求的中国共产党的最新理论创新成果，是当代中国的马克思主义，是马克思主义中国化的第三个里程碑。③ 等等。值得注意的是，尽管研究者没有对"三个代表"重要思想对推进马克思主义时代化进行全面的研究，但是研究者从不同层面、不同角度对"三个代表"重要思想推进马克思主义中国化研究的理论成果，为本书的顺利开展提供了重要的研究基础和诸多启发。

3. 关于科学发展观与马克思主义时代化的推进

以科学发展观和马克思主义时代化推进为对象进行综述，不能不提到庞元正的力作——《科学发展观基本问题研究》。此书秉持科学发展观是马克思主义中国化最新成果、是中国社会主义理论的最新发展、是当代中国的马克思主义发展理论，对科学发展观的基本问题进行系统深入的研究、是当代中国发展实践的需要、是推进理论创新和实践创新的需要、这样的写作宗旨，对科学发展观的国内外背景、思想理论源头、直接理论来源和当代思想资源，对科学发展观基本内涵的理论依据、现实依据和实践要求，对科学发展与创新发展、和

---

① 马力、付佩丽：《"三个代表'重要思想是马克思主义中国化的伟大创新》，《中央社会主义学院学报》2003 年第 6 期。

② 麻秀荣：《"三个代表"：马克思主义中国化的最新理论成果》，《学习与探索》2003 年第 4 期。

③ 党忠：《"三个代表'思想是马克思主义中国化的第三个里程碑》，《探索》2002 年第 5 期。

谐发展、和平发展的内在关系，对科学发展与改革开放、国防军队建设和提高党的建设科学化水平的相互关系，对科学发展观的理论地位与指导意义，进行了理论上的深入阐述和探索性的研究，可以说是对科学发展观的 个全方位的研究。因而，此书既获得国家出版基金资助，又得到朱之鑫、李景田、王伟光、叶小文、周文彰等的联合推荐。书中的许多观点体现了对当代中国主题"科学发展观"的深层思考，是科学发展观理论体系的新探索新构建。从其目录如"'三位一体'全面发展思想的形成"、"'四位一体'全面发展思想的确立"、"'五位一体'全面发展思想提出"以及科学发展观与党的指导思想的与时俱进等可以看出，作者对科学发展观的思考和研究具有前瞻性和理论深度。这一著述，突出了问题意识，向研究者呈现了"坚持全面发展要正确认识和处理的几个问题"，"坚持协调发展需要正确处理的若干问题"，"坚持可持续发展需要深入研究的问题"，"坚持统筹兼顾需要深入研究的几个问题"①；等等。让研究者对科学发展观与马克思主义时代化的推进获得了全新认识。

相关领域中的另一代表性著作，为曹普撰写的《科学发展观与当代中国》。这一著作着眼于重大理论生成、重大决策部署、重大事件回溯、重大成就展示，把纵向展开与横向铺叙结合起来，全景式地回顾党的十六大以来以胡锦涛为总书记的党中央治国理政的历史，十年科学发展取得举世瞩目辉煌成就的历史——并以对这段历史主流主脉的尽可能客观的呈现，反映十年来中共的作为、中国的进步。在这著述中，作者还就走向和谐与和平外交提出了许多重要观点。如，衡量一个国家的整体实力不仅要看其经济总量，也要看其社会是否充满活力，是否和谐稳定；评价一个执政党的执政业绩不仅要看其领导经济发展的速度和效率，也要看其维护社会公平正义、促进社会和谐稳定、加强和创新社会管理的质量和水平；②等等。在这一书中，作者还较为详细地呈现了怎样以改革创新的建设全面推进党的建设新的伟大工程。

此外，也有一些文章涉及了科学发展观与马克思主义时代化推进。如有研

---

① 庞元正：《科学发展观基本问题研究》，人民出版社 2012 年版。

② 曹普：《科学发展观与当代中国》，海峡出版发行集团、福建人民出版社 2012 年版。

究者认为科学发展观作为中国特色社会主义理论体系的重要组成部分，是同马克思列宁主义、毛泽东思想、邓小平理论和"三个代表"重要思想既一脉相承又与时俱进的科学理论，是顺应时代和实践发展要求的必然产物，开创了马克思主义在当代中国发展的新境界①；科学发展观拓展了对社会主义特征和本质的认识，提出了一系列富有创新性的党的建设思想②；科学发展观丰富和发展了中国特色社会主义理论，为完善社会主义市场经济体制改革提供指导思想，是对中国特色社会主义本质论的进一步深化和发展，发展了我国社会主义现代化建设的总体布局；③构建社会主义和谐社会的理论是对《共产党宣言》光辉思想的发展和创新，是马克思主义中国化学说的光辉成就④；和谐社会理论正是从社会主义与中国发展实现良性互动的视角，在突破目前我国发展的现实困境中赋予了马克思主义中国化新的具体内容，在突破社会主义价值诉求"具体化"的困境中指出了马克思主义中国化的现实途径，在突破当代世界和平与发展的困境中彰显了马克思主义中国化的时代意义⑤；构建社会主义和谐社会和推动建立持久和平、共同繁荣的"和谐世界"思想是马克思主义中国化的典型成果⑥；等等。

这些论述都从不同层面阐述了科学发展观是与马克思列宁主义、毛泽东思想、邓小平理论和"三个代表"重要思想既一脉相承又与时俱进的科学理论，顺应了时代发展，深化了对社会主义特征和本质的认识，丰富和发展了中国特色社会主义理论，为研究者提供了很好的借鉴。然而，由于与本选题研究重心

---

① 刘建武：《科学发展观与马克思主义中国化的新境界》，《中共党史研究》2009 年第 2 期。

② 辛向阳：《科学发展观对马克思主义中国化的深化与拓展》，《当代世界与社会主义》2009 年第 4 期。

③ 左云青：《科学发展观对马克思主义中国化的新发展》，《长春理工大学学报（高教版）》2010 年第 4 期。

④ 董晓璐、张忠江：《和谐理论是马克思主义中国化学说的光辉成就》，《求索》2008 年第 4 期。

⑤ 刘志礼、魏晓文、刘洁：《和谐社会理论的创新与马克思主义中国化》，《西南大学学报（社会科学版）》2008 年第 1 期。

⑥ 蔡丽华：《和谐社会与和谐世界：马克思主义中国化的典型成果》，《理论学刊》2007 年第 9 期。

的不完全一致，这些成果在探讨科学发展观与马克思主义时代化的推进方面相对来说有以下不足：一是对科学发展观与马克思主义时代化的推进的探讨局限于某一层面，研究者对科学发展观开辟了马克思主义中国化的新境界，科学发展观与马克思列宁主义、毛泽东思想、邓小平理论和"三个代表"重要思想既一脉相承又与时俱进方面的研究内容较多，而对于全面协调可持续发展思想与马克思主义的承接与创新研究方面有些不足，毕竟科学发展观本身已经包含了全面协调可持续发展的思想，因此，全面协调可持续发展思想必然与科学发展观的后续宣传、普及进程相伴随。二是主要侧重研究构建和谐社会、和谐世界的现实意义，理论层面的挖掘仍显单薄，有待丰富。三是通常侧重梳理科学发展观的形成历程，而对于其推进马克思主义时代化方面的功绩，未能呈现。四是从对新时期新阶段重要战略机遇期的把握层面上来解读科学发展观对马克思主义时代化的推进方面的成果则少之又少，毕竟在2002年时，党的十六大就作出了"综观全局，21世纪头20年，对我国来说，是一个必须紧紧抓住并且可以大有作为的重要战略机遇期"的重要判断，到2010年，党的十七届五中全会提出了"综合判断国际国内形势，我国发展仍处于可以大有作为的重要战略机遇期"的结论，而倍加珍惜重要战略机遇期本身就是科学发展观的题中应有之义。因此，本书在进行研究时，力求开拓研究视野，并在上述方面进行展开，以弥补不足。

（七）中共推进马克思主义时代化的基本经验

涉及中共推进马克思主义时代化的基本经验的研究成果，偶有著作，但更多的是学术论文，不少观点都可圈可点，值得借鉴。

1. 相关著作

关于马克思主义中国化的历史经验：最具代表性的著作是龚育之、石仲泉为首席专家、"马克思主义中国化的历史进程和基本经验"课题组所著《马克思主义中国化研究——历史进程和基本经验》（上、下），该书突出了"探索"这一视点，认为，马克思主义中国化是一个不断探索、反复探索的过程，干革命是如此，搞建设也是如此，即从不成熟到比较成熟、成熟了又不成熟，还要再探索的过程，并从五个方面对马克思主义中国化的基本经验进行了系统梳理，包括破除迷信，解放思想，科学地对待马克思主义；真正地了解中国实际，一切从中国国情出发；继承优秀历史文化，创造马克思主义的民族形式，形成中国特色；坚持世界眼光，与时俱进，不断吸收人类优秀文明成果；总结经验，让理论掌握群众来改造世界。① 学者柳国庆的著作《马克思主义中国化历史经验研究》，该书认为中国共产党领导中国人民进行革命和建设的历史，就是不断推进马克思主义中国化的奋斗史。科学总结马克思主义中国化的历史经验，揭示其独特的基本规律，对于在 21 世纪开拓马克思主义中国化的伟大事业，具有十分重要的理论和现实意义。该书从五个方面阐述了马克思主义中国化的历史经验：一是解放思想，实事求是，是马克思主义中国化的思想基础；二是立足于中国的特殊国情，是马克思主义中国化的实践基础；三是批判地继承中国传统文化的精华，是马克思主义中国化的文化渊源；四是总结中国革命和建设的经验教训，是马克思主义中国化的历史根据；五是具备无产阶级革命家的政治胆略和理论勇气，是马克思主义中国化的主体条件。②

2. 相关论文

肖贵清教授等认为，中国共产党在把马克思主义基本原理与中国实际相结合的过程中，逐步积累了不断实现马克思主义中国化的基本经验：系统掌握马克思主义理论体系，反对教条主义；正确认识中国国情，实现马克思主义中国化；实现马克思主义与中华民族优秀文化的结合，使中国化马克思主义体现中国气派和中国作风；坚持马克思主义基本原理同中国实际相结合，走自己的路，不断进行理论创新。这为本书呈现了开阔的视野和全新的认识；③ 有研究者研究了马克思主义中国化的历史经验和基本规律，提出：坚持马克思主义基本原理同中国具体实际相结合，是马克思主义中国化的基本原则；实现这一基

---

① “马克思主义中国化的历史进程和基本经验”课题组：《马克思主义中国化研究——历史进程和基本经验》（上、下），北京出版集团公司、北京人民出版社 2009 年版。

② 柳国庆：《马克思主义中国化历史经验研究》，浙江大学出版社 2006 年版。

③ 肖贵清、胡运锋：《马克思主义中国化的基本经验》，《思想理论教育导刊》2007 年第 1 期。

本原则，关键在于从时代要求和社会实际出发，把实践作为"结合"的逻辑起点。坚持以与时俱进的科学态度探索客观规律，是马克思主义中国化的活力源泉；永葆这一活力源泉，关键在于深入探索社会主义初级阶段改革与建设的基本规律。坚持马克思主义的群众观点和群众路线，是马克思主义中国化的根本保证；强固这一根本保证，关键在于把人民群众的利益需求和创造精神紧密结合起来①；有研究者探讨了中国特色社会主义的世界眼光，提出改革开放以来，中国以宽广的世界眼光，密切地关注全球大局，借鉴经验，汲取教训，抓住机遇，迎接挑战，推进中国特色社会主义事业不断向前发展；② 有研究者认为世界眼光是马克思主义中国化的基本要求；党的世界眼光成就中国化马克思主义理论；世界眼光的核心是正确认识社会主义与资本主义的关系，辨析人类文明成果③；有研究者研究了毛泽东的马克思主义观的核心思想——把马克思主义普遍真理同中国具体实际相结合，认为深入研究毛泽东的马克思主义观，探讨其基本内涵和精神实质，可以深化对"什么是马克思主义、怎样对待马克思主义"的认识④；有研究者探究了科学的马克思主义观，提出马克思主义具有实践性、科学性、人民性和开放性的理论品格，需要全面而辩证地把握它们。要努力把马克思主义普遍真理转化为方法和价值取向。并提出判断坚持还是背离马克思主义的基本标准，就是看它是否在尊重客观规律特别是社会规律基础上为绝大多数人谋利益，马克思主义发展的最重要表现，是在它指导下国家的富强和人民的幸福⑤；有研究者对改革开放以来中国共产党人的马克思主义观进行了研究，认为马克思主义观就是中国共产党人对"什么是马克思主义"和"怎样对待马克思主义"问题的创造性探索和回答而形成的基本观点和看法，同时提出，随着实践的发展，时代的前进，中国共产党人的马克思主义观也将不断

① 包心鉴：《马克思主义中国化的历史经验和基本规律》，《重庆邮电大学学报（社会科学版）》2007 年第 5 期。
② 陶文昭：《中国特色社会主义的世界眼光》，《学习论坛》2010 年第 8 期。
③ 石仲泉：《马克思主义中国化与世界眼光》，《中共中央党校学报》2011 年第 2 期。
④ 田心铭：《毛泽东的马克思主义观的核心思想——把马克思主义普遍真理同中国具体实际相结合》，《北京大学学报（哲学社会科学版）》2010 年第 2 期。
⑤ 董德刚：《科学的马克思主义观研究》，《中共中央党校学报》2005 年第 3 期。

地发展。① 还有学者总结了中国共产党对时代主题把握上成功的实践和失败的探索，分析了当前形势下把握时代主题应注意的问题，并提出了科学认识时代主题是马克思主义时代化的前提 ②；有研究者提出，只有从当下中国恢弘而庞杂的意识中抽引出精神现象的时间链条、因果关系和逻辑序列，才能使马克思主义基本原理与时代特征生动地结合起来，从而创造出真正符合中国国情、发展趋势的指导思想 ③；有研究者认为，实现时代主题转换和理论创新的有机结合，需要正确认识具体国情，科学判断我们党的历史方位；把坚持马克思主义和发展马克思主义内在统一起来；在实践基础上实现马克思主义基本原理与我国具体实际的"不断结合"④；有研究者对国情与马克思主义中国化的关系进行了研究，并得出了结论：特殊的中国国情决定马克思主义中国化的生成，多样的中国国情规定马克思主义中国化的路径，动态的中国的国情牵引马克思主义中国化的发展。准确把握中国国情，是实现马克思主义中国化的重要环节 ⑤；有研究者对改革开放以来马克思主义中国化的基本经验进行了阐述，认为坚持不断解放思想是马克思主义中国化的思想前提；科学把握马克思主义是马克思主义中国化的理论基础；实事求是的把握中国国情是马克思主义中国化的现实基础；勇于创新是马克思主义中国化的核心和关键 ⑥；还有"邓小平的国际视野对推动改革开放和中国特色社会主义具有极为重要的意义"⑦；"中国化的马克思主义是党的先进性建设的理论基础，党的先进性建设是马克思主义中国化的

　　① 赵佩君：《改革开放以来中国共产党人的马克思主义观研究》，山东大学马克思主义中国化研究专业 2010 年硕士学位论文，第 1—2 页。

　　② 明成满：《科学把握时代主题与马克思主义时代化》，《青海社会科学》2011 年第 3 期。

　　③ 速继明：《时代主题的变迁与马克思主义时代化的内在逻辑》，《思想理论教育》2011 年第 1 期。

　　④ 张晓东：《时代主题转换与马克思主义中国化的创新历程》，《毛泽东邓小平理论研究》2006 年 12 期。

　　⑤ 陈其胜：《中国国情与马克思主义中国化的逻辑联系》，《学习与实践》2010 年第 12 期。

　　⑥ 曹宏：《论改革开放以来马克思主义中国化的基本经验》，《山东行政学院山东省经济管理干部学院学报》2010 年第 3 期。

　　⑦ 陶文昭：《论邓小平的世界眼光》，《贵州社会科学》2012 第 6 期。

强大动力"①；等等。上述研究成果中的很多观点都为本书呈现了崭新的认识和有益借鉴。

四、创新之处

学界关于马克思主义中国化方面的研究，相关论著不仅数量很多而且质量上乘；有关马克思主义时代化和大众化研究的成果也见仁见智；相对来讲，关于中共推进马克思主义时代化研究的成果则少之又少。因此，探讨中共推进马克思主义时代化的历史进程，有一定的创新性。具体说来，有五点：

一是具体分析了中共早期领导人对马克思主义时代化的探索。本书以李大钊、陈独秀、蔡和森、邓中夏和瞿秋白五位为例，首次具体阐述了中共早期领导人在宣传和传播马克思主义，判断战争与革命的时代主题，分析中国革命与世界革命的关系，坚持对具体国情的把握，探索中国社会性质、革命性质、无产阶级领导权、革命道路、革命前途，组织建党等多个层面上对探索马克思主义时代化的历史贡献。以对马克思主义时代化的探索为考察对象的文章屡见不鲜，但是以中共早期领导人为例，分析他们对马克思主义时代化的探索的文章却屈指可数。而本书的三个特征：同时以数位中共早期领导人为考察对象、并不局限于某一层面、深入分析各自具体贡献之处，使其完全不同于以往的研究，并能深化对"毛泽东思想是集体智慧的结晶"这一经典论断的理解。

二是系统阐明了民主革命时期毛泽东对马克思主义时代化的推进。本书首次系统分析了民主革命时期毛泽东推进马克思主义时代化的突出贡献。以往的研究在考察民主革命时期毛泽东对马克思主义理论宝库的丰富和发展时，更多的是从中国化的角度，注重毛泽东对新民主主义革命基本问题探索的理论贡献，而本书则是从时代化的视角，强调准确把握时代主题是实现马克思主义时代化的要害，是中国共产党正确领导中国革命、规划革命蓝图的关节点。在此

---

① 谢金辉：《党的先进性建设与马克思主义中国化》，《湖北行政学院学报》2007 年第 S1 期。

基础上，重点梳理民主革命时期毛泽东通过对战争与革命这一时代主题的准确把握，正确认识了中国革命与世界革命的关系，掌握了中国革命发展的基本规律，不是机械地、教条主义地运用马克思主义，而是将马克思主义理论与中国革命的具体实践与时代特征相结合，为创立新民主主义革命理论奠定了重要基础，成为推进马克思主义时代化的关节点。从而集中体现和突出了"毛泽东是毛泽东思想的主要创立者"。

三是明确论述了新民主主义革命理论与马克思主义时代化的实现。本书在全面呈现新民主主义革命理论这一科学理论体系的同时，首次论述了它与马克思主义时代化的关系。新民主主义革命理论始终是中共党史、中国革命史、毛泽东思想研究中的重要课题，目前该方面的研究成果盈千累万，但大多数研究认为新民主主义革命的形成过程是马克思主义中国化的开始、不断成熟和发展过程。而本书则明确提出新民主主义革命理论实现了马克思主义时代化，这主要是基于以下考虑：一是，在 1940 年 1 月《新民主主义论》发表之前，马克思主义时代化问题在党内没有完全得到解决，一直到 1939 年 12 月，毛泽东首次提出"新民主主义革命"概念和次年《新民主主义论》的发表，我们党才彻底放弃了三民主义，从而解决了马克思主义时代化问题。因为这时我们党有了自己创立的新的理论——新民主主义革命理论，新民主主义革命理论是发展了的马克思主义；二是，不断解决时代变化所提出的新课题是马克思主义与时俱进的品质和历史使命，中国共产党人的理论创新过程就是马克思主义时代化实现和升华的过程。

四是深入探究了新中国成立后中共第一代领导集体对马克思主义时代化的推进。本书以新中国成立为界点，首次探究了中共第一代领导集体对马克思主义时代化的推进。目前，学界有关这方面的研究成果还很少见，从该层面来看，这本身就是一个创新。本书将新中国成立之初的社会主义革命和社会主义建设时期与中国马克思主义者和共产党人在早期从事和领导民主革命时的情形进行了比较，认为二者都是在理论准备很不充足的情况下进行的。并由此入手，在分析中国共产党人开始重新认识苏联经验，把探索适合中国国情的社会主义建设道路提到突出位置的基础上，提出新中国成立初期的社会主义革命和社会主义制度确立后的社会主义建设（主要指 20 世纪 50 年代到 70 年代末这段时间）带有强烈的探索性质。表明新中国成立后中国共产党人也是在新的历史起点上开始对马克思主义时代化进行探索的，突出了"探索"的痕迹，其中有益的探索同样推进了马克思主义时代化。从而客观呈现出新中国成立后中共第一代领导集体对马克思主义时代化的贡献。

五是全面呈现了改革开放以来中共对马克思主义时代化的推进（这里的推进包含实现）。本书以全新的视角，首次系统呈现了改革开放以来三代中央领导集体推进马克思主义时代化的历史轨迹。从目前的研究来看，对改革开放以来三代中央领导集体推进马克思主义时代化的成果大多集中于某一代中央领导集体的推进。而本书则将三代中央领导集体同时作为推进马克思主义时代化的主体进行全方位的考察，从而呈现了一幅中华民族伟大复兴的新画卷：中国共产党人在领导改革开放和科学发展的进程中，坚持与时俱进，不断将马克思主义的基本理论与不断变化了的时代主题、中国改革和科学发展的实际相结合，创立了马克思主义与中国实际相结合的第二次飞跃的理论成果——中国特色社会主义理论体系，再一次实现了马克思主义时代化。这种视角无疑相对新颖，也更利于全方位呈现改革开放以来三代中央领导集体对马克思主义时代化的推进。

五、研究方法

（一）文献研究法

实证研究是以丰富的史料为基础的，以中国共产党和马克思主义时代化为切入点，来系统考察马克思主义时代化的推进就不能不系统研读经典作家的选集、全集、文集和相关著述，研读重要领导人的选集、文稿、年谱、传记、自述以及相关回忆录；研读党和国家在各个时期的文献资料、档案和历次党的代表大会的报告；研读党的理论工作者的具有代表性的学术著作和各种文选等。

并在搜集、整理、查阅过程中分析研究摘录重要资料，获得与本书相关资料的储备，为进一步研究打下基础。同时，任何研究都是在已有成果的基础上进行的，因此梳理和分析前人的研究成果就成为本书必不可少的方法。

本书所要梳理和分析的文献主要有以下六类：一是马克思主义经典作家关于落后国家和殖民地半殖民地国家革命的相关论述；二是中共早期领导人李大钊、陈独秀、邓中夏、瞿秋白、蔡和森和张闻天等对新民主主义革命基本问题的探索及其论述；三是以毛泽东为主要代表的共产党人创立新民主主义革命理论过程中的大量论述；四是以毛泽东为核心的第一代中央领导集体建国后对社会主义革命和建设进程中的论述；五是改革开放以来中国共产党人在不同历史时期的理论论述；六是国内学者关于中国革命、建设、改革和发展与马克思主义时代化的既有研究。在上述梳理和分析的基础上，直接瞄准主要问题进行研究。

（二）比较分析法

中共早期领导人对马克思主义时代化的探索只是形成了新民主主义革命的基本思想，而民主革命时期毛泽东的探索则解决了中国革命的基本问题，比中共早期领导人的探索更进了一步，二者都为新民主主义革命理论的创立奠定了重要基础；新民主主义革命理论的形成，不仅回答了中国革命向何处去的战略方向问题，而且创造性地发展了马克思列宁主义，呈现出马克思主义中国化第一次历史性飞跃的理论成果，也是马克思主义时代化的实现；新中国成立后第一代中央领导集体对马克思主义时代化的探索既有成功的经验，也有深刻的教训；改革开放以来中共对马克思主义时代化的探索，开启了社会主义现代化建设的新篇章，中国共产党人实践、再实践、反复实践的每一次理论创新都是对马克思主义时代化的推进，也是马克思主义时代化实现、升华、再实现、再升华的前进过程；在新的历史起点上，总结经验，继往开来，必然对以往的经验教训进行总结、比较、分析，才能不断开创马克思主义时代化的新局面。

（三）跨学科研究法

本书是以中国共产党人和马克思主义时代化为中心，来还原中国共产党在领导中国革命、建设、改革和科学发展中对马克思主义时代化的重要推动力和影响因素，从而丰富当前的马克思主义中国化、时代化研究成果。故本选题除采用政治学的研究手段，还必然要参考哲学、历史学、传播学等相关研究方法。而且，由于时代化的本身就包含了双向互动的内在要求，所以，既要从档案的查阅和史料的整理中呈现中国共产党领导中国革命、建设、改革和科学发展的历史情景，又不能忽视对当时马克思主义时代化的实际效果的具体考察，因此必要时还需要借鉴社会学的研究方法。

（四）理论联系实际的方法

在分析中共早期领导人对探索马克思主义时代化的某些理论贡献时，必然要联系当时社会的具体实践，才能凸显其理论分析和创造的科学性；在阐述毛泽东对在民主革命时期对马克思主义时代化的探索时，必然要兼顾他在实践中对中国革命的领导，才能全方位地呈现他在将马克思主义理论与中国革命实际和时代特征相结合过程中的历史作为；在分析新民主主义革命理论与马克思主义时代化的实现时，必然要联系新民主主义革命的实际发展历程，才能分辨出新民主主义革命理论就是中国化和时代化了的马克思主义；在探究新中国成立后中共第一代领导集体对马克思主义时代化的探索时，联系中国社会主义革命和社会主义建设的实践是必不可少的，才能分辨出哪些探索和实践推进了马克思主义时代化，哪些探索和实践是必须吸取的教训；在研究改革开放以来中共推进马克思主义时代化时，必然展开改革开放和科学发展的巨大画卷，才能全方位呈现出改革开放以来三代中央领导集体在推进马克思主义时代化的实践中的伟大成就；站在历史和时代发展的高度对中共推进马克思主义时代化的基本经验进行梳理时，不能不观照推进当代马克思主义时代化的实践需要和现实条件，才能实现理论价值和现实意义的有机结合。

第一章 马克思主义时代化的基础理论研究

马克思主义时代化作为一个科学命题，具有丰富的内涵。随着人们对马克思主义时代化认识的逐渐深化，关于马克思主义时代化的内涵越来越成为学术界研究争论的热点，并且，内涵的研究也成为需要进一步深入探讨并加以明确的难题。因此，研究马克思主义时代化，首先应厘清马克思主义时代化的相关概念，尤其是要研究马克思主义时代化的内涵，在此基础上，不断拓展和深化对马克思主义时代化的研究。

第一节 相关概念厘定

一、时代

马克思、恩格斯提出的"时代"大多数指的是不同的社会形态。一般来说，在马克思看来，"时代"概念最一般的内涵是反映社会发展某一特定历史阶段并具有自己基本特征的社会范畴。① 目前，有关"时代"的概念比较多，比较有代表性的有以下几种观点：

---

① 赵明义等:《理论与实际结合：马克思主义·科学社会主义当代化与本国化研究》，山东出版集团、山东人民出版社 2009 年版，第 40 页。

第一种观点:"时代",最一般的含义是反映事物发展某一阶段的基本特征。作为历史范畴的时代,是指人类社会发展过程中由社会生产方式决定的一定的历史阶段的社会主题、社会结构、社会形态的总称。①

第二种观点:一层含义,"时代",指历史上以经济、政治、文化等状况为依据而划分的某个时期。如石器时代、封建时代、五四时代。第二层含义,指个人生命中的某个时期。如:青年时代。②

第三种观点:"时代"一般是指历史发展的时间序列。③

本书认为,第一种观点比较适合本书中的"时代"指向。

二、时代化

有研究者认为:时代化的内涵是指反映时代发展趋势、体现时代发展规律、表征时代精华的模式。这个"模式"或指理论体系,如马克思主义时代化;或指实践探索,如新民主主义时期的"革命道路"模式和改革开放时期的"建设道路"模式。时代化的外延则是指顺应时代潮流的时务和时势,也指历史发展的时间序列。④

本书中的时代化,应该置于"马克思主义时代化"这一具体命题中去理解,如果将其剥离出这一具体语境理解时代化,就失去了其理论价值和实践意义。所谓时代化就是指把反映时代发展趋势、体现时代发展规律、表征时代精华特点的时务和时势与马克思主义理论相结合而形成的动态实践过程或静态创新理论。

三、时代特征

有研究者认为:时代特征是指在某一历史时期,由当时的生产力发展水平

---

① 包心鉴:《马克思主义中国化的基本规律与当代走向》,人民出版社2011年版,第207页。
② 《现代汉语词典》,商务印书馆1981年版,第1032页。
③ 刘长军《"时代化"之理论思维》,《哈尔滨市委党校学报》2012年第1期。
④ 刘长军:《"时代化"之理论思维》,《哈尔滨市委党校学报》2012年第1期。

决定的、反映这一时期发展的基本态势、并对未来发展具有全局性和战略性影响的标志性特征。①

本书认为，时代特征是指人类社会发展过程中由社会生产方式决定的一定历史阶段的，关乎社会主题、社会结构、社会形态等的显著性特点。

四、时代主题

关于时代主题的概念主要有以下几种观点：

第一种观点认为：每一个时代都有每一个时代的主题。所谓时代主题，就是指在一定时期内，由世界主要矛盾以及主要力量对比所决定，反映世界基本特征并对世界形势走向具有全局性影响的战略性意义的问题。②

第二种观点认为：每个历史时代，都有自己的主要矛盾，都有需要解决的根本任务，这个主要矛盾和根本任务就是时代的主题。③

本书认为，所谓时代主题，是指在一定历史时期内反映世界基本特征并对世界形势的发展具有全局性影响和战略性意义的问题，就是在一定历史条件下世界历史发展进程中需要解决的主要问题。随着世界矛盾和国际形势的发展变化，时代主题也会发生转换。科学认识和准确把握时代主题，是制定正确发展战略和内外政策的一个重要前提。

五、马克思主义时代化

关于马克思主义时代化的内涵，多数研究者认为，马克思主义时代化就是紧密结合时代特征，不断吸收新的时代内容，使马克思主义紧跟时代发展步伐。时代化既包括内容的时代化、形式的时代化，也包括话语体系的时代化。必须准确把握时代主题，积极回应时代挑战，创造马克思主义理论的新范畴、

---

① 刘先春、吴阳松：《论马克思主义时代化》，《理论学刊》2010 年第 1 期。
② 饶银华：《世纪之交中国外交思想与实践研究》，中央文献出版社 2007 年版，第 2 页。
③ 包心鉴：《马克思主义中国化的基本规律与当代走向》，人民出版社 2011 年版，第 207 页。

新论断，用富有时代气息的鲜活语言，用适合当今社会的表达方式，更好地阐明马克思主义对当今世界经济、政治、文化等重大问题的主张。①

《中共中央关于加强和改进新形势下党的建设若干重大问题的决定》对马克思主义时代化作出了概括，即"马克思主义时代化，就是把马克思主义同当前时代的发展，同当前时代的特征结合起来，使之能够适应时代需要、把握时代脉搏、回答时代课题。"②

肖贵清教授认为："马克思主义时代化就是把马克思主义与中国革命、建设和改革不同历史时期的时代特征相结合，适应时代发展的趋势和潮流，实现马克思主义的与时俱进。"③

有研究者认为：马克思主义时代化就是把马克思主义基本原理与时代发展和时代特征相结合，不断吸收新的时代内容，实现马克思主义的与时俱进。马克思主义时代化的根本要求就是要反映时代愿望、回答时代课题、引领时代潮流，使马克思主义紧跟时代发展的步伐。④

有研究者认为：马克思主义时代化是指：把马克思主义的基本原理同不断变化发展的时代特征和时代精神相结合，对变化了的时代特征和时代精神作出准确的判断和分析，并在此基础上回应时代发展的难题，升华时代精神，创新发展理论。马克思主义时代化，包括内容的时代化，也包括语言和话语体系的时代化，重点是指内容的时代化，核心是升华时代精神、创新发展理论。⑤

有研究者认为：马克思主义时代化就是要求把马克思主义的基本原理同不断变化发展的时代特征和时代精神相结合，对变化了的时代特征作出科学准确

---

① 文华：《关于马克思主义中国化、时代化、大众化研究综述》，《红旗文稿》2010 年第 23 期。

② 《中共中央关于加强和改进新形势下党的建设若干重大问题的决定》编写组编：《中共中央关于加强和改进新形势下党的建设若干重大问题的决定》，中国方正出版社 2009 年版，第 84 页。

③ 肖贵清：《关于马克思主义中国化、时代化、大众化研究的几个问题》，《高校理论战线》2011 年第 5 期。

④ 郭跃军：《论马克思主义时代化的科学内涵和精神实质》，《黑龙江社会科学》2010 年第 5 期。

⑤ 张建华：《论马克思主义时代化的内涵》，《郑州轻工业学院学报（社会科学版）》2010 年第 3 期。

的判断和分析，并在此基础上回应时代发展的难题，升华时代精神，创新发展理论。①

　　上述关于马克思主义时代化内涵的研究为本书提供了很好的借鉴。具体说来，马克思主义时代化就是指马克思主义要随着时代的发展变化而不断创新，要紧跟时代潮流，适应时代要求，把握时代脉搏，回答时代课题，在此基础之上形成新认识、开辟新境界，并制定出正确的路线方针政策，指导不断变化着的实践。马克思主义之所以能够时代化，能够与时俱进，就在于马克思主义理论的科学属性，就在于它是开放的，发展的，实践的，而不是封闭的，停滞不前的。正如马克思和恩格斯指出的那样："一切划时代的体系的真正内容都是由于产生这些体系的那个时期的需要而形成起来的。"② 虽然马克思主义时代化作为一个科学命题和全新概念出现在党的十七届四中全会报告中，但这种实践或者精神一直贯穿于中国共产党领导中国人民进行革命、建设和改革开放的伟大征程中。

　　在进行社会主义现代化建设的新时期，马克思主义时代化要求应准确判断和把握时代特征和时代课题，不仅内容上要时代化，形式上也要时代化。内容上，要把马克思主义同中国建设、改革、发展的实际结合起来，把不符合时代要求的、已被证明不正确的个别论断进行扬弃，进行理论创新；形式上要符合该时代广大人民群众的习惯和要求，赋予其时代特色和时代气息。实际上，马克思主义时代化和马克思主义中国化、大众化这一组并列的理论建设战略任务是一个问题的三个方面，中国化是使马克思主义基本原理结合中国具体实际和中国国情，服务于中国社会主义现代化的实践，强调的是地域指引；大众化指的是马克思主义的受众范围和普及对象，强调的是对象指引；而时代化是根据时代发展要求对马克思主义的扬弃和创新，强调的是时间指引。它们在中国革命、建设和改革开放的历史过程中是同时行进的，既有各自的任务和目标，又具有相辅相成的内在逻辑关系。"《共产党宣言》发表以来近一百六十年的实践

---

① 马维振：《马克思主义时代化命题的三维解读》，《哈尔滨市委党校学报》2011 年第 1 期。
② 《马克思恩格斯全集》第三卷，人民出版社 1960 年版，第 544 页。

证明，马克思主义只有与本国国情相结合、与时代发展同进步、与人民群众共命运，才能焕发出强大的生命力、创造力和感召力。"① 毛泽东思想和中国特色社会主义理论体系就是马克思主义中国化、时代化和大众化的生动体现，也是中国共产党始终能够成为中华民族这艘巨轮舵手的根本原因。

第二节　马克思主义中国化、时代化和大众化的关系

2009 年 9 月，党的十七届四中全会通过了《中共中央关于加强和改进新形势下党的建设若干重大问题的决定》，号召建设马克思主义学习型政党，第一次系统化地提出了马克思主义中国化、时代化、大众化的完整概念。这一重大的系统战略目标和战略任务是我党在总结建党建国以来正反两方面的历史经验和历史教训的基础之上逐步形成的，是几代中国共产党人在不断进行艰苦卓绝的理论探索和实践探索中凝结升华的。这一系统的科学命题经历了最早的马克思主义中国化、再到马克思主义大众化，最后到十七届四中全会的马克思主义中国化、时代化、大众化的完整理论概括三个阶段，是我党对《共产党宣言》发表 160 多年来马克思主义发展经验的科学总结。正如胡锦涛同志在党的十七大报告中的科学凝练："《共产党宣言》发表近一百六十年的实践证明，马克思主义只有与本国国情相结合、与时代发展同进步、与人民群众共命运，才能焕发出强大的生命力、创造力和感召力。"② 这里所讲的"本国国情"、"时代发展"、"人民群众"与之相对应的实质就是"中国化、时代化、大众化"。认真系统地研究并深化认识马克思主义中国化、时代化、大众化及其关系问题，对于丰富中国特色社会主义理论体系，建设马克思主义学习型政党，全面推进中国特色社会主义的伟大实践，引领最广大人民群众的前进航向，实现中华民族

---

① 胡锦涛：《高举中国特色社会主义伟大旗帜为夺取全面建设小康社会新胜利而奋斗》，人民出版社 2007 年版，第 12 页。

② 胡锦涛：《高举中国特色社会主义伟大旗帜为夺取全面建设小康社会新胜利而奋斗》，人民出版社 2007 年版，第 12 页。

的伟大复兴具有十分重大而深远的战略意义。

一、马克思主义中国化、时代化、大众化的多维区别

毛泽东同志在党的六届六中全会上所做的《论新阶段》的报告中正式提出了马克思主义中国化这一科学命题，当时的术语是"马克思主义的中国化"。马克思主义中国化就是指把马克思主义的基本原理同中国的具体实际相结合，用马克思主义的立场、观点、方法研究解决中国革命、建设、改革与发展等不同历史阶段中出现的实际问题。马克思主义时代化是指把马克思主义的基本原理同不同的时代主题、时代特征结合起来，使之随着时代的发展变化而不断创新，就是要紧跟时代潮流，适应时代要求，把握时代脉搏，回答时代问题，在此基础之上形成新认识、开辟新境界，实现理论的与时俱进。马克思主义大众化就是把马克思主义的基本原理，通过通俗的、易接受的、喜闻乐见的形式和载体同人民群众的实践活动结合起来，武装群众、掌握群众，使马克思主义的科学理论深入人心并指导人民的实践。马克思主义中国化、时代化和大众化作为马克思主义的实践形态和发展形态，不仅各具内涵，而且，在哲学依据、指向定位、内涵目标等维度存在区别。

从哲学维度看，三者的依据不同。马克思主义中国化体现了马克思主义哲学矛盾的普遍性与特殊性之间的辩证关系，即共性与个性这一原理。共性是无条件的，绝对的，个性是有条件的，相对的，共性寓于个性之中，个性通过共性表现出来。马克思主义的普遍原理作为放之四海而皆准的绝对真理，揭示的是事物发展的共性，是抽象的；而每个国家因其具体的国情、具体的实际，所以彰显出其不同的特点。具体到中国来说，在不同的阶段，有革命、建设、改革、发展等不同的实际，这就要求必须把体现共性的马克思主义的普遍原理同具有鲜活个性的不同阶段的中国具体实际相结合，赋予其鲜明的民族的特色和场域的特色，形成符合中国实际的革命理论、建设理论、改革理论和发展理论。如前文所述，早在新民主主义革命时期，毛泽东就提出马克思主义要中国化。他说："必须将马克思主义的普遍真理和中国革命的具体实践完全地

恰当地统一起来，就是说和民族的特点相结合，经过一定的民族形式，才有用处。"①

马克思主义时代化，体现了马克思主义哲学运动、发展的观点，反映了马克思主义与时俱进的理论品质。任何一种科学理论都是时代的产物，正如马克思主义认为："任何真正的哲学都是自己时代精神上的精华"②，"它在不同的时代具有完全不同的形式，同时具有完全不同的内容"③。"一切划时代的体系的真正的内容都是由于产生这些体系的那个时期的需要而形成起来的。"④ 时代孕育了马克思主义，马克思主义的产生和发展又开辟了新的时代。不同地区、国家所处的时代条件、时代课题、外部环境的发展变化，决定了马克思主义必须时代化。马克思主义的普遍真理同时代特征和时代课题相结合，不断赋予马克思主义崭新的时代特色和时代内涵，推动着马克思主义向前发展，开辟着马克思主义的新境界。

马克思主义大众化体现了马克思主义哲学的实践观点和群众观点。实践观点是马克思主义哲学首要的基本观点。马克思强调："哲学家们只是用不同的方式解释世界，而问题在于改变世界。"⑤ 马克思主义作为认识世界、改造世界，即指导实践的科学理论，必须和实践的主体——人民群众结合起来，此外，人民群众是历史的主体，是推动历史前进的最主要力量。如果科学的理论，没有被作为推动历史前进动力的主体——人民群众所掌握、所武装，离开人民群众的实践，那么马克思主义就会丧失其内在生命力。因此，马克思主义在中国化、时代化的过程中一定要实现大众化，要采用人民群众易接受的，喜闻乐见的形式和载体在大众生活中发挥指导作用，使马克思主义的理论贴近实际、贴近生活、贴近群众，彰显其突出的生命力、影响力和感召力，实现理论的大众化；同时，要把人民群众的实践作为马克思主义理论创新的源泉，并及

---

① 《毛泽东选集》第二卷，人民出版社 1991 年版，第 707 页。

② 《马克思恩格斯全集》第一卷，人民出版社 1995 年版，第 220 页。

③ 《马克思恩格斯选集》第四卷，人民出版社 1995 年版，第 284 页。

④ 《马克思恩格斯全集》第三卷，人民出版社 1960 年版，第 544 页。

⑤ 《马克思恩格斯选集》第一卷，人民出版社 1995 年版，第 57 页。

时总结领导人民创造的新鲜经验，以崭新的实践基础上的理论创新去丰富马克思主义并指导实践。

从指向维度看，解决定位的不同。马克思主义中国化是要把马克思主义的基本原理同中国的实际结合，解决中国的问题，地空定位是作为场域的"中国"，而不是英国、法国。中国有中国的国情、中国的实际，如果，这一点把握不好，那么抽象的马克思主义理论就不能解决好中国的实际问题。因此，马克思主义必须中国化，把这种外域的、抽象化的理论民族化、场域化、具体化，使其具有鲜明的民族形式、中国气派，把中国特有的文化基因、价值取向、行为方式以及中国的革命、建设、改革和发展的具体实际同马克思主义相结合。只有这样，马克思主义才能在中国的土地上立足、扎根并发挥作用。否则，就会犯有历史教训的拿来主义、教条主义、本本主义错误。

马克思主义时代化是指把马克思主义的基本原理同不同的时代主题、时代特征结合起来，形成新认识、新境界，解决时代课题，时空定位是作为时域的"时代"。任何理论都是时代的产物，马克思主义发展史告诉我们，与时俱进是马克思主义的灵魂和理论品格。恩格斯曾指出："每一个时代的理论思维，从而我们时代的理论思维，都是一种历史的产物，它在不同的时代具有完全不同的形式，同时具有完全不同的内容。"① 从《共产党宣言》发表至今的 160 多年来，全球经济、政治、文化、科技等飞速发展，时代主题和时代特征显著变化，只有不断推进马克思主义时代化，运用马克思主义的新认识、新理论、新范畴，认真考察时代主题，洞察时代特征，把握时代脉搏，才能正确认识世情、国情、党情，更好的指导和解决前进道路上的新实践和新问题。

马克思主义大众化是把马克思主义的基本理论、立场、观点、方法通过人民群众乐于接受的语言、形式和载体在广大人民当中生根发芽，被人民群众理解掌握进而认识世界、改造世界，解决的是马克思主义掌握群众、推动进步的物质力量问题，价值定位是作为值域的"人民群众"。正如马克思所说的那

---

① 《马克思恩格斯选集》第四卷，人民出版社 1995 年版，第 284 页。

样"理论一经掌握群众，也会变成物质力量"①。可见，马克思主义必须大众化，被人民群众所武装、所实践，才能在现实实践中彰显其鲜活强大的生命力和感召力；反之，如果马克思主义只作为一个纯粹的学说或理论被经典作家或精英阶层所掌握，那么，马克思主义认识世界、改造世界的强大物质力量就会失去作用，甚至丧失殆尽，这和马克思主义的实践本性是相违背的。

从内涵维度看，目标侧重的不同。马克思主义中国化的目标侧重是中国化，从内涵角度来讲，就是要具体化、本土化、方法化。首先，马克思主义的基本原理要具体化，即马克思主义的基本原理要结合中国的具体国情和实际，运用到中国革命、建设、改革和发展的不同阶段，通过具体的实践不断丰富、发展和创新马克思主义；其次，马克思主义的基本原理要本土化，即要把马克思主义深植于优秀的中国传统文化中，汲取中国特有的文化基因、价值取向、行为方式，赋予马克思主义鲜明的民族特色、中国风格和中国气派；第三，马克思主义的基本原理要方法化，即马克思主义的基本原理要充分发挥方法论作用，指导中国的革命、建设、改革和发展，在广袤的中国大地上进行实践活动，从而全面推进中国特色社会主义伟大事业和中华民族的伟大复兴。

马克思主义时代化的目标侧重时代化，从内涵角度来讲，就是要把握时代主题、回答时代问题、发展创新理论。首先马克思主义要把握时代主题。要关注世界格局变化，紧跟时代发展、把握时代脉搏，判断时代主题，从全球时势的最新发展中吸收营养，引领马克思主义发展的时代新航向；其次，马克思主义要回答时代问题。要结合新世纪新阶段的世情、国情、党情，对全球经济、政治、文化、社会、科技等不断发展过程中提出的新问题予以解答，不断赋予马克思主义发展的时代新内涵；第三，马克思主义要发展创新理论。要把引领和赋予马克思主义的新航向、新内涵及时总结，使之理论化、系统化，及时上升为马克思主义的新认识、新论断，开辟马克思主义理论的新境界；此外还要根据时代发展和社会进步，剔除过时的、修正错误的，与时俱进的发展创新马克思主义理论。

---

① 《马克思恩格斯选集》第一卷，人民出版社1995年版，第9页。

马克思主义大众化的目标侧重是大众化，从内涵角度来讲就是要武装群众、掌握群众，同时回馈和丰富马克思主义。首先，马克思主义要武装群众、掌握群众，即在马克思主义与中国实际相结合、与时代特征相结合的过程中，最广大的人民群众是出发点和落脚点。只有最广大的人民群众掌握、理解、认同、信仰马克思主义，同时在认识世界、改造世界的过程中运用马克思主义，才能把马克思主义理论转化为强大的物质力量；同时，要人民群众又好又快的理解、掌握马克思主义，就要考虑人民群众的接受能力和思维习惯，用通俗易懂、喜闻乐见的语言和形式，宣传普及马克思主义使之群众化、大众化；其次，回馈丰富马克思主义，即马克思主义大众化过程中，要充分重视人民群众的创造力，及时总结人民群众在实践基础上的理论创新，回馈并不断丰富马克思主义理论。

二、马克思主义中国化、时代化、大众化的内在统一

马克思主义中国化、时代化、大众化作为分拆的概念来分析时，存在前文所述的多维区别；但作为一个系统化的完整概念，三者并非分层排列，由前至后顺序推进，而是你中有我、我中有你，相互渗透、相互促进，同时进行的内涵丰富、形态完备的有机统一整体。

马克思主义中国化是横向核心的场域，马克思主义中国化的过程内在的包涵了马克思主义时代化和马克思主义大众化，同时，时代化和大众化丰富发展了中国化。马克思主义的实践形态，即马克思主义的应用和发展，首先是在一定的地空场域定位下，横向的国家与国家之间，中国就是场域特征，马克思主义中国化是核心或者说是中心主题。把马克思主义的基本原理同中国国情、具体实际相结合，解决中国在革命、建设、改革和发展等不同时期出现的问题，形成相应的理论，这就是马克思主义中国化的过程。而这些完成的理论形态可以统称为中国化的马克思主义，具体来说就是马克思主义中国化的第一次理论飞跃和第二次理论飞跃，即毛泽东思想和中国特色社会主义理论体系。在这一过程中，革命、建设、改革和发展所对应的上述理论形态又内在的反映着不同

的阶段所印有的时代烙印，亦即时代特征；同时，理论在广大人民群众当中通过各种形式广泛传播，指导人民进行革命、建设、改革和发展实践。可见，中国化是核心的场域、中心主题，内在的蕴涵着时代化、大众化；时代化和大众化都要围绕中国化展开，服务拓展于中国化；时代化和大众化都是中国化的时代化和大众化，离开中国化，马克思主义时代化和大众化就失去了在中国这一特定的场域下所存在的意义，中国化的马克思主义的传播也就失去了依赖的基础和传播的价值。其次是马克思主义时代化和大众化丰富发展了马克思主义中国化，突出了马克思主义中国化这一核心的场域、根本主题。结合中国国情和具体实际，通过把握时代脉搏，解答时代课题，结合马克思主义形成新理论、新认识；通过人民群众对马克思主义的掌握和实践，创新理论源泉，丰富发展马克思主义，不断增添新内容到马克思主义中国化的理论成果当中去，使马克思主义中国化不断增强鲜活生命力，焕发时代感召力，展现巨大影响力，从而，巩固、发展、强化了马克思主义中国化。

马克思主义时代化是纵向基础时域，是马克思主义中国化内涵的时代性外延扩展，是马克思主义大众化的前提条件。首先，马克思主义是时代的产物，马克思主义时代化反映了马克思主义在中国化、大众化这一战略任务中的基础的时域特点。与马克思主义中国化相比较，时代化是要在纵向发展的历史长河中强调马克思主义要有鲜明的时空定位，要把握时代主题，吸收时代内容，回应时代挑战，解答时代课题。马克思主义作为不断发展着的开放的理论体系，它的每一次历史性飞跃都带有深刻的时代烙印和时代特征，体现了与时俱进的理论品质。其次，马克思主义时代化是马克思主义中国化内涵的时代性外延扩展。这里的时代化是特指置于马克思主义中国化、时代化和大众化这一具体语境和系统概念里的时代化。从广义上讲，马克思主义时代化就是要求指把马克思主义的基本原理与不同的时代主题、时代特征结合起来，使之随着时代的发展变化而不断创新；而马克思主义中国化是把马克思主义的基本原理同中国的具体实际，也就是革命、建设、改革、发展等不同时期和阶段的具体特征相结合形成一系列理论成果。这些理论成果本身就是随着时代的发展变化而不断丰富的历史过程。毛泽东思想就是把马克思主义的基本原理同当时中国革命的具体实际紧密结合，在准确判断战争与革命成为时代主题的基础上形成的马克思主义中国化的第一次历史性飞跃的伟大理论成果，邓小平理论等也是如此。这体现了马克思主义时代化对马克思主义中国化内涵的时代性外延扩展。第三，马克思主义时代化是马克思主义大众化的前提条件。一个理论或者说一个理论体系能否被人民群众所接受、所掌握、所应用，首先要看这个理论是不是贴近时代、反映时代诉求，体现时代价值，与当前的世界时代主题和发展潮流是否吻合，如果不是的话，那么就要思考这一理论的一部或全部能否被拿来指导现时的实践活动，答案是显而易见的。因此，马克思主义不仅要中国化，还要时代化，这样才能更好地进行大众化。

马克思主义大众化是目标归宿值域。理论只有被作为实践主体的人民群众所武装、掌握，才能变为认识世界、改造世界的强大物质力量。马克思主义大众化是马克思主义中国化、时代化的价值值域，亦是马克思主义中国化、时代化的目的、归宿和落脚点。首先，马克思主义大众化，是马克思主义中国化、时代化的价值值域。任何一种理论，其产生和发展的目的和意义就是要指导实践，马克思主义的基本原理同中国的具体国情和时代特征结合起来，进行理论的场域化、时域化，就是为了值域化，所以说马克思主义中国化、时代化最终还是要指向大众化，否则，也就失去了马克思主义中国化、时代化的意义和价值。其次，马克思主义大众化是马克思主义中国化、时代化的目的、价值和落脚点。一方面，人民群众是实践的主体，是推动历史进步的动力，同时理论的精神力量要转化为改造世界的强大物质力量也必须依靠实践的主体——人民群众。只有把马克思主义中国化、时代化的最新理论成果用通俗易懂的语言和喜闻乐见的形式运用于实践，并为广大人民群众所接受、所理解、所掌握，才能焕发出其强大的生命力和感召力，同时也能在广大人民群众中产生巨大的影响力，进一步巩固马克思主义理论的指导地位，推进现代化建设和中国特色社会主义的伟大实践。另一方面，中国化、时代化了的马克思主义对中国革命、建设、改革和发展的指导作用，只有在人民群众的实际运用中才能得到检验，这一点在我国历史上已得到了验证。同时，在马克思主义大众化的过程中，人民群众会不断地在实践中总结提升经验，形成新认识、新论断，丰富发展创新马克思主义。这两个方面，自上而下、自下而上，使马克思主义在广大人民群众中形成了共同的理想信念、核心价值，不折不扣地体现了马克思主义大众化是目标价值值域。

三者是相互联系促进、内在统一的有机整体。承前述，马克思主义中国化是横向核心的场域，马克思主义时代化是纵向基础时域，马克思主义大众化是目标归宿值域，但三者并非前后有序、孤立行进，而是互相联系、互相促进的有机整体，统一于中国革命、建设、改革和特色社会主义的伟大实践中。马克思主义中国化是中心主题、核心的场域，内在蕴涵了时代化和大众化。马克思主义中国化的过程，既是马克思主义基本原理同中国具体实际相结合的过程，也是马克思主义基本原理同时代主题、时代特征相结合的过程，亦是广大人民群众理解掌握运用马克思主义的过程。没有马克思主义中国化，就不会有系统命题中的时代化和大众化，时代化和大众化统一于中国化之中，是中国化命题中的应有之义，中国化的过程就是不断实现时代化和大众化的过程，撇开马克思主义中国化，空谈马克思主义时代化、大众化，之于民族视野、民族关怀没有意义；马克思主义时代化是纵向时域，是马克思主义中国化、大众化的基础和前提条件，只有准确把握时代主题、时代脉搏、时代气息，马克思主义才能不断时代化，中国化的马克思主义才能具有永久的生命力，马克思主义大众化才有可能实现；马克思主义大众化是价值值域，是马克思主义中国化、时代化的目的、归宿和落脚点。中国化、时代化的马克思主义是为大众化服务的，只有被人民群众掌握，才能产生出巨大的力量，大众化是中国化、时代化的马克思主义转化为实践成果的途径，经过人民群众的实践检验，亦能总结提升、丰富发展中国化、时代化的马克思主义。

三、坚持不懈地推进马克思主义中国化、时代化和大众化

马克思主义中国化、时代化、大众化是相互联系、相互促进，有机统一的整体。认真系统研究并深化认识马克思主义中国化、时代化、大众化及其关系问题，有利于更好的深化马克思主义中国化，有利于更好的推进马克思主义时

代化，有利于更好的实现马克思主义大众化，坚持不懈地把马克思主义中国化、时代化和大众化统一于中国特色社会主义伟大实践。

当前，要继续深化马克思主义中国化，就要牢牢把握我国处于并将长期处于社会主义初级阶段的基本国情，把坚持马克思主义和我国的改革发展实际结合起来。新中国成立以来，党和人民对我国的社会主义建设进行了有益的艰苦卓绝的探索，取得了一些成绩，但总体来说，对于在半殖民地半封建社会基础上建立起来的新中国的基本国情没有做出清晰准确的判断，也走了一些弯路，出现了一些错误。党的十一届三中全会胜利召开之后，党和国家的工作重心从以阶级斗争为纲转移到经济建设上来。经过三十多年的改革开放，我国的社会主义市场经济体制已经确立并日臻完善，经济建设、政治建设、文化建设、社会建设和生态文明建设全面推进，工业化、信息化、城镇化、市场化、国际化深入发展，国家和民族的发展正处在十分重要的战略机遇期，在新的历史起点上向前迈进。同时随着世界经济政治的全球化、区域化，在新世纪新阶段我国的发展呈现出了一些新特征新情况新问题，比如经济增长方式、收入分配拉大、城乡区域差距、政治体制障碍等。"这些情况表明，经过新中国成立以来特别是改革开放以来的不懈努力，我国取得了举世瞩目的发展成就，从生产力到生产关系、从经济基础到上层建筑都发生了意义深远的重大变化，但我国仍处于并将长期处于社会主义初级阶段的基本国情没有变，人民日益增长的物质文化需要同落后的社会生产之间的矛盾这一社会主要矛盾没有变。"① 因此，我们必须牢牢把握我国处于并将长期处于社会主义初级阶段的基本国情和改革发展的实际，结合马克思主义的普遍原理，按照我们党和国家既定的基本路线和基本纲领，继续深化马克思主义中国化。

要不断推进马克思主义时代化，就要在马克思主义中国化的过程中准确把握世界发展大势，深刻认识世情、国情和党情，把坚持马克思主义同时代主题、时代问题、时代潮流结合起来。中国共产党成立以来，在领导中国革

---

① 胡锦涛：《高举中国特色社会主义伟大旗帜为夺取全面建设小康社会新胜利而奋斗》，人民出版社 2007 年版，第 15 页。

命、建设、改革和发展的长期实践中，实现了马克思主义同中国实际、时代特征相结合的两次历史性飞跃，产生了两大理论性成果，即毛泽东思想和中国特色社会主义理论体系。20世纪初期，世界局势风起云涌，毛泽东等老一辈无产阶级革命家，正确分析了战争与革命的时代主题，中国革命与世界革命的关系，结合中国当时的具体国情和实际，探索了中国的社会性质、革命性质、无产阶级领导权、革命道路、革命前途等问题，提出了新民主主义革命的基本思想，并在长期的革命实践中创立了新民主主义革命理论，形成了毛泽东思想。新中国成立后，老一辈党和国家领导人在之前的基础上，对国家政治、经济、文化建设、党的建设、国家统一等问题进一步探索，在完成社会主义三大改造的基础上，建立了社会主义制度，完善和发展了毛泽东思想。十一届三中全会后，邓小平等党和国家领导人对当今时代特征、国际形势、世界格局、各种力量的此消彼长等全球性问题进行了缜密、细致、透彻的分析，并得出了科学的结论，认为和平与发展已经成为时代主题，世界由单极化向多极化发展，国家综合国力竞争将日趋激烈，社会主义的前途一片光明。在这一科学判断的基础上，党和国家做出了工作重心的转移，提出了走中国特色社会主义道路的伟大战略，并结合马克思主义基本原理，经过三十多年的改革开放实践，形成了包括邓小平理论、"三个代表"重要思想以及科学发展观等重大战略思想在内的开放的理论体系——中国特色社会主义理论体系，是马克思主义中国化、时代化的最新产物。但是，当今世界处在大变革、大调整时期，世界多极化、经济全球化深入发展，科技进步日新月异，经济危机影响深远，世界经济政治格局发生新变化，国际力量对比呈现新态势，综合国力竞争更加激烈，不稳定不确定因素日益增多，给我国发展带来了新的机遇和挑战。在这种形势下，我们必须准确把握时代主题，紧跟时代步伐，引领时代潮流，拓宽时代视野，不断推进马克思主义时代化。

要不懈实现马克思主义大众化，在当前，就要把中国化、时代化了的马克思主义理论成果，尤其是将中国特色社会主义理论体系同人民群众的实践结合起来。中国共产党自成立以来，就十分注意党的理论的宣传教育与实践结合，采用人民群众简单易懂的语言和喜闻乐见的载体和方式，对广大人民群众的理想信念、核心价值、政治态度等以及新中国的革命和建设起到了极大的推动作用。改革开放以来，科技日新月异，经济飞速发展，国际化、全球化、区域化、信息化等趋势日趋加强，东西方文化思潮激烈碰撞，思想领域价值不断多元，要巩固马克思主义在我国的指导思想地位，构建社会主义核心价值体系，马克思主义大众化显得更为紧迫。要培养一批马克思主义大众化的理论宣传工作者，把科学理论通俗化、常识化，通过形象生动、说理充分的有效途径征服人心，达到宣传目的；要有计划的组织学习教育活动，特别是在党员、干部、青年学生中开展普遍的中国特色社会主义理论体系的学习培训活动，使当代中国最新的马克思主义理论成果同广大人民群众的世界观、人生观、价值观、信仰观紧密联系起来，使人民群众自觉接受、理解、认同、信仰当代中国的马克思主义。同时要及时总结马克思主义大众化过程中形成的经验，在实践中丰富、发展和推进马克思主义大众化。在中国，共产党作为中国的执政党，马克思主义作为其指导思想，要凝聚共识、统一思想，实现其执政目标，就必须不懈实现马克思主义大众化。

总之，要把握好马克思主义中国化、时代化、大众化的辩证统一关系，在改革、发展的过程中坚持不懈地推进马克思主义中国化、时代化、大众化，凝心聚力、科学发展，不断开辟马克思主义理论发展的新境界，"使中国特色社会主义道路越走越宽广，让当代中国马克思主义放射出更加灿烂的真理光芒"。①

---

① 胡锦涛：《高举中国特色社会主义伟大旗帜为夺取全面建设小康社会新胜利而奋斗》，人民出版社 2007 年版，第 12 页。

第二章　中共早期领导人对马克思主义时代化的探索

　　一般说来，马克思主义时代化，就是把马克思主义同中国革命、建设和改革不同历史时期的时代特征相结合，适应时代需要、把握时代脉搏、回答时代课题，实现马克思主义的与时俱进。中国共产党从建立之日起就以马克思主义作为自己的指导思想，因此，中国共产党领导中国革命的过程，就是把马克思主义与中国革命具体实际相结合的过程，是马克思主义中国化的过程。由于马克思主义时代化是马克思主义中国化的题中应有之义，所以，马克思主义中国化的过程实际上也是马克思主义时代化的过程，是将马克思主义与中国国情和时代特征相结合、提出符合那个时代实际的路线方针政策、以便更好地指导中国革命的过程。

　　中共早期领导人李大钊、陈独秀、蔡和森、邓中夏、瞿秋白等在领导中国革命的过程中对马克思主义时代化进行了探索，并在一定程度上推进了马克思主义时代化。概括地讲，中共早期领导人对马克思主义时代化的探索和推进，主要体现在四个方面：一是他们准确把握了时代主题，并在传播马克思主义过程中，始终把马克思主义与中国国情、时代特征和时代主题相结合，提出中国革命是世界无产阶级社会主义革命的一部分，不断推进马克思主义由理论形态向实践形态转变，为毛泽东正确认识中国革命与世界革命的关系、实现马克思主义时代化奠定了重要基础；二是他们正确判断了中国社会性质和革命性质，为解决中国革命的基本问题，即应当进行什么性质的革命，依靠谁来革命，革命往什么方向发展等问题奠定了关键基础；三是他们在把马克思主义的普遍真理与中国革命实践相结合过程中，深入分析了中国社会各阶级，对无产阶级在民主革命中的领导权问题进行了探索，发展了马克思主义关于无产阶级革命的理论。四是他们对革命阶段与革命前途进行了认识和探索，实际上也是对马克思恩格斯的"不断革命论"和列宁的"革命转变论"在中国革命中的最初运用，推进了马克思主义与中国时代特征的结合。

第一节　李大钊对马克思主义时代化的探索

李大钊是中国马克思主义的先驱者，他准确把握时代脉搏，站在时代的潮头，最早、也是最彻底地走上马克思主义道路，是中国第一位马克思主义者。同时，他还为中国教育培养了一批马克思主义时代化的后继者，正如江泽民在李大钊诞辰 100 周年纪念大会上的讲话时指出的那样，李大钊"影响和教育了我国早期的一代共产党人"①。

在俄国十月革命的影响下，1918 年，李大钊相继发表《法俄革命之比较观》、《庶民的胜利》、《布尔什维主义的胜利》、《新纪元》等文章和演讲，热情讴歌十月革命。在宣传十月革命的过程中，李大钊的觉悟迅速提高，逐渐从一个爱国的民主主义者转变为一个马克思主义者，并且成为我国最早的马克思主义传播者。李大钊的杰出贡献不仅在于他首先在中国传播了马克思主义，而且在于他首倡马克思主义普遍原理与中国革命实践结合的原则，从理论上探索了马克思主义在中国的具体应用问题，也就是马克思主义中国化和时代化问题，为中国革命指出了一条正确的道路，为毛泽东思想的形成奠定了基础。李大钊认为，马克思主义是科学而不是抽象的学理和不变的教条，研究马克思主义必须研究它"怎样应用于中国今日的政治经济情形"，并在这个过程中把这门科学推向前进。1919 年，李大钊热情投入并参与领导了中国近代历史上第一次

① 江泽民：《在李大钊诞辰 100 周年纪念大会上的讲话》，《人民日报》1989 年 10 月 29 日。

彻底地不妥协地反帝反封建的爱国运动——五四运动，在这场运动中和运动之后，他更加致力于马克思主义的宣传，并在《新青年》上发表了《我的马克思主义观》，系统介绍马克思主义理论，不仅使马克思主义在中国得到广泛传播，而且推动了马克思主义与中国时代发展需求、工人运动等的密切结合，为新民主主义革命理论的形成和中国革命的发展与胜利奠定了坚实的基础，推进了马克思主义时代化。

一、马克思主义的传播

在中国宣传和传播马克思主义，是为了用马克思主义这一先进的革命理论来武装中国先进的知识分子，并用来指导中国革命。正如恩格斯所说："理论一经掌握群众，也会变成物质力量。"① 时代化是马克思主义的本质属性，是马克思主义由抽象到具体、由理论到实践、由少数人理解掌握到被广大群众理解掌握的过程。推进马克思主义时代化，必须使马克思主义具有时代性，能够回答时代提出的重大理论和现实问题，在中国就是要回答中国如何革命？为谁革命？革谁的命？革命胜利后向何处去的战略问题。

1917 年，俄国十月社会主义革命给中国送来了马克思列宁主义，"十月革命帮助了全世界的也帮助了中国的先进分子，用无产阶级的宇宙观作为观察国家命运的工具，重新考虑自己的问题。"② 十月革命开辟了人类探索社会主义道路的新时代，是 20 世纪中世界革命的先声和世界人类全体的曙光，使马克思列宁主义传遍世界。马克思主义自传入中国之日起，无产阶级革命者就面临着如何将马克思主义与中国国情、时代发展需求和具体革命实际结合起来这一课题。而"马克思主义在中国的实现程度，首先要取决于其满足中国社会变革对理论需求的程度，它既要超越旧有文化的局限，又要植根于中国几千年传统文化的土壤；既要满足中国历史发展的特殊需求，又要符合中

---

① 《马克思恩格斯选集》第一卷，人民出版社 1995 年版，第 9 页。
② 《毛泽东选集》第四卷，人民出版社 1991 年版，第 1471 页。

国革命的实际。"①可见，马克思主义作为一种理论，在与中国革命实际相结合的过程中，必须内化为一种既是世界的又是民族的新文化，并且这种文化张力的任何一个维度都必须与中国的具体国情紧密相连，就是说，要根据中国的实际情况和时代环境来运用马克思主义。李大钊正是在充分认识到这一点的基础上，开始广泛宣传和传播马克思主义。

当时，针对 1917 年俄国十月社会主义革命的胜利，帝国主义到处封锁十月革命的真相，包括封锁苏俄政府废除对中国的不平等条约的声明，歪曲宣传十月革命是"过激主义"的革命，是一片恐怖和混乱。但五四新文化运动中的革命民主主义的左翼，首先是李大钊，很快看出了俄国十月社会主义革命的伟大世界历史意义及其对中国的深远影响。于是，从 1918 年 7 月开始，李大钊发表了了大量的文章，阐述和宣传俄国十月革命的重大意义，对中国先进知识分子产生了重大影响。

1918 年 7 月，李大钊发表《法俄革命之比较观》一文，可以看做是其马克思主义传播运动的开篇之作。文章用马克思主义观点介绍十月社会主义革命，指出了俄国十月革命与 18 世纪法国大革命的本质区别，认为"法兰西之革命是十八世纪末期之革命，是立于国家主义上之革命，是政治的革命而兼含社会的革命之意味"，而"俄罗斯之革命是二十世纪初期之革命，是立于社会主义上之革命，是社会的革命而并著世界的革命之采色"，是"非可同日而语"的革命"②。肯定了俄国十月革命的社会主义性质，明确指出俄国十月革命的世界意义"实为二十世纪世界人类普遍心理变动之显兆"，阐明了历史发展已经进入到一个全新的时代。这是李大钊宣传马克思主义的开始。同年 11 月，他又发表了《庶民的胜利》和《Bolshevism 的胜利》，进一步指出十月社会主义革命"是社会主义的胜利，是 Bolshevism 的胜利，是赤旗的胜利，是世界劳工阶级的胜利，是二十世纪新潮流的胜利。"③1919 年 9 月和 11 月，李大钊先

---

① 张允熠、郝良华：《陈独秀、李大钊和毛泽东——马克思主义中国化的早期心路历程》，《安徽史学》2000 年第 4 期。

② 《李大钊文集》第二卷，人民出版社 1999 年版，第 217 页。

③ 《李大钊文集》第二卷，人民出版社 1999 年版，第 242 页。

后发表了《我的马克思主义观》的上篇和下篇，这是在中国报刊上发表的系统地论述马克思主义的唯物史观、政治经济学和社会主义理论的第一篇文章，也是他在五四新文化运动中举起了马克思主义的社会主义伟大旗帜的第一篇文章，并且也是他自己完成了从革命民主主义者到马克思主义者的转变的一个标志。文章开宗明义指出了研究、宣传马克思主义的目的和意义。他指出："自俄国革命以来，'马克思主义'几有风靡世界的势子，德奥匈诸国的社会革命相继而起，也都是奉'马克思主义'为正宗。'马克思主义'既然随着这世界的大变动，惹动了世人的注意，自然也招了很多的误解。我们对于'马克思主义'的研究，虽然极其贫弱，而自一九一八年马克思诞生百年纪念以来，各国学者研究他的兴味复活，批评介绍他的很多。我们把这些零碎的资料，稍加整理，乘本志出'马克思研究号'的机会，把他转介绍于读者，使这为世界改造原动的学说，在我们的思辨中，有点正确的解释，吾信这也不是绝无裨益的事。"① 文章中，李大钊还系统、全面地介绍了马克思主义的三个组成部分，他认为："马氏社会主义的理论，可分为三部：一为关于过去的理论，就是他的历史论，也称社会组织进化论；二为关于现在的理论，就是他的经济论，也称资本主义的经济论；三为关于将来的理论，就是他的政策论，也称社会主义运动论，就是社会民主主义。"② 这三个方面就是今天我们所说的马克思主义哲学、政治经济学和科学社会主义。

此外，李大钊还论述了马克思主义在中国传播的必然性。1919 年元旦，他在《每周评论》里发表《新纪元》，宣称现在的时代"是人类生活中的新纪元"，"是世界革命的新纪元，是人类觉醒的新纪元。我们在这黑暗的中国，死寂的北京，也仿佛分得那曙光的一线。"③ 而"一九一七年的俄国革命，是二十世纪中世界革命的先声"④，马克思主义则是"二十世纪世界革命的新信条"。⑤

---

① 《李大钊文集》第三卷，人民出版社 1999 年版，第 15—16 页。
② 中国李大钊研究会编注：《李大钊全集》第三卷，人民出版社 2006 年版，第 18 页。
③ 中国李大钊研究会编注：《李大钊全集》第二卷，人民出版社 2006 年版，第 266—268 页。
④ 中国李大钊研究会编注：《李大钊全集》第二卷，人民出版社 2006 年版，第 256 页。
⑤ 中国李大钊研究会编注：《李大钊全集》第二卷，人民出版社 2006 年版，第 260 页。

他还告诉我们："假使一种学说确与情理相合，我们硬要禁止他，不许公然传布，那是绝对无效，因为他的原素仍然在情理之中，情理不灭，这种学说也终不灭。"① 马克思主义就是这样的学说。李大钊还把他负责编辑的《新青年》6卷5号编成《马克思主义专号》，大量地向人们介绍马克思生平和马克思学说，推动了早期共产主义知识分子世界观的转变，为形成我国早期马克思主义者群体创造了条件。

李大钊不仅著书立说广泛传播马克思主义，而且还同各种资产阶级思潮、反马克思主义的思想进行了坚决的斗争，捍卫了马克思主义的基本原则，坚持了无产阶级政党的根本性质。针对胡适发表的《多研究些问题，少谈些主义》，他明确指出："'问题'与'主义'有不能十分分离的关系，因为一个社会问题的解决，必须靠着社会上多数人共同的运动"，"应该使这社会上可以共同解决这个那个社会问题的多数人，先有一个共同趋向的理想、主义"。"所以我们的社会运动，一方面固然要研究实际的问题，一方面也要宣传理想的主义。这是交相为用的，这是并行不悖的。"② 针对梁启超、张东荪等人提出的中国产业落后，工人很少，没有实行社会主义的物质条件和阶级基础，因而中国应当依靠绅商阶级，先来发展资本主义，中国不需要工人阶级的革命运动，也不应当建立工人阶级的政党，而应当用改良主义的方式来解决中国问题，建立资产阶级的共和国的主张，李大钊进行了坚决的反驳，他发表了《中国的社会主义与世界的资本主义》、《要自由集合的国民大会》等文章，指出在那个时代劳工运动日盛一日的风潮中，想在中国实行资本主义制度是行不通的。这就明确了中国必须采取革命的方式解决中国社会问题，从而极大地宣传了马克思主义理论，为后来中国共产党的建立和党的指导思想的确立奠定了扎实的基础，推进了马克思主义与中国反帝反封建革命这一时代主题的结合。

---

① 中国李大钊研究会编注：《李大钊全集》第二卷，人民出版社2006年版，第345页。
② 中国李大钊研究会编注：《李大钊全集》第三卷，人民出版社2006年版，第1—2页。

二、中国社会性质与革命性质的判断

五四运动后的中国革命，发生在帝国主义时代，发生在俄国十月社会主义革命之后，世界经济政治状况发生了很大变化。各国都成为世界资本主义体系中的一个组成部分，都为帝国主义的经济政治关系的密网所缠绕。列宁认为："从马克思主义的观点来看，在各资本主义国家彼此联系得很紧密的时候，谈帝国主义而只谈一国的情况是很荒谬的。现在，在战争期间，这种联系大大地增强了。全人类卷入一团血污之中，要想单独脱身是不可能的。尽管各国发达程度不同，但这场战争已经把它们紧紧地联系在一起，以至于任何一个国家要想单独脱身是不可能的和荒谬的。"① 所以，中国资产阶级民族民主革命必然成为世界无产阶级社会主义革命的重要组成部分。但怎样取得无产阶级社会主义革命的胜利，建成社会主义国家，没有现成的答案。正如列宁针对东方各个落后的民族因深受帝国主义压迫而被卷入"国际政治生活"时所说，落后的东方国家"面临着全世界共产党人所没有遇到过的一个任务，就是你们必须以共产主义的一般理论和实践为依据"，"运用于主要群众是农民、需要解决的斗争不是反对资本而是反对中世纪残余这样的条件"②。因此，在传播马克思主义过程中，只有把马克思主义与中国国情、时代特征和时代主题相结合，才能不断推进马克思主义由理论形态向实践形态转变。这就要求中国共产党人应该在明确时代主题的前提下，来解决中国革命的其他问题。

对于时代主题，列宁和斯大林曾经进行过阐述。第一次世界大战爆发后，列宁指出："我们现在无疑地已经进入了一个新的时代。政治动荡和革命的时期已经开始了"③；"这是帝国主义时代，是帝国主义发生动荡和由帝国主义引起动荡的时代"④。斯大林也认为，现时代是"在无产阶级领导下进行的殖民地

---

① 《列宁全集》第二十九卷，人民出版社 1985 年版，第 351 页。
② 《列宁选集》第四卷，人民出版社 1995 年版，第 79 页。
③ 《列宁全集》第十一卷，人民出版社 1987 年版，第 14 页。
④ 《列宁全集》第二十六卷，人民出版社 1988 年版，第 144 页。

革命的时代"①，战争与革命已经成为时代主题，这一主题在中国的具体表现就是要进行反对帝国主义、封建主义和官僚资本主义的革命。第一次世界大战和俄国十月社会主义革命的胜利，改变了世界历史的发展方向，开辟了世界历史的新时代，使殖民地半殖民地国家的无产阶级和人民大众看到了新的曙光。列宁在《民族和殖民地问题的提纲初稿》中强调，民族殖民地革命只有和社会主义的苏联和各资本家的无产阶级联系在一起，共同反对帝国主义，才能取得胜利，否则别无生路。因为"国际形势起了根本的变化，战争和俄国的十月革命把民族问题从资产阶级民主革命的一部分变成了无产阶级社会主义革命的一部分"。② 所以，发生在十月社会主义革命之后的一切受帝国主义压迫的殖民地、半殖民地和附属国反对国际帝国主义的民族解放运动都成为世界无产阶级社会主义革命的一部分，其革命前途必然是社会主义的。

李大钊在判断中国社会性质和革命性质的过程中，在明确战争与革命时代主题的前提下，首先对中国革命与世界革命的关系进行了探索。1920 年 1 月，李大钊发表了《由经济上解释中国近代思想变动的原因》一文，分析了在帝国主义侵略下中国社会的变化。他指出："欧洲各国的资本制度一天盛似一天，中国所受他们经济上的压迫也就一天甚似一天"，"中国既受西洋各国和近邻日本的二重压迫，经济上发生的现象，就是过庶人口不能自由移动，海外华侨到处受人排斥虐待，国内居民的生活本据渐为外人所侵入。"③ 因此，整个国民渐渐变成世界的无产阶级，他们遭受世界资本的残酷压迫和剥削，没有机会使用资本国的生产机关，生活困迫不安。正如马克思在揭露资本主义的本性时所说，他们野蛮的殖民侵略，使殖民地半殖民地国家和人民"失掉了他们的旧世界而没有获得一个新世界，这就使他们现在所遭受的灾难具有一种特殊的悲惨的色彩"。④1926 年 5 月，李大钊在介绍了马克思的文章《中国革命和欧洲革命》后，指出："我们读了马克思这篇论文以后，应该很明确的认识出来中国国民

① 《斯大林全集》第十卷，人民出版社 1954 年版，第 206 页。
② 《斯大林全集》第七卷，人民出版社 1958 年版，第 185 页。
③ 中国李大钊研究会编注：《李大钊全集》第三卷，人民出版社 2006 年版，第 146 页。
④ 《马克思恩格斯选集》第一卷，人民出版社 1995 年版，第 762 页。

革命是世界革命一部分的理论和事实。"① 李大钊的这些论述表明，中国的无产阶级是在国际资本主义枷锁的压迫和煎熬之下而产生的，因而中国无产阶级是世界无产阶级的重要组成部分。他还说，"欧美各国的经济变动，都是由于内部自然的发展；中国的经济变动，乃是由于外力压迫的结果，所以中国人所受的苦痛更多，牺牲更大。"② 因此，中国革命与世界革命有着共同的敌人——国家资本主义，在这一前提下，中国人民能够与世界无产阶级革命力量联合起来，共同进行世界无产阶级革命和马克思社会主义运动，中国革命是世界无产阶级社会主义革命不可分割的一部分。

在明确了中国革命与世界革命的关系之后，李大钊分析了中国的社会性质和革命性质，可以说，这是他推进马克思主义中国化的重要前提条件。青年时代的李大钊，目睹在帝国主义侵略下，国家危亡局势日益严重，社会黑暗状况日趋加深，从而大大地激发了他的爱国热忱。在民国建立之初，他曾经就院制建立问题指出，不能"置吾国情于不顾"。③ 在谈到社会主义理想时，他说"因各地各时之情形不同，务求其适合者行之，遂发生共性与特性结合的一种新制度（共性是普遍者，特性是随时随地不同者），故中国将来发生之时，必与英、德、俄……有异。"④ 他还强调，中国要实行社会主义须考虑中国的特殊情况："因中国受国际压迫（帝国主义与资本主义），各阶级是相同的，所以实行时应当与资本中等……阶级联成一气，使中国成一独立者，不受国际压迫者之国家。"⑤ 这里所说的"受国际压迫（帝国主义与资本主义）"表明中国革命的对象有帝国主义和资本主义，既然中国革命要反对帝国主义，那么，中国社会就必然具有殖民地的性质；"应当与资本中等……阶级联成一气"就是指中国革命不是一般地反对资本主义，而是反对官僚资本主义，民族资产阶级是无产阶级联合的对象。既然中国革命需要联合民族资产阶级，按照人类社会发展规

---

① 《李大钊文集》第五卷，人民出版社1999年版，第105页。

② 中国李大钊研究会编注：《李大钊全集》第三卷，人民出版社2006年版，第147页。

③ 中国李大钊研究会编注：《李大钊全集》第一卷，人民出版社2006年版，第53页。

④ 《李大钊文集》第四卷，人民出版社1999年版，第5页。

⑤ 中国李大钊研究会编注：《李大钊全集》第四卷，人民出版社2006年版，第198页。

律，此时中国革命的对象还包括封建主义，那么，当时的中国社会还具有封建的性质。这样，中国社会的性质就是半殖民地半封建社会了。1922 年 6 月 1 日，李大钊与黄日葵、邓中夏等共产党人联名向"少年中国学会"杭州大会提出了《北京同人提案——为革命的 Democracy（民主主义）》，指出解决当前政局"唯一"方法，就是"引导被压迫民众有目的的政治斗争，用"革命的手段"，"铲除国内的督军制和国外资本主义的这二重障碍"，为实现民主主义。"绝不相信军阀能实现民主政治"，"也不相信不破坏这制度，加入军阀或官僚阶级中，即可将他改变过来，实现我们的主义。"① 这里"铲除国内的督军制和国外资本主义的这二重障碍"，就是指要进行彻底地反对帝国主义和反对封建主义的革命。反对帝国主义就是反对民族压迫，争取民族独立；反对封建主义就是反对封建专制，争取民主和人民解放；按照马克思主义的人类社会发展规律理论，反对封建主义的革命属于资产阶级革命。这样，李大钊关于中国革命的性质分析就一目了然了，即反帝反封建的资产阶级民族民主革命。那么，如何运用马克思主义理论来指导中国的资产阶级民族民主革命呢？李大钊强调："不可拿这一个时代一种环境造成的学说，去解释一切历史，或者就那样整个拿来，应用于我们的社会"，所以，在运用马克思主义解决中国实际问题时"不要忘了他的时代环境和我们的时代环境。""马氏的学说，实在是一个时代的产物。"也不可"就那样整个拿来，应用于我们生存的社会"。② 李大钊的这些见解实际上是要求中国革命必须以国情为基础，必须按照中国的特点来学习和运用马克思主义，必须把马克思主义普遍真理同中国的具体实际和时代特征相结合，才能推进马克思主义时代化，从而制定正确的路线方针和政策，指导中国走向胜利。

三、建党的理论贡献

俄国十月革命是以马克思列宁主义为理论指导的社会主义革命，十月革命

---

① 《少年中国学会》第三卷，《学会消息》1922 年第 11 期。

② 中国李大钊研究会编注：《李大钊全集》第三卷，人民出版社 2006 年版，第 35 页。

的胜利，极大地鼓舞了李大钊，使他在面对民国政治乱局时看到了新的曙光。于是，他便开始热情颂扬十月革命，广泛宣传和传播马克思主义，并从理论上对马克思主义与中国实际相结合进行了最初的阐述，启蒙和推动了一批革命知识分子走向共产主义道路，奠定了早期共产主义运动的基础，为马克思主义扎根于中国大地作出了杰出贡献。同时，李大钊还十分重视建立革命组织，重视培养造就革命骨干力量，重视马克思主义与中国工人运动相结合，并希望中国人民沿着十月革命的道路前进，为中国共产党的建立在干部上、组织上作了必要准备，也为推进马克思主义与中国时代需求相结合奠定了基础。

第一，李大钊著书立说，发表了大量的文章和演说，介绍十月革命，宣传马克思主义，为马克思主义在中国的广泛传播做出了重要贡献。他指出："俄罗斯之革命是二十世纪初期之革命，是立于社会主义上之革命，是社会的革命而并著世界的革命之采色者也。"①"一九一七年俄罗斯的革命，不独是俄罗斯人心变动的显兆，实是二十世纪全世界人类普遍心理变动的显兆。"②"我们在这黑暗的中国，死寂的北京，也仿佛分得那曙光的一线，好比在沉沉深夜中得一个小小的明星，照见新人生的道路。我们应该趁着这一线的光明，努力前去为人类活动，作出一点有益人类（的）工作。"③ 这里明确阐明了俄国革命的性质是社会主义革命，中国人民应该向俄国学习，走社会主义道路。李大钊还详细介绍了俄国的布尔什维克党，他说："Bolshevism 就是俄国 Bolsheviki 所抱的主义。……他们的主义，就是革命的社会主义；他们的党，就是革命的社会党；他们是奉德国社会主义经济学家马客士（Marx）为宗主的；他们的目的，在把现在为社会主义的障碍的国家界限打破，把资本家独占利益的生产制度打破。"④ 他还断定："将来的环球，必是赤旗的世界！"⑤ 显然，李大钊已经认识到革命的社会主义一定会在世界实现，中国也不例外，这就为中国共产党的成立

① 中国李大钊研究会编注：《李大钊全集》第二卷，人民出版社 2006 年版，第 226 页。
② 中国李大钊研究会编注：《李大钊全集》第二卷，人民出版社 2006 年版，第 263 页。
③ 中国李大钊研究会编注：《李大钊全集》第二卷，人民出版社 2006 年版，第 268 页。
④ 中国李大钊研究会编注：《李大钊全集》第二卷，人民出版社 2006 年版，第 259—260 页。
⑤ 中国李大钊研究会编注：《李大钊全集》第二卷，人民出版社 2006 年版，第 263 页。

做了舆论上和思想上的准备。

　　第二，李大钊创建了研究马克思主义的团体——马克思学说研究会，以学习和研究马克思主义为目的，推动了马克思主义与中国时代需求的结合，培养了一大批有志于学习、宣传和实践马克思主义的革命青年骨干。一方面，马克思学说研究会大量搜集马克思主义书籍，"其中包括列宁《伟大创举》、《共产主义运动中的"左"派幼稚病》和其他共产国际的文件"①，他们还曾经翻译了《共产党宣言》，这些革命书籍在当时的中国产生了很大影响。另一方面，马克思学说研究会为中国培养了大批具有较高马克思主义理论水平的知识分子，李大钊在阐明建立马克思学说研究会的目的时说，希望能够为中国革命培养出"几位真正能够了解马克思学说的，真正能够在中国放点光彩的"人。② 如研究会中的"邓中夏同志等每天一早就到北大三院学习马克思主义的书籍，下午从事政治、社会活动，晚上聚在一起讨论革命问题或交换学习心得，总要到十二点钟后才就寝"，③ 加深了对马克思主义的理解。毛泽东在回忆李大钊对他的影响时说："我在北大当图书馆助理员的时候，在李大钊的手下，很快地发展，走到马克思主义的路上。"④ 另外，在李大钊周围并受其影响的黄日葵、高君宇等爱国知识分子，在日后都成为中国共产党的第一批党员。研究会还通过报告会、讲演等形式学习和宣传马克思主义，"对提高当时马克思主义水平，起了显著作用。"⑤ 可见，马克思学说研究会培养造就了一批革命的骨干力量，为党的建立提供了组织上的准备。

　　第三，李大钊推动马克思主义与工人运动相结合。1919 年，五四运动爆发，李大钊自始至终站在斗争最前列，参加斗争，领导运动。他和青年学生并肩战斗，一起参加了当天的示威游行。⑥ 他在 5 月 18 日发表的《秘密外交和

①　《党史研究资料》第 1 期，第 91 页。

②　《李大钊文集》第四卷，人民出版社 1999 年版，第 179 页。

③　《李大钊传》，人民出版社 1979 年版，第 85 页。

④　[美] 埃德加·斯诺著；董乐山译：《西行漫记》，三联书店 1979 年版，第 125 页。

⑤　《党史研究资料》第 1 期，第 63 页。

⑥　《回忆"五四"时期的李大钊》，《人民日报》1957 年 5 月 29 日。

强盗世界》中指出，在这场斗争中，要把反对曹、陆、章这般卖国贼和反对整个卖国政府，推翻封建军阀统治结合起来，要把反对日本帝国主义侵略和反对所有侵略中国的帝国主义结合起来；把反帝斗争与反封建斗争结合起来。6月3日之后，五四运动突破了知识分子和青年学生的范围，工人阶级以崭新的姿态登上了政治历史舞台，成为五四运动的主力军。五四运动中，马克思主义得到了迅速传播，并且开始与中国工人运动初步结合。中国工人阶级在五四运动中所显示出的革命主力军作用，推动着先进知识分子去进一步探求中国的出路。李大钊认识到中国工人阶级登上历史舞台后，迫切需要理论作为指导，先进的政党更需要先进的理论为指导。他指出："该主义不明，对内既不足以齐一全体之心志，对外尤不足与人为联合之行动。"①"我总觉得布尔扎维主义的流行，实在是世界上的一大变动。我们应该研究他、介绍他，把他的实象昭布在人类社会。"② 我们必须认定这个主义，并以它指导与实际运动，至于那些阿猫阿狗一类的叫嚣，什么'过激主义'、'洪水猛兽'、'邪说异端'，都可以不去理它。1920年9月，李大钊创建了北京共产主义小组后，马克思主义与中国工人运动的结合有了迅速进展，共产主义小组的成员有组织地深入到各地，发动和组织工人，向工人宣传马克思主义，从思想上武装了中国工人阶级，为中国共产党的建立在思想上、阶级上作了准备。

第四，李大钊倡议在中国建立无产阶级政党。李大钊在介绍十月革命、研究俄国革命经验时指出："此次革命之成功，则泰半为社会党运动之效果。"③他还指出，十月革命是布尔什维克主义的胜利，这个主义，"就是革命的社会主义，他们的党，就是革命的社会党。"④ 与此同时，李大钊开始明确地提出建党的主张，并积极投入到建党的准备工作。1920年1月，他在《由纵的组织向横的组织》指出："我们的改造运动就是建立横的组织的运动。"⑤1921年3月，

---

① 《李大钊文集》第三卷，人民出版社1999年版，第205页。
② 《李大钊文集》第三卷，人民出版社1999年版，第5页。
③ 《李大钊文集》第二卷，人民出版社1999年版，第132页。
④ 《李大钊文集》第三卷，人民出版社1999年版，第165页。
⑤ 《李大钊文集》第三卷，人民出版社1999年版，第165页。

他在《团体的训练与革新的事业》中，进一步强调，在中国要取得革命事业的成功，必须迅速建立无产阶级政党，并以此来组织和训练人民群众，以便在民众运动中起坚强的领导作用，而且这个政党是以俄共为模式的。他认为"俄罗斯共产党，党员六十万人，以六十万人之活跃，而建设了一个赤色国家。这种团体的组织训练，真正可骇。""赤色国家"实际上就是指社会主义国家。李大钊认为："中国现在既无一个真能表现民众势力的团体，C派的朋友若能成立一个强固的精密的组织，并注意促进其分子之训练，那么中国彻底大改革，或者有所依托！"而且此团体应"与各国C派朋友相呼应"①，这里，李大钊希望中共的组建能够得到俄国的支持。他还强调："我们现在还要急急组织一个团体。这个团体不是政客组织的政党，也不是中产阶级的民主党，乃是平民的、劳动家的政党，即是社会主义团体。"②表明即将建立的中国共产党应该是无产阶级政党。

李大钊认为马克思列宁主义是最科学最革命的真理，揭示了人类社会发展的客观规律，为无产阶级的解放事业指明了方向。因此，他强调中国革命必须以马克思列宁主义作指导，他在介绍十月革命时就曾经指出了马克思主义对这一胜利的指导作用："他们是奉德国社会主义经济学家马客士为宗主的。"③他还说："马氏以前也很有些有名的社会主义者，不过他们的主张，不是偏于感情，就是涉于空想，未能造成一个科学的理论与系统。"直到马克思和恩格斯"合著《共产党宣言》，大声疾呼，檄告举世的劳工阶级，促他们联合起来，推倒资本主义，大家才知道社会主义的实现，离开人民本身，是万万做不到的，这是马克思主义的一个绝大的功绩。"④所以，马克思主义是"世界改造原动的学说"，⑤我们要建立的无产阶级政党必须以马克思列宁主义理论为指导，从而为党的建立奠定了扎实的理论基础。

----

① 《李大钊文集》第四卷，人民出版社1999年版，第79页。
② 《李大钊文集》第四卷，人民出版社1999年版，第79页。
③ 《李大钊文集》上卷，人民出版社1984年版，第322页。
④ 《李大钊文集》下卷，人民出版社1984年版，第49—64页。
⑤ 《李大钊文集》下卷，人民出版社1984年版，第47页。

四、反对帝国主义的思想

可以说，从 1840 年英帝国主义发动侵略中国的鸦片战争起，到 1919 年五四运动前，"中国人没有什么思想武器可以抗御帝国主义"①。也就是说，这时，中国人民还没有接受和掌握反帝的思想武器马克思主义，所以，对帝国主义的认识还停留在"表面的感性的认识阶段"②，真正"看出了帝国主义内部和外部的各种矛盾，并看出了帝国主义联合中国买办阶级和封建阶级以压榨中国人民大众的实质，这种认识是从一九一九年'五四'运动前后才开始的。"③所以说，直到五四运动前后，中国人民对帝国主义的认识才上升到理性阶段，因为"俄国十月革命的胜利，这个革命把全世界想要革命但又没有找到出路的人都惊醒了，特别是在中国，我们那时感到了亡国灭种的危险，但又不晓得朝哪里跑，这一下就有办法了"④。正是在这个时候，李大钊率先接受并掌握了马克思列宁主义的基本原理，最先认清并揭露了帝国主义的本质，开始用马克思列宁主义来指导中国革命。

第一次世界大战的爆发，"打破了中国知识分子关于理性的、稳定的、民主的西方是科学进步造福于人类的圣地的梦想"。⑤针对帝国主义的疯狂侵略，李大钊先后发表了《国情》、《警告全国父老书》、《国民之新胆》等文章，还编辑了《国耻纪念录》对帝国主义进行了深刻的揭露，初步将反帝斗争与解决国内政治问题结合起来。俄国十月革命胜利后，李大钊在积极宣传和传播马克思列宁主义的同时，揭露了帝国主义发动世界大战、争夺世界霸权的原因和目的是"因为资本主义所扩张的生产力，非现在国家的界限内所能包容"，所以"才要靠着战争，打破这种界限"⑥这是其本身发展的必然结果，是"为自己国内

---

① 《毛泽东选集》第四卷，人民出版社 1991 年版，第 1514 页。

② 《毛泽东选集》第一卷，人民出版社 1991 年版，第 289 页。

③ 《毛泽东选集》第一卷，人民出版社 1991 年版，第 289 页。

④ 《刘少奇 1958 年 7 月 1 日在干部会议上的讲话》，《党史研究》1980 年第 3 期。

⑤ ［美］莫里斯·迈斯纳：《李大钊与中国马克思主义的起源》，中共党史资料出版社 1989 年版，第 64 页。

⑥ 《李大钊文集》第二卷，人民出版社 1999 年版，第 243 页。

资本家一阶级谋利益。"① 李大钊还阐明帝国主义和战争是分不开的，帝国主义就是"破坏世界平和的种子。"② 这就用马克思主义基本原理根本上揭示了帝国主义对外发动侵略和战争的经济根源与阶级根源，揭示了侵略和战争是资本主义发展的必然结果，是帝国主义国家之间存在的不可调和矛盾的产物，是帝国主义的本质特征，从而加深了中国人民对帝国主义及其本质的认识。

为了进一步揭露帝国主义的侵略，1919 年元旦，巴黎和会召开前夕，李大钊发表了《新纪元》，揭露帝国主义的战争政策和民族压迫政策。他指出："资本阶级的势力，都仗着战争把国界打破"，"拿他一国的资本家的政府去支配全世界"，"他们总是戴着一副鬼脸，你猜我忌的阴谋怎么吞并、虐待那些小的民族"③。同时，李大钊还发表了《大亚细亚主义与新亚细亚主义》，着重揭露了日本帝国主义的侵略阴谋。他指出，一班日本军国主义分子所鼓吹的"大亚细亚主义"，就是"并吞中国主义的隐语"，是"大日本主义的变名"。他还强调："这'大亚细亚主义'不是平和的主义，是侵略的主义；不是民族自决主义，是吞并弱小民族的帝国主义；不是亚细亚的民主主义，是日本的军国主义；不是适应世界组织的组织，乃是破坏世界组织的一个种子。"④ 因此，他主张："亚细亚人应该共倡一种新亚细亚主义，以代日本一部分人所倡的'大亚细亚主义'"，"主张拿民族解放作基础，根本改造"现状，并号召："凡是亚细亚的民族，被人吞并的都该解放，实行民族自决主义"，⑤ 共同反对帝国主义的侵略扩张。可以说，李大钊的这些主张，都很大程度地宣传和阐释了马克思主义关于帝国主义的基本观点，对中国革命提出反对帝国主义的口号提供了理论基础。

五四运动运动期间，针对帝国主义列强利用所谓的"人道"、"正义"、"和平"的谎言在巴黎和会上进行的分赃活动，李大钊发表了《秘密外交与强盗世

① 《李大钊文集》第二卷，人民出版社 1999 年版，第 239 页。
② 《李大钊文集》第二卷，人民出版社 1999 年版，第 305 页。
③ 《李大钊文集》第二卷，人民出版社 1999 年版，第 251—252 页。
④ 《李大钊文集》第二卷，人民出版社 1999 年版，第 253 页。
⑤ 《李大钊文集》第二卷，人民出版社 1999 年版，第 254 页。

界》。他指出："日本所以还能拿他那侵略主义在世界上横行的原故，全因为现在的世界，还是强盗世界。"① 所以，中国人民的仇敌不止是夺取山东的日本帝国主义，"这强盗世界中的一切强盗团体，秘密外交这一类的一切强盗行为，都是我们的仇敌！""我们若是没有民族自决、世界改造的精神，把这强盗世界推翻，单是打死几个人，开几个公民大会，也还是没有效果。"他号召："改造强盗世界，不认秘密外交，实行民族自决。"② 这里"改造强盗世界"就是要打倒帝国主义，"民族自决"就是要实现中华民族的独立和解放。不难看出，李大钊对于帝国主义侵略本质的深刻认识和由此而提出的反对帝国主义的行动口号，代表了中国先进知识分子在民族问题上的新觉醒，反映了中国人民对帝国主义的认识达到了一个新的高度。李大钊还把反帝同反封建的斗争联结起来，正确地回答了中国人民长期反帝反封建斗争中在认识上和实践上没有解决的问题，也为近代中国先进分子热烈向往的民主科学指出了实现的正确道路，③ 使五四运动具有强烈的反帝性质。这个事实充分显示了马克思主义的理论力量，也体现了李大钊对推进马克思主义时代化的贡献。

五、无产阶级领导权的分析

无产阶级领导权问题是中国革命首要的基本问题，是马克思主义关于无产阶级革命理论的重要组成部分。马克思恩格斯在《共产党宣言》中指出："共产党人的最近目的是和其他一切无产阶级政党的最近目的一样的：使无产阶级形成阶级，推翻资产阶级的统治，由无产阶级夺取政权。"④ 革命导师列宁也曾经强调："一切革命的根本问题是国家政权问题。不弄清这个问题，便谈不上自觉地参加革命，更不用说领导革命。"⑤

---

① 《李大钊文集》第二卷，人民出版社 1999 年版，第 322 页。
② 《李大钊文集》第二卷，人民出版社 1999 年版，第 322 页。
③ 梁柱：《重温李大钊对帝国主义的认识》，《红旗文稿》2012 年第 18 期。
④ 《马克思恩格斯选集》第一卷，人民出版社 1995 年版，第 285 页。
⑤ 《列宁选集》第三卷，人民出版社 1995 年版，第 19 页。

　　李大钊对中国无产阶级领导权问题的思考是相伴十月革命开创的无产阶级专政的新时代和宣传马克思主义开始的。他在把马克思主义的普遍真理与中国革命实践相结合过程中，认真分析中国社会各阶级，并对无产阶级在民主革命中的领导权问题进行了有益的探索。1918 年 11 月，李大钊写了《庶民的胜利》，他指出：“须知今后的世界，变成劳工的世界，我们应该用此潮流为使一切人人变成工人的机会，不该用此潮流为使一切人人变成强盗的机会。”“我们要想在世界上当一个庶民，应该在世界上当一个工人。诸位呀！快去作工呵”① 这里的“庶民”，即指工业无产阶级。1923 年“二七”惨案发生后，李大钊认为“在反帝反封建的民主革命中，只有无产阶级最坚决，在当时进行的资产阶级民主革命中，只有无产阶级能当先锋。”② 这是我们党关于无产阶级领导权思想最初的认识与表述。1919 年，自从李大钊“成为举世公认的具有初步共产主义觉悟的知识分子的领袖人物以后，他就热情地鼓励青年知识分子与农民联合，来完成中国的变革。他始终认为，这种设想是完全可以实现的。事实上，青年知识分子与农民的联合，对于造成五四时代的高昂的革命气氛，产生了不容低估的影响。”③ 李大钊还指出，国民革命要取得胜利，必须组织农民群众参加。1925 年，李大钊发表了《土地与农民》一文，文中写道：“中国的浩大的农民群众，如果能够组织起来，参加国民革命，中国国民革命的成功就不远了。”④ 可见，李大钊已经意识到中国资产阶级的软弱性和革命的不彻底性，不能担当领导中国革命的重任，只有无产阶级具有彻底的革命精神，只有无产阶级能够领导中国革命，只有无产阶级能够与农民结成联盟，并取得革命的最后胜利。李大钊的这些认识对最终解决中国革命中无产阶级领导权及其革命同盟军问题做出了重要的贡献，成为他推进马克思主义时代化的关键条件。

---

　　① 中国李大钊研究会编注：《李大钊全集》第二卷，人民出版社 2006 年版，第 256 页。

　　② 沈桂红：《李大钊对马克思主义中国化的探索》，中国地质大学马克思主义理论专业 2010 年硕士学位论文，第 37 页。

　　③ ［美］莫里斯·迈斯纳：《李大钊与中国马克思主义的起源》，中共党史资料出版社 1989 年版，第 98 页。

　　④ 《李大钊文集》第五卷，人民出版社 1999 年版，第 78 页。

第二节　陈独秀对马克思主义时代化的探索

陈独秀是新文化运动和思想解放运动的倡导者和主要领导人之一，他创办了著名的白话文刊物《新青年》，高举"民主"和"科学"两面大旗，吹响了民族救亡图存和反对封建主义的进军号角，点燃了反对封建制度及其意识形态和启蒙运动的火炬，展开了一场彻底反封建的、波澜壮阔的新文化运动，使大批知识分子尤其是青年学生接受了一次深刻的思想洗礼，为五四爱国运动的爆发作了充分的思想、舆论准备。五四运动是中国新民主主义革命的开端，陈独秀积极参与和领导了这场运动，被誉为五四运动的精神领袖和总司令。1919 年爆发的五四爱国运动，是中国人民在俄国十月社会主义革命的影响下发生的。这时新文化运动和思想解放运动的旗帜，已经由"民主"和"科学"的两面旗帜变为"民主"、"科学"和"社会主义"三面旗帜了。在李大钊的影响下，五四运动后期，陈独秀开始接受和宣传马克思主义，并从革命民主主义者转变成了马克思主义者。同时，陈独秀与其他具有初步共产主义思想的知识分子逐步认识到，要开创中国革命的新局面，必须以俄国布尔什维克党为榜样，建立中国无产阶级政党。1920 年 2 月，李大钊和陈独秀交换了筹建政党的意见，相约在北京和上海分别进行。在共产国际的帮助下，1920 年 5 月，陈独秀在上海邀集一批倾向社会主义的知识分子组织马克思主义研究会。6 月，开会研究筹建共产党问题。8 月，首先建立了中国的第一个共产主义小组，即上海的共产党早期组织，同时与其他各地的先进分子联系，发起成立中国共产党，成为主要创始人之一，也是中国共产党早期的主要领导人。作为党的早期领袖，陈独秀在创建共产党时期和中国新民主主义的第一次大革命的初期和中期作出了重大贡献。正是在他的卓越领导下，结束了中国 80 年的旧民主主义革命阶段，而开辟了为向社会主义过渡奠定了基础的 30 年新民主主义革命阶段。1945 年 4 月，毛泽东在中共七大预备会议上的讲话中说，陈独秀是五四运动的总司令，就是说，他是五四新文化运动和思想解放运动的领袖；他对于传播马克思主义和创建中国共产党起了和普列汉诺夫在俄国革命中相类似的作用。①

一、马克思主义的传播

俄国十月革命极大地扩展了马克思主义在中国的影响，使很多探求救国救民出路的先进的知识分子开始向马克思主义转变，可以说，这既是中国先进知识分子的马克思主义观形成的历史起点，也是马克思主义在中国广泛传播的重要开端，为中国共产党成立后高举马克思主义的伟大旗帜，推进马克思主义与中国时代发展需求相结合、探索和创立新民主主义革命理论奠定了坚实的理论基础。陈独秀就是在十月革命和巴黎和会上中国外交失败的影响下，在五四运动前后，其思想发生了重大变化，他毅然抛弃了资产阶级民主主义，积极宣传并开始接受马克思主义，逐步由资产阶级民主主义转向社会主义，实现了由一个激进的民主主义者向早期马克思主义者的转变。

1917 年俄国"二月革命"发生后，陈独秀就已经开始关注俄国革命，1917 年 4 月，他发表了《俄罗斯革命与我国民之觉悟》一文，文章指出："俄罗斯之革命，非徒革俄国皇室之命，乃以革世界君主主义侵略主义之命也。"②他强调，中国国民也应当觉悟起来，拿起武器，同代表君主主义侵略主义之德意志进行斗争，以伸张人类的正义，寻求救国之路。由于李大钊是我国历史上的第一个马克思主义者，也是马克思主义在中国的早期传播者。因此，在李大钊的帮助和影响下，陈独秀开始实现向马克思主义方向转变。1918 年 12 月，陈独秀同李大钊联合创办《每周评论》，办刊宗旨是"主张公理，反对强权"，同时，宣传反封建的文化思想，初步介绍社会主义思想，为五四运动作了重要的思想准备。可以说，这也是陈独秀向马克思主义方向转变的标志。

1919 年 4 月至 12 月，陈独秀相继发表了《公理何在》、《二十世纪俄罗斯的革命》、《克伦斯基与列宁》和《过激派与世界和平》等文章，开始拥护并宣

---

① 《毛泽东文集》第三卷，人民出版社 1996 年版，第 294 页。
② 任建树：《陈独秀著作选编》第一卷，上海人民出版社 2009 年版，第 323 页。

传俄国革命、宣传布尔什维克主义，表现了对欧洲马克思主义者的同情。他认为，俄国革命是人类社会变动和进化的大关键，具有重大的历史意义，"十八世纪法兰西的政治革命，二十世纪俄罗斯的社会革命，当时的人都对着他们极口痛骂；后来的历史学家，都要把他们当做人类社会变动和进化的大关键。"① 他还强烈谴责那些"痛恨 Bolsheviki 的各强国，天天在那里侵略弱小国家的土地利权"，实际上就是"扰乱世界和平。"②

五四运动之后，马克思主义在中国得到广泛传播，并逐渐成为中国思想界的主流。陈独秀以《新青年》为宣传社会主义的机关刊物和重要阵地，使马克思主义的社会主义经过同资产阶级代言人和无政府主义者的多次论战，得到了广泛的传播，并越来越为广大的中国人民所接受。1919 年 12 月，陈独秀发表《告北京劳动界》一文，他指出："十八世纪以来的'德漠克拉西'是那被征服的新兴财产工商阶级，因为自身的共同利益，对于征服阶级的帝王贵族要求权利的旗帜"，"二十世纪的'德谟克拉西'，乃是被征服的新兴无产劳动阶级，因为自身的共同利害，对于征服阶级的财产工商界要求权利的旗帜。"③ 可以看出，这时陈独秀已经能够运用阶级斗争的观点来剖析资产阶级民主制。他还在《〈新青年〉宣言》中强调："我们相信，世界上的军国主义和金力主义（指资本主义——引者注）已经造成了无穷罪恶，现在是应该抛弃的了。"④ 他还进一步指出，我们要想社会进化，必须抛弃旧观念中阻碍进化的不合情理部分，"创造政治上、道德上、经济上的新观念，树立新时代的精神，适应新社会的环境。"⑤ 这里的"新时代的精神"，实际上就是指社会主义的精神。他还宣告："我们主张的是民众运动社会改造。"⑥ 显示出陈独秀不仅已经接受了马克思列宁主义的基本原理和基本观点，而且已经开始运用马克思列宁主义的阶级、阶

---

① 任建树：《陈独秀著作选编》第二卷，上海人民出版社 2009 年版，第 80 页。
② 任建树：《陈独秀著作选编》第二卷，上海人民出版社 2009 年版，第 133 页。
③ 任建树：《陈独秀著作选编》第二卷，上海人民出版社 2009 年版，第 139 页。
④ 任建树：《陈独秀著作选编》第二卷，上海人民出版社 2009 年版，第 130 页。
⑤ 任建树：《陈独秀著作选编》第二卷，上海人民出版社 2009 年版，第 130 页。
⑥ 任建树：《陈独秀著作选编》第二卷，上海人民出版社 2009 年版，第 131 页。

级斗争学说以及无产阶级革命和无产阶级专政学说，来推动中国革命的发展。1920 年 9 月，陈独秀在《新青年》上发表《谈政治》一文，他指出："世界各国里面最不平最痛苦的事，不是别的，就是少数游惰的消费的资产阶级，利用国家、政治、法律等机关，把多数勤苦的劳动阶级压在资本势力底下，当做牛马机器还不如。"① 所以，必须"用强力"和"阶级战争"，被压迫的劳动阶级才会翻身。同时，陈独秀在文中还对"新派"进行了坚决的批判。他说："新派""所依据的学说，就是所谓马格斯修正派"，"他们不主张直接行动，不主张革那资产阶级据以造作罪恶的国家、政治、法律的命，他们仍主张议会主义，取竞争选举的手段，加入（就是投降）资产阶级据以作恶的政府、国会，想利用资产阶级据以作恶的政治、法律，来施行社会主义的政策；结果不但主义不能施行，而且和资产阶级同化了，还要施行压迫劳动阶级反对社会主义的政策。"② 表明陈独秀已经接受了马克思列宁主义的无产阶级暴力革命的观点。他还强调"若不经过阶级战争，若不经过劳动阶级占领权力阶级地位的时代，德莫克拉西必然永远是资产阶级底专有物"，"我承认用革命的手段建设劳动阶级（即生产阶级）的国家，创造那禁止对内外一切掠夺的政治法律，为现代社会第一需要。"③ 表明陈独秀已经抛弃欧美式的资产阶级民主观，主张无产阶级专政。

此外，陈独秀还发动和参加了两次与反马克思主义者的斗争，一次是同以张东荪、梁启超为代表的伪社会主义进行斗争；另一次是同区声白、黄凌霜等为代表的无政府主义者展开了坚决的斗争。并且，这两次论战都是共产主义者获得了胜利，从而，极大地促进了马克思主义在中国的广泛传播，为在中国建立严格组织纪律的无产阶级政党做了重要的思想准备，也为开启和推动马克思主义时代化奠定了理论基础。

陈独秀还主持创办了《劳动界》、《伙友》等刊物，并以此为阵地发表了大量的文章，用通俗易懂的语言直接向工人阶级宣传马克思主义，宣传社会主义

---

① 任建树：《陈独秀著作选编》第二卷，上海人民出版社 2009 年版，第 252 页。
② 任建树：《陈独秀著作选编》第二卷，上海人民出版社 2009 年版，第 255 页。
③ 任建树：《陈独秀著作选编》第二卷，上海人民出版社 2009 年版，第 257 页。

思想。他的文章被舆论界称为"研究马克思学说的最好的入门书。"①

中国共产党的建立可以说是马克思主义与中国时代发展相结合的产物。1920 年 5 月，陈独秀在上海成立了马克思主义研究会，一方面继续大力宣传和传播马克思主义，另一方面从研究会成员中培养建党的骨干。在陈独秀主持下，经过酝酿和积极准备，1920 年 8 月，中国第一个共产党组织——上海共产主义小组成立，9 月，陈独秀把新文化运动的核心刊物《新青年》改为党的公开理论刊物，大力宣传马克思主义理论，广泛介绍俄国十月革命，并出版《共产党宣言》和《资本论入门》等一批马克思主义著作，使更多的人可以读到马克思主义书籍。同时，他还组织创办了党内刊物《共产党》月刊，深入宣传和贯彻马克思主义的建党思想，制定了《中国共产党宣言》，为组建一个统一的马克思主义政党——中国共产党奠定了必要的基础。

中国共产党成立后，陈独秀作为党的主要领导者，利用各种场合和机会广泛宣传马克思主义，为推进马克思主义时代化作出了重要贡献。1922 年 4 月，陈独秀发表了《马克思学说》，系统介绍了马克思的"剩余价值"学说，阐明了唯物史观和阶级斗争学说之间的关系，并运用马克思的理论论证了无产阶级专政的必然性。他指出："从前有产阶级和封建阶级争斗时，是掌了政权才真实打倒了封建，才完成了争斗之目的；现在无产阶级和有产阶级争斗，也必然要掌握政权利用政权来达到他们争斗之完全目的。"② 他还引用马克思在《哥达纲领批判》里说的话："由资本主义的社会移到社会主义的社会之中间，必然有一个政治的过渡时期。这政治的过渡时期，就是劳工专政。"③ 这样，陈独秀就将马克思的"劳工专政"与剩余价值、唯物史观、阶级争斗学说紧密联系在一起了，从而加深了对马克思主义的认识，有利于中国人全面准确地了解马克思的学说。陈独秀还将马克思的学说和行为概括为两大精神，1922 年 5 月，他在纪念马克思诞辰和中国社会主义青年团成立大会的演讲《马克思的两大

---

① ［美］莫里斯·迈斯纳：《李大钊与中国马克思主义的起源》，中共党史资料出版社 1989年版，第 39 页。

② 任建树：《陈独秀著作选编》第二卷，上海人民出版社 2009 年版，第 448 页。

③ 任建树：《陈独秀著作选编》第二卷，上海人民出版社 2009 年版，第 449 页。

精神》中，指出："马克思的学说和行为有两大精神"，一个是"马克思实际研究的精神"，即"马克思所说的经济学或社会学"，都是以科学归纳法为依据，都是可相信的，都是有根据的；另一个是"马克思实际活动的精神"，马克思与别个社会主义者不同，"因为他是个革命的社会主义者。凡能实际活动者才可革命。"所以，我们"不能仅仅研究其学说，还须将其学说实际去活动，干社会的革命"①，青年们尤其应该发挥实践活动的精神。1923 年 5—6 月，陈独秀在广东高师相继作了《我们为什么相信社会主义》、《我们相信何种社会主义》和《社会主义如何在中国开始进行》的演讲，他概括了马克思派共产主义的重要原则，他指出："马克思派的共产主义，第一个原则就是要有科学的根据。所谓科学的根据，是根据社会之历史的进化和现社会的经济文化状况种种的客观境界，不是空中楼阁主观的幻想。我们对于改造社会"，"要处处不离开唯物的历史观，不可陷于唯心派的思想。第二个原则就是社会改造应有的步骤。……因为各民族之经济的、政治的、文化的进步各不相同，所以改造的步骤不能一致。第三个原则就是每一步骤都须用革命的方法。从组织共产党一直到实现共产社会，其间须经过几多步骤，每个步骤之中，或者又须经过几多曲折的步骤，但每个步骤都必须采用革命的方法，不可采用改良的方法，这是革命的马克思派之特色。"②

　　总之，陈独秀在接受马克思主义的基本理论、转变为马克思主义者和建党初期作为马克思主义者领导中国革命的过程中，积极宣传和传播了马克思主义，为中国更多的人了解马克思主义、也为许多先进的知识分子转变为马克思主义者作出了重要贡献，促进了年轻的中国共产党在思想理论上的进步，为推进马克思主义与中国时代发展需求相结合奠定了重要的理论基础。当然，要解决中国革命问题，只是掌握了马克思主义理论——即具备了理论基础还远远不够，还必须将马克思主义理论正确运用于中国革命的具体实践，陈独秀没有解决这一问题，可以说，这也是他没能创立新民主主义革命理论的主要症结所

---

① 任建树：《陈独秀著作选编》第二卷，上海人民出版社 2009 年版，第 454 页。

② 任建树：《陈独秀著作选编》第三卷，上海人民出版社 2009 年版，第 83 页。

在，自然不可能完全实现马克思主义时代化。

二、中国社会性质与革命性质的判断

要推进马克思主义时代化，就必须准确把握时代主题，正确分析国际国内形势，才能将马克思主义理论有的放矢地运用于革命和建设中，并起到正确的指导作用。陈独秀对中国社会性质与革命性质作出正确判断的前提条件，就是对战争与革命时代主题的把握和对中国革命与世界革命关系的认识。

陈独秀意识到正确认识中国革命与世界革命的关系，有助于准确把握中国革命的发展方向，明确革命的对象。所以，他对中国革命与世界革命之间关系的认识比李大钊又进了一步。他说："殖民地半殖民地之国民革命，形式上虽是一国的革命，事实上是世界的革命之一部分，而且是重大的一部分。"① 因为殖民地半殖民地的"国民革命含有对内的民主革命和对外的民族革命两个意义。"② 具体说来，半殖民地资产阶级和无产阶级都在外国帝国主义及本国贵族军阀压迫之下，一方面，他们共同争取对内的政治自由，另一方面，他们也有"对外谋经济的独立"的历史任务，这种"半殖民地国民革命的特有性质"③，同样含有世界革命的意义。原因有二：一是因为，他们对外争取经济独立是与资本主义国家的无产阶级反对资产阶级的社会革命是一致的。对内争取政治自由反对封建军阀的斗争，也具有反对国际帝国主义的意义，因为封建军阀政府已经投靠了帝国主义国家并成为其附庸。所以，中国国民革命是反对国际帝国主义的世界革命的重要组成部分。二是因为，中国共产党是在共产国际的支持和帮助下成立的，并在她的监督和指导下进行革命事业，所以，由中国共产党参与和领导的中国的国民革命不仅是世界革命的一部分，还是国际无产阶级反对国际帝国主义革命的重要组成部分。

每一个时代都有其特定的历史任务，这是由那个时代的社会主要矛盾及其

---

① 任建树：《陈独秀著作选编》第三卷，上海人民出版社 2009 年版，第 161 页。
② 任建树：《陈独秀著作选编》第三卷，上海人民出版社 2009 年版，第 153 页。
③ 任建树：《陈独秀著作选编》第三卷，上海人民出版社 2009 年版，第 153 页。

发展所决定的。在这样的时代，人们觉醒的标志是认识到自己所处的地位、面对的历史任务，探寻行之有效的实践方法和途径。因此，深刻认识中国国情、准确判断中国社会性质、分析中国社会状况，便成为中国应当进行什么性质的革命，依靠谁来革命，革命往什么方向发展等问题的关键所在。毛泽东在《中国革命和中国共产党》一文中曾经指出："认清中国社会的性质，就是说，认清中国的国情，乃是认清一切革命问题的基本的根据。"①因此，认清中国的国情和社会性质，是正确认识中国革命的性质、领导权与前途的前提与基础。

正是在上述基础上，陈独秀认识到帝国主义侵略的加深，使中华民族与帝国主义之间的矛盾日益尖锐，因此，他对国情进行了正确的判断。他指出，"依我说现在的国势，朝廷官吏，虽说还在，国却算是世界上一个亡国了。"②这里陈独秀虽然没有直接指出中国的半殖民地性质，但是已经可以从中看出陈独秀对半殖民地社会性质的认识。随着帝国主义侵略的加深、中国国家主权的日趋丧失以及中华民族与帝国主义矛盾的日益尖锐，陈独秀在分析中国的政治状况后，最早提出了"半殖民地"的概念。他认为，中国政治的状况首先"是国际帝国主义的压迫"，属于"半殖民地的状况，不能算是独立的国家"③；其次"是国内军阀的扰乱"，"大小军阀把持中央及地方之政权、财权"④。陈独秀的这些认识明确了中国半殖民地的社会性质，同时，从中可以看出，尽管帝制倒了，但是帝制遗留下来的封建军阀依然存在，显示出中国社会的半封建性质。正是由于陈独秀对中国社会性质有了正确的认识，他才能够运用马克思主义理论来分析中国社会各阶级，并取得重要的认识成果。也正是在这一基础之上，1922年7月召开的中共"二大"通过的宣言分析了第一次世界大战和俄国十月革命以后的国际环境以及鸦片战争以来中国的政治经济状况，明确指出，在国际帝国主义宰割下的中国社会，已经是半殖民地半封建社会。因而，"中国国民革命之性质，是世界资本主义将近崩溃时代，殖民地半殖民地的反

---

① 《毛泽东选集》第二卷，人民出版社1991年版，第633页。
② 任建树：《陈独秀著作选编》第一卷，上海人民出版社2009年版，第54页。
③ 任建树：《陈独秀著作选编》第二卷，上海人民出版社2009年版，第468页。
④ 任建树：《陈独秀著作选编》第二卷，上海人民出版社2009年版，第468页。

资本帝国主义之各压迫阶级的民族、民权、民生革命，而不是世界资本主义初兴时代之纯资产阶级的民主革命。"① 由于中国特殊的国情，陈独秀把民主革命改称为"国民革命"②。他认为，国民革命是资产阶级性质的革命，含有对内的民主革命和对外的民族革命两个意义。陈独秀的这些探索，都体现了马克思主义同时代特征的紧密结合，反映了中国共产党人认识和探索新民主主义革命基本问题的最初理论成果，对毛泽东探索中国革命基本道路和毛泽东思想的萌芽奠定了主要的理论基础。

三、无产阶级领导权的认识与实践

陈独秀对无产阶级领导权的认识是伴随着他对二十余年国民运动的教训总结进行的。他指出"社会各阶级中，只有人类最后一阶级——无产阶级，是最不妥协的革命阶级"，"不但在资本帝国主义国家的社会革命他是主力军，即在被资本帝国主义压迫的国家之国民革命，也须他做一个督战者。"③ 这里已经包含了陈独秀关于无产阶级领导权的思想。1925 年 2 月，陈独秀在《中国国民革命运动中工人的力量》中指出，工人阶级的势力"是新生产力的代表者，他是富于集合力及决战力者，他是天然的农民之同盟者"，"在全人类阶级根性上看起来，工人阶级是最富于革命性的"，"不妥协的革命者只有工人阶级；中国国民革命运动中，若没有工人阶级有力的参加奋斗，决没有得到胜利的可能。"④ 这里，陈独秀已经认识到了工人阶级在中国民主革命中的作用。同时，陈独秀也非常重视农民在国民革命中的作用，认为"农民一是国民革命之伟大的势力，中国之国民革命若不得农民加入，终不能成功一个大的民众革命。"⑤

由于受共产国际及其驻中国代表关于中国革命领导权思想的影响，以及陈

---

① 任建树：《陈独秀著作选编》第四卷，上海人民出版社 2009 年版，第 268 页。
② 任建树：《陈独秀著作选编》第三卷，上海人民出版社 2009 年版，第 514 页。
③ 任建树：《陈独秀著作选编》第三卷，上海人民出版社 2009 年版，第 406 页。
④ 任建树：《陈独秀著作选编》第三卷，上海人民出版社 2009 年版，第 424 页。
⑤ 任建树：《陈独秀著作选编》第三卷，上海人民出版社 2009 年版，第 157 页。

独秀在接受马克思主义和探索中国革命理论的过程中，思想上依然存在的旧民主主义等方面的缺陷，使得他用一些已经不适合中国革命需要的、旧的过时的思想来理解和传播马克思主义、探索中国革命理论，导致出现了错误观点。

陈独秀主张把国民革命的领导权交给国民党，因为"中国目前所急需的是民族革命运动，这个运动的领袖应该是中国国民党；民众若不认识国民党和国民党若不认识自己，都是中国革命之最大障碍！"[①] 并且，"中国国民党是一个代表国民运动的革命党，不是代表那一个阶级的政党。"[②] 他还说："工人阶级在国民革命中固然是重要分子，然亦只是重要分子而不是独立的革命势力"，"殖民地半殖民地产业还未发达，连资产阶级都很幼稚，工人阶级在客观上更是幼稚了"，"工人阶级不但在数量上很幼稚，而且在质量上也很幼稚。"[③]"无产阶级客观的力量是随着资产阶级之发达而发达的，殖民地半殖民地的资产阶级既然不能成功一个独立的革命势力，无产阶级便是不用说了。"[④] 所以，"只有国民党才能领导国民革命运动"。"中国国民党目前的使命及进行的正轨应该是：统率革命的资产阶级，联合革命的无产阶级，实现资产阶级的民主革命。"[⑤] 同时，由于他不懂得中国民主革命实质上是农民革命，所以，他认为"农民居处散漫势力不易集中，文化低生活欲望简单易于趋向保守"，"尤其是农民私有观念极其坚固"，"难以加入革命运动。""中国农民运动，必须国民革命完全成功"[⑥] 后，才有可能。陈独秀的这些错误观点，是导致国民革命失败的主观原因。

由此可见，在国民革命初期，尽管陈独秀正确地认识了中国社会性质，准确的判断了中国革命的性质，肯定了无产阶级领导权和农民在国民革命中的作用，"比较全面地分析了中国社会各阶级的状况，却未能冲破共产国际指导的

---

① 任建树：《陈独秀著作选编》第三卷，上海人民出版社 2009 年版，第 349 页。
② 任建树：《陈独秀著作选编》第二卷，上海人民出版社 2009 年版，第 483 页。
③ 任建树：《陈独秀著作选编》第三卷，上海人民出版社 2009 年版，第 158—159 页。
④ 任建树：《陈独秀著作选编》第三卷，上海人民出版社 2009 年版，第 153 页。
⑤ 任建树：《陈独秀著作选编》第三卷，上海人民出版社 2009 年版，第 37 页。
⑥ 任建树：《陈独秀著作选编》第三卷，上海人民出版社 2009 年版，第 157—158 页。

束缚。"① 也没有跳出旧民主主义思想的圈子，没有正确地分析中国社会各阶级在中国革命中的地位，认为中国革命既然是资产阶级民主革命，自然应该由资产阶级掌握革命的领导权。这与列宁倡导的在资产阶级民主民族运动中，无产阶级应与"资产阶级民主派结成临时联盟，但是不要同他们融合，要绝对保持无产阶级运动的独立性，即使这一运动还处在最初的萌芽状态也应如此"② 的观点是相违背的。所以，陈独秀没有从根本上解决无产阶级领导权和革命同盟军问题。

历史的发展已经证明，资产阶级领导过中国革命，由于其天生具有的软弱性和妥协性，革命都失败了，因此，领导权必须让位于无产阶级。五四运动后，中国无产阶级作为独立的政治力量登上历史舞台，两年后，又有了自己的领导核心——中国共产党的正确领导，加之中国无产阶级具有的特质，即坚决彻底的革命精神，与农民的天然联系，无产阶级掌握革命的领导权成为时代的诉求。正如周恩来指出的：陈独秀"认为资产阶级革命是资产阶级领导的，无产阶级不是领导而是帮助资产阶级，是替资产阶级抬轿子的，无产阶级在资产阶级革命中不要争取领导权；认为帮助资产阶级革命成功，无产阶级可以得到自由、八小时工作制，以后再搞自己的无产阶级革命。这种观点实质上是旧民主主义的，是 18、19 世纪的西欧资产阶级革命的观点。用这种观点来看中国革命，领导权问题就很久得不到解决。"③ 可见，只是正确地认识了时代主题、社会性质和革命性质，而没有将马克思主义关于无产阶级领导权的理论与中国时代特征与发展潮流结合起来，同样不可能形成系统的关于中国革命的理论。因而，陈独秀没有从根本上解决无产阶级领导权和革命同盟军问题，他对马克思主义的理解是机械的、僵化的、教条的，错误地认为资产阶级性质的革命必定要依靠资产阶级，革命的胜利也必定是资产阶级的胜利，忽视了中国社会最底层的工人农民的革命要求和强大力量，脱离了中国革命的实际。所以，陈独秀没有创立新民主主义革命理论，只能是为新民主主义革命理论的创立奠定了

---

① 肖贵清：《陈独秀 1923—1925 年政治思想曲折发展的轨迹》，《河北学刊》2000 年第 6 期。
② 《列宁选集》第四卷，人民出版社 1995 年版，第 221 页。
③ 《周恩来选集》上卷，人民出版社 1980 年版，第 158—159 页。

重要基础。"其理论带有明显的探索的痕迹"①，导致他与新民主主义革命理论擦肩而过。

四、"二次革命论"与革命前途

恩格斯曾经指出：一切依次更替的历史状态都只是人类社会由低级到高级的无穷发展进程中的暂时阶段。每一个阶段都是必然的，因此，对它发生的那个时代和那些条件说来，都有它存在的理由，但是对它自己内部逐渐发展起来的新的、更高的条件来说，它就变成过时的和没有存在的理由了；它不得不让位于更高的阶段，而这个更高的阶段也要走向衰落和灭亡"②，这就揭示了人类历史发展的普遍规律。从认识这一规律出发，新民主主义革命的前途问题，实际上是指无产阶级如何处理新民主主义革命和社会主义革命两个阶段之间的关系问题。中共二大提出了中国革命的最低纲领和最高纲领，指出中国革命分两步走，第一步是民主主义革命，第二步是社会主义革命，这在当时具有重要的意义，但中共二大并没有搞清楚两步之间的关系问题。

陈独秀是我党较早提出中国革命分两步走的。1920 年 5 月 1 日，陈独秀发表了《劳动者底觉悟》一文，第一次涉及了革命阶段的思想。他指出："劳动者的觉悟，计分二步：第一步觉悟是要求待遇，第二步觉悟是要求管理权。现状欧美各国劳动者底觉悟，已经是第二步；东方各国像日本和中国劳动者底觉悟，还不过第一步。"③陈独秀分析了第一步和第二步之间的经济要求与政治要求的关系，进一步提出"劳动运动才萌芽的时候，不要以为第一步不满意，便不去运动。"④这里陈独秀已经看到了第一步是第二步的基础，开始研究革命阶段问题。陈独秀强调，"在社会党（即共产党——引者注）的立法和劳动者

---

① 肖贵清：《陈独秀政治思想研究》，东北师范大学中共党史专业 2004 年博士学位论文，第 67 页。

② 《马克思恩格斯选集》第四卷，人民出版社 1995 年版，第 217 页。

③ 任建树：《陈独秀著作选编》第二卷，上海人民出版社 2009 年版，第 226 页。

④ 任建树：《陈独秀著作选编》第二卷，上海人民出版社 2009 年版，第 227 页。

的国家未成立之前，资本阶级内民主派的立法和政治，在社会进化上决不是毫无意义；所以吾党遇着资本阶级内民主派和君主派战争的时候，应该帮助前者攻击后者；后者胜利时，马上就是我们敌人"。我党"决不屑学德国的社会民主党，利用资本阶级的政治机关和权力作政治活动。"① 到 1922 年 9 月，陈独秀仍然坚信："无产阶级革命的时期尚未成熟，只有两个阶级（无产阶级和资产阶级）联合的国民革命的时期是已经成熟了。"② 这里的论述区别了国民革命和社会主义革命的不同性质，包含了无产阶级应当先帮助资产阶级进攻封建君主势力，进行国民革命，革命胜利之后再进行反对资产阶级的社会主义革命的思想，指明了中国革命第一阶段的主要任务。这些认识和探索对新民主主义革命理论的形成具有先导意义。

但是，由于受党内外主客观因素的影响和个人的局限性，陈独秀的思想出现了较大的反复。1923 年 12 月 1 日，陈独秀在《中国国民革命与社会各阶级》中指出："在普通形势之下，国民革命的胜利，自然是资产阶级的胜利。"③1926 年 9 月 25 日陈独秀又说："国民革命成功，共产党便要与国民党左派争政权，这是不会有的事。共产党取得政权，乃是无产阶级革命时代的事，在国民革命时代，不会发生这类问题。"他还说："现在还是国民革命时代，而不是无产阶级革命和专政时代，现在不但资产阶级需要民主政治，既无产阶级亦需要民主政治，或者比资产阶级需要民主政治更为迫切。"他进一步强调指出："国民革命成功后之建设时期，也必然是革命的民主的民众政权，而不是无产阶级专政，并且还不是工农政府。"④ 陈独秀还认为，"国民革命成功后在普通形势之下，自然是资产阶级握得政权；但彼时若有特殊的环境，也许有新的变化，工人阶级在彼时能获得若干政权，乃视工人阶级在革命中的努力至何程度及世界的形势而决定。……但是这种未来的机会我们没有预计的可能，也

---

① 任建树：《陈独秀著作选编》第二卷，上海人民出版社 2009 年版，第 259 页。
② 任建树：《陈独秀著作选编》第二卷，上海人民出版社 2009 年版，第 481 页。
③ 任建树：《陈独秀著作选编》第三卷，上海人民出版社 2009 年版，第 158 页。
④ 任建树：《陈独秀著作选编》第四卷，上海人民出版社 2009 年版，第 123 页。

没有预计的必要，现在只有一心不乱的干国民革命。"① 他宣布："我们不是乌托邦的社会主义者，决不幻想不经过资本主义，而可以由半封建的社会一跳便到社会主义的社会。"② 陈独秀的这些论述表明了其"二次革命论"思想，即国民革命胜利后，先是资产阶级取得政权，建立资本主义制度，待中国的资本主义充分发展了，无产阶级和资产阶级出现矛盾激化的时候，再进行无产阶级的社会主义革命。其根源在于陈独秀只看到了新民主主义革命与社会主义革命两步的区别，没有看到二者的联系，错误地认为国民党是代表各阶级利益的政党，没有认识到它只是代表资产阶级利益的政党，导致在理论和实践上将国民革命的领导权拱手相让，致使轰轰烈烈的大革命失败了。

第三节　蔡和森对马克思主义时代化的探索

蔡和森是我党早期卓越的领导人之一，是杰出的马克思主义理论家、宣传家和革命活动家。俄国十月社会主义革命的胜利，使蔡和森认识到马克思列宁主义的伟大力量。五四运动时期，蔡和森便接受了马克思主义，成为我国第一批具有初步共产主义思想的知识分子之一。同时，他开始深入而系统地研究马克思主义，并以中国化、民族化和通俗化的语言方式阐释马克思主义理论内容，推动了马克思主义在中国的广泛传播，加深了马克思主义对中国人的影响，影响了一大批中国先进的知识分子，促进了马克思主义与工人的结合，为中国共产党的创立奠定了重要基础。伴随着这一过程，蔡和森认真分析了比较国内外的革命现状，特别是中国的现实国情，毅然摒弃了空想社会主义和无政府主义思潮等理论学说，坚定地选择了马克思主义，并于 1920 年夏秋由激进的民主主义者转变为马克思主义者。中国共产党成立后，蔡和森运用马克思主义的立场、观点和方法，在党内比较早地提出应将马克思列宁主义普遍原理与

---

① 任建树：《陈独秀著作选编》第三卷，上海人民出版社 2009 年版，第 161 页。
② 任建树：《陈独秀著作选编》第四卷，上海人民出版社 2009 年版，第 123 页。

中国革命的具体实际相结合，他在认真分析中国国情的基础上，准确判断中国社会性质与革命性质，并对中国革命的领导权和前途等基本问题进行了深入探索，为新民主主义革命理论的创立和毛泽东思想的形成产生了重要影响，也为推进马克思主义时代化作出了不可磨灭的贡献。

一、马克思主义的研究与传播

为寻找根本改造旧中国的革命理论和进一步探索革命发展道路，深入开展革命实践活动，1919 年 12 月，蔡和森带着"利用法国的条件更为直接地了解和研究十月革命和世界革命运动，学习先进思想"① 的目的，毅然远涉重洋赴法勤工俭学。

在法国，为了比较完整准确地理解马克思主义，并把握其科学体系，蔡和森搜集了大量的马克思主义著作和上百种关于各国革命运动和理论思潮的书册资料，"猛看猛译"。这期间，他刻苦攻读法文版的马列著作，深化了对马克思主义基本理论的理解。首先，他认真学习和研究了马克思主义关于唯物史观、阶级和阶级斗争以及剩余价值的学说，指出，"马克思的学理由三点出发：在历史上发明他的唯物史观；在经济上发明他的资本论；在政治上发明他的阶级战争说。三者一以贯之，遂成为革命的马克思主义"②，这些论述，有利于增强对马克思主义理论的全面理解。其次，他综合分析了各种社会主义，强调马克思主义的科学性，他认为："社会主义为资本主义的反映。其重要使命在打破资本经济制度。其方法在无产阶级专政，以政权来改建社会经济制度。"③ 这里，蔡和森在党内比较早地提出了无产阶级专政这一政治范畴，用马克思主义基本原理阐明了如何实现社会主义的系列问题，澄清了此前国人对社会主义的模糊认识。再次，蔡和森还强调运用列宁主义关于暴力革命与无产阶级专政的学说来改造中国现状。他指出："现在完全的马克思主义及无产阶级专政既在

① 《回忆蔡和森》，人民出版社 1980 年版，第 35 页。
② 中国革命博物馆：《蔡和森文集》，人民出版社 1980 年版，第 74 页。
③ 中国革命博物馆：《蔡和森文集》，人民出版社 1980 年版，第 50 页。

俄罗斯实现有效。于是各国觉悟的工人莫不醉心于红色化。"① 从而揭示了中国革命走俄国革命道路的历史必然性，为半殖民地半封建中国的无产阶级领导中国革命取得胜利提供了思想武器。此外，蔡和森还翻译了《共产党宣言》、《社会主义从空想到科学的发展》、《国家与革命》、《无产阶级专政与叛徒考茨基》、《共产主义运动中的'左'派幼稚病》等马列著作，为帮助许多留法青年和国内的先进知识分子接受马克思主义理论和十月革命道路，起到了重要作用。这期间，蔡和森不仅在旅法学生中深入宣传、讲解马克思主义，而且他还经常用书信的方式或撰写政论文章的形式，向国内广泛传播马克思主义。可以说，留法期间，蔡和森通过认真学习和研究马克思主义基本理论，一方面，加深了他对马克思主义的领悟，并使他迅速转变为坚定的马克思主义者，另一方面，为他回国后大力宣传和传播马克思主义奠定了重要的思想理论基础。

1921 年 10 月，蔡和森回国。同年底，加入中国共产党。从 1922 年 9 月起，蔡和森开始担任中共中央机关报《向导》周报的主编，组织发表并精心撰写了大量的文章，约有五六十万字，系统地宣传马克思列宁主义，宣传党的路线、纲领和主张等，并运用马克思主义的立场、观点和方法，深入分析中国革命的具体问题，推动了马克思主义与中国革命具体实践的结合。

1922 年 9 月 20 日，蔡和森在《向导》周报上发表《武力统一与联省自治——军阀专政与军阀割据》一文，阐明了马克思历史唯物主义的基本原理，即人类的历史，归根到底是人类社会物质资料生产发展的历史；人类社会的发展，终究是社会生产力和生产关系矛盾运动的结果。他指出："一个时代的政治变化，有一个时代的经济变化为基础，所以近世政治史上的民主革命，不过是经济史上产业革命的伴侣。中世纪末，封建制度既成为新兴资本主义大企业的桎梏，所以被桎梏的资产阶级便起来推翻封建而建筑近世的民主政治。"② 他还分析了中国的社会现状和阶级现状，强调，正是由于国际资本帝国主义的侵略压迫，所以，中国才发生了"改革内政以图自强"的革命运动。由于当时中国还没有

---

① 中国革命博物馆：《蔡和森文集》，人民出版社 1980 年版，第 66—67 页。
② 中国革命博物馆：《蔡和森文集》，人民出版社 1980 年版，第 101 页。

形成经济地位上强有力的革命阶级，尽管辛亥革命勉强完成了，但政权落到了封建军阀和官僚之手，因而"就形成十年以来军阀专政和军阀割据的封建残局"。① 他进一步强调："十年以来的内乱与战争，既不是'南''北'之争，又不是'护法'与'非法'之争，更不是'统一'与'分离'之争，乃是封建的旧支配阶级与新兴的革命阶级之争。"② 在《统一、借债与国民党》一文中，蔡和森总结了十月革命胜利的经验。他指出："最近俄罗斯革命之所以成功，苏维埃政府之所以不能动摇，也是因为在十月革命前，用宣传手段，完全破坏旧军事组织和纪律第一步是废除军队中的死刑，到一九一八年更完全遣散旧军队而改建工农阶级的红旗军。假使他们在革命中及革命后不完成这种根本工作，他们的新政权也是迟早要落于旧军阀之手，他们的革命也是迟早要被旧势力推翻。"③ 所以，中国革命要取得胜利，必须像十月革命那样，拥有自己的军队。

可以说，蔡和森在《向导》周报上发表的文章，一方面广泛宣传和传播了马克思主义，使更多的中国人能够从更深层面了解和掌握马克思主义理论；另一方面也为中国共产党用马克思主义理论指导中国革命、将马克思主义理论与中国革命具体实际相结合奠定了重要基础。

二、中国社会性质与革命性质的判断

蔡和森是我党较早意识到并提出中国社会是"半封建"性质的领导人，1922 年 5 月 1 日他在《中国劳动运动应取的方针》一文中指出："在中国现在半封建的武人政治之下，无论那派军阀财阀得势所形成的资本主义，总不外是'恐怖的资本主义'。"④ 这里尽管有关于资本主义的错误论述，但对中国社会性质的"半封建"阐述则显示出中国共产党人对中国国情的深刻了解。同年 9 月，蔡和森在《统一、借债与国民党》中又阐明了中国的"半殖民地"性质，他指出：

---

① 中国革命博物馆：《蔡和森文集》，人民出版社 1980 年版，第 102 页。
② 中国革命博物馆：《蔡和森文集》，人民出版社 1980 年版，第 102 页。
③ 中国革命博物馆：《蔡和森文集》，人民出版社 1980 年版，第 95—96 页。
④ 中国革命博物馆：《蔡和森文集》，人民出版社 1980 年版，第 84 页。

"中国在国际地位上早已处于半殖民地位，最近经过华盛顿的宰割会议，更把他活活地放在英美日法帝国主义协同侵略的'门户开放'政策之下，以为实现'国际共管'的地步。"① 蔡和森还对帝国主义和封建军阀进行了尖锐地揭露和批判，为维护和推动国共合作大革命高潮的到来做了大量的工作。党的"二大"以后，他在《向导》上首先公开提出"打倒帝国主义"的口号，推动了中国革命斗争的向前发展。他在深刻分析殖民地半殖民地的中国国情之后，指出："各资本主义先进国的民主革命，可说完全是对内的革命，他的敌人只有一个，就是封建阶级，殖民地半殖民地的革命则不然，不仅是对内的革命而且是对外的革命，他的敌人有两个，一是封建阶级，一是外国帝国主义。"②"中国国民革命的特性是一面打倒国际资本帝国主义，一面打倒为其工具的中国军阀。这种特性是由什么决定的呢？是由中国的国际情形决定的"③，这就明确指明了帝国主义和封建主义是中国人民最主要的敌人。1923 年 2 月 7 日，他在《反对"敦请一友邦"干涉中国内政》一文中强调了中国民主革命最主要的任务就是反帝反封建。他指出："中国国民革命运动唯一的正轨，对内是打倒军阀，对外是打倒侵略中国扶植中国军阀的外国帝国主义。军阀不是天上滴下来的，是前清遗留和外力扶植的产物，所以反抗外国帝国主义尤为国民运动根本的重要。外国帝国主义与中国的关系，就是侵略与被侵略的关系。"④ 从而揭露了帝国主义侵略扩张的真面目。1926 年底，在莫斯科中共旅俄支部会上，蔡和森作了《中国共产党史的发展》的报告，他指出："中国共产党的政治环境是资产阶级德漠克拉西尚未成功，而是半殖民地半封建的中国，共产党不仅有解放无产阶级的责任，并且负有民族革命的责任。"⑤ 这是我国近代史上对中国社会性质做出的比较早和比较精确的判断。据此，蔡和森指出："中国国民革命运动唯一的正轨：对内是打倒军阀，对外是打倒侵略中国、扶植中国军阀的外国

---

① 中国革命博物馆：《蔡和森文集》，人民出版社 1980 年版，第 99 页。
② 中国革命博物馆：《蔡和森文集》，人民出版社 1980 年版，第 271—272 页。
③ 中国革命博物馆：《蔡和森文集》，人民出版社 1980 年版，第 726 页。
④ 中国革命博物馆：《蔡和森文集》，人民出版社 1980 年版，第 250 页。
⑤ 中国革命博物馆：《蔡和森文集》，人民出版社 1980 年版，第 10 页。

帝国主义。"① 中国革命的任务是"一面打倒国内的封建势力，一面反抗外国帝国主义"，"中国革命的动力和革命的阶段虽有显明的变化，但是革命的性质仍然是资产阶级民权革命。"② 这一认识契合了当时的中国国情与时代特征。

三、建党思想

1921 年底，蔡和森加入中国共产党，虽然此时中国共产党早于同年 7 月已经成立，但蔡和森是公认的中国共产党的重要创始人之一是不容置疑的，这要从他与毛泽东等人商讨建立新民学会说起。1917 年秋，蔡和森一家迁至岳麓山荣湾镇刘家台子居住，他经常与毛泽东、罗学瓒和张昆弟等人一起谈论理想和人生，并得出共同的结论：要想改造世界，光靠几个人的力量是不行的，"必须集合很多志同道合的同志，结成坚强有力的团体。"③ 于是，在 1918 年 4 月，他们组织成立了新民学会，成为五四运动前成立的最早的革命团体之一。之后，蔡和森积极地参加并组织领导了新民学会的各项活动，在新民学会会友中第一个吹响了欢迎十月革命的号角，他主张"于现在立一可大可久的基础，以为后来活动地步"，"三年之内，必使我辈团体，成为中国之重心点。"④ 从而使新民学会成为孕育湖南共产主义小组的摇篮，奠定了其成立的坚实基础。

1919 年 12 月，蔡和森赴法勤工俭学，这期间，他凭着一本法华字典，阅读了大量的马克思主义著作和有关各国革命运动、各种思潮的小册子，认真总结德国社会党和各国共产党的经验教训，研究俄国马克思列宁主义的建党理论尤其是布尔什维克的建党经验，很快成为坚定的马克思主义者。1920 年 7 月 6 日至 10 日，蔡和森在旅法的新民学会会员蒙达尼会议上，首先提出了今后新民学会会务进行的方针就在于"改造中国与世界"，他大力倡议："我以为先要组织党——共产党。因为他是革命运动的发动者、宣传者、先锋队、作战

---

① 中国革命博物馆：《蔡和森文集》，人民出版社 1980 年版，第 250 页。
② 中国革命博物馆：《蔡和森文集》，人民出版社 1980 年版，第 793—794 页。
③ 刘金田、毛胜：《他们为什么选择中国共产党》，贵州人民出版社 2012 年版，第 44 页。
④ 中国革命博物馆：《蔡和森文集》，人民出版社 1980 年版，第 13 页。

部，以中国现在的情形看来，须先组织他，然后工团，合作社才能发生有力的组织。革命运动，劳动运动，才有神经中枢……明目张胆正式成立一个中国共产党"，不仅指明了党的使命与任务，同时，明确了党的名称。他还强调中国共产党，必须实行无产阶级专政，"其主旨与方法多倾向于现在之俄"①，表明中国共产党必须是无产阶级的革命政党。1920 年下半年至 1921 年初，蔡和森先后致信毛泽东和陈独秀等，旗帜鲜明地提出中国要走俄国革命的道路，要实行无产阶级专政，建立中国共产党，他还系统地阐明了有关建党的理论、路线、方针和组织原则。他明确提出："我以为先要组织党——共产党。因为他是革命运动的发动者、宣传者、先锋队、作战部。以中国现在的情形看来，须先组织他，然后工团、合作社才能发生有力的组织。革命运动、劳动运动，才有神经中枢"，并且"现在就要准备。"② 他还强调，中国共产党必须与俄国党具有一致的原理和方法，他说："我以为非组织与俄一致的（原理方法都一致）共产党，则民众运动、劳动运动、改造运动皆不会有力，不会彻底"。③ 因此，中国共产党必须以马克思主义理论为指导思想，才能保证无产阶级的政治方向。

蔡和森在总结俄国布尔什维克党进行组织革命的经验之基础上，分析了中国的社会革命不可避免，强调了成立党组织的必要性，并阐明了"组织的步骤：（1）结合极有此种了解及主张的人，组织一个研究宣传的团体及出版物。（2）普遍联络各处做一个要求集会、结社、出版自由的运动，取消治安警察法及报纸条例。（3）严格的物色确实党员，分布各职业机关，工厂、农场、议会等处。（4）显然公布一种有力的出版物，然后明目张胆正式成立一个中国共产党。"④ 毛泽东回信说："你这一封信见地极当，我没有一个字不赞成"。并告诉蔡和森关于成立中国共产党的事情，"陈仲甫（指陈独秀——引者注）先生等已在进行组织。"⑤

---

①　《新民学会资料》，人民出版社 1980 年版，第 137 页。

②　中国革命博物馆：《蔡和森文集》，人民出版社 1980 年版，第 51 页。

③　中国革命博物馆：《蔡和森文集》，人民出版社 1980 年版，第 69 页。

④　中国革命博物馆：《蔡和森文集》，人民出版社 1980 年版，第 71 页。

⑤　中国革命博物馆：《蔡和森文集》，人民出版社 1980 年版，第 838 页。

1921 年，蔡和森在法国发起和组织了多次革命斗争，并在斗争中发挥了卓越的领导作用，使马克思列宁主义进一步在勤工俭学的学生中扩大了影响和阵地，为中国共产党的成立创造了重要的前提条件。与此同时，他还发起了建党活动，组织了中国共产主义青年团旅欧支部，周恩来任总支书记。1936 年，毛泽东在回忆建党时说"在法国，许多勤工俭学的人也组织了中国共产党，几乎是同国内的组织同时建立起来的，那里的党的创始人之中有周恩来、李立三和向警予。向警予是蔡和森的妻子，唯一的一个女创始人，罗迈（即李维汉——引者注）和蔡和森也是法国支部的创始人。"① 蔡和森的建党思想，对于创建以马克思列宁主义为指导思想、俄国布尔什维克式的无产阶级革命政党，作出了重大的贡献。

四、无产阶级领导权的分析

蔡和森也非常重视工人阶级的力量和无产阶级在民主革命中的领导权问题。早在 1922 年，蔡和森就"提出了马克思主义要和工人运动相结合，要走俄国工人阶级的路的观点，提出了'劳工运动'的口号"②，他还强调："我们工农阶级是中国革命运动的柱石"③，在民主革命中，"只有无产阶级才是领导阶级，并通过它的政党中国共产党实现领导。中国共产党的政治责任，是领导中国人民彻底完成资产阶级的民主革命，直到完成无产阶级的社会主义革命，最终实现共产主义。"④1928 年 11 月，蔡和森写了《中国革命的性质及其前途》一文，首先，他分析对比了资产阶级革命与资产阶级性的民权革命，他认为，资产阶级革命的特性有三个：一是推翻封建制度，建立资产阶级的国家和资本主义的社会；二是资产阶级是革命的领导阶级；三是无产阶级还未形成独立的政治势力。并且这类资产阶级革命都是在资本主义进到帝国主义的前期发生的。

---

① ［美］埃德加·斯诺：《西行漫记》，董乐山译，三联书店出版社 1979 年版，第 133 页。
② 《回忆蔡和森》，人民出版社 1980 年版，第 52 页。
③ 中国革命博物馆：《蔡和森文集》，人民出版社 1980 年版，第 702 页。
④ 罗绍志、宁丹阳、何鹊志等：《蔡和森传》，湖南人民出版社 1980 年版，第 127 页。

　　随着资本主义发展到帝国主义阶段，无产阶级的革命力量日益壮大并成为独立的政治力量，这时，摆在先进国无产阶级面前的历史任务已不是推翻封建制度的民主革命，而是直接推翻资本主义的社会主义革命。但是，资本主义的发展是不平衡的。在资本主义发展落后的国家即农奴或半农奴制的封建专制国家，"资产阶级民权革命"仍然是必不可避免的历史任务。对此，蔡和森分析了资本后进国的资产阶级，明确指出，"资产阶级民权革命"的任务已经不能由资产阶级来完成，尽管这些地方的资产阶级需要推翻封建制度，需要扫除资本主义发展的障碍，然而由于财政资本与工业资本的混合，资产阶级已与地主阶级发生了密切的经济关系，所以这些国度的资产阶级之革命性既是很不彻底的，又是半途而废的，他们已经不能做革命的领导阶级，只有无产阶级去联合占人口优势的农民，来反对这种不彻底的动摇妥协以至反革命的资产阶级，才能使民主革命取得彻底的胜利。蔡和森还分析指出资本后进国的资产阶级民权革命与前世纪资本先进国的资产阶级革命在历史任务上方面是一致的，而在革命的功力和革命的效果方面则是不同的。主要表现为："第一，这一革命的领导者不是资产阶级而是无产阶级；第二，农民在这一革命中占重要地位，超过于以前任何资产阶级革命中所占的地位；第三，这一革命的彻底胜利只有在工农联合而反对不彻底的自由主义资产阶级的条件之下才能完成；第四，因此，这一革命的彻底胜利不是资产阶级的胜利而是无产阶级与农民的胜利，即不是资产阶级专政而是工农民权主义独裁制；第五、这一革命的彻底胜利不仅是彻底肃清资本主义发展的一切障碍（封建制度农奴制度等）而必然要转变到社会主义的前途。这一资产阶级民权革命的历史模型，就是俄国一九〇五到一九一七年的革命。"① 与此同时，蔡和森还强调了农民问题的重要性，他指出："中国革命的中心问题是农民问题"②"谁能解决农民问题，谁即可以得天下。现在农民问题，较秦以来尤为重要。国民革命如不将此根本问题解决，证之历史，可断定不能成功。"③ 蔡和森的观点丰富了马克思主义关于无产阶级革

---

① 中国革命博物馆：《蔡和森文集》，人民出版社 1980 年版，第 784—785 页。

② 罗绍志、宁丹阳、何鹊志等：《蔡和森传》，湖南人民出版社 1980 年版，第 147 页。

③ 中国革命博物馆：《蔡和森文集》，人民出版社 1980 年版，第 766—767 页。

命领导权和同盟军的思想。

五、革命前途的认识

蔡和森对中国革命的阶段与前途予以了关注。他在认识和探索国民革命的特点时，区分了中国民主革命的两个阶段，即五四运动以前的"旧的阶段"和五四以后的"新阶段的革命运动。"[①] 他指出："中国革命，还有它发展的特性，这就是不平衡性。这种不平衡的发展，在估量革命形势上，当然是很重要的问题。我们如果忽视了这一点，的确可以使我们走到极左或回复到极右的道路上去。"[②] 在中国革命发展道路和前途方面，他认为，中国要实现民族独立自强，只有两条道路可走："（一）与全世界被压迫民族之好友苏维埃俄罗斯，及已完全解除武装再无侵略能力并且最富机械与技术人才之德意志缔结经济同盟。（二）努力完成民主革命，推翻军阀及国际帝国主义在中国之特权与压迫，建立完全自主的独立国家，仿照苏维埃俄罗斯之不损主权不受束缚的招致外资及权利让与等等政策，迅速的自主的开发中国大工业。"他还强调："这两个方法，是最可能最妥当的方法，是经济落后国和半殖民地所应当走的道路，唯有向这样的道路走才有解放的希望，唯有向这样道路走，才能得到独立与自由而不致永远为国际资本主义帝国主义的奴隶。"[③] 这就为经济落后国家和半殖民地国家指明了革命发展的正确道路。

蔡和森还指出，中国不可避免地要爆发革命，但要走社会主义道路，不能走资本主义道路。他认为，社会主义是拯救中国的"对症之方"。1920 年 8 月 13 日，他在给毛泽东写的信中说："我近对各种主义综合审缔，觉社会主义真为改造现世界对症之方。中国也不能外此。"[④] "我对于中国将来的改造，以为

①　中国革命博物馆：《蔡和森的十二篇文章》，人民出版社 1980 年版，第 14 页。
②　中国革命博物馆：《蔡和森的十二篇文章》，人民出版社 1980 年版，第 133—134 页。
③　中国革命博物馆：《蔡和森文集》，人民出版社 1980 年版，第 99 页。
④　中国革命博物馆：《蔡和森文集》，人民出版社 1980 年版，第 50 页。

完全适用社会主义的原理和方法。"① 由此，他得出了只有社会主义才能救中国的结论。1921 年 2 月 11 日，蔡和森在给陈独秀写的信《马克思学说与中国无产阶级》中指出："现在中国四万万人有三万万五千万不能生活了。到了这个地步，三万万五千万人惟有两条路走：（一）流为盗贼、土匪、流氓、痞子以至饿死、乱死、战死、争夺扰攘而死……（二）三万万五千万人公然自行提出其生死问题于中国社会，……到了这个时候，革命之爆发乃是必然的趋势，也如自然力的雷电之爆发一样，行所必然，什么成败利钝都不会顾，什么改造的理想家、大学问家都也把持不下地。"② 在这种内忧外患的情形下，中国革命必然爆发。蔡和森还分析了中国的社会经济状况，并要毛泽东在国内"准备做俄国的十月革命"，并说："这种预言，我自信有九分对，因此你在国内不可不早有所准备。"③ 可以看出，蔡和森对中国走社会主义道路的必然性充满了信心。

第四节　邓中夏对马克思主义时代化的探索

邓中夏是中国共产党早期卓越的领导人之一、著名的无产阶级革命家和理论家、杰出的工人运动领袖。俄国十月社会主义革命的胜利，引起了邓中夏的极大关注。在李大钊的帮助下，他多方搜集资料，开始研究俄国十月革命的经验，很快便得出了中国革命必须"走俄国人的路"的结论，并明确指出："只有接受列宁、马克思主义，选苏俄的道路，中国人民才能得救。"④ 经过认真学习与研究，邓中夏的马克思主义理论水平迅速提高，很快成为一名具有共产主义思想的马克思主义者。五四运动爆发后，邓中夏积极组织和领导了这场运动，并在运动中宣传和传播马克思主义，促进了马克思主义的广泛传播及其与

① 中国革命博物馆：《蔡和森文集》，人民出版社 1980 年版，第 51 页。
② 中国革命博物馆：《蔡和森文集》，人民出版社 1980 年版，第 76 页。
③ 中国革命博物馆：《蔡和森文集》人民出版社 1980 年版，第 51 页。
④ 姜平：《邓中夏的一生》，南京大学出版社 1985 年版，第 16 页。

工人运动的结合。北京共产主义小组成立后，邓中夏负责编辑出版北京共产主义小组创办的《劳动音》周刊，并通过《劳动音》周刊，向工人宣传马克思主义和反帝反封建的革命主张。他还通过创办夜校、劳动补习学校和工人俱乐部的方式，培养工人运动骨干，为中国共产党的创建作出了重要贡献。

为了推动中国革命朝着正确方向发展，在 1923 年底至 1924 年间，邓中夏先后写了《革命主力的三个群众》、《论工人运动》、《论农民运动》、《中国工人状况及我们运动之方针》和《我们的力量》等文章，科学分析了中国社会各阶级的经济地位和政治态度，并对中国革命的性质、任务和无产阶级领导权等一系列问题作了比较系统的阐述，探索了新民主主义革命的基本思想。在革命斗争实践中，邓中夏逐步认识到工人阶级的伟大力量，认为工人阶级是国民革命中最勇敢的先锋队，也是最重要的主力军，必然是国民革命的领导力量。他在领导中国革命的过程中，非常重视建立巩固的"工农联合"的重要性，重视武装斗争的重要性，还把武装工人作为工人运动的一个重要组成部分。可以说，邓中夏的探索为马克思主义与中国革命具体实际相结合的新民主主义革命理论的创立奠定了重要基础，也为民主革命时期中国共产党推进马克思主义时代化作出了不可磨灭的贡献。

一、中国革命与世界革命关系的认识

邓中夏从马克思主义观点出发，指出，西方的无产阶级社会主义革命和东方的殖民地民族革命应结成联合战线，才能有效地去打倒共同的敌人。他强调："列宁同志说过：'中国……等许多东方国家的民族解放之唯一希望，乃世界革命之胜利。全世界无产阶级就是东方几万万劳动者和被压迫者之唯一的同盟军'"①，他还说："我们不仅是此一国与彼一国的无产阶级要联合，而且扩而大之，全世界各国间的无产阶级要有总联合，因为自从资本主义发展到帝国主义，它们掠夺无产阶级的方法国际化了。……这国的资本家与那国的资本家连

---

① 《邓中夏文集》，人民出版社 1983 年版，第 312 页。

成一气，不分彼此的共同对付工人阶级。假使我们工人阶级不越过国界，联合起来共同对付资本家，我们真会死无葬身之地了。"① 因此，他强调工人阶级"除了革命，并且是联合世界无产阶级共同革命"，才能"根本推翻资本制度，打倒帝国主义"。② 他还分析了产业先进国的无产阶级对资产阶级实行的社会革命和殖民地半殖民地国家对帝国主义实行的国民革命之关系，指出："无产阶级革命与民族革命是推翻资本帝国主义的世界革命之重要策略，无产阶级革命固有助于民族革命，民族革命亦有助于无产阶级革命，其最终目的都是根本推翻帝国主义而使被压迫之阶级与民族得到完全之解放。"③ 所以，他明确指出："中国革命是世界革命之一部分。"④

二、中国社会性质与革命性质的判断

邓中夏认识到中国革命所处的时代特征，他从中国革命对象的角度，阐明了中国社会的"半殖民地半封建"性质。他指出，近代以来由于外国资本帝国主义的侵略，使得"中国宗法社会的小农及小手工业经济日益崩坏"，而这种自然经济的分解，就给资本主义经济的发展，造成了商品市场和劳动力市场，因而在客观上便促使了中国"新式工业经济日益发达"。另一方面，帝国主义侵略的目的，"本不欲中国新式机器工业有大规模的增进与发达—因这会引起殖民地的工业对宗主国的工业剧烈之竞争对抗，以至于排斥的。"⑤"帝国主义和封建军阀尤其是我们目前最厉害的两个仇敌。"⑥ 因此，"中国还不是资本制度完全成熟的"半封建国家，"同时却又是帝国主义侵略之半殖民地的国家。"⑦ 这就从中国革命的对象之角度，阐明了中国社会的"半殖民地半封建"性质。

① 《邓中夏文集》，人民出版社 1983 年版，第 133 页。
② 《邓中夏文集》，人民出版社 1983 年版，第 134 页。
③ 《邓中夏文集》，人民出版社 1983 年版，第 312 页。
④ 《邓中夏文集》，人民出版社 1983 年版，第 312 页。
⑤ 《邓中夏文集》，人民出版社 1983 年版，第 89—90 页。
⑥ 《邓中夏文集》，人民出版社 1983 年版，第 128 页。
⑦ 《邓中夏文集》，人民出版社 1983 年版，第 130 页。

他进一步指出，国民革命只要求打倒帝国主义和封建主义这两个仇敌，推翻其对中国人民的统治，"并不没收国内一切生产机关。"① 不反对一般的资本主义，因此可以判断出现阶段中国革命的性质，无疑是资产阶级民主主义的。

三、无产阶级领导权的分析

邓中夏是中国共产党工人运动的杰出领袖，是马克思主义与中国工人运动相结合的开拓者之一。在领导中国工人运动过程中，邓中夏顺应了近代中国反帝反封建的时代主题，在深刻分析中国工人阶级受压迫剥削的境况的基础上，指出："中国工人的工作时间，至少是十点钟以上，'先鸡鸣而兴，后斗转而息'，一生一世见不到太阳"，并且"中国工人的工资，平均不过数角，'仰不足以事，俯不足以畜'，一生一世替人作牛马"②，这就决定了中国工人阶级具有强烈的反抗精神和彻底的革命精神。因此，邓中夏非常重视工人阶级的伟大力量，他明确指出："工人群众不论在民主革命或社会革命中都占主力的地位，有法兰西和俄罗斯两大革命可以证明，我们应毫无疑义了。中国工人群众有革命的趋向与可能，而且是革命军中最勇敢的先锋队，有香港海员和京汉路工两大罢工可以证明，我们亦应毫无疑义了。所以我们不欲革命则已，要革命非特别重视工人运动不可。"③

邓中夏还是我们党中比较早地、系统地提出无产阶级领导权思想的领导人之一。中共三大以后，邓中夏相继发表了《论工人运动》、《中国工人状况及我们运动之方针》、《我们的力量》等一系列文章，详细阐述了无产阶级在民主革命中的领导权。首先，邓中夏阐明了无产阶级进行国民革命的目的是为了夺取政权。针对中国民族资产阶级在反帝反封建斗争中具有的软弱性和妥协性，阐明了民族资产阶级不能领导中国革命，他们参加民主革命的目的是为了企图建立资产阶级共和国，所以无产阶级必须与他们进行争夺领导权的斗争。如

---

① 《邓中夏文集》，人民出版社1983年版，第128页。

② 《邓中夏文集》，人民出版社1983年版，第47页。

③ 《邓中夏文集》，人民出版社1983年版，第42页。

果"听资产阶级安然去取得一切权力，那末我们将来的命运一定更要坏"①，中国"目前固践踏在帝国主义和军阀的铁蹄下，将来必钳束在新兴资产阶级的铁网里，其痛苦永不能解除，幸福永不能够得到"②，在"假使资产阶级取得了领导权，必然领导革命走到反革命的道路。因为资产阶级要建立资本主义，必然仰仗帝国主义资本之协助，结果与帝国主义妥协而背叛革命。所以领导权如果被资产阶级抓去，则革命便是宣布死刑。"③ 所以，无产阶级在国民革命中，必须"防范资产阶级在革命中之妥协软化，并制止其在革命后之政权独揽"，同时，要不断"造成我们在政治上的深厚的基础，为将来建设'工人政府'或'无产阶级专政'预为准备"，因此，"我们对于国民革命即为了取得政权而参加的。"④ 其次，邓中夏还批评了陈独秀关于中国工人阶级在"数量"和"质量"方面都很幼稚的观点，强调了无产阶级领导权和同盟军问题。他指出："中国将来的社会革命的领袖固是无产阶级，就是目前的国民革命的领袖亦是无产阶级。"⑤"中国欲图革命之成功，在目前固应联合各阶级一致的起来作国民革命，然最重要的主力军，不论现在或将来，总当推工人的群众居首位。"⑥ 他还针对农民占中国人口大多数的实际，指出："中国不革命则已，欲革命不发动农民参加，革命不能胜利"。"近年来如湖南、陕西、广东等省的农民运动，已由原始的自然的农民反抗运动而进入经济组织与政治斗争，已表明他们是中国国民运动中的重要成分。"中国革命的特殊性，"对于工人与农民，因地位关系、利害关系，可以说工人和农民是天然的同盟者"。⑦ 所以，在国民革命时期，一方面，无产阶级要与资产阶级争夺民主革命的领导权，另一方面无产阶级要与农民结成联盟。

---

① 《邓中夏文集》，人民出版社 1983 年版，第 129 页。
② 《邓中夏文集》，人民出版社 1983 年版，第 129 页。
③ 《邓中夏文集》，人民出版社 1983 年版，第 371 页。
④ 《邓中夏文集》，人民出版社 1983 年版，第 129 页。
⑤ 《邓中夏文集》，人民出版社 1983 年版，第 101 页。
⑥ 《邓中夏文集》，人民出版社 1983 年版，第 102 页。
⑦ 《邓中夏文集》，人民出版社 1983 年版，第 131 页。

第五节　瞿秋白对马克思主义时代化的探索

1999 年 1 月 29 日，尉健行代表党中央《在中共中央纪念瞿秋白诞辰一百周年座谈会上的讲话》中指出："瞿秋白是中国共产党早期的主要领导人之一，伟大的马克思主义者，卓越的无产阶级革命家、理论家和宣传家，中国革命文学事业的重要奠基者之一。"1915 年，《新青年》杂志揭开了科学和民主两面大旗，瞿秋白也提出了"文化救国"，希望通过思想启蒙运动，使中华民族和中国人民觉醒起来。1919 年五四运动爆发后，瞿秋白参加了这场反帝反封建的爱国运动，并很快成为运动的重要组织者。他还通过创立《新社会》旬刊，探讨社会主义，宣传新思想。通过参加五四运动，瞿秋白逐渐认识到，中国要想实现民族独立、人民解放、国家昌盛，必须改弦更索。1920 年 3 月，李大钊组织了北京马克思学说研究会，瞿秋白加入其中，开始积极探索和研究科学社会主义。是年 9 月，瞿秋白赴苏俄考察、采访，他表示："我入俄的志愿——担一份中国再生时代思想发展的责任"[1]，"为大家开辟一条光明的路"[2]，"我的责任是在于：研究共产主义——此社会组织在人类文化上的价值，研究俄罗斯文化——人类文化之一部分，自旧文化进于新文化的出发点。"[3] 表明他对苏俄式社会主义的向往和对解决中国社会问题的高度责任感。在苏俄期间，瞿秋白进行了大量的考察、采访和写作，充分了解俄国各国领域的社会生活状况，并孜孜不倦的学习马克思主义著作和布尔什维克党的文件，建立了马克思主义唯物主义的世界观，并开始把马克思主义与共产主义理想作为坚定的信仰。1923 年 1 月，瞿秋白回国后，面对中国新民主主义革命在当时还处于探索时期、非常需要先进的革命理论来指导这一现实，他开始深入研究和宣传马克思主义理论，以促进马克思主义理论与中国革命具体实践的结合。1927 年初，他还明确提出应将"马克思主义应用于中国国情"，认为，"中国国民革命的问题——

---

[1]　《瞿秋白文集》第一卷，人民文学出版社 1985 年版，第 31 页。
[2]　《瞿秋白文集》第一卷，人民文学出版社 1985 年版，第 5 页。
[3]　《瞿秋白文集》第一卷，人民文学出版社 1985 年版，第 84 页。

马克思主义的应用于中国国情，自然要观察中国社会的发展，政治上的统治阶级，经济状况中的资本主义的趋势，以及中国革命史上的策略战术问题。"① 为形成中国化的马克思主义理论创造力理论条件。此外，在领导中国革命的过程中，瞿秋白还系统探索了中国革命的性质、任务、无产阶级领导权、革命道路和革命前途等基本问题，为新民主主义革命理论的形成奠定了重要的基础，也为马克思主义时代化化的探索做出了重大贡献。

一、中国革命与世界革命关系的认识

瞿秋白从分析中国革命发生的时代背景出发，指出"中国无产阶级所处的时代是世界革命的时代，全世界无产阶级已经开始争取政权。他不得不资助各殖民地的国民运动，尤其是辅翼其幼稚的无产阶级，以行世界的扑灭帝国主义的总斗争。中国幼稚的无产阶级，在世界的斗争范围之中，与国际无产阶级同是最终的共产主义目的。"② 这里可以看出，中国无产阶级进行的反对帝国主义的革命已经融入世界斗争中，并且与国际无产阶级的最终目的是一致的。他还说："劳工阶级在国民革命的过程中因此日益取得重要的地位以至于指导权劳工阶级的最后目标在社会主义，那么，到国民革命的最高度，很可以与世界革命合流而直达社会主义。"③ 这里可以看出，瞿秋白认识到，中国无产阶级进行的反对帝国主义的革命已经融入世界斗争中，并且与国际无产阶级的最终目的是一致的。所以，中国革命"势必与世界社会主义革命相联结，而在中国开辟社会主义的道路。"④

如前所述，中国革命成为世界无产阶级社会主义革命的一部分，其前途必然是社会主义的，并不代表中国革命可以直接进行无产阶级社会主义革命，这是由中国的特殊国情和时代特征决定的，即中间必须经过一个民主革命的

---

① 《瞿秋白选集》人民出版社 1985 年版，第 312 页。
② 《瞿秋白文集》第三卷，人民出版社 1989 年版，第 219 页。
③ 《瞿秋白文集》第三卷，人民出版社 1989 年版，第 221 页。
④ 《瞿秋白文集》第三卷，人民出版社 1989 年版，第 344—345 页。

阶段，而且在这个阶段，无产阶级必须掌握革命的领导权。正如毛泽东所说："中国革命的第一阶段（其中又分为许多小阶段）其社会性质是新式的资产阶级民主主义革命，还不是无产阶级社会主义革命，但早已成了无产阶级社会主义革命的世界革命的一部分"，中国革命的"第一阶段，决不是也不能建立中国资产阶级专政的资本主义社会，而是要建立以无产阶级为首领的中国各个革命阶级联合专政的新民主主义社会，以完结其第一阶段。然后，再使之发展到第二阶段，以建立中国社会主义的社会。"①

鉴于上述认识，我们认为，瞿秋白尽管错误地判断了国民革命胜利后可以直接达到社会主义，但是他准确把握了国民革命时期的时代主题，明确了中国革命与世界革命相连接的关系，有助于把马克思主义理论与中国革命的具体实际和时代主题相结合。

二、中国社会性质与革命性质的判断

正确判断社会性质与革命性质需要有一个前提条件，就是对国情的正确认识。当然，正确的认清国情，并不代表能够将马克思主义与中国国情和时代特征有机结合。在这方面，瞿秋白的探索较之前述探索更全面一些。瞿秋白非常重视马克思主义与中国国情的结合，他指出："马克思主义应用于中国国情，自然要观察中国社会的发展，政治上的统治阶级，经济状况中资本主义的趋势，以及中国革命史上的策略战术问题。"② 这些认识，有利于正确运用马克思主义来指导中国革命，推进其时代化。针对帝国主义侵略中国日益加深、国家主权逐渐丧失这一局面，瞿秋白认为帝国主义各国在中国的势力和利益各不相等，而且互相冲突，中国"并未完全归于帝国主义的某国，所以成其为半殖民地。"③ 他还分析说，"中国经济的发展，只停滞于宗法社会及半宗法社会的状态，所以虽然号称'中国'，其实一个一个大大小小的'半自然经济'的区域，

---

① 《毛泽东选集》第二卷，人民出版社 1991 年版，第 671—672 页。
② 《瞿秋白选集》，人民出版社 1985 年版，第 312 页。
③ 《瞿秋白选集》，人民出版社 1985 年版，第 35 页。

生生的粘合起来罢了，——哪里是整个完全的中国？"① 由此看来，中国已经沦为半殖民地半封建国家了。因此，"国民革命的使命，是解放资产阶级的中国，使他脱离封建宗法制度的束缚和帝国主义的剥削。""这一革命的主要口号是打倒帝国主义和军阀，便是民权主义的自由和民族经济的解放，这是中国资产阶级发展的必要条件。"② 可见，中国革命只能是反帝反封建的资产阶级民主革命，而不是社会主义革命。

三、无产阶级领导权的分析

瞿秋白同样批驳了陈独秀夸大资产阶级在民主革命中作用的观点。在党内较早对无产阶级在民主革命中的领导权问题进行了论述。他在总结五卅运动的经验时强调，"处处都是工人阶级当先锋，以最勇敢牺牲的革命精神，以实际的群众团结的力量，来争平民的权利，争自己阶级的利益和民族的解放。"③ 这一点完全可以"证明国民革命中资产阶级的妥协性和小资产阶级的犹豫畏怯，足以破坏联合战线而使革命运动失败，同时，也就证明无产阶级在国民革命中取得指导权之必要。"④ 随着国民革命的深入发展，瞿秋白逐渐认识到无产阶级掌握革命领导权的重要性。他提出"以前所谓领导仅仅指群众运动中的领导权，至于政权与军权是在无产阶级领导以外的，现在这个无产阶级领导权初创的形式已经不够了，现在无产阶级应当参加革命的政权，应当指导革命中的武力。"⑤"务使最易组织最有战斗力之无产阶级，在一切反抗旧社会制度的运动中，取得指导的地位，在无产阶级之中则共产党取得指导者的地位。"这是因为"他们要求较高且广，自然能包含其他阶级的要求，而其他阶级的要求却不能包含他的。"⑥

---

① 《瞿秋白论文集》，重庆出版社 1995 年版，第 255 页。
② 《瞿秋白选集》，人民出版社 1985 年版，第 277 页。
③ 《瞿秋白文集》第三卷，人民出版社 1985 年版，第 228 页。
④ 《瞿秋白文集》第三卷，人民出版社 1989 年版，第 429 页。
⑤ 《瞿秋白选集》，人民出版社 1985 年版，第 364 页。
⑥ 《瞿秋白文集》政治理论编第一卷，人民出版社 1987 年版，第 480 页。

瞿秋白还非常重视农民的作用，认为国民革命"不得农民参加，革命不能成功。"①"五卅运动的一大狂澜，因为缺少农民参加（虽有红枪会等起来，但是太少，太迟了），致五卅运动没有结果。"② 他还强调"中国国民革命应当以土地革命为中枢。中国没有土地革命便决不能铲除帝国主义、军阀之统治和剥削的根基。"③ 所以，无产阶级及其政党只有得到农民的支持与拥护，争得了对革命战争的指导，才能真正实现对国民革命的领导。

四、革命道路的探索与贡献

革命道路问题，是一个关系革命成败的全局性问题。民主革命时期，中国共产党对农村包围城市武装夺取全国政权革命新道路理论的探索，付出了巨大的努力，在这一过程中，毛泽东做得最成功。但是，瞿秋白作为党的早期领导人之一，对中国革命走什么样的道路，进行了可贵的探索，并为新民主主义革命理论和毛泽东思想的形成作出了开拓性的贡献。可以说，中国共产党对中国革命新道路理论的探索，实际上是从瞿秋白开始的。

瞿秋白在党内比较早地认识到武装斗争的重要性。首先，他认为武装斗争必须与土地革命结合起来，并强调在农村开展游击战争，成立农民的武装与政权，建立农村革命根据地。1927 年 5 月，他写了《农民政权与土地革命》一文，明确指出："要推翻帝国主义、军阀对于中国的统治和剥削，便必须彻底改变现存的土地制度，为此，亦就更加要彻底扫除封建宗法式的土豪乡绅在农村中的政权。必定要农民得有享用土地的权利，保证农村经济的自由发展，必定要农民能够组织自己的政权，拥护劳动平民的权利，筑成平民政权的巩固的基础，然后国民革命方能成功。"④ 他还强调，要"使国民政府的政权之基础实现于更深更广的民众（指工人、农民和小资产阶级——引者注），就是要"建

---

① 《瞿秋白选集》，人民出版社 1985 年版，342 页。
② 《瞿秋白选集》，人民出版社 1985 年版，307 页。
③ 《瞿秋白选集》，人民出版社 1985 年版，350 页。
④ 《瞿秋白选集》，人民出版社 1985 年版，350 页。

立农民政权，实行土地革命。"① 瞿秋白的这些思想，对以后的"工农武装割据"和农村包围城市武装夺取全国政权革命道路的开辟起到了直接的推动作用。其次，瞿秋白强调中国革命的主要形式是武装斗争。他从 1925 年"五卅运动"和 1926 年 3 月段祺瑞执政府在日本政府支持下制造的"三一八惨案"中认识到，帝国主义与中国的"军阀士绅买办阶级"勾结日益加剧，因此，他针对以往我们采用的"革命斗争的方式，大致有：示威、抵制、总同盟罢工、武验暴动、革命战争"，明确指出："现时革命运动的中心问题，已经是实行准备革命战争，求于最短期间推翻中国现在的统治：帝国主义在中国的政治统治——军阀制度。"，"革命战争是主要的方式，其他方式都应当应用，直接的或间接的做革命战争的准备"。② 为了准备革命战争，瞿秋白强调在农村建立农民武装，在城市进行秘密武装训练。他还针对"中国民间的武装暴动，如果没有革命军队的援助和革命党的指导，始终难以战胜"的事实和"城市里，我们还没有一次真正暴动的经验"的状况，强调了建立革命军队的重要性，即"中国国民革命里极端需要革命的正式军队。"③ 这些认识，既是瞿秋白对中国革命具体情况的深刻认识，也是他运用马克思列宁主义理论研究中国实际问题的创造性贡献，推进了对中国革命道路的探索。

此外，瞿秋白还对"走俄国人的路"到"走自己的路"进行了探索。十月革命的胜利，对中国革命进程产生了极大的影响，"走俄国人的路"成为中国先进分子的共同呼声。由于中国共产党是按照列宁的建党原则建立起来的，并且从成立之日起就成为共产国际的一个支部，加之当时世界上只有俄国建立了社会主义国家，因而，俄国革命的模式就成为中国共产党效仿模式，可以说，在国共合作的大革命时期，中国共产党的许多做法都是俄国革命在中国的翻版，并且中国共产党对共产国际也是言听计从。而在此时，瞿秋白则认识到，中国与俄国有不同的国情，所以，"中国革命在斗争方式与发展形式方面，有

---

① 《瞿秋白选集》，人民出版社 1985 年版，354 页。
② 《瞿秋白选集》，人民出版社 1985 年版，第 282—283 页。
③ 《瞿秋白选集》，人民出版社 1985 年版，第 284 页。

极可注意的特点。"① 因此，他在领导中国革命的过程中，极力将马克思主义与中国革命的具体实际相结合，以寻找适合中国实际的革命道路。大革命失败后，瞿秋白仍未彻底放弃城市中心论，但在实际工作中，他也开始强调要根据中国的实际情况开展游击战争、建立革命根据地、实行工农武装割据等观点，表明瞿秋白在坚持"走俄国人的路"的同时，已经开始了对适合中国国情的革命道路的探索，这些探索为农村包围城市革命道路的开辟奠定了重要基础。正如杨尚昆在纪念瞿秋白就义五十周年大会上指出的那样："在党还十分缺乏马克思主义理论和革命实践经验准备的幼年时期，他担负了中国革命道路开拓者的重大责任。"② 然而，大革命失败后，由于瞿秋白错误地估计了革命形势，不承认革命陷入低谷，主张各地开展大规模的农民暴动，并配合城市总暴动，犯了"左"倾盲动主义错误，因而，他没能为开辟农村包围城市革命道路作出更大贡献。

五、革命前途的阐述

瞿秋白是从认识国民革命任务的角度来阐述革命前途问题的。他认为，国民革命的首要任务是进行反帝反封建的斗争，争得国家的独立和民族的解放；其次是进行社会主义革命。这两个革命阶段之间既有区别又有联系。一方面，资产阶级的民权革命是社会主义革命的必要准备，因为"资产阶级的民主革命，反对宗法封建军阀的革命内部必定蕴含着无产阶级革命的种子，各国革命史都是实例，中国何尝又能除外。"③"资产阶级革命愈彻底愈普遍，那无产阶级为社会主义而与资产阶级的奋斗也愈有保证愈易开展。"④ 另一方面，社会主义革命又是民权革命的必然前途，因为资产阶级民权革命需要无产阶级的领

---

① 《瞿秋白文集》第五卷，人民出版社 1995 年版，第 156 页。
② 杨尚昆：《在瞿秋白同志就义五十周年纪念会上的讲话》，《人民日报》1985 年 6 月 19 日。
③ 《瞿秋白文集》第三卷，人民出版社 1989 年版，第 459 页。
④ 《瞿秋白选集》，人民出版社 1985 年版，第 65 页。

导，尽管"中国的无产阶级确实幼稚，然而他的目的必然在于社会主义。"① 尽管他曾经混淆过民主革命和社会主义革命的界限（即"一次革命论"），认为"中国革命要彻底推翻旧社会关系（半封建制度的资本主义前期的社会关系），也就不能不超越资产阶级的民权主义的范围。所以中国当前的革命，显然是由解决民权主义任务急转直下到社会主义的革命"②。但他始终认为"国民革命的任务，至少应当是统一中国，解放中国于帝国主义统治之下，推翻封建式的剥削。""中国革命中民族解放及民权主义的任务，丝毫都没有解决，没有实现"③。这些论述有利于正确认识国民革命的任务和前途问题。

总之，中共早期领导人在运用马克思主义指导中国革命的过程中，始终坚持对中国国情的把握，不断探索马克思主义与中国时代主题和时代特征的结合，准确把握了中国革命与世界革命的关系，探索了中国革命领导权问题，中国革命分"两步走"也是在这个时期搞清楚的，创立了新民主主义革命基本思想。尽管没有完全解决马克思主义时代化问题，但是早期的时代化探索之于后来的时代化探索来说，是非常重要的链条，是不可或缺的一环，它是一个重要的基础。毛泽东的探索和新民主主义革命理论的创立正是在上述基础上进行的，所以中共早期领导人对马克思主义时代化探索的功绩是不可磨灭的。

---

① 《瞿秋白选集》，人民出版社 1985 年版，第 56 页。
② 《瞿秋白文集》第五卷，人民出版社 1995 年版，第 79 页。
③ 《瞿秋白文集》第五卷，人民出版社 1995 年版，第 77 页。

第三章 民主革命时期毛泽东对马克思主义时代化的推进

    需要说明的是，"民主革命时期毛泽东与马克思主义时代化的推进"主要是以毛泽东对"新民主主义理论的系统阐述"①为分界点。1939年底1940年初，毛泽东先后发表了《〈共产党人〉发刊词》、《中国革命和中国共产党》和《新民主主义论》等重要著作，对新民主主义理论进行了系统阐述，标志着新民主主义理论体系基本形成，也标志着新民主主义理论对马克思主义时代化的实现。在新民主主义理论体系基本形成之前，中国共产党人只是在对马克思主义时代化进行探索和推进，本书即为此意。马克思主义时代化是马克思主义中国化的题中应有之义，马克思主义中国化的过程实际上也是马克思主义时代化的过程。新民主主义革命时期，毛泽东在领导中国革命的过程中，适应时代发展要求，准确把握战争与革命这一时代主题，不断将马克思主义与时代特征和中国国情相结合，正确分析中国社会性质和革命性质，探索了中国革命的对象、领导权、动力和革命前途等一系列问题，推进了马克思主义时代化。

---

① 中共中央党史研究室:《中国共产党历史》第一卷（1921—1949）下册，中共党史出版社2002年版，第557页。

第一节　把握新民主主义革命的时代主题

不断解决时代变化所提出的新课题是马克思主义与时俱进的品质和历史使命。由于马克思主义时代化是一个过程，在这个过程中，只有搞清楚时代主题，才能准确判断革命性质，进而革命领导权、革命对象、革命动力和革命前途等一系列问题才会迎刃而解。因此，准确把握时代主题是实现马克思主义中国化的要害，当然也是实现马克思主义时代化的要害，是中国共产党正确领导中国革命、规划革命蓝图的关节点。

一、探索时代主题的理论基础

第一次鸦片战争后，中国历史发生了重大转折，各帝国主义列强纷纷入侵，近代中国成为世界各种矛盾的集合体。帝国主义和中华民族的矛盾、农民阶级与封建地主的矛盾、资产阶级与封建地主的矛盾、无产阶级和资产阶级的矛盾、封建统治集团内部的矛盾、各帝国主义国家在中国纷争的矛盾等错综复杂，而"帝国主义和中华民族的矛盾，封建主义和人民大众的矛盾，这些就是近代中国社会的主要的矛盾。"① 并且，民族矛盾和阶级矛盾相互交织、交替升降。就是在这样的历史条件下，近代中国革命发生发展起来。

第一次世界大战爆发后，列宁分析了世界局势和所处的时代。1915 年 1 月，列宁在《打着别人的旗帜》一文中，使用了"帝国主义时代"的提法，他说"这是帝国主义时代，是帝国主义发生动荡和由帝国主义引起动荡的时代。"② 列宁还明确强调，第一次世界大战"是帝国主义战争。"③1916 年 1—6 月，列宁有在《帝国主义是资本主义的最高阶段》中，分析了大国瓜分世界的状况，并进一步指出："我们是处在一个同'资本主义发展的最高阶段'即

---

① 《毛泽东选集》第二卷，人民出版社 1991 年版，第 631 页。
② 《列宁全集》第二十六卷，人民出版社 1988 年版，第 144 页。
③ 《列宁选集》第二卷，人民出版社 1995 年版，第 512 页。

金融资本密切联系的世界殖民政策的特殊时代。"① 这里的"资本主义发展的最高阶段"实际上就是指帝国主义。在帝国主义发动第一次世界大战期间，俄国十月社会主义革命爆发了，并建立了人类历史上第一个社会主义国家，这就改变了世界历史的发展方向。是战争引发了革命，战争与革命已经成为时代主题。

在帝国主义和无产阶级革命的时代，列宁最先提出民族殖民地解放运动是世界无产阶级革命的一部分的思想。1916 年，列宁在《关于自决问题的争论总结》一文中指出："民主的某些要求，包括自决在内，并不是什么绝对的东西，而是世界一般民主主义（现在是一般社会主义）运动中的一个局部。在某些具体场合，局部和整体可能有矛盾，那时就必须抛弃局部。"② 列宁在《民族和殖民地问题的提纲初稿》中强调，民族殖民地革命只有和社会主义的苏联以及各资本主义国家的无产阶级联系在一起，共同反对帝国主义，才能取得胜利，否则别无生路。从这些论述中显然能够看出，列宁已经提出了发生在十月社会主义革命之后的"民族殖民地革命"是世界无产阶级社会主义革命之一部分的思想。十月革命以后，斯大林根据列宁的思想指出："民族问题是无产阶级革命总问题的一部分，是无产阶级专政问题的一部分。"③ 在谈及民族权利时，他又说："民族权利问题并不是一个独立自在的问题，而是无产阶级革命总问题的一部分，它服从整体，要求从整体的观点来观察。"④ 他还进一步指出，在俄国无产阶级社会主义革命成功以后，"在社会主义的西方和被奴役的东方之间架起了一座桥梁，建立了一条从西方无产者经过俄国革命到东方被压迫民族的新的反对世界帝国主义的革命战线。"⑤ 从而开辟了世界历史和被压迫民族解放斗争的新时代开始。此外，斯大林还分析了当时的国际形势，认为这时的"国际形势起了根本的变化，战争和俄国的十月革命把民族问题从资产阶

---

① 《列宁选集》第二卷，人民出版社 1995 年版，第 640 页。
② 《列宁全集》第二十八卷，人民出版社 1990 年版，38 页。
③ 《斯大林选集》上卷，人民出版社 1979 年版，第 239 页。
④ 《斯大林选集》上卷，人民出版社 1979 年版，第 239 页。
⑤ 《斯大林全集》第四卷，人民出版社 1954 年版，第 149 页。

级民主革命的一部分变成了无产阶级社会主义革命的一部分"①。后来，斯大林在《和第一个美国工人代表团的谈话》中再次强调："民族殖民地问题是总的国际无产阶级革命问题的一个组成部分。"② 由此可以判断，发生在十月革命之后的殖民地半殖民地国家反对国际帝国主义的民族民主革命必然是世界无产阶级社会主义革命的一部分，革命前途也必然是社会主义的。

二、改造中国应着眼于改造世界

毛泽东阐发了列宁和斯大林的观点，他在谈到改造中国时指出："中国问题本来是世界的问题，然从事这个改造不着眼及于世界改造，则所改造必为狭义，必妨碍世界。"③ 这表明改造中国与改造世界是一致的，二者必须联系在一起，否则，改造中国便没有意义，甚至会影响到改造世界。1925 年 10 月，毛泽东等在起草的国民党广东省代表大会通过的宣言中指出："半殖民地中国的革命，不能离开世界的革命。现在全世界的势力显然分成两种，即革命势力与反革命势力。'在东方被压迫民族的民族革命运动，已日益扩大，而西方被压迫阶级的社会革命运动，亦蓬蓬勃勃而起，此可为全世界革命势力已有集合的一种表现。而在欧美日本一切帝国主义国家，于严重剥削压迫其工农阶级之外，又勾结殖民地半殖民地的军阀、政客、买办阶级及地主阶级，严重剥削压迫其中层及下层民众，此亦全世界反革命势力已有集合的一种表现。'"④ 显然，在世界反革命势力连成一气的前提下，全世界革命势力也应该紧紧团结在一起，组成国际革命阵线。因而，半殖民地的中国革命必然与世界革命连接在一起，并成为其重要组成部分。

1927 年 5 月，毛泽东在汉口主持召开全国农协和湖北省农协欢迎太平洋劳动会议代表大会上进一步指出，"中国革命是世界革命一部分，在过去只能

---

① 《斯大林全集》第七卷，人民出版社 1958 年版，第 185 页。
② 《斯大林全集》第十卷，人民出版社 1954 年版，第 90 页。
③ 《毛泽东文集》第一卷，人民出版社 1993 年版，第 1 页。
④ 《毛泽东年谱》上卷，人民出版社 1993 年版，第 139—140 页。

有空洞之口号，然而今天欢迎会上已充实了此口号的内在性。""中国农民运动，是革命进程中主要之力量，尤须与全世界工人阶级携手前进，深赖工人运动之影响与指导，这证明是工人天然成为农民之领导者。今天中国农民能得国际无产阶级领袖之指导，其有益于革命前途，实在无可限量。"① 这里，毛泽东将中国农民运动与世界革命联系在一起，认为中国革命必须发动农民，农民运动必须与全世界工人阶级紧密结合，接受工人阶级的领导，这就进一步壮大了世界无产阶级革命阵营的力量。

三、时代主题的准确把握

随着日本帝国主义入侵中国这一国内形势和第二次世界大战爆发这一国际形势的变化，毛泽东科学分析国情，深入研究国内外环境和形势，一方面，他明确指出了新民主主义革命的科学含义："现时中国的资产阶级民主主义的革命，已不是旧式的一般的资产阶级民主主义的革命，这种革命已经过时了，而是新式的特殊的资产阶级民主主义的革命。这种革命正在中国和一切殖民地半殖民地国家发展起来，"这就是"新民主主义的革命。这种新民主主义的革命是世界无产阶级社会主义革命，它是坚决地反对帝国主义即国际资本主义的。"② 另一方面，毛泽东还断言："现在的世界，是处在革命和战争的新时代，是资本主义决然死灭和社会主义决然兴盛的时代。"③ 在这个时代里，"任何殖民地半殖民地国家，如果发生了反对帝国主义，即反对国际资产阶级、反对国际资本主义的革命，它就不再是属于旧的世界资产阶级民主主义革命的范畴，而属于新的范畴了；它就不再是旧的资产阶级和资本主义的世界革命的一部分，而是新的世界革命的一部分，即无产阶级社会主义世界革命的一部分了"④。因为这种"'世界革命'，已不是旧的世界革命，旧的资产阶级世界革命

---

① 《毛泽东年谱》上卷，人民出版社 1993 年版，第 201 页。
② 《毛泽东选集》第二卷，人民出版社 1991 年版，第 647 页。
③ 《毛泽东选集》第二卷，人民出版社 1991 年版，第 680 页。
④ 《毛泽东选集》第二卷，人民出版社 1991 年版，第 668 页。

早已完结了；而是新的世界革命，而是社会主义的世界革命。同样，这种'一部分'，已经不是旧的资产阶级革命的一部分，而是新的社会主义革命的一部分"①。这里所谓世界革命的一部分，是就世界"革命的阵线"、"世界革命的同盟军"而言的，并不直接涉及本国革命的性质。毛泽东强调，十月革命后任何被压迫民族"只要他们反对帝国主义，他们的革命，就成了无产阶级社会主义世界革命的一部分，他们就成了无产阶级社会主义世界革命的同盟军"②。

近代中国人民进行的反帝反封建的斗争，实际上是为了完成资产阶级民主主义革命的历史任务，革命性质是资产阶级民主革命。因为这时的革命不但不反对一般的资本主义，不侵犯中等资产阶级的私有财产，而且还会不断推进民族工商业的繁荣，为发展资本主义扫清障碍。由于十月革命开辟了无产阶级革命的新时代，此时的中国革命与以往历史上发生的资产阶级革命的时代条件不同了，无产阶级开始担当起革命的重任，成为革命的领导阶级，中国革命不再是旧式的民主主义革命，不再属于十月革命之前的旧的世界资产阶级民主主义革命的范畴，不再属于旧的世界资产阶级民主主义革命的一部分，已经成为新式的资产阶级民主主义革命，已经属于新的资产阶级民主主义革命的范畴，已经成为世界无产阶级社会主义革命的一部分。

马克思恩格斯曾经强调："正确的理论必须结合具体情况，并根据现存条件加以阐明和发挥。"③正是由于毛泽东准确把握了战争与革命的时代主题，正确认识了中国革命与世界革命的关系，掌握了中国革命发展的基本规律，不是机械地、教条主义地运用马克思主义，而是将马克思主义理论与中国革命的具体实践相结合，从而在领导中国革命的过程中创立了新民主主义革命理论，成为推进马克思主义时代化的关节点。

---

① 《毛泽东选集》第二卷，人民出版社 1991 年版，第 669 页。

② 《毛泽东选集》第二卷，人民出版社 1991 年版，第 671 页。

③ 《马克思恩格斯全集》第二十七卷，人民出版社 1972 年版，第 433 页。

第二节　科学分析中国社会性质与革命性质

时代不同，其历史任务则不同。民主革命时期，中国共产党人的主要任务就是要领导全国人民完成反帝反封建的民族民主革命，这既是时代的客观要求，也是推进马克思主义时代化的实践路径。如果说准确把握时代主题是毛泽东推进马克思主义时代化的关节点，那么，深刻认识中国国情和中国社会状况，正确分析中国社会性质和革命性质，便成为以毛泽东为主要代表的中国共产党人开辟革命新道路、推进马克思主义时代化的前提和基础。

一、坚持马克思主义与中国时代特征相结合

五四运动后的中国革命，发生在帝国主义时代，发生在俄国十月社会主义革命之后，是在战争与革命成为时代主题的背景下展开的，是在成为世界无产阶级社会主义革命的一部分的前提下进行的。但怎样取得革命的胜利，没有现成的答案。恩格斯曾经指出："每一时代的理论思维，从而我们时代的理论思维，都是一种历史的产物，它在不同的时代具有完全不同的形式，同时具有完全不同的内容。"[1] 这就要求我们要从实际出发、从时代条件出发来理解、运用和发展马克思主义，并由此制定符合实际需要的路线方针和政策。列宁也告诉我们，"在分析任何一个社会问题时，马克思主义理论的绝对要求，就是要把问题提到一定的历史范围之内。"[2] 这里所说的"一定的历史范围"指的就是时代条件。他还说："只有首先分析从一个时代转变到另一个时代的客观条件，才能理解我们面前发生的各种重大历史事件"。"只有在这个基础上，即首先考虑到各个'时代'的不同的基本特征（而不是个别国家的个别历史事件），我们才能够正确地制定自己的策略；只有了解了某一时代的基本特征，才能在这

---

① 《马克思恩格斯选集》第四卷，人民出版社 1995 年版，第 284 页。

② 《列宁选集》第二卷，人民出版社 1995 年版，第 375 页。

一基础上去考虑这个国家或那个国家的更具体的特点。"① 这里既阐明了马克思主义基本原理与时代的关系问题，又强调了马克思主义不是教条，而是一门与时俱进的科学。正如他在 1899 年 10 月《我们的纲领》一文中强调的那样："我们决不把马克思的理论看作某种一成不变的和神圣不可侵犯的东西，恰恰相反，我们深信：它只是给一种科学奠定了基础，社会党人如果不愿落后于实际生活，就应当在各方面把这门科学推向前进。我们认为，对于俄国社会党人来说，尤其需要独立地探讨马克思的理论，因为它所提供的只是总的指导原理，而这些原理的应用具体地说，在英国不同于法国，在法国不同于德国，在德国又不同于俄国。"② 这就要求中国共产党人在领导中国革命过程中，要紧跟时代步伐，贴近社会现实，灵活运用马克思主义，不断实现马克思主义的与时俱进。

正是基于对上述理论的正确认识，毛泽东强调了认清中国社会性质，也就是认清中国国情的重要性。他明确指出："认清中国社会的性质。就是说，认清中国的国情，乃是认清一切革命问题的基本的根据。"③ 为此，毛泽东一方面不断接受马克思列宁主义关于中国社会性质的观点；另一方面，他进行了大量的调查研究，不断深入对具体国情的把握，加深对中国社会性质的认识。

早在 1912 年 7 月，列宁曾经在《中国的民主主义和民粹主义》中使用了："中国这个落后的、农业的、半封建国家"④ 的词语，这就明确了中国社会的"半封建"性质。1915 年 7、8 月间，列宁写了《社会主义与战争》一文，在列举"各奴隶占有制'大'国瓜分世界的情况"时，首次提出了"半殖民地"的概念，并列出了"3 个'半殖民地'国家（土耳其、中国和波斯）。"⑤ 之后（1915 年 8 月），列宁又在《论欧洲联邦口号》一文中列举了帝国主义国家对世界的疯狂侵略，明确指出，帝国主义国家已经占领了几乎全球一半面积的殖

---

① 《列宁全集》第二十六卷，人民出版社 1985 年版，第 142—143 页。
② 《列宁选集》第一卷，人民出版社 1995 年版，第 274—275 页。
③ 《毛泽东选集》第二卷，人民出版社 1991 年版，第 633 页。
④ 《列宁选集》第二卷，人民出版社 1995 年版，第 293 页。
⑤ 《列宁选集》第二卷，人民出版社 1995 年版，第 513 页。

民地，"此外还有亚洲三个国家，即中国、土耳其、波斯，现在正遭到日、俄、英、法这四个进行'解放'战争的强盗的分割。亚洲这三个可以称之为半殖民地（其实它们现在十分之九已经是殖民地）的国家。"① 这样，列宁分别指明了近代中国社会的"半封建"和"半殖民地"性质，为以毛泽东为主要代表的中国共产党人正确认识中国社会性质指明了方向。

二、中国社会性质的正确分析

1922 年 7 月中国共产党召开第二次全国代表大会，在通过的《关于"国际帝国主义与中国和中国共产党"的决议案》中，分析了当时的世界形势，明确指出："在经济秩序毁坏了中的世界资产阶级，又企图劫夺殖民地和半殖民地的原料劳力，来补偿他们在大战中的损失。"② 这里的"半殖民地"，是就整个世界范围而言的，但它包括中国在内，而不是特指中国。在《关于"民主的联合战线"的决议案》中指出，中国"实际上仍在封建式的军阀势力统治之下，对外则为国际资本帝国主义势力所支配的半独立国家。"③ 这里"仍在封建式的军阀势力统治之下"，表明了近代中国社会的封建性质；"半独立国家"既体现了近代中国社会的"半殖民地"性质，同时又体现了中国封建社会的不完整性，即"半封建性"。这样，中国共产党第一次比较完整地揭示了近代中国社会的半殖民地半封建社会性质，并在此基础上第一次明确提出了反帝反封建的民主革命纲领。

中共"二大"尽管揭示了近代中国社会的半殖民地半封建社会性质，但是，并不意味着这样的社会性质在全党得到了共识。之后，中国共产党人为了推动中国革命不断向前发展，继续探讨中国社会的性质。1923 年夏，毛泽东在《北京政变与商人》的政论文中使用了"半殖民地"的概念，表明毛泽东已经初步认识到近代中国社会的"半殖民地"性质。1925 年 12 月，毛泽东发表了《中国社会各阶级的分析》，文章指出："在经济落后的半殖民地的中国，地主阶级

① 《列宁选集》第二卷，人民出版社 1995 年版，第 552 页。
② 《中共中央文件选集》第一册，中共中央党校出版社 1982 年版，第 35 页。
③ 《中共中央文件选集》第一册，中共中央党校出版社 1982 年版，第 38 页。

和买办阶级完全是国际资产阶级的附庸，其生存和发展，是附属于帝国主义的。"① 这里，毛泽东明确认识到中国的地主阶级和买办阶级已经和帝国主义勾结在一起，是最反动的阶级，中国已经成为"半殖民地"国家。

可见，在这一时期，以毛泽东为主要代表的中国共产党人已经初步认识到中国社会性质基本上是一个半殖民地社会，标志着年轻的中国共产党人，已经在将马克思列宁主义的普遍原理同中国革命的具体实际相结合的道路上，迈出了可喜的一步，取得了对近代中国社会性质认识的初步成果。

既然认识到中国社会具有半殖民地性质，那么，中国社会的半封建性质也就显而易见了。毛泽东指出，在经济落后的半殖民地的中国，地主阶级和买办阶级是"国内统治阶级国外帝国主义之唯一坚实的基础"，"全国大小军阀都是地主阶级（破产的小地主不在内）挑选出来的首领。"② 他们"代表中国最落后的和最反动的生产关系，阻碍中国社会生产力的发展。他们和中国革命的目的完全不相容"，"他们始终站在帝国主义一边，是极端的反革命派"③，中国的封建剥削制度是帝国主义统治中国的主要支柱和中国封建军阀实行专制统治的社会基础。这时的中国已经是国际帝国主义的半殖民地，帝国主义的侵略，一方面大量输入外国商品和资本，使中国的封建自然经济遭到沉重打击，并开始向资本主义方向发展；另一方面，帝国主义与中国封建势力互相勾结，采用一切军事的、政治的、经济的和文化的压迫手段，阻碍中国民族资本的顺利、充分发展，使中国的民族工业纷纷破产，不可能在整个社会经济中占主导地位。因而，在中国，半封建的生产关系仍然占着比较的优势，中国社会长期停滞在半封建状态。正如毛泽东所说，在帝国主义列强侵略中国的过程中，一方面它们"残酷地统治了中国，把一个独立的中国变成了一个半殖民地和殖民地的中国"，另一方面，它们又"促使中国封建社会解体，促使中国发生了资本主义因素，把一个封建社会变成了一个半封建社会。"④

---

① 《毛泽东选集》第一卷，人民出版社1991年版，第3—4页。
② 《毛泽东文集》第一卷，人民出版社1993年版，第38—39页。
③ 《毛泽东选集》第一卷，人民出版社1991年版，第4页。
④ 《毛泽东选集》第二卷，人民出版社1991年版，第630页。

在此基础上，毛泽东还总结了中国半殖民地半封建社会的"六大特点"①，指出："决定这种情况的，主要地是日本帝国主义和其他帝国主义的势力，是外国帝国主义和国内封建主义相结合的结果。"② 这就为正确认识近代中国社会的主要矛盾，进而搞清楚中国革命的性质奠定了重要基础。

三、中国革命性质的科学断定

近代中国半殖民地半封建的社会性质决定了中国社会的主要矛盾是帝国主义和中华民族的矛盾，封建主义和人民大众的矛盾，此时还存在着无产阶级和资产阶级的矛盾，反动统治阶级内部的矛盾。"而帝国主义和中华民族的矛盾，乃是各种矛盾中的最主要的矛盾。这些矛盾的斗争及其尖锐化，就不能不造成日益发展的革命运动。伟大的近代和现代的中国革命，是在这些基本矛盾的基础之上发生和发展起来的。"③

可见，近代中国半殖民地半封建社会性质决定了近代中国社会的基本矛盾，近代中国社会的基本矛盾又决定了近代和现代中国革命的对象，而近代和现代中国革命的对象最终决定了中国革命的性质，这是一个内在的必然逻辑。这个内在的必然逻辑反映了中国革命的对象是帝国主义和本国封建主义。帝国主义侵略中国的目的不是要把中国变成资本主义国家，而是要把中国变成它们的殖民地、半殖民地，这就加剧了中华民族和帝国主义之间的矛盾，因而，反抗帝国主义的侵略就是反对民族压迫，反对帝国主义的侵略就是争取民族独立，反对帝国主义的侵略就是进行民族革命，正如毛泽东所说，帝国主义和封建主义"互相勾结以压迫中国人民，而以帝国主义的民族压迫为最大的压迫，因而帝国主义是中国人民的第一个和最凶恶的敌人"。④ 所以，此时的中国革命具有反对帝国主义的民族革命的性质；同时，近代中国依然是一个经济十分

---

① 《毛泽东选集》第二卷，人民出版社 1991 年版，第 630—631 页。
② 《毛泽东选集》第二卷，人民出版社 1991 年版，第 631 页。
③ 《毛泽东选集》第二卷，人民出版社 1991 年版，第 631 页。
④ 《毛泽东选集》第二卷，人民出版社 1991 年版，第 633 页。

落后的农业国，封建地主土地所有制构成广大农村生产关系的主要基础，这种经济基础形成了封建势力在上层建筑中的支配地位，从而导致封建主义成为中国经济现代化和政治民主化的主要障碍。伴随着帝国主义的大肆侵略，封建主义一方面与帝国主义相互勾结，成为帝国主义统治中国的主要支柱，另一方面，他们豢养并勾结军阀，成为中国军阀实行专制统治的社会基础。所以，反对封建主义，就是反对封建地主阶级，就是要在经济上消灭封建剥削制度尤其是地主土地所有制；反对封建主义就是反对封建军阀，就是要在政治上消灭军阀的专制统治，消灭地主阶级；反对封建主义，就是反对封建专制争取民主，解放生产力，为中国的政治民主化和经济现代化创造条件。因此，中国革命又具有民主革命的性质。同时，按照马克思主义关于人类社会发展规律的理论，反对封建主义的任务应当由资产阶级来担当和完成，至于其能否担当和完成这一历史使命，则另当别论。所以，近代中国革命的性质就一目了然了，是资产阶级民族民主革命。正如毛泽东界定的那样："中国革命的性质是什么？我们现在干的是什么革命呢？我们现在干的是资产阶级性的民主主义的革命，我们所做的一切，不超过资产阶级民主革命的范围。现在还不应该破坏一般资产阶级的私有财产制，要破坏的是帝国主义和封建主义，这就叫做资产阶级性的民主主义的革命。"[①]"但是，现时的资产阶级民主主义的革命，已不是旧式的一般的资产阶级民主主义的革命，这种革命已经过时了，而是新式的特殊的资产阶级的民主主义的革命。这种革命正在中国和一切殖民地半殖民地国家发展起来，我们称这种革命为新民主主义革命。这种新民主主义的革命是世界无产阶级社会主义革命的一部分，它是坚决地反对帝国主义即国际资本主义的。它在政治上是几个革命阶级联合起来对于帝国主义和汉奸反动派的大资本大企业收归国家经营，把地主阶级的土地分配给农民所有，同时保存一般的私人资本主义的企业，并不废除富农经济。因此，这种新式的民主革命，虽然在一方面是替资本主义扫清道路，但在另一方面又是替社会主义创造前提。中国现时的革命阶段，是为了终结殖民地、半殖民地、半封建社会和建立社会主义社会之间

---

① 《毛泽东选集》第二卷，人民出版社 1991 年版，第 562—563 页。

的一个过渡的阶段，是一个新民主主义的革命过程。""所谓新民主主义的革命，就是在无产阶级领导之下的他们大众的反帝反封建的革命。中国的社会必须经过这个革命，才能进一步发展到社会主义的社会去，否则是不可能的。"① 这里，资产阶级性的民主主义革命中的反对帝国主义的民族革命和反对封建主义的民主革命的"两大任务，是互相关联的。如果不推翻帝国主义的统治，就不能消灭封建地主阶级的统治，因为帝国主义是封建地主阶级的主要支持者。反之，因为封建地主阶级是帝国主义统治中国的主要社会基础，而农民则是中国革命的主力军，如果不帮助农民推翻封建地主阶级，就不能组成中国革命的强大的队伍而推翻帝国主义的统治。所以，民族革命和民主革命这样两个基本任务，是互相区别，又是互相统一的。"②

这样，毛泽东对中国社会性质和革命性质的认识就比较明确了，但这并不意味着马克思主义时代化就向前推进了，而是表明毛泽东在坚持马克思主义的基本原则和继承列宁主义关于民族和殖民地问题理论的基础上，从理论与实践的结合上对中国社会性质与革命性质的正确认识和科学分析，从而奠定了创立新民主主义理论、推进马克思主义时代化的前提和基础，成为中国共产党正确领导中国革命的良好开端。

第三节　对无产阶级领导权与革命动力的阐发

要想取得中国革命的胜利并推进马克思主义时代化，只是明确了近代中国的社会性质和革命性质还不够，还必须有一个坚强的革命阶级——无产阶级来领导中国革命，并且，在中国这样一个半殖民地半封建的特殊国情下，面对强大的敌人，单靠无产阶级的力量也不能取得革命的胜利，还必须有广大的革命动力，即农民、城市小资产阶级以及其他的中间阶级。对上述问题的正确认

① 《毛泽东选集》第二卷，人民出版社 1991 年版，第 647 页。
② 《毛泽东选集》第二卷，人民出版社 1991 年版，第 637 页。

识，既是区分新旧民主主义革命的根本标志，也是中国革命成败的核心问题，同时，也是毛泽东推进马克思主义时代化的关键和条件。

一、探索无产阶级领导权的理论基础

坚持无产阶级对于民主革命的领导权，是马克思列宁主义的基本原则。1981 年 6 月，党的第十一届六中全会通过的《中国共产党中央委员会关于建国以来党的若干历史问题的决议》指出："毛泽东同志从中国的历史状况和社会状况出发，深刻研究中国革命的特点和中国革命的规律，发展了马克思列宁主义关于无产阶级在民主革命中的领导权的思想"①，体现了毛泽东对马克思列宁主义的重大贡献。

还在资产阶级革命时代，马克思恩格斯就指出："我们的时代，资产阶级时代，却有一个特点：它使阶级对立简单化了。整个社会日益分裂为两大敌对的阵营，分裂为两大相互直接对立的阶级：资产阶级和无产阶级。"② 这一论述表明，尽管在 1648 年的英国革命和 1789 年的法国革命中，"资产阶级都是实际上领导运动的阶级。无产阶级和那些不属于资产阶级的城市居民阶层，不是还没有与资产阶级不同的任何单独的利益，就是还没有组成为一些独立发展的阶级或一个阶级的几个部分。因此，在它们起来反对资产阶级的地方，例如 1793 年和 1794 年在法国，它们只不过是为实现资产阶级的利益而斗争，虽然它们采用的是非资产阶级的方式"③，并且，"在这个阶段上，无产者（也就是无产阶级——作者注）不是同自己的敌人作斗争，而是同自己的敌人的敌人作斗争，即同专制君主制的残余、地主、非工业资产者和小资产者作斗争"，"在这种条件下取得的每一个胜利都是资产阶级的胜利。"④ 但是，伴随着资产阶级彼此之间日益加剧的竞争和由此引起的此起彼伏的资本主义经济危机，无产阶

① 《十一届三中全会以来重要文献选读》（上），人民出版社 1987 年版，第 332 页。
② 《马克思恩格斯选集》第一卷，人民出版社 1995 年版，第 273 页。
③ 《马克思恩格斯选集》第一卷，人民出版社 1995 年版，第 317—318 页。
④ 《马克思恩格斯选集》第一卷，人民出版社 1995 年版，第 280—281 页。

级反对资产阶级的斗争越来越激烈，无产阶级的革命力量也由此日益壮大。这一点从德国资产阶级民主主义革命中可以看出，"同十七世纪的英国和十八世纪的法国相比，德国将在整个欧洲文明更进步的条件下，拥有发展得多的无产阶级去实现这个变革，因而德国的资产阶级革命只能是无产阶级革命的直接序幕。"① 马克思和恩格斯还告诫各国的共产党人，在资产阶级民主主义革命过程中，"共产党人的最近目的是和其他一切无产阶级政党的最近目的一样：使无产阶级形成为阶级，推翻资产阶级的统治，由无产阶级夺取政权。"② 这些论述，一方面表明了资产阶级革命对于无产阶级的重要性；另一方面也表明无产阶级在资产阶级民主革命中应该坚持本身的阶级要求并逐步掌握革命的领导权。

关于无产阶级在民主革命中的领导权问题，列宁针对俄国在世界历史和世界革命中的特殊情况，并结合资本主义已经发展到帝国主义阶段的新的时代特点，指出："马克思主义理论的第一块主要的'基石'是什么呢？这就是：无产阶级是现代社会中唯一彻底革命的阶级，因此它在一切革命中都是先进的阶级。"③ 在领导俄国资产阶级民主革命时，列宁强调了无产阶级掌握民主革命领导权的历史必然性和重要性，他指出："无产阶级，就其本身的地位而言，是最先进和最彻底的革命阶级，因而担负着在俄国一般民主主义革命运动中起领袖和领导者作用的使命。"④ 他还进一步强调："无产者不要避开资产阶级革命，不要不关心资产阶级革命，不要把革命中的领导权让给资产阶级，相反地，要尽最大的努力参加革命，最坚决地为彻底的无产阶级民主主义，为把革命进行到底而奋斗。"⑤ 因为，"我国的革命（指俄国资产阶级民主革命——作者注）是全民的革命，因此，你们（指无产阶级——作者注）既然是最先进的和唯一彻底革命的阶级，就不仅要最积极地参加这个革命，而且要力求领导这个革命。"⑥

---

① 《马克思恩格斯选集》第一卷，人民出版社 1995 年版，第 307 页。
② 《马克思恩格斯选集》第一卷，人民出版社 1995 年版，第 285 页。
③ 《列宁全集》第十二卷，人民出版社 1987 年版，第 284 页。
④ 《列宁全集》第十卷，人民出版社 1987 年版，第 107 页。
⑤ 《列宁选集》第一卷，人民出版社 1995 年版，第 558 页。
⑥ 《列宁选集》第一卷，人民出版社 1995 年版，第 625 页。

只有争得了并正确实现了无产阶级及其政党对资产阶级民主革命的领导权，才能变"不彻底的资产阶级民主主义"为"彻底的无产阶级民主主义"。① 列宁的论述为无产阶级掌握革命领导权指明了方向，大大发展了马克思、恩格斯关于民主革命领导权的理论，使马克思主义的民主革命理论中的关键问题得到了解决。此外，列宁还根据马克思主义关于社会发展阶段的理论，分析了俄国的社会经济制度和阶级结构，排除了资产阶级领导俄国民主革命的可能性。他指出："不言而喻，在这种经济基础上的俄国革命，必然是资产阶级革命。马克思主义的这一原理是颠扑不破的。无论什么时候都不能忘记这一原理。无论什么时候都必须把它应用到俄国革命的一切经济和政治问题上去。""但必须善于应用它。……有些人从关于我国革命性质的一般真理中得出结论说，'资产阶级'在革命中起领导作用，或者说社会主义者必须支持自由主义者；对于这些人，马克思大概会把他一度引用过的海涅的话重复一遍说：'我播下的是龙种，而收获的却是跳蚤'。"②"我国革命从经济内容来说是资产阶级性质的（这一点毫无疑问），但是不能由此得出结论说，资产阶级在我国革命中应起领导作用，资产阶级是这个革命的动力。"③"我们党坚持这种看法，即无产阶级在资产阶级民主革命中的作用是领袖的作用。"④ 由此可见，列宁已经明确告诉各国的共产党人：资产阶级民主革命的领导权不属于资产阶级，而应该属于无产阶级，无产阶级必须掌握资产阶级民主革命的领导权。只有这样，革命才会取得胜利。

二、马克思主义无产阶级领导权思想的实践

毛泽东发展了马克思、恩格斯和列宁关于无产阶级掌握资产阶级民主革命领导权的思想，深刻分析了中国革命面临的国际形势和中国社会各阶级，从理论和实践的结合上解决了无产阶级在民主革命中必须牢牢掌握领导权的问题。

① 《列宁选集》第一卷，人民出版社1995年版，第559页。
② 《列宁全集》第三卷，人民出版社1984年版，第12页。
③ 《列宁全集》第十五卷，人民出版社1988年版，第52页。
④ 《列宁全集》第十七卷，人民出版社1988年版，第363页。

他指出，发生在十月革命之后的中国革命已经与历史上发生的资产阶级革命的时代条件不同了，现时代已经是世界无产阶级社会主义革命时代，这时的中国革命已经不是旧式的民主主义革命，而是新式的、特殊的民主主义革命，即新民主主义革命，革命领导者已经不是资产阶级，革命的目的也不是建立资产阶级专政的国家和资本主义社会，时代的特点决定了中国的资产阶级民主革命必须是无产阶级而不是其他任何别的阶级来掌握革命的领导权。毛泽东还对中国社会各阶级进行了深刻分析，指出中国"从秦朝的陈胜、吴广、项羽、刘邦起，……直至清朝的太平天国，总计大小数百次的起义，都是农民的反抗运动，都是农民的革命战争。"[①] 尽管历史上的农民起义和农民战争都不同程度地打击了当时的封建统治，但是"由于当时还没有新的生产力和新的生产关系，没有新的革命阶级，没有先进的政党，因而这种农民起义和农民战争得不到如同现在所有的无产阶级和共产党的正确领导，这样，就使当时的农民革命总是陷于失败"[②]，从而使封建的经济关系和封建的政治制度持续下来。这表明，农民不能成为中国革命的领导阶级，也不能领导中国革命取得胜利。按照人类社会发展的一般规律，中国资产阶级应当担负起反帝反封建的民族民主革命的领导重任，中国资产阶级也确曾为此努力过、奋斗过，曾经建立了中国历史上第一个资产阶级政党——中国同盟会，并提出了比较完备的资产阶级革命纲领——三民主义，领导了一次又一次的反清起义，最终通过发动辛亥革命推翻了清王朝的反动统治，结束了中国两千多年的封建帝制，使民主共和的观念深入人心。但是，辛亥革命没有也不可能使中国实现真正意义上的民族独立和民主政治，也不能够改变中国半殖民地半封建社会的性质，胜利果实被大地主大资产阶级的代表袁世凯窃取。究其原因，最根本的是中国资产阶级脆弱的经济地位所带来的软弱性和妥协性，资产阶级革命缺乏坚强有力的领导核心、正确的指导思想和革命纲领，更没有发动农民。正如毛泽东分析的那样，民族资产阶级"对于中国革命具有矛盾的态度：他们在受外资打击、军阀压迫感觉痛苦时，需要

---

① 《毛泽东选集》第二卷，人民出版社 1991 年版，第 624 页。
② 《毛泽东选集》第二卷，人民出版社 1991 年版，第 624 页。

革命，赞成反帝国主义反军阀的革命运动；但是当着革命在国内有本国无产阶级的勇猛参加，在国外有国际无产阶级的积极援助，对于其欲达到大资产阶级地位的阶级的发展感到威胁是，他们又怀疑革命。其政治主张为实现民族资产阶级一阶级统治的国家。"①"他们在经济上和政治上是异常软弱的，……即对于革命敌人的妥协性。中国的民族资产阶级，即使在革命时，也不愿意同帝国主义完全分裂，并且他们同农村中的地租剥削有密切联系，因此，他们就不愿和不能彻底推翻帝国主义，更加不愿和更加不能彻底推翻封建势力。这样，中国资产阶级民主革命的两个基本问题，两大基本任务，中国民族资产阶级都不能解决。"② 表明中国民族资产阶级是一个具有两面性的阶级，既有革命要求，同时又具有动摇性；既有反帝反封建的革命性，同时又具有软弱性，没有彻底的反帝反封建的精神和勇气。因而，中国资产阶级没有能力担负起领导中国革命的重任，不能成为中国革命的领导阶级，更不能领导中国革命取得胜利。半殖民地半封建的中国要获得民族独立和人民解放，就必须有一个强有力的领导阶级。中国近代旧民主主义革命的失败，已经证明了农民阶级、小资产阶级特别是民族资产阶级不能领导中国民主革命取得彻底胜利。于是，中国革命客观上要求有新的领导阶级，走新的革命道路。中国无产阶级正是顺应了时代的要求，成为中国革命的领导阶级。正如毛泽东所说："中国反帝反封建的资产阶级民主革命的任务，历史已判定不能经过资产阶级的领导，而必须经过无产阶级的领导才能够完成。"③ 并且，由于这时的中国革命处于世界历史的新时代，即帝国主义和无产阶级革命的时代，不再属于旧的世界资产阶级民主主义革命的范畴，而是属于新的世界无产阶级社会主义革命的范畴，时代条件决定了"中国迫切需要一个资产阶级的民主革命，这个革命必须由无产阶级领导才能完成。"④ 而且这个"资产阶级的民主革命"，已经不是旧式的民主主义革命，而是新民主主义革命，革命的领导权必须由无产阶级掌握，

---

①　《毛泽东选集》第一卷，人民出版社 1991 年版，第 4 页。
②　《毛泽东选集》第二卷，人民出版社 1991 年版，第 673—674 页。
③　《毛泽东选集》第一卷，人民出版社 1991 年版，第 261—262 页。
④　《毛泽东选集》第一卷，人民出版社 1991 年版，第 48 页。

这既是新民主主义革命的核心问题，也是旧民主主义革命和新民主主义革命最根本的区别。

新民主主义革命的领导权必须由无产阶级掌握是一回事，而无产阶级能否掌握新民主主义革命的领导权则是另一回事。由于俄国十月革命的影响，五四运动后，中国无产阶级迅速成长为一支觉悟了的独立的政治力量，已经能够担负起领导中国革命的重任。对此，毛泽东深刻分析了中国无产阶级的特点和优点，剖析了其能够领导中国革命的原因。他指出："工业无产阶级人数虽不多，却是中国新的生产力的代表者，是近代中国最进步的阶级，做了革命运动的领导力量。""他们所以能如此，第一个原因是集中。无论哪种人都不如他们的集中。第二个原因是经济地位低下。他们失了生产手段，剩下两手，绝了发财的望，又受着帝国主义、军阀资产阶级的极残酷的待遇，所以他们特别能战斗。"① 同时，中国的无产阶级大多来自破产的农民，他们比较了解农民的疾苦，在革命斗争中比较容易得到农民的支持和了解，便于他们和农民结成紧密的联盟。中国无产阶级的这些特点，决定了她必然成为近代中国的一个特别能战斗的阶级、一个具有彻底革命性的阶级，能够担当起领导中国革命的重任。特别是在中国共产党成立后，无产阶级有了自己的先锋队——中国共产党，并在中国共产党确的路线、方针和政策的指引下，不断完成自己的历史使命，逐步实现解放全人类的伟大事业。

无产阶级领导中国资产阶级民主主义革命，既是由无产阶级的特性决定的，也是由中国历史的发展要求决定的。以毛泽东为主要代表的中国共产党人，从中国半殖民地半封建社会的基本国情出发，根据中国革命实际情况与客观进程，不断探索和总结中国革命斗争的实践经验，并按照克思列宁主义关于坚持无产阶级掌握资产阶级民主革命领导权的基本原则，系统阐述了无产阶级在民族民主革命中的领导权思想，解决了资产阶级民主革命的领导权问题，丰富和发展了马克思列宁主义关于民主革命领导权的理论，成为中国新民主主义革命胜利的关键，也是推进马克思主义时代化的关键。

---

① 《毛泽东选集》第一卷，人民出版社1991年版，第8页。

三、马克思主义统一战线策略的时代化

无产阶级掌握资产阶级民族民主革命的领导权，并不意味着中国革命一定能够胜利，也不意味着马克思主义必然时代化，它只是中国民主革命胜利和马克思主义时代化的一个关键因素。由于中国革命面对的敌人异常强大，"革命的敌人不但有强大的帝国主义，而且有强大的封建势力，而且在一定时期内还有勾结帝国主义和封建势力以与人民为敌的资产阶级的反动派。"① 尽管中国无产阶级具有很强的革命性，但是他们的人数终究太少，单靠无产阶级一个阶级的力量难以完成反帝反封建的艰巨的革命任务，不能取得革命的胜利。因此，无产阶级只有同农民结合起来，团结一切可以联合的阶级，才能形成伟大的不可战胜的革命力量，才能打败最主要的敌人。所以，对农民的领导和建立广泛的革命联盟是中国革命中实现无产阶级领导权的核心问题。②

马克思主义一贯主张无产阶级及其政党应团结一切可以团结的力量，并争取一切可能争取的同盟者，尤其要联合农民，来集中反对最主要的敌人。1848年2月，马克思和恩格斯在《共产党宣言》中对共产党人在争取同盟者方面进行了阐发，他们指出："共产党人到处都支持一切反对现存的社会制度和政治制度的革命运动。"③ 例如，"在德国，只要资产阶级采取革命的行动，共产党就同它一起去反对专制君主制、封建土地所有制和小市民的反动性。"④ 他们还要求"共产党人到处都努力争取全世界民主政党之间的团结和协调"，并号召"全世界无产者，联合起来！"⑤ 1850年3月，马克思和恩格斯在《共产主义者同盟中央委员会告同盟书》中明确要求工人应当与农民联合，指出：工人为了农村无产阶级的利益和自身的利益，必须要求把没收过来的封建地产变为国有财产，由联合起来的农村无产阶级利用大规模农业的一切优点来进行耕种。

---

① 《毛泽东选集》第二卷，人民出版社 1991 年版，第 634 页。
② 沙建孙：《毛泽东思想概论》，北京出版社 1999 年版，第 77—78 页。
③ 《马克思恩格斯选集》第一卷，人民出版社 1995 年版，第 307 页。
④ 《马克思恩格斯选集》第一卷，人民出版社 1995 年版，第 306 页。
⑤ 《马克思恩格斯选集》第一卷，人民出版社 1995 年版，第 307 页。

"正如民主派同农民联合起来那样，工人也应当同农村无产阶级联合起来。"①
马克思还特别强调了无产阶级联合农民和小资产者反对资产阶级制度的重要
性，在《1848年至1850年的法兰西阶级斗争》一文中，他明确指出："在革命
进程把站在无产阶级与资产阶级之间的国民大众即农民和小资产者发动起来反
对资产阶级制度，反对资本统治以前，在革命进程迫使他们承认无产阶级是自
己的先锋队而靠拢它以前，法国的工人们是不能前进一步，不能丝毫触动资产
阶级制度的。"② 同时，马克思还对农民阶级进行了深刻分析。他在《路易·波
拿巴的雾月十八日》中明确指出，农民是一个具有两重性的阶级：一方面，他
们是小块土地的占有者，有保守的一面；另一方面，他们作为劳动者，又具有
革命的一面。而在当时的法国，随着广大农民对拿破仑幻想的破灭和小块土地
所有制的日益解体，"农民就把负有推翻资产阶级制度使命的无产阶级看做自
己的天然同盟者和领导者。"③ 马克思论述了无产阶级在领导革命运动中联合农
民的必要性，强调应该高度重视农民的地位和作用，无产阶级革命如果没有农
民的"合唱"只会"孤鸿哀鸣"。他指出："法国农民一旦对拿破仑帝制复辟感
到失望时，就会把对于自己小块土地的信念抛弃；那时建立在这种小块土地上
面的全部国家建筑物，都将会倒塌下来，于是无产阶级革命就会得到一种合
唱，若没有这种合唱，它在一切农民国度中的独唱是不免要成孤鸿哀鸣的。"④

马克思还特别强调无产阶级在领导革命过程中应团结其他民主党派和集
团，他指出："在政治上为了一定的目的，甚至可以同魔鬼结成联盟，只是必
须肯定，是你领着魔鬼走而不是魔鬼领着你走。"⑤ 此外，马克思还将资产阶级
民主派划分为大资产阶级中要求彻底推翻封建制度和专制制度的最进步的那
部分人、立宪派民主派小资产者及共和派小资产者⑥等不同派别，并在此基础

---

① 《马克思恩格斯选集》第一卷，人民出版社1995年版，第372页。
② 《马克思恩格斯选集》第一卷，人民出版社1995年版，第386页。
③ 《马克思恩格斯选集》第一卷，人民出版社1995年版，第681页。
④ 《马克思恩格斯选集》第一卷，人民出版社1995年版，第684页。
⑤ 《马克思恩格斯全集》第十一卷，人民出版社1995年版，第552页。
⑥ 《马克思恩格斯选集》第一卷，人民出版社1995年版，第366页。

上，提出了联合资产阶级的策略。他针对 1848 年法国二月革命中与资产阶级共和派联合共同反对资产阶级君主派的无产阶级指出，如果无产阶级"在斗争中不是联合资产阶级而是反对资产阶级，他们就注定要失败。"① 马克思关于无产阶级同农民、小资产者、其他民主党派和集团以及资产阶级联合的思想，为无产阶级及其政党在革命斗争中争取一切可以争取的力量、集中反对最主要的敌人奠定了理论基础。

恩格斯也非常重视无产阶级及其政党与其他革命阶级的联盟，尤其重视对农民阶级的领导。1848 年 1 月，恩格斯在《1847 年的运动》一文中指出："毫无疑问，总有一天贫困破产的农民会和无产阶级联合起来，到那时无产阶级会发展到更高的阶段，向资产阶级宣战。"② 表明恩格斯已经预见到，无产阶级在进行反对资产阶级革命时与农民联合起来是迟早的事情。恩格斯还强调，任何稳固的变革如果没有小农的积极参加都是不可能的。他在《法德农民问题》一文中指出："从爱尔兰到西西里，从安达卢西亚到俄罗斯和保加利亚，农民到处都是人口、生产和政治力量的非常重要的因素。"③ 所以，无产阶级及其政党为了夺取政权，"应当首先从城市跑到农村，应当成为农村中的一股力量。"④ 他还告诫革命党人："被我们吸收到自己方面来的农民人数愈多，社会变革的实现也就会愈迅速和愈容易。"⑤ 这些论述表明，无产阶级及其政党要想领导革命取得胜利，必须重视农民的重要力量。同样，恩格斯也强调无产阶级及其政党应当联合资产阶级民主派进行革命，在《共产党宣言》中，他提出："在德国，只要资产阶级采取革命的行动，共产党就同它一起去反对专制君主制、封建土地所有制和小市民的反动性。"⑥ 这就为无产阶级在落后国家中同资产阶级结成联盟提供了启示。

列宁在领导俄国革命的过程中，继承和发展了马克思和恩格斯关于建立

① 《马克思恩格斯选集》第一卷，人民出版社 1995 年版，第 397 页。
② 《马克思恩格斯全集》第四卷，人民出版社 1958 年版，第 511 页。
③ 《马克思恩格斯选集》第四卷，人民出版社 1995 年版，第 484 页。
④ 《马克思恩格斯选集》第四卷，人民出版社 1995 年版，第 485 页。
⑤ 《马克思恩格斯选集》第四卷，人民出版社 1995 年版，第 312 页。
⑥ 《马克思恩格斯选集》第一卷，人民出版社 1995 年版，第 306 页。

各革命阶级联盟的基本思想和基本观点。他主张"要战胜更强大的敌人，就必须尽最大的努力，同时必须极仔细、极留心、极谨慎、极巧妙地一方面利用敌人之间的一切'裂痕'，哪怕是最小的'裂痕'，利用各国资产阶级之间以及各个国家内资产阶级各个集团或各种类别之间利益上的一切对立，另一方面要利用一切机会，哪怕是极小的机会，来获得大量的同盟者，尽管这些同盟者可能是暂时的、动摇的、不稳定的、不可靠的、有条件的。谁不懂得这一点，谁就丝毫不懂得马克思主义，丝毫不懂得现代的科学社会主义。"①列宁还强调无产阶级与农民的联盟是一个最为根本、最为重大的问题。一方面，他实践了马克思主义关于农民问题的基本思想；另一方面，他又根据实践的发展，深入探索了工农联盟等问题，进一步丰富和发展了马克思主义农民问题理论。列宁认为，劳动农民属于被剥削阶级，他们蕴藏着巨大的革命的潜在力量。在帝国主义时代，在发达的资本主义国家里，尤其是在殖民地附属国里，劳动农民受地主和资本家的压迫是极端残酷的，这样，劳动农民要求摆脱地主和资本家压迫的不可遏制的愿望就成为这种潜在力量的重要源泉。因此，在消灭剥削阶级这个问题上，被剥削的劳动农民的利益和无产阶级的利益是一致的。所以，列宁强调："雇佣工人同被剥削劳动农民的利益没有根本相悖的地方。社会主义完全能够满足两者的利益。因此，无产者和被剥削劳动农民之间的'真诚的联合'是可能的，也是必要的。"②他还强调，落后国家的共产党人更应该重视和支持农民运动，"无产阶级政党（如果它一般地说能够在这类国家中产生的话）不同农民运动发生一定的关系，不在实际上支持农民运动，就能在这些落后国家里实现共产主义的策略和共产主义的政策，那就是空想。"③

列宁还进一步分析了中农的作用。他认为，中农不是我们的敌人，中农和小资产阶级一样，其本身也具有两重性，在社会主义革命的准备、进行和巩固时期，中农的态度是动摇不定的。一方面，由于他们是劳动者，要求摆脱地主

---

① 《列宁选集》第四卷，人民出版社 1995 年版，第 180 页。

② 《列宁选集》第三卷，人民出版社 1995 年版，第 102 页。

③ 《列宁选集》第四卷，人民出版社 1995 年版，第 276 页。

资本家压迫，所以，他们倾向于无产阶级；另一方面，由于他们是小生产者、小私有者、小商人，所以，他们又倾向于资产阶级。列宁指出："这样的经济地位必然使他们在无产阶级与资产阶级之间摇摆不定。到了无产阶级和资产阶级的斗争尖锐化的时候，到了一切社会关系遭到非常急剧的破坏的时候，由于农民和一般小资产者最习惯于因循守旧，那就很自然，我们必然会看到他们从一边转到另一边，摇摆不定，反复无常，犹豫不决，等等。"① 基于对中农必然动摇在工人阶级和资产阶级之间的上述估计，列宁和布尔什维克党明确确定了对中农这一社会阶层的态度，就是应该考虑到中农的中立，从而采取相应的措施，就是即使不能把中农变为积极地支援无产阶级革命的社会阶层，那么，至少也不能让他们妨害无产阶级革命，从而使他们成为中立的、不站在敌人方面的社会阶层。但是，对于富农则不同。列宁指出，我们"一分钟也不放弃对富农的斗争，完全地紧紧地依靠贫苦农民——这就是当前的任务。"② 这些思想既为无产阶级及其政党在革命中建立巩固的工农联盟奠定了理论基础。此外，列宁将整个世界资产阶级分成两部分，即帝国主义国家的资产阶级和殖民地国家的资产阶级，并在此基础上，阐明了落后国家的资产阶级同时具有革命性与反动性的双重性质。他指出："剥削国家和殖民地国家的资产阶级已经有相当密切的关系，所以被压迫国家的资产阶级往往是，甚至可以说在多数场合下都是一方面支持民族运动，另一方面又按照帝国主义资产阶级的意志行事，也就是他们一起来反对一切革命运动和革命阶级。"③ 因此，在落后国家，无产阶级与资产阶级实行联盟时应坚持"独立性"和"革命性"的原则，即"共产国际应当同殖民地和落后国家的资产阶级民主派结成临时联盟，但是不要同他们融合，要绝对保持无产阶级运动的独立性，即使这一运动还处在最初的萌芽状态也应该如此。"④ 同时，共产国际"只有在殖民地国家的资产阶级解放运动真正具有革命性质的时候，在这种运动的代表人物不阻碍我们用革命精神去教育、

---

① 《列宁选集》第四卷，人民出版社 1995 年版，第 67 页。

② 《列宁全集》第三十五卷，人民出版社 1985 年版，第 191 页。

③ 《列宁选集》第四卷，人民出版社 1995 年版，第 277 页。

④ 《列宁选集》第四卷，人民出版社 1995 年版，第 221 页。

组织农民和广大剥削群众的时候，我们共产党人才应当支持并且一定支持这种运动。"①列宁的思想为落后国家尤其为中国无产阶级及其政党争取广大的革命动力指明了方向。

四、革命动力的认识与剖析

既然中国革命的任务是推翻外国帝国主义在中国的统治和中国封建主义的压迫剥削，那么，中国社会中哪些阶级和阶层是中国革命中反对帝国主义和封建主义的力量？这就需要认清中国革命的动力问题，只有这样，才能正确解决中国革命的基本策略问题。毛泽东在领导中国革命的过程中，在正确理解和运用马克思主义有关大力争取革命同盟者的策略的前提下，在深入分析中国社会各阶级的基础上，明确指出，中国"革命的动力，有无产阶级，有农民阶级，还有其他阶级中一切愿意反帝反封建的人，他们都是反帝反封建的革命力量。"②

随着中国革命形势的不断发展，毛泽东对中国革命广大动力的分析更加明确。1939 年 10 月，毛泽东在《〈共产党人〉发刊词》中明确指出：中国革命"基本的革命的动力是无产阶级、农民阶级和城市小资产阶级，而在一定的时期中，一定的程度上，还有民族资产阶级的参加。"③1941 年 6 月，毛泽东在《抗战中对大地主大资产阶级实行一拉一打政策》中进一步指出："我们的抗日民族统一战线是包括一切还在抗日的大地主大资产阶级在内的，是全民族联盟，不但是工农小资产阶级联盟。"④ 这样，中国革命的动力就明确为无产阶级、农民阶级、城市小资产阶级和民族资产阶级，在抗日战争时期还包括抗日的大地主大资产阶级。毛泽东关于中国革命动力的上述论述是新民主主义革命理论的重要组成部分，成为中国革命胜利的重要基础，发展了马克思列宁主义。

---

① 《列宁选集》第四卷，人民出版社 1995 年版，第 277 页。
② 《毛泽东选集》第二卷，人民出版社 1991 年版，第 562 页。
③ 《毛泽东选集》第二卷，人民出版社 1991 年版，第 604 页。
④ 《毛泽东文集》第二卷，人民出版社 1993 年版，第 356 页。

　　首先，毛泽东运用马克思主义的阶级分析方法，全面分析了中国社会各阶级的经营状况、经济状况和生活状况以及对革命的接受程度，为正确认识中国革命的广大动力和推进马克思主义时代化奠定了基础。毛泽东在对半无产阶级进行分析时指出："半无产阶级，包含：（一）绝大部分半自耕农①，（二）贫农，（三）小手工业者，（四）店员②，（五）小贩等五种。绝大部分半自耕农和贫农是农村中一个数量极大的群众。所谓农民问题，主要就是他们的问题。"③随后，毛泽东又根据各阶级的经营状况、经济状况和生活状况，将各阶级的革命性进行了比对。他指出："半自耕农、贫农和小手工业者所经营的，都是更细小的小生产的经济。绝大部分半自耕农和贫农虽同属半无产阶级，但其经济状况仍有上、中、下三个细别。半自耕农，其生活苦于自耕农，……但是优于贫农。……故半自耕农的革命性优于自耕农而不及贫农。贫农是农村中的佃农，受地主的剥削。其经济地位又分两部分。一部分贫农有比较充足的农具和相当数量的资金。……其生活苦于半自耕农，然较另一部分贫农为优。其革命性，则优于半自耕农而不及另一部分贫农。所谓另一部分贫农，则既无充足的农具，又无资金，肥料不足，土地歉收，送租之外，所得无几，更需要出卖一部分劳动力。……他们是农民中极艰苦者，极易接受革命的宣传。小手工业者所以称为半无产阶级，是因为他们虽然自有简单的生产手段，且系一种自由职业，但他们也常常被迫出卖一部分劳动力，其经济地位略与农村中的贫农相当。""店员是商店的雇员，……其地位和贫农及小手工业者不相上下，对于革命宣传极易接受。小贩……本小利微，吃着不够。其地位和贫农不相上下，其需要一个变更现状的革命，也和贫农相同。"④毛泽东还对中国的小资产阶级进行了分析，他指出："小资产阶级。如自耕农⑤，手工业主，小知识阶层——学

----

　　① 主要指自己有一部分土地，同时租种一部分土地，或出卖一部分劳动力，或兼营小商的贫农。

　　② 店员有不同的阶层，他们一般不占有生产资料，生活来源的全部或者主要部分是依靠向店主出卖劳动力所取得的工资。毛泽东在这里所指的是店员中国的一部分，还有一部分下层店员过着无产阶级的生活。

　　③ 《毛泽东选集》第一卷，人民出版社1991年版，第6页。

　　④ 《毛泽东选集》第一卷，人民出版社1991年版，第6页。

　　⑤ 这里是指中农。

生界、中小学教员、小员司、小事务员、小律师，小商人等都属于这一类。这一个阶级，在人数上，在阶级性上，都值得大大注意。自耕农和手工业主所经营的，都是小生产的经济。这个小资产阶级内的各阶层虽然同处在小资产阶级经济地位，但有三个不同的部分。第一部分是有余钱剩米的，……这种人胆子小，他们怕官，也有点怕革命。因为他们的经济地位和中产阶级颇接近，故对于中产阶级的宣传颇相信，对于革命取怀疑的态度。这一部分人在小资产阶级中占少数，是小资产阶级的右翼。第二部分是在经济上大体上可以自给的。"① 毛泽东在分析第二部分小资产阶级时，说到这部分人也想发财，但发不了财。由于帝国主义、军阀、封建地主、买办大资产阶级的压迫和剥削，这部分人认为感觉现在的世界已经与从前的世界不同了。因此，这部分人"对于反帝国主义反军阀的运动，仅怀疑其未必成功（理由是：洋人和军阀的来头那么大），不肯贸然参加，取了中立的态度，但是绝不反对革命。这一部分人数甚多，大概占小资产阶级的一半。第三部分是生活下降的。""这种人在精神上感觉的痛苦很大，因为他们有一个从前和现在相反的比较。这种人在革命运动中颇要紧，是一个数量不小的群众，是小资产阶级的左翼。以上所说小资产阶级的三部分，对于革命的态度，在平时各不相同；但到战时，即到革命潮流高涨、可以看得见胜利的曙光时，不但小资产阶级的左派参加革命，中派亦可参加革命，即右派分子受了无产阶级和小资产阶级左派的革命大潮所裹挟，也只得附和着革命。"② 这一点，已经被 1925 年的"五卅运动"③ 和各地农民运动的经

---

① 《毛泽东选集》第一卷，人民出版社 1991 年版，第 5 页。

② 《毛泽东选集》第一卷，人民出版社 1991 年版，第 5—6 页。

③ 指 1925 年 5 月 30 日爆发的反帝爱国运动。1925 年 5 月间，上海、青岛的日本纱厂先后发生工人罢工的斗争，遭到日本帝国主义和北洋军阀的镇压。上海内外棉第七厂日本资本家在 5 月 15 日枪杀了工人顾正红，并伤工人十余人。29 日青岛工人被反动政府屠杀八人。5 月 30 日，上海两千余学生分头在公共租界各马路进行宣传讲演，一百余名遭巡捕（租界内的警察）逮捕，被拘押在南京路老闸巡捕房内，引起了学生和市民的极大愤慨，有近万人聚集在巡捕房门口，要求释放被捕学生。英帝国主义的巡捕向群众开枪，打死打伤许多人。这就是震惊中外的五卅惨案。6 月，英日等帝国主义在上海和其他地方继续进行屠杀。这些屠杀事件激起了全国人民的公愤。广大的工人、学生和部分工商业者，在许多城市和县镇举行游行示威和罢工、罢课、罢市，形成了全国规模的反帝爱国运动高潮。

验所证实。毛泽东还分析了民族资产阶级对革命的态度和立场。他指出："中产阶级。这个阶级代表中国城乡资本主义的生产关系。中产阶级主要是指民族资产阶级，他们对于中国革命具有矛盾的态度：他们在受外资打击、军阀压迫感觉痛苦时，需要革命，赞成反帝国主义反军阀的革命运动；但是当着革命在国内有本国无产阶级的勇猛参加，在国外有国际无产阶级的积极援助，对于其欲达到大资产阶级地位的阶级的发展感觉到威胁时，他们又怀疑革命。其政治主张为实现民族资产阶级一阶级统治的国家。""他们反对以阶级斗争学说解释国民党的民生主义，他们反对国民党联俄和容纳共产党[①]及左派分子。但是这个阶级的企图——实现民族资产阶级统治的国家，是完全行不通的，因为现在世界上的局面，是革命和反革命两大势力作最后斗争的局面。这两大势力竖起了两面大旗：一面是红色的革命的大旗，第三国际[②]高举着，号召全世界一切被压迫阶级集合于其旗帜之下；一面是白色的反革命的大旗，国际联盟[③]高举着，号召全世界一切反革命分子集合于其旗帜之下。那些中间阶级，必定很快地分化，或者向左跑入革命派，或者向右跑入反革命派，没有他们'独立'的余地。所以，中国的中产阶级，以其本阶级为主体的'独立'革命思想，仅仅是一个幻想。"[④]这些论述，一方面表明民族资产阶级对于中国革命具有矛盾的态度；另一方面表明民族资产阶级对革命前途仍抱有幻想。

---

① 1922 年和 1923 年间，孙中山在共产党人的帮助下，决定改组国民党，实行国共合作，容纳共产党人参加国民党，并于 1924 年 1 月在广州召开国民党第一次全国代表大会，实行联俄、联共、扶助农工的三大政策。李大钊、谭平山、毛泽东、林伯渠、瞿秋白等共产党人参加了这次大会。他们曾经被选为国民党中央执行委员会的委员或候补委员，担任过国民党的许多领导工作，对于帮助国民党走上革命的道路，起了重大的作用。

② 第三国际即共产国际，1919 年 3 月在列宁领导下成立。1922 年中国共产党参加共产国际，成为它的一个支部。1943 年 5 月，共产国际执行委员会主席团通过决定，提议解散共产国际，同年六月共产国际正式宣布解散。转引自：《毛泽东选集》第一卷，人民出版社 1991 年版，第 10 页。

③ 国际联盟简称国联，1920 年 1 月正式成立。先后参加的有六十多个国家。国际联盟标榜以"促进国际合作，维持国际和平与安全"为目的，实际上日益成为帝国主义国家推行侵略政策的工具。第二次世界大战爆发后无形瓦解，1946 年 4 月正式宣布解散。转引自：《毛泽东选集》第一卷，人民出版社 1991 年版，第 10 页

④ 《毛泽东选集》第一卷，人民出版社 1991 年版，第 4 页。

其次，毛泽东根据农民阶级的特点，重点论述了中国革命实质上是农民革命，从而界定了中国革命的主力军和最可靠的同盟军，解决了中国革命中无产阶级领导权的核心问题，为推进马克思主义时代化提供了力量源泉。毛泽东指出："中国的广大人民，尤其是农民，日益贫困化以至大批地破产，他们过着饥寒交迫的和毫无政治权利的生活。中国人民的贫困和不自由的程度，是世界所少见的。"① 这是半殖民地半封建社会的中国农民生活的真实写照。正是由于农民生活在水深火热当中，所以，他们具有反帝反封建的革命精神。毛泽东还强调了农民的重要性，他说："农民——这是中国工人的前身"、"农民——这是中国工业市场的主体"、"农民——这是中国军队的来源。士兵就是穿起军服的农民，他们是日本侵略者的死敌"、"农民——这是现阶段中国民主政治的主要力量。中国的民主主义者如不依靠三亿六千万农民群众的援助，他们就将一事无成。"② 中国革命正是因为有了农民的支持和广泛参加、无产阶级正是因为与农民结成了巩固的工农联盟，才牢固掌握了民主革命的领导权，最终战胜了强大的敌人。毛泽东还阐述了农民是中国革命主要力量的理由，他说："中国有百分之八十的人口是农民这是小学生的常识。因此农民问题，就成了中国革命的基本问题，农民的力量，是中国革命的主要力量。"③ 中国革命要想取得胜利，必须发动广大农民。所以，"一切革命同志须知：国民革命需要一个大的农村变动。辛亥革命④ 没有这个变动，所以失败了。现在有了这个变动，乃是革命完成的重要因素。一切革命同志都要拥护这个变动，否则他就站到反革

---

① 《毛泽东选集》第二卷，人民出版社 1991 年版，第 631 页。

② 《毛泽东选集》第三卷，人民出版社 1991 年版，第 1077—1078 页。

③ 《毛泽东选集》第二卷，人民出版社 1991 年版，第 692 页。

④ 辛亥革命是以孙中山为首的资产阶级革命团体同盟会所领导的推翻清朝专制王朝的革命。1911 年（辛亥年）10 月 10 日，革命党人发动新军在湖北武昌举行起义，接着各省响应，外国帝国主义所支持的清朝反动统治迅速瓦解。1912 年 1 月在南京成立了中华民国临时政府，孙中山就任临时大总统。统治中国两千多年的君主专制制度从此结束，民主共和国的观念从此深入人心。但是资产阶级革命派力量很弱，并具有妥协性，没有能力发动广大人民的力量比较彻底地进行反帝反封建的革命。辛亥革命的成果迅即被北洋军阀袁世凯篡夺，中国仍然没有摆脱半殖民地、半封建的状态。

命立场上去了。"① 毛泽东从农民问题在中国革命中的重要性出发，阐明了解决农民问题的紧迫性，以便使中国革命获得农民的支持和拥护。他指出："农民问题乃国民革命的中心问题，农民不起来参加并拥护国民革命，国民革命不会成功；农民运动不赶速地做起来，农民问题不会解决；农民问题不在现在的革命运动中得到相当的解决，农民不会拥护这个革命。" 毛泽东还根据农村封建阶级在国内外反动统治中的地位，分析了中国革命的具体形势。毛泽东认为："经济落后之半殖民地的农村封建阶级，乃其国内统治阶级国外帝国主义之唯一坚实的基础，不动摇这个基础，便万万不能动摇这个基础的上层建筑物。"②"中国革命的形势只是这样：不是帝国主义、军阀的基础——土豪劣绅、贪官污吏镇压住农民，便是革命势力的基础——农民起来镇压住土豪劣绅、贪官污吏。中国的革命，只有这一种形势，没有第二种形势。" 这里，毛泽东清楚地告诉我们，中国革命实质上是农民革命，国民革命运动实质上是农民运动，因此，不重视农民运动或者是反对农民运动，就是反对打倒军阀、支持帝国主义对中国实施民族压迫。正如毛泽东指出的那样，"所谓国民革命运动，其大部分即是农民运动。因此，乃知凡属不重视甚至厌恶农民运动之人，他实际上即是同情土豪劣绅、贪官污吏，实际上即是不要打倒军阀，不要反对帝国主义。"③ 当然，农民运动需要由无产阶级来领导，只有把农民的力量组织动员起来，无产阶级的领导权才能落到实处，其他的中间阶级才会由于看到革命力量的强大和胜利的希望而不断向革命靠拢，中国革命的发展乃至胜利才会有保证。如果无产阶级不能够把农民团结在自己的周围，无产阶级对于民主革命的领导就成为一句空话，革命也会因此而陷于孤立的境地，最终导致遭受挫折甚至失败。从国民革命到土地革命战争、再到抗日战争，中国共产党之所以能够在极端困难的环境下坚持革命战争，主要原因在于紧紧地依靠农民，得到了农民的支持。所以，无产阶级领导下的工农联盟是中国革命最后取得胜利的重要保障。正如毛泽东所说，工人和农民"这两个阶级占了中国人口的百分之八十

---

① 《毛泽东选集》第一卷，人民出版社 1991 年版，第 16 页。
② 《毛泽东文集》第一卷，人民出版社 1993 年版，第 37 页。
③ 《毛泽东文集》第一卷，人民出版社 1993 年版，第 38 页。

到九十。推翻帝国主义和国民党反动派，主要是这两个阶级的力量。"① 毛泽东还强调，要推翻地主武装、打倒土豪劣绅，必须建立农民武装，一切权力归农会，在地主权力被彻底推翻之后，"开始经济斗争，期于根本解决贫农的土地及其他经济问题"②，这就阐明了中国共产党关于农民问题的马克思主义革命路线。

再次，毛泽东明确阐述了无产阶级对同盟者采取的策略，尤其对民族资产阶级和抗日战争时期抗日的大地主大资产阶级采取了不同策略，为广泛联合广大的革命动力提供了政策保证，创造性地推进了马克思主义时代化。毛泽东指出，无产阶级要实现对同盟者的领导必须具备基本的条件，即"领导的阶级和政党，要实现自己对于被领导的阶级、阶层、政党和人民团体的领导，必须具备两个条件：（甲）率领被领导者（同盟者）向着共同敌人作坚决的斗争，并取得胜利；（乙）对被领导者给以物质福利，至少不损害其利益，同时对被领导者给以政治教育。没有这两个条件或两个条件缺一，就不能实现领导。"③ 这就告诉我们，无产阶级对民主革命的领导权不是天然的，无产阶级只有依靠马克思主义的正确路线，才能制定切合实际的政策策略，才能率领被领导者战胜敌人，才能得到同盟者的拥护；无产阶级只有给被领导者以物质利益，才能使同盟者从切实体验中认识到中国共产党是为人民谋利益的，才能使他们积极拥护共产党的领导；无产阶级只有对同盟者进行政治教育，不断提高同盟者的政治觉悟和思想水平，才能坚持和保证党的领导。毛泽东还创造性地分析了中国资产阶级的特殊状况，科学地把半殖民地半封建中国的资产阶级划分为买办资产阶级和民族资产阶级两部分。毛泽东指出："资产阶级有带买办性的大资产阶级和民族资产阶级的区别。"④ 民族资产阶级是一个具有两重性的阶级，他们是中国革命的动力之一。对此，毛泽东进行了深刻分析。他指出："一方面，民族资产阶级受帝国主义的压迫，又受封建主义的束缚，所以，他们同帝国主

① 《毛泽东选集》第四卷，人民出版社 1991 年版，第 1478 页。
② 《毛泽东选集》第一卷，人民出版社 1991 年版，第 27 页。
③ 《毛泽东选集》第四卷，人民出版社 1991 年版，第 1273 页。
④ 《毛泽东选集》第二卷，人民出版社 1991 年版，第 639 页。

义和封建主义有矛盾。从这一方面说来，他们是革命的力量之一。在中国革命史上，他们也曾经表现过一定的反帝国主义和反官僚军阀政府的积极性。""但是又一方面，由于他们在经济上和政治上的软弱性，由于他们同帝国主义和封建主义并未完全断绝经济上的联系，所以，他们又没有彻底的反帝反封建的勇气。这种情形，特别是在民众革命力量强大起来的时候，表现得最为明显。""民族资产阶级的这种两重性，决定了他们在一定时期中和一定程度上能够参加反帝国主义和反官僚军阀政府的革命，他们可以成为革命的一种力量。而在另一时期，就有跟在买办大资产阶级后面，作为反革命的助手的危险。"[1]此外，毛泽东还进行了例证，他明确告诉我们，中国的民族资产阶级在1927年国民革命失败后曾经跟随大地主大资产阶级反对过革命，不过，他们当时基本上还没有掌握过政权，仍然受当政的大地主大资产阶级的反动政策限制。到了抗日战争时期，中国民族资产阶级不但和大地主大资产阶级的投降派有区别，而且和大资产阶级的顽固派也有区别，是无产阶级及其政党的较好的同盟者。毛泽东的论述，为党在无产阶级同资产阶级建立革命统一战线时，采取又联合又斗争的策略提供了理论的根据。毛泽东还对中国的大资产阶级进行了分析，他指出："带买办性的大资产阶级，是直接为帝国主义国家的资本家服务并为他们所豢养的阶级，他们和农村中的封建势力有着千丝万缕的联系。因此，在中国革命史上，带买办性的大资产阶级历来不是中国革命的动力，而是中国革命的对象。"[2] 接着，毛泽东进一步指出："但是，因为中国带买办性的大资产阶级是分属于几个帝国主义国家的，在几个帝国主义国家间的矛盾尖锐地对立着的时候，在革命主要的是反对某一个帝国主义的时候，属于别的帝国主义系统之下的买办阶级也有可能在一定程度上和一定时间内参加当前的反帝国主义战线。但是一到他们的主子起来反对中国革命时，他们也就立即反对革命了。"[3] 例如，在抗日战争时期，亲日派大资产阶级（投降派）已经投降，或已经准备投降了，欧美派大资产阶级（顽固派）虽然还留在抗日营垒内，但也

---

① 《毛泽东选集》第二卷，人民出版社1991年版，第640页。

② 《毛泽东选集》第二卷，人民出版社1991年版，第639页。

③ 《毛泽东选集》第二卷，人民出版社1991年版，第639页。

是非常动摇，他们是一面抗日一面反共的两面派人物。鉴于此，我们对于大资产阶级投降派的政策是把他们当做敌人来看待，要坚决地打倒他们。而对于大资产阶级的顽固派，我们则是用革命的两面政策去对待，即：一方面由于他们和日本帝国主义之间仍然存在矛盾，他们还在抗日，所以，要坚持团结，要联合他们，并且利用他们和日本帝国主义之间的矛盾，并且，"在有利于革命的一定条件下尽可能地保持之"①；另一方面由于他们执行着破坏抗日和团结的反共反人民的高压政策，所以，要和他们作坚决的斗争，因为没有斗争就会危害到团结、危害到抗日。这一政策是毛泽东创造性地将马克思主义基本原理同中国革命具体实际和时代特征相结合的重要表现，推进了马克思主义时代化。

以毛泽东为主要代表的中国共产党人在领导中国革命的过程中，从中国国情出发，紧密结合中国实际，面对反帝反封建的艰巨任务，创造性地运用和发展了马克思主义关于革命同盟军即统一战线的策略思想，在正确认识与分析中国革命动力的基础上，一方面照顾农民、小资产阶级和其他中间阶级的利益，另一方面，针对不同阶级的表现，在不同时期采取不同的策略，尽一切可能地为中国革命争取了广大的同盟军，成为中国革命胜利的根本保证，也是推进马克思主义时代化的重要条件。

第四节　开辟中国革命道路与坚持非资本主义前途

每一个国家都有自己的国情，要想取得革命胜利，必须从国情出发，走适合自己的革命道路。中国是一个半殖民地半封建性质的经济文化落后的国家，与西方工业发达国家和俄国的国情都不一样，因此，革命的道路必然不同。西方工业国家的工人运动主要在城市进行，俄国十月革命走的也是以城市为中心发动武装起义，再迅速扩展到广大农村，最后夺取全国政权的道路。中国的特殊国情决定了中国革命只能走与十月革命相反的道路，即农村包围城市、武装

---

① 《毛泽东选集》第二卷，人民出版社1991年版，第607页。

夺取全国政权的道路。对这条道路的探索和创立，是以毛泽东为主要代表的中国共产党人以马克思主义为指导，不断总结正反两方面经验的基础上逐步形成的，是对马克思主义关于无产阶级革命理论所作出的突出的、独特的、创造性的贡献。当然，找准了革命道路，只是革命走向胜利的第一步，还必须有一个明确的革命目标，也就是革命的前途是什么？革命胜利后建设什么样的国家？面对国民党和各民主党派的不同建国方案，以毛泽东为主要代表的中国共产党人将马克思列宁主义与中国实际相结合，果敢地提出新民主主义革命的前途是非资本主义的，终极前途是社会主义。可以说，以毛泽东为主要代表的中国共产党人创立的农村包围城市、武装夺取全国政权的道路既是中国革命走向胜利的道路，也是推进马克思主义时代化的重要路径；坚持新民主主义革命的非资本主义前途既是中国革命的必然归宿，也是民主革命时期以毛泽东为主要代表的中国共产党人推进马克思主义时代化的重要目标。因为在上述过程中，以毛泽东为主要代表的中国共产党人实现了马克思列宁主义由理论形态向实践形态的转变，最终形成了马克思主义与中国革命实际相结合的马克思主义时代化的最新成果——毛泽东思想。

一、农村包围城市道路的开辟

由于马克思主义理论中阐述的是关于工人阶级的解放斗争，而工人阶级又是和近代大工业紧密联系在一起的，主要集中在城市。因此，马克思主义认为，工人阶级要获得解放，最主要的途径就是在城市通过发动工人武装起义来夺取政权，并建立无产阶级专政。可以这样理解，马克思主义主张工人阶级通过暴力革命来取得政权，并且革命应该在城市展开。而革命的基本意义就是通过开展武装斗争，用暴力手段打碎旧的国家机器，对整个社会进行彻底的改造。①

马克思一向肯定暴力革命的必然性，他曾经指出："革命是历史的火车

---

① 俞可平：《中华人民共和国六十年政治发展的逻辑》，《马克思主义与现实》2010 年第 1 期。

头"①，是人类社会进步的强大动力，但是，反动统治阶级不会自动退出历史舞台，必须通过暴力革命，推翻旧的统治秩序，才能建立新社会。他还强调了暴力在历史上的作用，他说："大家知道，在真正的历史上，征服、奴役、劫掠、杀戮，总之，暴力起着巨大的作用。"②在分析工业资本家的产生时，他又指出："暴力是每一个孕育着新社会的旧社会的助产婆。暴力本身就是一种经济力。"③他还强调："共产党人不屑于隐瞒自己的观点和意图。他们公开宣布：他们的目的只有用暴力推翻全部现存的社会制度才能达到。让统治阶级在共产主义革命面前发抖吧。无产者在这个革命中失去的只是锁链。他们获得的将是整个世界。"④可见，代表先进生产力的工业无产阶级只有采用暴力革命的手段，才能消灭一切阶级以及产生阶级的私有制，取得革命胜利并夺取政权，最终实现没有阶级压迫和阶级剥削的共产主义社会。恩格斯也主张工人阶级依靠自己的力量用革命的手段来夺取政权，他在《十小时工作制问题》中指出"工人阶级根据自己的经验深深地相信，他们的地位要得到任何可靠的改善，不能够依靠别人，而应当亲自争取，首先应当采取的办法是夺取政权。"⑤他还指出了工人阶级夺取政权的最权威的手段，即"革命无疑是天下最权威的东西。革命就是一部分人用枪杆、刺刀、大炮，即用非常权威的手段强迫另一部分人接受自己的意志。获得胜利的政党如果不愿意失去自己努力争得的成果，就必须凭借它以武器对反动派造成的恐惧，来维持自己的统治。"⑥因此，无产阶级要取得并保持住已取得的政权，必须进行革命，而且是暴力革命。恩格斯还在《反杜林论》中对暴力革命进行了颂扬，他说："暴力在历史中还起着另一种作用，革命的作用；暴力，用马克思的话说，是每一个孕育着新社会的旧社会的助产婆，它是社会运动借以为自己开辟道路并摧毁僵化的垂死的政治形式的

① 《马克思恩格斯全集》第七卷，人民出版社 1959 年版，第 99 页。

② 马克思：《资本论》第一卷，人民出版社 2004 年版，第 821 页。

③ 马克思：《资本论》第一卷，人民出版社 2004 年版，第 862 页。

④ 《马克思恩格斯选集》第一卷，人民出版社 1995 年版，第 307 页。

⑤ 《马克思恩格斯全集》第七卷，人民出版社 1959 年版，第 274 页。

⑥ 《马克思恩格斯选集》第三卷，人民出版社 1995 年版，第 227 页。

工具。"①

列宁继承和发展了马克思恩格斯关于工人阶级通过暴力革命来夺取、建立政权的思想。他在分析俄国社会民主党中的倒退现象时指出："无论从理论上或从政治实践的观点来看，无产阶级放弃用革命的方法夺取政权，就是轻率的行为，就是对资产阶级和一切有产阶级的可耻让步。资产阶级不会对无产阶级实行和平的让步，一到紧要关头，他们就会用暴力保卫自己的特权，这是很可能的，甚至是极其可能的。那时，工人阶级要实现自己的目的，除了革命就别无出路。"②列宁还对1905年俄国革命进行了评价，认为1905年俄国"革命就是战争。它是历史上所有一切战争中唯一合理的、正当的、正义的、真正伟大的战争。它不像任何其他战争那样，是为了维护一小撮统治者和剥削者的私利，它是为了人民群众反对暴君，为了千百万被剥削的劳动者反对专横和强暴而进行的战争。"③他还结合马克思主义的观点，对革命作了深入的阐述，他指出："从马克思主义观点来看，革命究竟是什么意思呢？这就是用暴力打碎陈旧的政治上层建筑，即打碎那种由于同新的生产关系发生矛盾而到一定的时候就要瓦解的上层建筑。"④"正是马克思教导我们说，无产阶级不能简单地夺取国家政权，也就是说，不能只是使旧的国家机构转到新的人手中，而应当打碎、摧毁这个机构，用新的机构来代替它。"⑤列宁还阐明了暴力革命是无产阶级革命斗争的一般规律，指出："资产阶级国家由无产阶级国家（无产阶级专政）代替，不能通过'自行消亡'，根据一般规律，只能通过暴力革命。"⑥"不用暴力破坏资产阶级的国家机器并用新的国家机器代替它，无产阶级革命是不可能的。"⑦为此，列宁在领导俄国革命时，将马克思主义和俄国革命实际相结合，一方面以阶级斗争、暴力革命和无产阶级专政的学说为依据，另一方面吸

①　《马克思恩格斯选集》第三卷，人民出版社1995年版，第527页。
②　《列宁全集》第四卷，人民出版社1984年版，第230页。
③　《列宁全集》第九卷，人民出版社1987年版，第193页。
④　《列宁选集》第一卷，人民出版社1995年版，第631页。
⑤　《列宁选集》第三卷，人民出版社1995年版，第214页。
⑥　《列宁选集》第三卷，人民出版社1995年版，第127页。
⑦　《列宁选集》第三卷，人民出版社1995年版，第596页。

取了法国大革命和巴黎公社的经验教训，制定了一条正确的革命路线，开辟了一条先在城市举行武装起义，然后扩展到乡村和边远地区，最后夺取全国政权的先城市后乡村的武装起义道路，取得了十月社会主义革命的胜利，开辟了无产阶级革命的新时代，为各被压迫民族和国家的无产阶级解放斗争树立了光辉的典范，是对马克思主义的划时代发展。马克思列宁主义关于暴力革命和先城市后乡村的革命道路理论，对中国共产党选择武装起义的革命形式和最终走农村包围城市的道路具有非常重要的指导作用。

由于马克思主义是一种彻底的革命理论，因此，中国共产党从诞生之日起就将马克思主义奉为自己的指导思想，以解决中国革命的具体问题，最终实现其在中国的时代化、具体化，并根据不断变化的实际来发展自己的理论形态。马克思主义认为，革命的中心任务和最高形式是武装夺取政权，是战争解决问题。但是，由于各国的国情不同，各国无产阶级暴力革命的模式必然也是不同的。

近代中国是一个半殖民地半封建国家，由于帝国主义的侵略和本国封建主义的压迫，近代以来，中国的先进分子从来没有停止过进行反帝反封建的斗争，但是，由于没有先进的理论指导，没有坚强的领导阶级，更没有发动民众，因此，近代先进分子救国救民的努力先后都遭到了失败。无数历史事实证明，西方资产阶级共和国的道路在中国行不通，中国的民族资产阶级没有能力领导人民实现民族独立和人民解放，必须寻找新的理论武器、新的革命力量和新的革命道路。恰在此时，俄国十月革命给中国送来了马克思列宁主义，于是，中国的先进分子如饥似渴地学习她、传播她，尤其是中国共产党成立后，党立即在马克思列宁主义指导下，领导无产阶级直接投入到反帝反封建的斗争中去。当然，这时党处于幼年时期，由于缺乏经验和对马克思列宁主义的理论知之不多、理解不深，在将马克思列宁主义与中国实际、中国国情相结合方面，不可避免地出现了教条式地照抄照搬马克思列宁主义书本上的条条框框的现象，特别是在选择中国革命道路问题上，中国共产党机械地模仿俄国十月革命中心城市武装起义的经验，结果使革命事业遭受失败。在这一问题上，毛泽东深刻分析了中国国情和现实状况，将马克思列宁主义同中国革命的具体实际结合起来，开辟了农村包围城市、武装夺取政权的具有中国特色的革命道路，创造性地发展了马克思主义，推进了马克思主义时代化。

中国共产党是在共产国际的指导下建立起来的，中共二大后中国共产党加入共产国际，并成为其一个支部在其领导下进行革命。应当看到，共产国际对中国革命的发展曾经起到重要的指导和推动作用，但也出现过一些消极影响。比如，共产国际要求中国共产党把主要精力放在中心城市和产业区来发展党的组织，在城市发动工人运动，并以此领导乡村，希望中国能够像俄国一样，工人在中心城市发动武装起义，农民在乡村进行配合，最后一举取得国家政权。事实上，中国共产党也是按照共产国际的指示去领导工人运动的。"中国共产党成立后，从中央到地方的各级组织都以主要精力从事工人运动。在党组织的发动和领导下，中国工人阶级的觉悟很快得到提高，工人运动开始出现蓬勃兴起的局面。"[1] 从 1921 年下半年开始，上海、武汉、广东、湖南、直隶等省市相继爆发工人罢工斗争。"从 1922 年 1 月开始，到 1923 年 2 月，中国共产党领导的工人运动形成第一次高潮，前后持续时间达 13 个月之久。在此期间，爆发的罢工斗争达 100 多次，参加罢工的工人达 30 万以上。其中大部分是党组织或党领导的工会组织直接发动的。工人运动的迅猛发展，锻炼了工人阶级队伍，巩固了党的阶级基础，扩大了中国共产党和工人阶级在全国的影响。"[2] 在这之后，中国工人运动风起云涌，先后爆发安源路矿工人大罢工、开滦五矿大罢工、京汉铁路工人大罢工等。这些罢工运动虽然有的胜利了，有的遭到失败，但是提高了党组织在工人群众中的威信，扩大了党的影响，进一步唤醒了中国人民。可以看出，这一时期，党对农民状况和农民运动还没用给予足够的重视。直到 1925 年中共四大，党肯定了农民是无产阶级最可靠的同盟军。正是从这时起，毛泽东开始以主要精力领导农民运动，并注重研究农民问题。他先后发表了《中国社会各阶级的分析》、《中国农民中各阶级的分析及其对于革命的态度》和《湖南农民运动考察报告》等文章，初步形成了关于农村阶级分析的理论，为党正确认识农民在民主革命中的地位和作用，正确制定对农民的

---

① 《中国共产党历史》第一卷（1921—1949）上册，中共党史出版社 2002 年版，第 85 页。
② 《中国共产党历史》第一卷（1921—1949）上册，中共党史出版社 2002 年版，第 85 页。

政策，指明了方向。关于武装斗争，直到国共合作的大革命期间，党对武装斗争的重要性认识还不是很充分。尤其是在大革命的后期，由于"党的领导机关犯了以陈独秀为代表的右倾机会主义错误，不懂得掌握政权和武装的重要性，不善于处理同国民党的关系，企图以妥协退让和束缚工农运动等消极措施拉住即将叛变的同盟者。"① 其结果是，"自愿地放弃对于农民群众、城市小资产阶级和中等资产阶级的领导权，尤其是放弃对于武装力量的领导权"②，致使在大革命的危急关头，党完全处于被动地位。在这种危急关头，毛泽东坚决主张对国民党反动派进行有力地反击，并主张到农村去，发动和组织农民拿起枪杆子开展武装斗争。1927 年 7 月 4 日，毛泽东在出席中共中央政治局常委会上提出了上山可造成军事势力的基础，不保存武力，则将来一到事变，我们即无办法的"上山"的思想。国共合作的大革命失败后，1927 年 8 月 7 日，中国共产党在汉口召开了中国共产党历史上的"八七会议"，会上，毛泽东提出军事运动的重要性。他指出："从前我们骂中山专做军事运动，我们则恰恰相反，不做军事运动专做民众运动。蒋、唐③都是拿枪杆子起的，我们独不管。"④ 这也是我们党在大革命中失败的教训。他还要求新政治局常委"以后要非常注意军事。须知政权是由枪杆子中取得的。"⑤ 这就在全党强调了武装夺取政权的重要性。"八七会议"前后，党先后发动了南昌起义、湘赣边界秋收起义和、广州起义，这些起义都是以进攻国民党新军阀占领的大城市为目标的，企图通过城市武装起义或进攻大城市来夺取革命的胜利，但是由于敌人拥有强大的武装力量，起义虽然都在不同程度上打击了国民党反动派的反动统治，但都失败了。只有湘赣边界秋收起义，"在开始时虽然也以攻占大城市为目标，但在遭到挫折后，毛泽东适时地率领部队走上一条在农村建立革命根据地，以保持和发展革命力量的正确道路。这条道路，代表了 1927 年大革命失败后中国革命

---

① 《中国共产党历史》第一卷（1921—1949）上册，中共党史出版社 2002 年版，第 221 页。
② 《毛泽东选集》第四卷，人民出版社 1991 年版，第 1257—1258 页。
③ 蒋，指蒋介石；唐，指唐生智。
④ 《毛泽东文集》第一卷，人民出版社 1993 年，第 47 页。
⑤ 《毛泽东文集》第一卷，人民出版社 1993 年，第 47 页。

的发展方向。"① 标志着中国革命开始走上农村包围城市、武装夺取全国政权的道路。毛泽东在领导湘赣边界的秋收起义攻打长沙遇挫后，当机立断地率领起义部队余部向敌人统治力量薄弱的农村进军，以积蓄和发展革命力量，开展土地革命，建立革命根据地，标志着毛泽东"工农武装割据"② 思想的诞生，为全党解决以农村为工作中心的问题奠定了重要基础，也标志着中国共产党在实践中解决了中国革命的道路问题。

革命的发展从来不是一帆风顺的。对于创建井冈山根据地，党内曾经有非议；对于红军在井冈山能否站住脚和在白色恐怖包围中，红色政权能否长期存在和发展问题，党内也有持怀疑态度者。对此，以毛泽东为主要代表的中国共产党人冲破了国际共产主义运动中和中国共产党内盛行的把马克思主义教条化、把共产国际决议和俄国革命经验神圣化的错误倾向的束缚，在实践上开辟了在农村建立革命根据地，以农村包围城市、武装夺取政权的道路。在这个过程中，毛泽东作出了卓越的贡献。毛泽东先后发表了《中国的红色政权为什么能够存在?》、《井冈山的斗争》和《星星之火，可以燎原》等文章，分析了中国社会和中国革命的特点，从理论上论证了中国红色政权能够长期存在和发展的主客观条件。毛泽东指出："一国之内，在四围白色政权的包围中，有一小块或若干小块红色政权的区域长期地存在，这是世界各国从来没有的事。这种奇事的发生，有其独特的原因。而其存在和发展，亦必有相当的条件。"③ 第一，中国是在帝国主义间接统治的经济落后的半殖民地国家。地方的农业经济（不是统一的资本主义经济）和帝国主义划分势力范围的分裂剥削政策，使白色政权之间长期存在着分裂和战争，这就为小块区域的红色政权能够利用这种分裂和战争而在四围白色政权包围中发生和坚持下来提供了条件。第二，中国红色政权首先发生和能够长期地存在的地方，是曾经受过民主革命影响的地

---

① 中共中央党史研究室：《中国共产党历史第一卷（1921—1949）》上册，中共党史出版社2002年版，第221页。

② 实行工农武装割据，就是在中国共产党领导之下，把武装斗争、土地革命、建立革命政权三者结合起来。

③ 《毛泽东选集》第一卷，人民出版社1991年版，第48—49页。

方，这些地方的工农兵士群众曾经在大革命时期大大起来并对地主豪绅阶级和资产阶级进行过经济的政治的斗争。第三，小地方民众政权能否长期存在，还取决于全国革命形势是否向前发展。中国革命的形势是跟着国内买办豪绅阶级和国际资产阶级的继续的分裂和战争而继续地向前发展的。所以，小块红色区域能够长期存在并继续向前发展。第四，相当力量的正式红军的存在，是红色政权存在的必要条件。第五，红色政权的长期存在并且发展，还须有一个要紧的条件，就是共产党组织的有力量和它的政策的不错误。中国特色的以农村包围城市、武装夺取政权道路的思想，是国际共产主义运动中的创举，是对马克思主义的创造性发展，也是以毛泽东为主要代表的中国共产党人正确分析国情，将马克思主义与中国实际和时代需求相结合、解决中国革命问题的宝贵结晶。

二、民主革命非资本主义前途的探究

革命前途问题实际上是指革命胜利后向何处去的问题，在新民主主义革命时期，革命前途问题还包含了民主革命和社会主义革命的关系问题，搞清楚了这个问题，就搞清楚了革命发展的方向、前途、命运和归宿问题，这是革命胜利的重要前提条件。十月社会主义革命胜利后，中国革命已经属于世界无产阶级社会主义革命的一部分，已经是无产阶级领导的新民主主义革命而不是资产阶级领导的旧民主主义革命，革命前途必然是非资本主义的，终极前途是社会主义的。但是以毛泽东为主要代表的中国共产党人对新民主主义革命前途的认识经历了一个过程。

早在 1848 年，马克思、恩格斯在《共产党宣言》中，曾经科学论证了无产阶级革命的历史必然性。《宣言》指出："共产党人为工人阶级的最近的目的和利益而斗争，但是他们在当前的运动中同时代表运动的未来。"[1] 这里讲的"最近的目的和利益"就是指资产阶级民主革命，而"运动的未来"则是指共

---

① 《马克思恩格斯选集》第一卷，人民出版社 1995 年版，第 306 页。

产主义革命。《宣言》还强调进行资产阶级民主革命不仅对资产阶级是有利的，对无产阶级更有利。"工人革命的第一步就是使无产阶级上升为统治阶级，争得民主。无产阶级将利用自己的政治统治，一步一步地夺取资产阶级的全部资本，把一切生产工具集中在国家即组织成为统治阶级的无产阶级手里，并且尽可能快地增加生产力的总量。"① 这里可以看出，马克思恩格斯认为，无产阶级夺取国家政权并不是革命任务的终结，只是革命的第一步，无产阶级应该利用自己的政治统治，不断革命。他们在谈到德国革命时还指出，要把资产阶级民主革命和社会主义革命直接联系起来，"只要资产阶级采取革命的行动，共产党就同它一起去反对君主制、封建土地所有制……，但是，共产党一分钟也不忽略教育工人尽可能明确地意识到资产阶级和无产阶级的敌对的对立……，以便在推翻德国的反动阶级之后，立即开始反对资产阶级本身的斗争"。"德国的资产阶级革命只能是无产阶级革命的直接序幕。"② 这些论述体现了马克思主义关于不断革命的思想。1850 年 3 月底，马克思和恩格斯在《中央委员会告共产主义者同盟书》一文中说："民主主义的小资产者根本不愿为革命无产者的利益变革整个社会……而我们的利益和我们的任务却是要不间断地进行革命，直到把一切大大小小的有产阶级的统治都消灭掉，直到无产阶级夺得国家政权，直到无产者的联合不仅在一个国家内而且在世界一切占统治地位的国家内都发展到使这些国家的无产者间的竞争停止，至少是直到那些有决定意义的生产力集中到无产者手里的时候为止。对我们说来，问题不在于改变私有制，而在于消灭私有制，不在于掩盖阶级矛盾，而在于消灭阶级，不在于改良现有社会，而在于建立新社会。"③ 他们还明确指出：无产阶级的"战斗口号应该是：'不断革命'"④，表明无产阶级在参加资产阶级民主革命时，尤其是在夺取国家政权之前，应当变资产阶级民主革命为无产阶级社会主义革命。马克思指出"当无产阶级把这种社会主义让给小资产阶级，而各种社会主义首领之间的斗

---

① 《列宁选集》第三卷，人民出版社 1995 年版，第 129 页。
② 《马克思恩格斯选集》第一卷，人民出版社 1995 年版，第 306 页。
③ 《马克思恩格斯选集》第一卷，人民出版社 1995 年版，第 385 页。
④ 《马克思恩格斯选集》第一卷，人民出版社 1995 年版，第 392 页。

争又表明每个所谓体系都是特意强调社会变革中的一个过渡阶段以与其他各个阶段相对抗时，无产阶级就愈益团结在革命的社会主义周围，团结在被资产阶级用布朗基来命名的共产主义周围。这种社会主义就是宣布不断革命，就是无产阶级的阶级专政，这种专政是达到消灭一切阶级差别，达到消灭这些差别所由产生的一切生产关系，达到消灭和这些生产关系相适应的一切社会关系，达到改变由这些社会关系产生出来的一切观念的必然的过渡阶段。"① 马克思在这里着重阐明了无产阶级在夺取国家政权以后，应该进行不间断革命，并提出要经过实行无产阶级的阶级专政过渡阶段对整个社会进行不断地改造才能消灭阶级的思想。1850 年 4 月，马克思和恩格斯同法国布朗基主义者和英国宪章派左翼革命派一起拟定了《世界革命共产主义者协会》章程，章程写道："联合会的宗旨是推翻一切特权阶级，使这些阶级受无产阶级专政的统治，为此应采取保持不断革命的方法，直到人类社会制度的最后形式——共产主义得到实现为止。"② 这就要求，无产阶级夺取政权建立无产阶级专政和社会主义国家后，必须支持不断革命，直到共产主义实现为止。可以说，马克思恩格斯在总结德国革命经验和法国革命经验的基础上所提出的革命分阶段进行和不断革命的思想，就是要求无产阶级首先要积极参加资产阶级民主革命，并把资产阶级民主革命进行到底，之后，进行不间断地革命，即由资产阶级民主革命不停顿地发展到无产阶级社会主义革命，实现无产阶级的阶级专政，再由社会主义发展到共产主义。

列宁继承和发展了马克思恩格斯关于革命分阶段进行和不断革命的思想，并将之运用于俄国革命的实践，形成了革命转变论的思想。在这一过程中，列宁既明确阐明了资产阶级民主革命与无产阶级社会主义革命之间的联系和区别，又提出了如何由资产阶级民主革命转变为社会主义革命的条件。首先，列宁论述了资产阶级民主革命和无产阶级社会主义革命的联系。他指出："资产阶级民主主义的内容，就是消灭国内中世纪制度、农奴制度和封建制度的社会

---

① 《马克思恩格斯选集》第一卷，人民出版社 1995 年版，第 462 页。
② 《马克思恩格斯全集》第十卷，人民出版社 1998 年版，第 718 页。

关系……"①，"民主革命不会直接越出资产阶级社会经济关系的范围"，② 我们也不能"跳出俄国革命的资产阶级民主的范围，但是我们能够大大扩展这个范围，我们能够而且应当在这个范围内为无产阶级的利益而斗争，为无产阶级当前的需要、为争取条件积蓄无产阶级的力量以便将来取得完全胜利而奋斗。"③ 列宁还对考茨基等所有不了解资产阶级民主革命和无产阶级社会主义革命之间相互关系的第二国际进行了批判，他指出："社会主义革命和资产阶级民主革命之间并没有隔着一道万里长城。"④"企图在这两个革命中间筑起一道人为的万里长城，企图不用无产阶级的准备程度、无产阶级同贫苦农民联合的程度而用其他什么东西来分开这两个革命，就是极大地歪曲马克思主义，把马克思主义庸俗化，用自由主义代替马克思主义。这就是冒充博学，借口资产阶级比中世纪制度进步，暗中为资产阶级进行反动的辩护，以反对社会主义无产阶级。"⑤ 这些论述表明，无产阶级要进行社会主义革命，不能跨过民主革命的阶段，不能将民主革命与社会主义革命割裂开来，民主革命与社会主义革命具有内在的联系。所以，无产阶级"在自己的纲领中和自己的策略中，应当把反对资本主义的纯粹无产阶级的斗争和反对农奴制的一般民主主义……斗争联结起来"，他认为，资产阶级民主革命与社会主义革命是一个链条的两个环节，"前一革命可以转变为后一革命。后一革命可以顺便解决前一革命的问题。后一革命可以巩固前一革命的事业。"⑥ 表明无产阶级在参加资产阶级民主革命时必须将其转变为社会主义革命。其次，列宁阐述了资产阶级民主革命和无产阶级社会主义革命的区别。他强调，不要把资产阶级民主革命和无产阶级社会主义革命，"这两种斗争混淆起来"⑦，这是两个不同性质的革命阶段。从而形成了由民主革命转变为社会主义革命的完整理论。再次，为了实现由资产阶级民主革

① 《列宁选集》第四卷，人民出版社 1995 年版，第 566 页。
② 《列宁选集》第一卷，人民出版社 1995 年版，第 584 页。
③ 《列宁选集》第一卷，人民出版社 1995 年版，第 558 页。
④ 《列宁选集》第四卷，人民出版社 1995 年版，第 565 页。
⑤ 《列宁选集》第三卷，人民出版社 1995 年版，第 657—658 页。
⑥ 《列宁全集》第三十三卷，人民出版社 1957 年版，第 35 页。
⑦ 《列宁选集》第一卷，人民出版社 1995 年版，第 644 页。

命向无产阶级社会主义革命的转变，列宁明确提出了工农联盟的思想。他强调，在资产阶级民主革命时期，无产阶级必须与农民结成同盟，资产阶级民主革命的彻底胜利，"就是实现无产阶级和农民的革命民主专政"①。在社会主义革命中，农民仍然是无产阶级的可靠的同盟军，工农联盟是无产阶级社会主义革命必胜的条件，"民主任务一完成，无产阶级及其他被剥削群众争取社会主义革命的斗争马上就会开始"②。"我们将立刻由民主革命开始向社会主义革命过渡"，"我们主张不断革命。我们决不半途而废"③。列宁关于革命转变论的思想，为十月社会主义革命的胜利奠定了重要基础，也为各被压迫民族和殖民地半殖民地的民族解放斗争指明了方向，极大地丰富和发展了马克思主义关于无产阶级革命的理论。

尽管十月革命给我们送来了马克思列宁主义，但是，中国共产党人掌握马克思列宁主义不是一帆风顺的。正如列宁所说："马克思学说直接为教育和组织现代社会的先进阶级服务，指出这一阶级的任务，并且证明当前的制度由于经济的发展必然要为新的制度所代替，因此这一学说在其生命的途程中每走一步都得经过战斗。"④毛泽东在领导中国革命的过程中，不仅坚持了马克思列宁主义的不断革命论和革命发展阶段论的思想，而且，在中国革命的具体实践中，给予了创造性地运用和极大地发展，指导中国革命不断走向胜利，丰富了马克思列宁主义的理论宝库。1925年12月，毛泽东发表了《中国社会各阶级的分析》一文，在分析当时世界上的局面时指出："现在世界上的局面，是革命和反革命两大势力作最后斗争的局面。这两大势力竖起了两面大旗：一面是红色的革命的大旗，第三国际高举着，号召全世界一切被压迫阶级集合于其旗帜之下；一面是白色的反革命的大旗，国际联盟高举着，号召全世界一切反革命分子集合于其旗帜之下。那些中间阶级，必定很快地分化，或者向左跑入革

---

① 《列宁选集》第一卷，人民出版社 1995 年版，第 547 页。

② 《联共（布）党史简明教程》，中共中央马克思恩格斯列宁斯大林著作编译局，人民出版社 1975 年版，第 76 页。

③ 《列宁选集》第一卷，人民出版社 1995 年版，第 634 页。

④ 《列宁选集》第二卷，人民出版社 1995 年版，第 1 页。

命派，或者向右跑入反革命派，没有他们'独立'的余地。"① 这里的"他们"，就是指中产阶级即民族资产阶级。基于这样的分析，毛泽东进一步指出："中国的中产阶级，以其本阶级为主体的'独立'革命思想，仅仅是一个幻想。"②因此，"这个阶级的企图——实现民族资产阶级统治的国家"，也就是建立一个由其领导的资产阶级共和国，"是完全行不通的。"③ 毛泽东的这些论述，一方面表明中国的民族资产阶级没有能力在中国建立起由它领导的资产阶级民主共和国，不能够使中国走上独立发展资本主义的道路；另一方面表明在战争与革命的时代主题下，在半殖民地半封建社会的中国，"反革命"势力即帝国主义，不会让中国走上独立发展资本主义的道路，它们妄想使中国成为它们永久的殖民地、半殖民地或附属国，同时，伴随着俄国十月革命的胜利，"革命"势力即社会主义国家苏联和世界无产阶级，也不可能允许中国革命胜利后走资本主义道路，他们希望不断扩大社会主义阵营，壮大社会主义力量。因而，中国革命前途必定是非资本主义的。1925 年冬，毛泽东在《国民党右派分离的原因及其对革命前途的影响》一文中再次阐明了这一论断。他指出："中国的中产阶级（除开其左翼即中产阶级中历史和环境都有特别情况的人，可与其余阶级合作革命，但人数不多），到现在还在梦想前代西洋的民主革命，还在梦想国家主义之实现，还在梦想由中产阶级一阶级领袖、不要外援、欺抑工农的'独立'的革命，还在梦想其自身能够于革命成功后发展成壮大的资产阶级，建设一个一阶级独裁的国家。"④ 毛泽东还分析了中产阶级革命的出发点和目的，进一步指出，中产阶级"他们介在革命派反革命派之间，自以为可以独立革命，其实没有这回事。……在二十世纪半殖民地内外强力高压的中国，决没有做成革命的道理。"⑤"我们料到在不远的将来情况之下，中间派只有两条路走：或者向右跑入反革命派，或者向左跑入革命派（其左翼有此可能），万万没有第

---

① 《毛泽东选集》第一卷，人民出版社 1991 年版，第 4 页。

② 《毛泽东选集》第一卷，人民出版社 1991 年版，第 5 页。

③ 《毛泽东选集》第一卷，人民出版社 1991 年版，第 4 页。

④ 《毛泽东文集》第一卷，人民出版社 1993 年版，第 28—29 页。

⑤ 《毛泽东文集》第一卷，人民出版社 1993 年版，第 29 页。

三条路。"① 表明资产阶级民主共和国方案在中国是行不通的，中国历史发展的必由之路是走社会主义道路而不是走资本主义道路。也就是说，中国新民主主义革命的前途是社会主义而非资本主义。那么，如何实现社会主义的革命前途？毛泽东根据马克思列宁主义的一般原理，并紧密结合中国革命的实践，强调中国的资产阶级民主革命，必须由无产阶级来领导，革命胜利后再由民主革命过渡到社会主义。他指出"中国迫切需要一个资产阶级的民主革命，这个革命必须由无产阶级领导才能完成。"② 在谈到中国革命的发展阶段时，毛泽东认为："中国现时确实还是处在资产阶级民权革命的阶段。中国彻底的民权主义革命的纲领，包括对外推翻帝国主义，求得彻底的民族解放；对内肃清买办阶级的在城市的势力，完成土地革命，消灭乡村的封建关系，推翻军阀政府。必定要经过这样的民权主义革命，方能造成过渡到社会主义的真正基础。"③ 体现了由民主革命过渡到社会主义这样一个不断革命与革命发展阶段论相结合的思想。可以说，在领导中国革命的过程中，毛泽东始终如一的坚持用马克思列宁主义关于不断革命和革命发展阶段论的理论来指导中国革命，并在革命实践中发展了马克思主义。1930 年 5 月，毛泽东在《反对本本主义》中将中国革命分作了两步，他指出："我们的斗争目的是要从民权主义转变到社会主义。我们的任务第一步是，争取工人阶级的大多数，发动农民群众和城市贫民，打倒地主阶级，打倒帝国主义，打倒国民党政权，完成民权主义革命。由这种斗争的发展，跟着就要执行社会主义革命的任务。"④ 这里能够看出，毛泽东认为，中国革命的第一步是完成民权主义革命即新民主主义革命的任务，第二步就是将革命向前推进，完成社会主义革命的任务。1937 年 5 月，毛泽东在《为争取千百万群众进入抗日民族统一战线而斗争》中再次分析了中国革命的前途问题。他指出："两篇文章，上篇与下篇，只有上篇做好，下篇才能做好。坚决地领导民主革命，是争取社会主义胜利的条件。我们是为着社会主义而斗争，

①　《毛泽东文集》第一卷，人民出版社 1993 年版，第 30 页。
②　《毛泽东选集》第一卷，人民出版社 1991 年版，第 48 页。
③　《毛泽东选集》第一卷，人民出版社 1991 年版，第 77 页。
④　《毛泽东选集》第一卷，人民出版社 1991 年版，第 115 页。

这是和任何革命的三民主义者不相同的。"① 可以看出，毛泽东已经明确将中国革命分为民主革命和社会主义革命两部分，二者是文章的上篇与下篇之间的关系，上篇是下篇的基础，下篇是上篇的目的。同时，还可以看出，尽管这时毛泽东还没有提出"新民主主义革命"的概念，但毛泽东明确表示我们所主张的民主革命的前途目的和三民主义者的主张是完全不同的，从而为中国共产党彻底放弃三民主义，创立新民主主义革命理论奠定了坚实的基础。毛泽东还强调："我们是革命转变论者，主张民主革命转变到社会主义方向去。民主革命中将有几个发展阶段，都在民主共和国口号下面。""我们主张经过民主共和国的一切必要的阶段，到达于社会主义。"② 这些思想，不仅正确的指导了中国革命不断走向胜利，而且创造性地发展了马克思列宁主义，为新民主主义革命理论的创立奠定了基础，推进了马克思主义时代化。

三、新民主主义国家政权思想

马克思主义经典作家历来重视国家政权问题。1848 年 2 月，马克思和恩格斯在《共产党宣言》中指明了无产阶级进行革命和夺取国家政权的具体步骤，即"工人革命的第一步就是使无产阶级上升为统治阶级，争得民主。无产阶级将利用自己的政治统治，一步一步地夺取资产阶级的全部资本，把一切生产工具集中在国家即组织成为统治阶级的无产阶级手里，并且尽可能快地增加生产力的总量"③。这里，马克思恩格斯一方面阐明了无产阶级首先要成为革命的领导阶级，另一方面阐明了在革命胜利后，无产阶级应当建立自己的政权。实际上，马克思恩格斯在这里的阐述，已经隐含了无产阶级在取得革命胜利后应该建立无产阶级专政的思想。1850 年，马克思在《1848 年至 1850 年的法兰西阶级斗争》中，总结了法国 1848 年"六月革命"的教训，明确提出，无产阶级"要在资产阶级共和国范围内稍微改善一下自己的处境只能是'一种空想'"，因

---

① 《毛泽东选集》第一卷，人民出版社 1991 年版，第 276 页。

② 《毛泽东选集》第一卷，人民出版社 1991 年版，第 276 页。

③ 《马克思恩格斯选集》第一卷，人民出版社 1995 年版，第 293 页。

此，无产阶级要想取得革命胜利并夺取国家政权，就必须推翻资产阶级的反对统治，实行"工人阶级专政!"①

马克思和恩格斯还进一步提出了建立无产阶级专政的方法。首先，要建立一支革命军队。马克思在总结 1870 年 9 月 9 日巴黎无产阶级武装起义失败的教训时指出："要保卫巴黎，就不能不武装它的工人阶级，把他们组织成为一支有战斗力的军事力量，并且就在战争中锻炼他们的队伍。"② 马克思在总结巴黎公社失败的经验时，强调只有依靠革命的武装，无产阶级才能推翻反动阶级的统治，才能逐步实现自己的全部历史使命。所以，他指出："建立无产阶级专政，其首要条件就是无产阶级的大军。"③ 列宁也曾强调：建立工农红军的目的就是为了"保证劳动群众掌握全部政权"。④ 其次，要实行暴力革命。马克思和恩格斯在他们写的《德意志意识形态》中，强调了暴力革命的重要性，他们指出，除了暴力革命，"没有任何其他的办法能推翻统治阶级"。⑤ 在《共产党宣言》中马克思又指出，无产阶级要实现解放全人类的革命目的，"只有用暴力推翻全部现存的社会制度才能达到。"⑥ 他还强调："暴力是每一个孕育着新社会的旧社会的助产婆。暴力本身就是一种经济力。"⑦ 在总结巴黎公社起义失败的经验教训时，恩格斯也指出："到目前为止，一切社会形式为了保存自己都需要暴力，甚至有一部分是通过暴力建立的。"⑧ 他还说："没有暴力，没有坚定不移的手段，历史上任何事情都是不会成功的。"⑨ 直到晚年，恩格斯仍然认为："无产阶级不通过暴力革命就不可能夺取自己的政治统治，即通往新

① 《马克思恩格斯选集》第一卷，人民出版社 1995 年版，第 400 页。
② 《马克思恩格斯选集》第三卷，人民出版社 1995 年版，第 33 页。
③ 《马克思恩格斯选集》第三卷，人民出版社 1995 年版，第 126 页。
④ 《列宁选集》第三卷，人民出版社 1995 年版，第 387 页。
⑤ 《马克思恩格斯选集》第一卷，人民出版社 1995 年版，第 91 页。
⑥ 《马克思恩格斯选集》第一卷，人民出版社 1995 年版，第 307 页。
⑦ 《马克思恩格斯选集》第二卷，人民出版社 1995 年版，第 266 页。
⑧ 《马克思恩格斯全集》第二十卷，人民出版社 1971 年版，第 681 页。
⑨ 《马克思恩格斯全集》第六卷，人民出版社 1961 年版，第 333 页。

社会的唯一大门。"① 革命导师列宁也非常重视暴力革命的作用，他说："暴力将必然伴随着整个资本主义的彻底崩溃和社会主义社会的诞生。"② 他还强调了无产阶级专政的必然性，他指出："从资本主义向共产主义过渡，当然不能不产生非常丰富和多样政治形式，但本质必然是一样的：都是无产阶级专政。"③再次，要从根本上改造旧的国家机器。马克思认为："工人阶级不能简单地掌握现成的国家机器，并运用它来达到自己的目的。奴役他们的政治工具不能当成解放他们的政治工具来使用。"④ 所以，"无产阶级不能像统治阶级及其互相倾轧的各党各派在历次胜利的时刻所做的那样，简单地掌握现存的国家机体并运用这个现成的工具来达到自己的目的。掌握政权的第一个条件是改造传统的国家工作机器，把它作为阶级统治的工具加以摧毁。"⑤ 恩格斯也说："胜利了的无产阶级在能够利用旧的官僚的、行政集中的国家机构来达到自己的目的之前，必须把它加以改造。"⑥ 这些论述表明，无产阶级在取得革命胜利后，应该对旧的国家政权从根本上进行改造，而不是简单地运用它来实现自己的目的。改造的方法就是对"旧政权的纯属压迫性质的机关予以铲除，而旧政权的合理职能则从僭越和凌驾于社会之上的当局那里夺取过来，归还给社会的负责任的勤务员。"⑦ 列宁也强调："工人阶级应当打碎、摧毁'现成的国家机器'，而不只是简单地夺取这个机器。"⑧ 马克思主义经典作家关于无产阶级通过暴力革命建立无产阶级专政的思想，概括了无产阶级在革命中对待旧国家机器的态度，指出了无产阶级政权建立的前提条件、主要特征、实质和历史任务，既发展了无产阶级革命和无产阶级专政的理论，又为中国新民主主义革命指明了前进的方向，也为毛泽东建立新民主主义国家政权思想奠定了重要的理论基础。

---

① 《马克思恩格斯选集》第四卷，人民出版社 1995 年版，第 685 页。
② 《列宁选集》第三卷，人民出版社 1995 年版，第 460 页。
③ 《列宁选集》第三卷，人民出版社 1995 年版，第 140 页。
④ 《马克思恩格斯选集》第三卷，人民出版社 1995 年版，第 117 页。
⑤ 《马克思恩格斯选集》第三卷，人民出版社 1995 年版，第 117 页。
⑥ 《马克思恩格斯全集》第三十六卷，人民出版社 1974 年版，第 81 页。
⑦ 《马克思恩格斯选集》第三卷，人民出版社 1995 年版，第 57 页。
⑧ 《列宁选集》第三卷，人民出版社 1995 年版，第 142 页。

"一切革命的根本问题是国家政权问题。不弄清这个问题，便谈不上自觉地参加革命，更不要说领导革命。"① 中国革命是沿着巴黎公社革命和十月革命的道路发展起来的，从中国共产党建立之日起，就以推翻帝国主义及其走狗在中国的反动统治、建立新民主主义国家为己任。在这一过程中，以毛泽东为主要代表的中国共产党人对无产阶级在民主革命中要不要建立自己的政权，以及建立什么的国家政权，进行了长期的探索，其认识也经历了一个曲折发展的过程。从不参加国民政府工作到武装夺取政权；从建立工农兵苏维埃到提出各革命阶级的联合专政，并最终形成了建立以无产阶级为领导的、以工农联盟为基础的人民民主专政的国家政权理论。可以说，这一过程既是中国共产党人将马克思主义国家政权学说和中国半殖民地半封建社会的具体实际相结合的过程，也是创立具有中国特色的国家政权理论——新民主主义政权理论的过程，丰富和发展了马克思主义的国家政权学说，推进了马克思主义国家政权学说的中国化和时代化。

国共合作的大革命时期，中国共产党在帮助国民党健全和扩大各级组织、建立国民革命军和国民政府的同时，自己的力量也得到了很大的发展。伴随着革命形势的不断发展，建立自己的革命政权的问题便突出地摆到了党的面前。这时，在湖南、江西的一些地方，工农群众组织实际上控制了当地政权。但是，以陈独秀为首的党中央，却坚持立足"在野党"的地位，认为共产党取得政权，乃是无产阶级革命时代的事情，主张"二次革命论"，从而导致中国共产党丧失了在国民革命迅猛发展的大好形势下积极参政和建立革命政权的有利时机。

针对陈独秀的错误观点，毛泽东在对中外资产阶级革命的性质进行比较之后，首次提出了要建立"一个革命民众合作统治的国家"的思想。他指出："英、法、德、美、日各国资产阶级的革命，乃资产阶级一阶级的革命。其对象是国内的封建贵族；其目的是建设国家主义的国家即资产阶级一阶级统治的国家"；而殖民地半殖民地的中国革命"乃小资产阶级、半无产阶级、无产阶级这三个阶级合作的革命"，"其对象是国际帝国主义；其目的是建设一个革命民

---

① 《列宁选集》第三卷，人民出版社 1995 年版，第 19 页。

众合作统治的国家。"① 毛泽东还分析了当代中国革命与辛亥革命的区别，他指出，当代革命中"工农阶级形成了一个社会的势力；已经有了共产党；在国际又突现了一个无产阶级国家的苏俄和一个被压迫阶级革命联合的第三国际，做了中国革命有力的后援。"② 在新的历史时代，民族资产阶级"到现在还在梦想前代西洋的民主革命，还在梦想国家主义之实现，还在梦想由中产阶级一阶级领袖、不要外援、欺抑工农的'独立'的革命，还在梦想其自身能够于革命成功后发展成壮大的资产阶级，建设一个一阶级独裁的国家。"③ 这完全是不可能的。尽管这时毛泽东还没有十分明确地提出建立无产阶级领导的新民主主义国家政权的思想，但是他对中国革命性质和基本问题的分析，已经明确了在中国当时所处的国际国内历史条件下，不可能建立资产阶级专政的国家，只能建立由革命民众合作的政权，从而奠定了新民主主义国家政权的雏形。第一次国内革命战争失败之后，蒋介石集团在南京建立了代表大地主大资产阶级利益的新的国民党政权，为推翻其反动统治，中国共产党在全国各地纷纷发动武装起义和工农暴动，进入独立领导革命和武装夺取政权的新时期。1927 年 8 月，南昌起义成立了属于国民党统一战线性质的政权组织——国民党革命委员会，随着起义的失败，该政权组织也相继流产。9 月，毛泽东在领导湘赣边界的秋收起义时，毅然决定不再用国民党的名义，第一次明确提出了建立工农政权的思想。当起义部队到达井冈山地区时，不久，便建立了湘赣边界第一个县级红色政权——茶陵县工农兵政府。随后，边界其他县也相继建立了工农兵政府。11月，广州起义时，也建立了革命政权——广州苏维埃政府，随着起义的失败，该政权只存续了 3 天。与中心城市建立的革命政权相继遭到失败的结局所不同的是，在农村革命根据地建立的革命政权基本上得到了巩固和发展。但是，由于小块革命根据地经常处于敌军的"会剿"中，并且敌我力量相差悬殊，根据地在经济上和生活上都十分艰难，于是，党和红军中有悲观思想的人提出了"红旗到底能够打得多久"的疑问。针对这种情况，不对上述问题予以答复，

---

① 《毛泽东文集》第一卷，人民出版社 1993 年版，第 24—25 页。
② 《毛泽东文集》第一卷，人民出版社 1993 年版，第 25—26 页。
③ 《毛泽东文集》第一卷，人民出版社 1993 年版，第 28—29 页。

革命就很难向前发展。因此，1928 年 10 月，毛泽东在中共湘赣边界第二次代表大会上，论述了中国红色政权为什么能够存在和发展的原因和条件，提出了"工农武装割据"的思想，确定了武装斗争是中国革命斗争的主要形式和以乡村包围城市然后夺取城市的革命方针。事实上，中国人民进行的以武装的革命反对武装的反革命，就是不断地摧毁反革命的军队、建立革命的军队的过程，就是不断地打掉反动的政权、建立和扩大革命的政权的过程。①

随着革命形势的迅速发展，各革命根据地纷纷建立了革命政权。1928 年党的六大提出的中国革命十大纲领的第五条明确规定："推翻国民党政府，建立工农兵代表会议（苏维埃）政府。"这样，就统一了各革命根据地政权的名称②，即苏维埃政权。但是，这时还没有各根据地统一的全国性的革命政权。1931 年 11 月，中华苏维埃第一次全国代表大会召开，通过了《中华苏维埃共和国宪法草案》，选举成立了以毛泽东为主席，项英、张国焘为副主席的临时中央执行委员会，宣告中华苏维埃共和国成立。这个政权的性质实质上是无产阶级（通过共产党）领导的反帝反封建的工农民主专政。1933 年 9 月，毛泽东在《今年的选举》中强调："工农兵民主专政的苏维埃，有两方面的作用：第一方面，是打击反革命的武器；第二方面，是工农群众自己管理自己的工具。"③ 这就是说，这时的工农苏维埃政权就是一种人民民主专政，是中国历史上最大限度地代表人民群众利益、让工农兵普通群众第一次行使当家做主权利的革命政权，极大地鼓舞了广大人民群众，为中国共产党领导的武装斗争、土地革命和根据地建设奠定了良好的群众基础。1931 年"九一八"事变爆发后，国际国内形势发生了重大的变化，中日民族矛盾逐渐上升为中国社会的主要矛盾，全国人民迫切要求国共两党立即停止内战，共同抗日。中国共产党顺应民意，及时调整策略，并于 1935 年 12 月，在瓦窑堡召开中共中央政治局会议，正式确定了抗日

---

① 吴江：《中国革命夺取国家政权的过程——纪念巴黎公社起义九十周年》，《历史研究》1961 年第 2 期。

② 当时各革命根据地政权名称很不一致：有的叫革命委员会，有的叫工农兵政府，有的叫苏维埃，等等。

③ 《毛泽东年谱（1893—1949）》上卷，中央文献出版社 2002 年版，第 411 页。

民族统一战线的策略。并根据国内阶级关系的变化和民族资产阶级许多人政治态度的转变，中共中央决定将"工农共和国"改为"人民共和国"，并改变了不适应抗日要求的部分政策。随着日本帝国主义加紧对中国的侵略，危及了国民党的利益，也加剧了日本与英美之间的冲突。因此，代表英美帝国主义利益的蒋介石政府，在对日政策上也开始发生若干变化。鉴于国民党在对日政策上的某些进步，1936 年 8 月 25 日，中共中央发表了《中国共产党致中国国民党书》，明确表示："我们愿意同你们结成一个坚固的革命的统一战线，如像一九二五年至二七年第一次中国大革命时两党结成反对民族压迫与封建压迫的伟大的统一战线一样，因为这是今日救亡图存的唯一正确的道路。"① 并且决定将"人民共和国"的口号改为"民主共和国"的口号，"我们赞助建立全中国统一的民主共和国，赞助召集由普选权选举出来的国会，拥护全国人民和抗日军队的抗日救国代表大会，拥护全国统一的国防政府。我们宣布：全中国统一的民主共和国建立之时，苏维埃区域即可成为全中国统一的民主共和国的一个组成部分，苏区人们的代表，将参加全中国的国会，并在苏区实行与全中国一样的民主制度。"② 第二次国共合作建立之后，中国共产党正式宣布取消中华苏维埃共和国的称号，把苏维埃共和国中央政府西北办事处改为陕甘宁边区政府。这样，就使过去革命根据地的工农民主专政的政权变成为抗日民族统一战线性质的政权。毛泽东评价了这一政权，他说："在抗日时期，我们所建立的政权的性质，是民族统一战线的。这种政权，是一切赞成抗日又赞成民主的人们的政权，是几个革命阶级联合起来对于汉奸和反动派的民主专政。它是和地主资产阶级的反革命专政区别的，也和土地革命时期的工农民主专政有区别。"③ 表明人民民主共和国虽然在阶级成分上包括了资产阶级，但它仍然是一种以实现资产阶级民族民主革命为目的的人民民主专政的国家。抗日民主政权的形成和发展，为争取一切愿意抗日的阶级和阶层参加到抗日民族统一战线中来，夺取抗日战争的最后胜利发挥了重要作用，也是对马克思主义国家政权思想的创造性发展。

---

① 《中共中央文件选集（1936—1938）》第十册，中共中央党校出版社 1991 年版，第 81 页。
② 《中共中央文件选集（1936—1938）》第十册，中共中央党校出版社 1991 年版，第 79 页。
③ 《毛泽东选集》第二卷，人民出版社 1995 年版，第 741 页。

第四章 新民主主义革命理论与马克思主义时代化的实现

　　新民主主义革命理论是以毛泽东为代表的中国共产党人在领导中国革命的过程中，以马克思主义科学世界观和方法论为指导，将马克思列宁主义的普遍原理同中国革命的具体实践相结合、指引中国新民主主义革命取得胜利、实现马克思主义中国化的革命实践中独创的，是中国革命的总蓝图。从马克思主义中国化的内在逻辑来看，马克思主义时代化是马克思主义中国化的题中应有之义。因此，新民主主义革命理论实现马克思主义中国化的过程实际上也是新民主主义革命实现马克思主义时代化的过程，是适应时代发展要求、将马克思主义与中国国情和时代特征相结合、提出符合那个时代实际的路线方针政策、以便更好地指导中国革命的过程。

第一节 中国革命是世界无产阶级社会主义革命的一部分

　　中国人民进行的反帝反封建的斗争，主要是为了完成资产阶级民主革命的任务，从性质上看，它属于资产阶级民主革命性质。因为这个革命不但不反对一般的资本主义，不侵犯中等资产阶级的私有财产，而且还会促进民族工商业的繁荣发展，为资本主义发展扫除障碍。然而，中国的民主革命与以往历史上发生的资产阶级革命的时代条件不同了。俄国十月革命开辟了无产阶级革命的新时代，无产阶级开始登上历史舞台，成为革命的领导阶级，中国民主革命就是发生在这样的时代，不再属于旧的资产阶级民主革命的范畴，已经成为新式的民主主义革命，已经属于世界无产阶级社会革命的一部分。

一、中共对中国革命与世界革命关系的探索

列宁指出："哪一个阶级是这个或那个时代的中心，决定着时代的主要内容、时代发展的主要方向、时代的历史背景的主要特点等等"，因此，无产阶级政党要"首先考虑到各个'时代'的不同的基本特征（而不是个别国家的个别历史事件）"，"才能正确地制定自己的策略；只有了解了某一时代的基本特征，才能在这一基础上去考虑这个国家和那个国家的更具体的特点。"[1] 20 世纪中前期，帝国主义列强为争夺势力范围发动了第一次世界大战，俄国沙皇和联合无产阶级推翻沙皇统治的资产阶级不顾人民的反对，都参加了第一次世界大战，加速了俄国革命形势的发展，为俄国革命创造了十分有利的国际环境。列宁指出："我们现在无疑已经进入了一个新的时代。政治动荡和革命的时期已经开始了"[2]；"这是帝国主义时代，是帝国主义发生动荡和由帝国主义引起动荡的时代。"[3] 斯大林也认为，现时代是"在无产阶级领导下进行的殖民地革命的时代。"[4] 正是在这样的时代背景下，俄国十月社会主义革命爆发了，是战争引发了革命。由此可见，战争与革命已经成为时代主题。

第一次世界大战和俄国十月社会主义革命的胜利，改变了世界历史的发展方向，开辟了世界无产阶级革命的新时代。列宁在《民族和殖民地问题的提纲初稿》中强调，民族殖民地革命只有和社会主义的苏联和各资本主义国家的无产阶级联系在一起，共同反对帝国主义，才能取得胜利，否则别无生路。列宁的话内在地隐含了发生在十月社会主义革命之后的"民族殖民地革命"是世界

---

① 《列宁全集》第二十六卷，人民出版社 1988 年版，第 143 页。
② 《列宁全集》第十一卷，人民出版社 1987 年版，第 14 页。
③ 《列宁全集》第二十六卷，人民出版社 1988 年版，第 144 页。
④ 《斯大林全集》第十卷，人民出版社 1954 年版，第 206 页。

无产阶级社会主义革命之一部分的思想。斯大林则在《再论民族问题》一文中进一步明确提出，"国际形势起了根本的变化，战争和俄国的十月革命把民族问题从资产阶级民主革命的一部分变成了无产阶级社会主义革命的一部分。"①因此，发生在十月社会主义革命之后的一切受帝国主义压迫的殖民地、半殖民地和附属国反对国际帝国主义的民族解放运动都成为世界无产阶级社会主义革命的一部分，其革命前途必然是社会主义的。

十月革命为中国送来了马克思列宁主义，使中国反帝反封建的民主革命从旧的世界资产阶级民主革命的一部分，转变为世界无产阶级社会主义革命的一部分。因为五四运动后的中国革命，发生在帝国主义时代，发生在俄国十月社会主义革命之后，是在战争与革命成为时代主题的背景下展开的，自然属于世界无产阶级社会主义革命的一部分。但怎样取得无产阶级社会主义革命的胜利，建成社会主义国家，没有现成的答案。列宁在针对东方各落后民族因深受帝国主义压迫而被卷入"国际政治生活"时指出，落后的东方国家"面临着全世界共产党人所没有遇到过的任务，就是你们必须以共产主义的一般理论和实践为依据，适应欧洲各国所没有的特殊条件，善于把这种理论和实践运用于主要群众是农民、需要解决的斗争任务不是反对资本而是反对中世纪残余这样的条件。"② 对于东方落后国家而言，这里讲的"没有遇到过的任务"，是指怎样把马克思列宁主义和本国革命的具体实际结合起来。因为东方落后国家同欧美国家的社会历史条件不同，必须把马克思主义同本国的"特殊条件"相结合，革命才会取得胜利，而不是把它作为僵死的教条。正如毛泽东所说"十月革命帮助了全世界的也帮助了中国的先进分子，用无产阶级的宇宙观作为观察国家命运的工具，重新考虑自己的问题。"③

中国共产党的成立，是马克思列宁主义与中国工人运动相结合的产物。中国共产党从诞生之日起就以马克思列宁主义作为中国革命的指导思想，非常关注中国革命所处的时代特点。列宁曾经告诫我们："哪一个阶级是这个或那个

---

① 《斯大林全集》第七卷，人民出版社 1958 年版，第 185 页。
② 《列宁选集》第四卷，人民出版社 1995 年版，第 79 页。
③ 《毛泽东选集》第四卷，人民出版社 1991 年版，第 1471 页。

时代的中心，决定着时代的主要内容、时代发展的主要方向、时代的历史背景的主要特点等等"，因此，无产阶级政党要"首先考虑到各个'时代'的不同的基本特征（而不是个别国家的个别历史事件）"，"才能够正确地制定自己的策略；只有了解了某一时代的基本特征，才能在这一基础上去考虑这个国家或那个国家的更具体的特点。"① 可见，准确把握时代主题，是无产阶级政党准确判断革命性质、正确领导民主革命的关节点，是实现马克思主义时代化的要害。马克思主义时代化是一个过程，只有搞清楚时代主题，才能准确判断革命性质，进而革命领导权、革命对象、革命动力和革命前途等一系列问题才会迎刃而解。中国共产党在领导中国革命的过程中，按照马克思列宁主义的原则，科学认识时代特征、准确把握时代脉搏、正确回答时代课题，不断将马克思列宁主义同中国革命的具体实际相结合，实现马克思主义的与时俱进。1921 年7 月中共"一大"召开，年轻的中国共产党人在马克思列宁主义指导下，从当时的时代特点出发，制定了党的最高纲领，即"以无产阶级革命军队推翻资产阶级，由劳动阶级重建国家，直至消灭阶级差别"，提出了革命的性质和任务。可以看出，中共"一大"认为中国革命的性质是无产阶级社会主义革命，革命对象包括资产阶级，表明年轻的中国共产党还没有准确把握战争与革命这一时代主题，还没有正确认识中国社会性质，因而也不能科学判断中国革命的性质以及中国革命的对象和动力等，超越了中国革命的具体实际。1922 年7 月的中共"二大"《宣言》揭示了中国革命处于战争与革命的时代背景，并从外国帝国主义对中国的侵略压迫中，认识到了资本主义的真面目不是要把中国变成资本主义国家，而是要把中国变成他们的殖民地半殖民地或附属国，帝国主义的侵略是中国贫穷落后的根本原因。《宣言》指出："中国的反帝国主义的运动也一定要并入全世界被压迫的民族革命潮流中，再与世界无产阶级革命运动联合起来，才能迅速地打垮共同的压迫者——国家资本帝国主义。中国劳苦群众要从帝国主义的压迫中把自己解放出来，只有走这条唯一的道路。"② 这

---

① 《列宁全集》第二十六卷，人民出版社 1988 年版，第 143 页。
② 《中共中央文件选集》第一集，中共中央党校出版社 1982 年版，第 72 页。

是我党历史上第一次把中国革命看做是世界革命的一部分，顺应了时代发展潮流，是一个崭新的理论和策略。中共"二大"通过的纲领明确了中国社会性质、革命性质、革命对象和革命力量，推进了马克思主义与中国实际的结合。1925年1月，中共"四大"通过的《对于民族革命运动之决议案》，进一步明确了中国革命与世界革命的关系，指出：由于帝国主义"直接的或间接地支配了全世界之经济，全世界之经济成了整个的，因此，全世界的革命运动也成了整个的。全世界各民族的经济发展程度不同，革命的性质亦因之各异，在欧美资本制度发达的国家遂形成无产阶级的社会革命运动，在东方殖民地半殖民地的国家遂形成多阶级的民族革命运动。这两种革命之性质虽然不同，而革命之目的都有一共同点，即推翻资本帝国主义"，"两种革命运动都含有世界性，这两种革命运动汇合起来，才是整个的世界革命。"[1] 这里"整个的世界革命"实际上就是指世界无产阶级社会主义革命。决议还明确指出："因为中国民族革命特点之一是反对世界资本帝国主义，所以他的革命运动，是和世界的无产阶级革命运动——推翻世界资本主义建设共产主义运动相连接的，由此一点看来，中国民族革命运动是十月革命后广大的世界革命之一部分。"[2] 此外，"四大"还对无产阶级在民主革命中的领导权和农民同盟军等问题，在理论上作了阐述，对革命对象和资产阶级的认识也前进了一步。至此，新民主主义革命的基本思想初步提出来了，从而实现了马克思主义与中国实际的初步结合。事实上，在这个过程中，同样相伴着中国共产党早期领导人李大钊、陈独秀、邓中夏、瞿秋白、蔡和森等的探索，他们在传播马克思主义过程中和明确战争与革命是时代主题的前提下，准确把握中国革命与世界革命的关系，正确分析了中国社会性质、革命性质、领导权和革命前途等问题，始终把马克思主义与中国国情、时代特征和时代主题相结合，提出了新民主主义革命的基本思想，不断推进马克思主义由理论形态向实践形态转变，为毛泽东正确认识中国革命与世界革命的关系、创立新民主主义革命理论、实现马克思主义时代化奠定了重要基础。

---

① 《中共中央文件选集》第一集，中共中央党校出版社1982年版，第271页。
② 《中共中央文件选集》第一集，中共中央党校出版社1982年版，第277—278页。

二、毛泽东对中国革命与世界革命关系的阐发

国共合作的大革命失败后，毛泽东认真分析了民主革命阶段的时代特点和革命形势，他指出，"在革命与反革命斗争愈加激烈的形势下，必须采用新政策""继续发展农协组织"；在欢迎太平洋劳动会议代表大会上，他还强调"中国农民运动，是革命进程中主要之力量，尤其与全世界工人阶级携手前进，深赖工人运动之影响与指导，这证明是工人天然成为农民之领导者。今天中国农民能得国际无产阶级领袖之指导，其有益于革命前途，实在无可限量"，这就充实了"中国革命是世界革命一部分"这一"口号的内在性"。很显然，毛泽东认为中国革命必须发动农民，否则，"中国革命是世界革命一部分"只能是"空洞之口号。"①

随着日本帝国主义侵略中国这一国内形势和第二次世界大战爆发这一国际形势的变化，毛泽东科学地分析了中国的国情，深入研究了中国国内外的环境和形势，指出："现在的国际环境，从基本上说来，是资本主义和社会主义斗争的环境，是资本主义向下没落，社会主义向上生长的环境。"② 并进一步断定："现在的世界，是处在革命和战争的新时代，是资本主义决然死灭和社会主义决然兴盛的时代。"③ 在这样的时代里，"任何殖民地半殖民地国家，如果发生了反对帝国主义，即反对国际资产阶级、反对国际资本主义的革命，它就不再是属于旧的世界资产阶级民主主义革命的范畴，而属于新的范畴了；它就不再是旧的资产阶级和资本主义的世界革命的一部分，而是新的世界革命的一部分，即无产阶级社会主义世界革命的一部分了。"④ 这种"'世界革命'，已不是旧的世界革命，旧的资产阶级世界革命早已完结了；而是新的世界革命，而是社会主义的世界革命。同样，这种'一部分'，已经不是旧的资产阶级革命的一部分，而是新的社会主义革命的一部分。这是一个绝大的变化，这是自有

---

① 《毛泽东年谱》上卷，人民出版社 1993 年版，第 200—201 页。
② 《毛泽东选集》第二卷，人民出版社 1991 年版，第 679 页。
③ 《毛泽东选集》第二卷，人民出版社 1991 年版，第 680 页。
④ 《毛泽东选集》第二卷，人民出版社 1991 年版，第 668 页。

世界历史和中国历史以来无可比拟的大变化。"① 这里所谓世界革命的一部分，是就世界"革命的阵线"、"世界革命的同盟军"而言的，并不直接涉及本国革命的性质。毛泽东强调，十月革命后任何被压迫民族"只要他们反对帝国主义，他们的革命，就成了无产阶级社会主义世界革命的一部分，他们就成了无产阶级社会主义世界革命的同盟军。"② 由此看来，中国资产阶级民主主义革命在十月革命之前，是属于旧的世界资产阶级民主主义革命的范畴之内的，是属于旧的世界资产阶级民主主义革命的一部分。在十月革命之后，中国资产阶级民主主义革命，却改变为属于新的资产阶级民主主义革命的范畴，而从革命阵线上来说，则属于世界无产阶级社会主义革命的一部分了。

由于准确把握时代主题是实现马克思主义中国化的要害，当然也是实现马克思主义时代化的要害，是中国共产党领导中国革命、规划革命蓝图的关节点。因此，只有准确把握时代主题，正确认识中国革命与世界革命的关系，才会彻底搞清楚中国革命是资产阶级民主革命而不是无产阶级社会主义革命、革命的领导权由无产阶级掌握而不是由资产阶级掌握、民族资产阶级是中国革命的动力而不是中国革命的对象、中国革命的终极前途是社会主义的而不是资本主义的等一系列问题。正是由于中国共产党紧紧抓住了时代主题，准确把握了中国革命与世界革命的关系，才能科学判断中国革命的性质和特点，掌握中国革命发展的基本规律，才能创立新民主主义革命理论，不仅标志着马克思列宁主义同中国革命实践相结合的毛泽东思想有了进一步发展，也是对马克思主义的新发展，是马克思主义时代化的崭新成果，确保了中国革命的胜利。

第二节　马克思主义无产阶级领导权思想的时代化

如果说准确把握时代主题是中国革命的关节点，那么无产阶级掌握资产阶

---

① 《毛泽东选集》第二卷，人民出版社 1991 年版，第 669 页。
② 《毛泽东选集》第二卷，人民出版社 1991 年版，第 671 页。

级民主革命的领导权就是中国革命的关键问题。既然十月革命后的中国革命属于世界无产阶级社会主义革命的一部分，尤其是五四运动后，中国革命已经是新民主主义革命，那么，在无产阶级社会主义革命时代，无产阶级不是追随资产阶级革命，而是要掌握革命的领导权。按照马克思主义的一般原理，民主革命任务由资产阶级承担并掌握革命的领导权，无产阶级要帮助资产阶级革命，革命胜利后是建立资产阶级政权，这符合人类社会发展规律。但中国不一样，历史已经证明，中国的民族资产阶级具有两重性，不能领导中国革命取得胜利，所以无产阶级要掌握民主革命的领导权，在革命胜利后及时向社会主义方向发展。

一、中共对无产阶级领导权的探索

无产阶级领导权问题是马克思主义关于无产阶级革命理论的重要组成部分，是中国革命首要的基本的问题，是中国旧民主主义革命转变为新民主主义革命的重要标志。马克思恩格斯在《共产党宣言》中曾经指出："共产党人的最近目的是和其他一切无产阶级政党的最近目的一样的：使无产阶级形成为阶级，推翻资产阶级的统治，由无产阶级夺取政权。"[1]1850年，他们在《中央委员会告共产主义者同盟书》中指出："工人，首先是共产主义者同盟，不应再度降低自己的地位，去充当资产阶级民主派的随声附和的合唱队，而应该努力设法建立一个秘密的和公开的独立工人政党组织。"[2] 他们在总结西欧资产阶级革命历史经验的基础上，告诫德国的工人阶级"应该认清自己的阶级利益，尽快采取自己独立政党的立场，一时一刻也不能因为听信民主派小资者的花言巧语而动摇对无产阶级政党的独立组织的信念。他们的战斗口号应该是：不断革命。"[3] 列宁认为，马克思主义理论的"第一块主要的'基石'"，就是"无产阶

---

① 《马克思恩格斯选集》第一卷，人民出版社1995年版，第285页。
② 《马克思恩格斯选集》第一卷，人民出版社1995年版，第369页。
③ 《马克思恩格斯选集》第一卷，人民出版社1995年版，第375页。

级是现代社会中唯一彻底革命的阶级。"① 他还强调："一切革命的根本问题是国家政权问题。不弄清楚这一点，便谈不上自觉地参加革命，更不用说领导革命。"② 他在《社会民主党在民主革命中的两种策略》一文中进一步指出："无产阶级按其地位来说是最先进和唯一彻底革命的阶级，所以它负有一般民主革命运动中起领导作用的使命"，并指出这一使命变为现实的途径是："无产者不要避开资产阶级革命，不要对资产阶级革命漠不关心，不要把革命中的领导权交给资产阶级，相反地，要尽最大的努力参加革命，最坚决地为彻底的无产阶级民主主义，为把革命进行到底而奋斗。"③ 斯大林在《论中国革命的前途》一文中则强调，中国革命是资产阶级民主革命，斗争锋芒直接指向外国帝国主义在中国的统治，"中国革命的倡导者和领导者，中国农民的领袖，必不可免地要由中国无产阶级及其政党来担任。"④ 经典作家关于无产阶级在民主革命中的掌握领导权思想，既为全世界被压迫民族和殖民地的解放运动指明了前进方向，也对中国新民主主义革命理论的形成产生了重要影响，成为新民主主义革命理论形成的重要理论基础，有利于实现马克思主义理论与中国革命实际的结合。同时表明，在马克思主义广为传播的时代，任何社会革命如果没有无产阶级的领导，都不能取得彻底胜利。

既然十月革命后的中国革命属于世界无产阶级社会主义革命的一部分，那么，在新的时代条件下，新的中国革命必然期待新的阶级及其政党的领导，呼唤新的革命理论的产生。以毛泽东为代表的中国共产党人从时代发展的角度出发，在正确认识时代主题、准确分析时代特征的前提下和提出与论述新民主主义革命理论的过程中，始终重视无产阶级对民主革命的领导权问题。

党内对无产阶级领导权的认识，经历了一个由不明确到逐渐明确，由分散论述到最后全党一致的过程，是马克思列宁主义普遍原理同中国革命实际反复结合、不断与时俱进的过程。蔡和森是我党较早提出无产阶级领导权的人之

---

① 《列宁全集》第十二卷，人民出版社 1987 年版，第 284 页。
② 《列宁全集》第二十四卷，人民出版社 1985 年版，第 131 页。
③ 《列宁选集》第一卷，人民出版社 1995 年版，第 558 页。
④ 《斯大林全集》第八卷，人民出版社 1954 年版，第 322 页。

一。1923 年 1 月，蔡和森发表了《外力、中流阶级和国民党》，指出，帝国主义是中国人民的共同仇敌，中国的资产阶级在帝国主义的侵略下也不能得到多大的发展。因此，"从旧的历史看来，领导中流阶级向国民运动走的有中华民国党，从新近的历史看来，领导工农阶级向国民运动联合战线上走的有中国共产党。但今后那一阶级为这个运动中的真正主人，便看谁最忠实于反抗国际帝国主义。"① 这就比较明确地指出，中国共产党应该是新民主主义革命的领导者，文章还指出今后资产阶级会和无产阶级争夺领导权。不久，瞿秋白在《〈新青年〉之新宣言》论述了无产阶级领导权问题。他说："中国现时的旧社会，不但是宗法社会而已，他已落于世界资本主义的虎口，与世界无产阶级同其命运。因此，中国黑暗发动的旧势力，凭借世界帝国主义要永久作威作福，中国资产阶级自然依赖世界资本主义而时时力谋妥协。于是中国的真革命，乃独有劳动阶级方能担负此等伟大使命，……即使资产阶级的革命，亦非劳动阶级为之领导，不能成就；……真正的解放中国，终究是劳动阶级的事业。"②"无产阶级在社会关系之中，自然处于革命领袖的地位，所以无产阶级的思想机关，不期然而然突现出极鲜明的革命色彩。"③ 这里既阐明了中国半殖民地半封建的社会性质，又揭露了中国资产阶级的妥协性，强调了"中国的真革命"、"真正的解放中国"的事业，应该由无产阶级领导。

从党对无产阶级革命领导权的认识来看，1922 年 7 月，中共"二大"在进一步分析中国社会性质的基础上，指出中国是帝国主义的"半殖民地"，目前"加给中国人民（无论是资产阶级、工人或农人）最大的痛苦的是资本帝国主义和军阀官僚的封建势力"④，因此，反帝反封建是目前中国革命的主要任务，并提出这个革命不仅是资产阶级性质的"民主主义革命"，而且是"民族革命"，革命的动力是工人、农民、小资产阶级和资产阶级。"二大"还强调了工农联盟的重要性，明确指出"工人阶级是革命的伟大势力"，农民是革命运

① 蔡和森：《外力、中流阶级和国民党》，《向导》1923 年第 16 期。
② 《瞿秋白文集》第二卷，人民出版社 1995 年版，第 7 页。
③ 《瞿秋白文集》第二卷，人民出版社 1995 年版，第 8—9 页。
④ 《中共中央文件选集》第一集，中共中央党校出版社 1982 年版，第 76 页。

动中的"最大要素"，二者"握手革命"是中国革命成功的保证，但"二大"只强调了无产阶级在工农联盟中的领导权，没有明确指出无产阶级在民主革命中的领导权。1923 年 11 月，中国共产党在上海召开的第三届第一次中央执行委员会会议，可以说是一次具有重要历史意义的会议。会议决定：一、进一步促进国民党改组工作，在全国扩大国民党组织，凡国民党有组织的地方，共产党员和共青团员都要"一并加入"其组织；凡国民党无组织的地方，则中共"为之创建"；二、在国民党内建立秘密的党团组织，党团组织的"一切政治的言论行动，须受本党之指挥；三、我们要在国民党内占据"中心地位"。① 这里可以明显看出，决定指出了在当时的历史条件和时代背景下，无产阶级争取领导权的切实可行的办法。

此后，党对无产阶级领导权的认识越来越深刻。1923 年 12 月，邓中夏在《论工人运动》中论述了无产阶级领导权问题，他指出："工人群众，无论在民主革命和社会主义革命中，都是最勇敢的先锋队。"②"中国将来的社会革命的领袖固是无产阶级，就是目前的国民革命的领袖亦是无产阶级，……只有无产阶级有伟大集中的群众，有革命到底的精神，只有它配作国民革命的领袖"③。李大钊也在追悼列宁并纪念"二七"大会的演讲中强调："在国民革命中当先锋的亦只有无产阶级。"④1925 年 1 月，"四大"决议指出"中国的民族革命运动，必须最革命的无产阶级有力的参加，并且取得领导的地位，才能够得到胜利。"⑤ 至此，党内对无产阶级在民主革命中领导权的认识趋于一致。

随着革命形势的向前发展和反帝反封建斗争的深入，1924 年 1 月国民党一大召开时成立的国共合作统一战线内部的阶级斗争日益尖锐起来，中国革命面临着向何处去的问题。国民党右派反对国共合作，民族资产阶级右翼妄图篡夺革命领导权，革命是在无产阶级领导下朝着新民主主义革命方向发展，还是

---

① 《中共中央文件选集》第一集，中共中央党校出版社 1982 年版，第 146—147 页。

② 邓中夏：《论工人运动》，《中国青年》1923 年第 9 期。

③ 《邓中夏文集》，人民出版社 1983 年版，第 101—102 页。

④ 中国李大钊研究会编注：《李大钊全集》第四卷，人民出版社 2006 年版，第 394 页。

⑤ 《中共中央文件选集》第一集，中共中央党校出版社 1982 年版，第 274 页。

在资产阶级领导下，走旧民主主义革命的老路，使革命半途而废？这成为中国革命兴衰存亡的大问题。这时党的最高领导陈独秀由于受共产国际及其驻中国代表关于中国革命领导权思想的影响，以及在接受马克思主义和探索中国革命理论的过程中，其思想受旧民主主义的影响，教条主义的理解马克思主义理论，使得他用一些已经不适合中国革命需要的、旧的过时的思想来理解和传播马克思主义、探索中国革命理论，导致出现了错误观点，主张放弃无产阶级对国民革命的领导权。陈独秀从马克思和恩格斯的"不断革命"思想出发，认为无产阶级应该参加和帮助资产阶级革命，这有利于区别民主革命和社会主义革命的性质，但他又把马克思和恩格斯针对德国无产阶级所说的参加民主革命、帮助资产阶级尽快取得统治权的思想盲目照搬过来，不顾时代条件的变化和中国民族资产阶级的两重性，无视中国是农民大国和资产阶级已经不能领导中国革命这一事实，主张放弃无产阶级在民主革命中的领导权，脱离了中国革命的实际，不可能形成系统的关于中国革命的理论，所以，陈独秀与新民主主义革命理论擦肩而过，其"理论带有明显的探索的痕迹。"①

二、毛泽东对无产阶级领导权的明确

毛泽东对无产阶级领导权的明确主要是基于对党内关于无产阶级领导权的各种错误倾向的及时纠正，以便准确地制定党在革命中的路线方针政策。1925年12月，毛泽东发表了《中国社会各阶级的分析》，他运用马克思主义的阶级分析方法，在对时代条件及中国社会各阶级进行科学分析的基础上，提出了新民主主义革命总路线的基本思想，即在无产阶级的领导下，团结半无产阶级和小资产阶级，联合中产阶级即民族资产阶级的左翼，以反对革命的敌人——军阀、官僚、地主、买办和附属于他们的一部分发动知识界。从而为中国革命指明了方向，成为马克思主义和中国革命具体实践相结合的典范，推进了马克思

---

① 肖贵清：《陈独秀政治思想研究》，东北师范大学中共党史专业2004年博士学位论文，第67页。

主义时代化。

第一次国共合作的大革命失败后，中国的社会政治形势发生了深刻变化，昔日革命之友，成为今日革命之敌，民族资产阶级退出了革命营垒。毛泽东根据世界革命的时代特点和中国革命的实际情况与客观进程，分析了中国资产阶级的现状、特点及对中国革命的态度，提出无产阶级必须掌握民主革命领导权的思想。他指出："中国迫切需要一个资产阶级的民主革命，这个革命必须由无产阶级领导，才能完成。"[1]"中国反帝反封建的资产阶级民主革命的任务，历史已判定不能经过资产阶级的领导，而必须经过无产阶级的领导，才能够完成。"[2] 因为中国的民族资产阶级是从官僚地主、商人和买办阶级中分化和发展起来的，是一个具有两面性的阶级，一方面他们受到帝国主义的压迫和封建主义的束缚，具有反帝反封建的革命性；另一方面"由于他们在经济上和政治上的软弱性，由于他们同帝国主义和封建主义并未完全断绝经济上的联系，所以他们又没有彻底的反帝反封建的勇气。"[3] 这种先天的软弱性和妥协性，决定了中国民族资产阶级不可能担负起领导中国民族民主革命的任务，也不能提出彻底的反帝反封建革命纲领，因而不能够领导中国革命取得胜利。中国近代旧民主主义革命的失败，已经证明："在帝国主义时代，任何国家的任何别的阶级，都不能领导任何真正的革命达到胜利。中国的小资产阶级和民族资产阶级曾经多次领导过革命，都失败了。"[4] 时代条件发生了变化，中国的旧民主主义革命已经终结，新民主主义革命开始了。中国革命客观上要求有新的领导阶级，走新的道路。中国无产阶级正是顺应了时代的要求，成为这个革命的领导阶级。因为中国无产阶级除了具有一般无产阶级的基本优点，即与最先进的经济形式相联系，富于组织性纪律性，没有私人占有的生产资料之外，还具有自己的特出优点。毛泽东指出，旧中国"工业无产阶级人数虽然不多，却是中国新的生

---

[1] 《毛泽东选集》第一卷，人民出版社 1991 年版，第 50 页。
[2] 《毛泽东选集》第一卷，人民出版社 1991 年版，第 253 页。
[3] 《毛泽东选集》第二卷，人民出版社 1991 年版，第 634 页。
[4] 《毛泽东选集》第四卷，人民出版社 1991 年版，第 1479 页。

产力的代表者，是近代中国最进步的阶级，做了革命运动的领导力量。"① 这是由于：第一，中国无产阶级身受三种压迫（帝国主义的压迫、资产阶级的压迫、封建势力的压迫），而这些压迫的严重性和残酷性，是世界各民族中少见的；因此，他们在革命斗争中，比任何别的阶级来得坚决和彻底。在殖民地半殖民地的中国，没有欧洲那样的社会改良主义的经济基础，所以除极少数的工贼之外，整个阶级都是最革命的。第二，中国无产阶级从开始走上革命的舞台，就在本阶级的革命政党——中国共产党领导之下，成为中国社会里比较最有觉悟的阶级。第三，由于从破产农民出身的成分占多数，中国无产阶级和广大的农民有一种天然的联系，便利于他们和农民结成亲密的联盟。② 这就表明，中国无产阶级掌握资产阶级民主革命的领导权，是历史和时代赋予的使命，是中国革命进程发展的必然结果。

毛泽东强调了建立革命统一战线的重要性。他指出："中国无产阶级应该懂得：他们自己虽然是一个最有觉悟性和最有组织性的阶级，但是如果单凭自己一个阶级的力量，是不能胜利的。而要胜利，他们就必须在各种不同的情形下团结一切可能的革命的阶级和阶层，组织革命的统一战线。在中国社会的各阶级中，农民是工人阶级的坚固的同盟军，城市小资产阶级也是可靠的同盟军，民族资产阶级则是在一定时期中和一定程度上的同盟军。"③ 归根到底，"中国的革命实质上是农民革命"④，"无产阶级的坚固的同盟者是农民"⑤，"全部中农都可以成为无产阶级的可靠的同盟者，是重要的革命动力的一部分"，贫农"是中国革命的最广大的动力，是无产阶级的天然的和最可靠的同盟者，是中国革命队伍的主力军。"⑥ 因此，"共产党的任务，基本地不是经过长期合法斗争以进行起义和战争，也不是先占城市后取乡村，而是走相反的道路。"⑦

---

① 《毛泽东选集》第一卷，人民出版社 1991 年版，第 7—8 页。
② 《毛泽东选集》第二卷，人民出版社 1991 年版，第 644 页。
③ 《毛泽东选集》第二卷，人民出版社 1991 年版，第 644—645 页。
④ 《毛泽东选集》第二卷，人民出版社 1991 年版，第 692 页。
⑤ 《毛泽东选集》第二卷，人民出版社 1991 年版，第 607 页。
⑥ 《毛泽东选集》第二卷，人民出版社 1991 年版，第 643 页。
⑦ 《毛泽东选集》第二卷，人民出版社 1991 年版，第 542 页。

从而明确了中国革命的动力问题和革命道路问题。进而，毛泽东阐明了无产阶级及其政党要实现自己在民主革命中的领导权，实现自己对同盟者的领导，"必须具备两个条件：（甲）率领被领导者（同盟者）向着共同敌人作坚决的斗争，并取得胜利；（乙）对被领导者给予物质福利，至少不损害其利益，同时对被领导者给以政治教育。没有这两个条件或两个条件缺一，就不能实现领导。"① 这里既强调了工农联盟的重要性，又强调了统一战线在革命中的作用；既明确指出了中国革命的实质，又指出了新民主主义革命的动力；既指明了中国革命必须走农村包围城市、武装夺取全国政权的道路，又创造性地解决了为什么要领导农民、怎样领导农民这个实现无产阶级领导权的中心问题，从理论和实践的结合上解决了无产阶级在民主革命中的领导权问题，成为新民主主义革命理论走向成熟的标志，创造性地发展了马克思列宁主义关于无产阶级领导权的理论，为指导中国革命走向胜利奠定了重要基础。

第三节　资产阶级民主革命的非资本主义前途

正确认识新民主主义革命的前途问题，关键是要正确认识近代中国社会的性质，进而明确中国革命的性质和主要任务，处理好新民主主义革命和社会主义革命两个阶段之间的关系，推进马克思主义时代化的实现。当然，马克思主义时代化是一系列问题，不单单是搞清楚时代主题，马克思主义时代化就实现了。而是要在明确时代主题的前提下，搞清楚中国革命性质、革命动力、革命对象和革命前途等系列问题，才能够实现马克思主义时代化。这个问题陈独秀没有解决，王明也没有解决，只有以毛泽东为主要代表的中国共产党人立足于时代主题的变化，深刻分析近代中国社会的性质，将马克思列宁主义与中国国情和时代特征有机结合，并遵循中国革命的发展规律和特点，提出无产阶级领导民主革命成功后，不可能搞资本主义，创立了新民主主义革命理论，从而

---

① 《毛泽东选集》第四卷，人民出版社 1991 年版，第 1273 页。

解决了新民主主义革命的前途、具体步骤和归宿问题，实现了马克思主义时代化。

一、各党派对中国革命前途问题的纷争

1920 年 6 月，列宁在共产国际第二次代表大会上所作的《民族和殖民地问题提纲》指出："各国共产党必须帮助这些国家的资产阶级民主解放运动"[①]，"共产国际应当同殖民地和落后国家的资产阶级民主派结成临时联盟"[②]，而不是把资产阶级当着革命对象打倒。革命对象是外国帝国主义而不是本国的资产阶级，革命的性质是民主革命而不是社会主义革命。这给予中国共产党人以极大启示。1922 年 7 月，中共"二大"进一步分析了中国半殖民地半封建社会的性质，在此基础上，第一次明确提出了反帝反封建的民族民主革命纲领，指出中国革命分两步走，第一步是民主主义革命，第二步是社会主义革命，这在当时具有重要的意义，但中共二大并没有搞清楚两步之间的关系问题。此后，中国共产党人在革命实践中对中国革命的前途问题进行了不懈地探索。陈独秀在党内比较早地提出了中国革命分两步走。1922 年 9 月，他就指出："无产阶级革命的时期尚未成熟，只有两阶级（无产阶级和资产阶级——作者注）联合的国民革命（National Revolution）的时期是已经成熟了。"[③] 这些论述区别了国民革命和社会主义革命的不同性质，包含了无产阶级应当先帮助资产阶级进攻封建君主势力，进行国民革命，革命胜利后之后，再进行反对资产阶级的社会主义革命的思想，指明了中国革命第一阶段的主要任务。这些认识和探索对新民主主义革命理论的形成具有先导意义。

但是，由于受党内外主客观因素的影响和个人的局限性，陈独秀的思想出现较大的反复。1923 年 12 月，他在《中国国民革命与社会各阶级》中指出：

---

① 《列宁选集》第四卷，人民出版社 1995 年版，第 220 页。
② 《列宁选集》第四卷，人民出版社 1995 年版，第 221 页。
③ 任建树：《陈独秀著作选编》第二卷，上海人民出版社 2009 年版，第 481 页。

"在普通形势之下，国民革命的胜利，自然是资产阶级的胜利。"① 后来，他又说："国民革命成功，共产党便要与国民党左派争政权，这是不会有的事。共产党取得政权，乃是无产阶级革命时代的事，在国民革命时代，不会发生这类问题。"② 陈独秀的这些论述表明了其"二次革命论"的思想，可以看出，陈独秀认为中国的资产阶级民主革命，应该由资产阶级掌握领导权，将来革命成功后，再通过资本主义向社会主义转变。尽管他也知道中国革命是世界无产阶级社会主义革命的一部分，并且现在是民主革命时代而不是无产阶级社会主义革命时代，但是，他仍然局限于马克思恩格斯"不断革命论"的框框内，不懂得列宁的"革命发展阶段论"，只看到了新民主主义革命与社会主义革命两步之间的区别，割裂了二者的联系，在中间硬插一个资产阶级专政和发展资本主义的阶段，脱离了中国国情，导致在理论和实践上放弃了国民革命的领导权，犯了右倾错误，致使轰轰烈烈的大革命失败。土地革命战争时期，王明生搬硬套苏联经验，提出"真正的布尔什维克"，"否认中国应该让资本主义有一个必要的发展，而说什么一下就可以到达社会主义社会，什么要将三民主义和社会主义'毕其功于一役'"③，完全搞社会主义革命。这种观点尽管承认此时中国革命是世界无产阶级社会主义革命的一部分，强调无产阶级的领导权，强调社会主义前途，但其错误在于，脱离了现在的中国革命其性质仍然是资产阶级民主革命这一实际，不懂得马克思主义的"不断革命论"和"革命发展阶段论"，只看到了民主革命与社会主义革命之间的联系，没有看到二者之间的区别，主张将两次革命并为一次进行，忽视民族资产阶级在民主革命中的作用，犯了"左"倾错误。没有将马克思主义与中国反帝反封建反官僚资本主义这一时代主题相结合，给革命造成了严重损失。上述两种观点都没能紧跟时代前进的步伐，没有将马克思主义普遍原理与中国革命的具体实际相结合，违背了中国革命的发展规律，因而，都不可能实现马克思主义时代化。

这一时期，国民党和各民主党派也对中国革命的前途命运问题展开了激烈

---

① 任建树：《陈独秀著作选编》第三卷，上海人民出版社 2009 年版，第 158 页。
② 任建树：《陈独秀著作选编》第四卷，上海人民出版社 2009 年版，第 123 页。
③ 《毛泽东选集》第三卷，人民出版社 1991 年版，第 1060 页。

的较量。尤其在抗日战争胜利前夕，蒋介石叫嚷一个主义、一个政党、一个领袖，妄图建立"国民党的一党专政"①，表明中国的"基马尔"②观点出现。此时，尽管各民主党派所代表的阶级和阶层的利益不尽相同，其建国方案也不尽相同，但他们都主张建立英美式的资产阶级民主共和政府，使中国走资本主义道路。同时，共产党内部曾经发生过的在中国革命基本问题上的"左"右倾错误倾向还未从理论上完全澄清，党内对中国革命的前途命运等一系列问题还缺乏统一的明确的理解和认识。这些都表明，中国向何处去的问题又摆在了中国共产党人面前。

面对这样的复杂形势，一方面，中国共产党要坚决废止国民党的一党专政，使中国避免回到"痛苦重重的、不独立、不自由、不民主、不统一、不富强的老状态去"，在两个前途、两种命运的情况下"竭尽全力去争取光明的前途，反对黑暗的前途。"③另一方面，中国共产党必须从根本上向全国人民阐明自己对中国革命的见解，回答中国向何处去的问题，同时澄清党内的分歧，从理论上统一全党的认识。

二、毛泽东对非资本主义前途的断定

毛泽东科学审视了国际环境和时代背景，将马克思主义与中国国情和时代特征有机结合，总结了中国革命发展的基本规律和历史特点，并从民主革命与

---

①　国民党的一党专政，是国民党内反人民集体的专政，它是中国民族团结的破坏者，是国民党战场抗日失败的负责者，是动员和统一中国人民抗日力量的根本障碍，又是内战的祸胎。参见中共中央党史研究室编。参见《中国共产党历史》第一卷（1921—1949）下册，中共党史出版社 2002 年版，第 653 页。

②　基马尔，又译凯末尔（1881—1938），第一次世界大战后土耳其民族商业资产阶级的代表。在第一次世界大战后，英帝国主义指使希腊对土耳其进行武装侵略，土耳其人民得到苏俄的援助，于 1922 年战胜了希腊军队，1923 年土耳其建立了资产阶级专政的共和国，基马尔当选为总统。参见《毛泽东选集》第二卷，人民出版社 1991 年版，第 710 页注释 [16]。

③　中共中央党史研究室编：《中国共产党历史第一卷（1921—1949）》下册，中共党史出版社 2002 年，第 652 页。

社会主义革命关系的高度，阐明了中国革命的前途、具体步骤和归宿问题的基本道理。他指出，中国革命的前途问题，实际上就是"中国资产阶级民主主义革命和无产阶级社会主义革命的关系问题"①，因为现阶段的"中国资产阶级民主主义革命，不是一般的旧式的资产阶级民主主义革命，而是特殊的新式的民主主义革命，而是新民主主义革命，而中国革命又是处在二十世纪三十和四十年代的国际环境中，即处在社会主义向上高涨、资本主义向下低落的国际环境中，处在第二次世界大战和革命的时代，那末，中国革命的终极的前途，不是资本主义的，而是社会主义和共产主义的。"② 党的政治路线是"放手发动群众，壮大人民力量，在我党的领导下，打败日本侵略者，解放全国人民，建立一个新民主主义的中国。"③ 这表明，我们所要建立的新中国，既不应是大地主大资产阶级专政的国家，也不应是民族资产阶级统治的旧民主主义的国家，也不能是社会主义民主主义的国家，而应当是在工人阶级领导下各革命阶级民主联盟的国家，即新民主主义的国家。

毛泽东从国际国内两个维度，分析了当时的各种客观因素，阐明了"资产阶级的共和国，外国有过的，中国不能有，因为中国是受帝国主义压迫的国家。唯一的路是经过工人阶级领导的人民共和国。"④ 国际上，20世纪上半叶的中国正处在资本主义与社会主义两种制度、两条道路激烈斗争的国际环境，帝国主义侵略中国的目的是要把中国变成它们的殖民地、半殖民地或附庸国，不愿意中国走独立发展资本主义的道路；同时长期支持中国革命的苏联等社会主义国家也不希望中国走资本主义道路。在国内，一方面，作为中国革命领导力量和主力军的工人阶级和广大劳动人民不能容许资产阶级独占革命的胜利果实，不愿意自己刚从帝国主义和封建主义的压迫和剥削下解放出来，又重新遭受资本主义的压迫和剥削，因此，不希望中国走资本主义道路；另一方面，中国资产阶级在经济、政治上都十分软弱，并且在革命中缺乏远见和足够的勇

---

① 《毛泽东选集》第二卷，人民出版社1991年版，第649页。
② 《毛泽东选集》第二卷，人民出版社1991年版，第650页。
③ 《毛泽东选集》第三卷，人民出版社1991年版，第1101页。
④ 《毛泽东选集》第四卷，人民出版社1991年版，第1471页。

气，甚至有不少人害怕民众，不但没有能力领导中国民主革命取得胜利，更没有能力在中国建立独立的资本主义社会；同时，由于当时中国的生产力和社会发展水平都十分落后，因而不具备直接过渡到社会主义社会的物质条件。"只有经过民主主义，才能到达社会主义，这是马克思主义的天经地义"，在中国，"没有一个新民主主义的联合统一的国家，没有新民主主义的国家经济的发展，没有私人资本主义经济和合作社经济的发展，没有几万万人民的个性的解放和个性的发展，一句话，没有一个由共产党领导的新式的资产阶级性质的民主革命，要想在殖民地半殖民地半封建的废墟上建立起社会主义社会来，那只是完全的空想。"① 因此，资产阶级共和国让位于人民民主专政的共和国，完全是中国革命历史发展的必然结果。

此外，毛泽东还阐明了新民主主义革命和社会主义革命既有区别又有联系的两个革命过程。他强调"中国革命的历史进程，必须分为两步，其第一步是民主主义的革命，其第二步是社会主义的革命"②，这是性质不同的两个革命过程，民主主义革命要反对和消灭的不是整个资产阶级，而是以蒋介石为首的大地主、大资产阶级，民族资产阶级和小资产阶级非但不是革命的对象，而是革命的动力。民主主义革命是社会主义革命基础和准备，社会主义革命是民主主义革命的必然趋势。在区别上，毛泽东阐明了革命阶段论，批驳了"一次革命论"。他指出，"中国共产党领导的整个中国革命运动，是包括民主主义革命和社会主义革命两个阶段在内的全部革命运动，这是两个性质不同的革命过程，只有完成了前一个革命过程才有可能去完成后一个革命过程。"③ 因为，不同性质的革命都有自己特定的时间和特定的任务，一些人"迷惑于'一次革命论'，迷惑于所谓'举政治革命与社会革命毕其功于一役'的纯主观的想头；而不知革命有阶段之分，只能由一个革命到另一个革命，无所谓'毕其功于一役'。这种观点，混淆革命的步骤，降低对于当前任务的努力"④，因而，是

---

① 《毛泽东选集》第三卷，人民出版社 1991 年版，第 1060 页。
② 《毛泽东选集》第二卷，人民出版社 1991 年版，第 665 页。
③ 《毛泽东选集》第二卷，人民出版社 1991 年版，第 651 页。
④ 《毛泽东选集》第二卷，人民出版社 1991 年版，第 685 页。

很有害的。在联系上，毛泽东阐明了革命转变论，批驳了"二次革命论"。他强调："民主主义革命是社会主义革命的必要准备，社会主义革命是民主主义革命的必然趋势"①，"两个阶段必须衔接，不容横插一个资产阶级专政的阶段，这是正确的，也是马克思主义的革命发展论。"② 正所谓，"两篇文章，上篇与下篇，只有上篇做好，下篇才能做好。坚决地领导民主革命，是争取社会主义胜利的条件。"③ 在中国，工人阶级不需要再进行一次夺取政权的斗争，而是通过和平方式把民主革命转变为社会主义革命。因此，中国民主革命的前途只能是新民主主义的社会，这是时代和革命发展的必然趋势，"终极的前途"④ 是社会主义，这就是共产主义者"首先为了实现资产阶级民主主义的社会制度而斗争，然后再去实现社会主义的社会制度"的"历史必由之路"⑤，是时代和革命发展的必然趋势，是我们党正确认识中国革命规律的经验总结。正如毛泽东指出的那样："在民主革命时期，经过胜利、失败，再胜利、再失败，两次比较，我们才认识了中国这个客观世界。在抗日战争前夜和抗日战争时期，我写了一些论文，例如《中国革命战争的战略问题》、《论持久战》、《新民主主义论》、《〈共产党人〉发刊词》，替中央起草过一些关于政策、策略的文件，都是革命经验的总结。那些论文和文件，只有在那个时候才能产生，在以前不可能，因为没有经过大风大浪，没有两次胜利和两次失败的比较，还没有充分的经验，还不能充分认识中国革命的规律。"⑥ 表明中国共产党经过两次胜利、两次失败之后，逐步掌握中国革命发展规律，从幼年开始走向成熟；也表明，中国共产党在领导中国革命的实践中，灵活地而不是教条地运用马克思主义，推动了马克思主义的与时俱进。

总之，马克思主义时代化的实现是一个过程，新民主主义革命理论的形成

---

① 《毛泽东选集》第二卷，人民出版社1991年版，第651页。
② 《毛泽东选集》第二卷，人民出版社1991年版，第685页。
③ 《毛泽东选集》第一卷，人民出版社1991年版，第276页。
④ 《毛泽东选集》第二卷，人民出版社1991年版，第650页。
⑤ 《毛泽东选集》第二卷，人民出版社1991年版，第559页。
⑥ 《毛泽东著作选读》下册，人民出版社1986年版，第825页。

过程，就是马克思主义时代化不断推进和实现的过程。发生在这一过程中的民主革命已经不是一般的资产阶级民主革命，而是有了新的领导阶级、新的时代特征和新的前途。可以说，在 1940 年 1 月《新民主主义论》发表之前，马克思主义时代化问题在党内没有完全得到解决，一直到 1939 年 12 月，毛泽东首次提出"新民主主义革命"概念和次年《新民主主义论》的发表，我们党才彻底放弃了三民主义，从而解决了马克思主义时代化问题。因为这时我们党有了自己创立的新的理论——新民主主义革命理论，新民主主义革命理论是发展了的马克思主义。理论的形成过程也是其指导革命的过程，正是在新的理论指导下，以毛泽东为主要代表的中国共产党人始终紧紧抓住、准确把握时代主题这一中国革命的关节点，牢牢把握无产阶级掌握资产阶级民主革命的领导权这一中国革命的关键，坚持资产阶级民主革命的非资本主义前途，不断将马克思列宁主义与中国革命的具体实际相结合，不仅回答了中国革命向何处去的战略方向问题，而且创造性地发展了马克思列宁主义，实现了马克思主义时代化，也实现了马克思主义中国化。

第五章　新中国成立后中共与马克思主义时代化的推进

中国马克思主义者和共产党人在早期从事和领导民主革命时是在理论准备很不充足的情况下进行的，与这一情况相类似，新中国成立之初的社会主义革命和社会主义建设也是如此展开的，尽管有马克思主义理论的指导，并且可以参照苏联模式，但是，由于缺乏经验，照抄苏联的办法搞社会主义建设，把斯大林时期形成的苏联模式当成了唯一的社会主义模式，暴露出诸多弊端。于是，中国共产党人开始重新认识苏联的经验，把探索适合中国国情的社会主义建设道路提到了突出的位置。从而决定了新中国成立初期的社会主义革命和社会主义制度确立后的社会主义建设（主要指 20 世纪 50 年代到 70 年代末这段时间）带有强烈的探索性质。可以说，这也是在新的历史起点上，中国共产党人对马克思主义时代化的探索。

第一节　过渡时期社会矛盾的分析与时代主题的判断

中华人民共和国的成立，标志着中国新民主主义革命取得了基本胜利，中国社会历史的发展从此进入了由新民主主义向社会主义的过渡时期，开始了向社会主义过渡的新阶段。民主革命胜利后在我国建立的新民主主义社会，是一个属于社会主义体系和逐步向社会主义过渡的过渡性社会，"是为了终结殖民地、半殖民地、半封建社会和建立社会主义社会之间的一个过渡的阶段，是一个新民主主义的革命过程。"① 即马克思列宁主义经典作家所讲的过渡时期。但是，新中国建立以后如何实现革命的转变，却是一个全新的社会实践。尤其是在当时新中国面临着错综复杂的国际国内形势，在两个革命阶段的衔接和交叉进程中，国家的主要任务还不是在全国范围内大规模地进行社会主义改造工作，而是首先要完成建设新民主主义社会的任务。

一、过渡时期社会矛盾的分析

运用矛盾思想分析解决现实问题，是马克思主义本质特征的必然要求。马克思、恩格斯曾经指出："共产主义社会第一阶段，即社会主义社会中不可避免地带有它脱胎出来的那个旧社会的痕迹，新旧因素的矛盾还将长期存在。"② 由于新民主主义社会不是一个独立的社会形态，它属于社会主义体系，并且要逐步过渡到社会主义社会，因而它是一个具有过渡性质的社会，属于向社会主义转变的历史时期，这就规定了新民主主义社会的主要矛盾和中心任务。

诚然，关于社会主义社会的主要矛盾是什么？这在马克思、恩格斯、列宁的著作中找不到现成的答案，它是在社会主义实践中提出的对社会主义事业发展带有全局性的重大理论问题。从新中国成立前夕到 1956 年社会主义制度的建立，党对这个问题的认识经历了一个不断变化的过程。1948 年 9 月 13 日，刘少奇在中央政治局会议上曾经说："在新民主主义经济中，基本矛盾就是资本主义（资本家和富农）与社会主义的矛盾。在反帝反封建的革命胜利以后，这就是新社会的主要矛盾……自然，就全国来说，帝国主义、封建势力和官僚资本主义今天还未打倒，今天主要的矛盾还是人民与帝国主义、封建势力和官僚资本的矛盾，资产阶级与无产阶级的矛盾，是被这第一个矛盾掩盖着。等到我们取得全国政权，取得上海和内地省份，民主革命的任务已经解决，民主革

---

① 《毛泽东选集》第二卷，人民出版社 1995 年版，第 647 页。

② 《马克思恩格斯全集》第二十六卷，人民出版社 1972 年版，第 286 页。

命的阶段已经结束了，封建势力没有了，帝国主义势力被赶走了，官僚资本也没有了，人民与这些东西的对立和矛盾也就没有了，这时候，主要的矛盾就是无产阶级劳动人民与私人资本家的矛盾。"① 这期间，毛泽东也没有把与民族资产阶级的矛盾看作是国内的主要矛盾，1950 年 4 月，他明确指出："今天的斗争对象主要是帝国主义、封建主义及其走狗国民党反动派残余，而不是民族资产阶级。"② 因此，新中国成立后的前三年，主要社会矛盾有民主革命时期遗留下来的中华民族和帝国主义之间的矛盾，农民阶级和地主阶级之间的矛盾，人民大众与国民党残余势力之间的矛盾，还有工人阶级与资产阶级之间的矛盾。

首先，从当时面临的纷繁复杂的实际情况来看，在国际上，世界基本格局发生了重大变化，一方面，以苏联为核心的社会主义阵营形成，尤其是新中国的建立冲破了帝国主义的东方战线，改变了世界进步力量与反动力量的对比，极大地推进了民族解放运动的发展和世界革命的进程。同时也为中国新民主主义革命取得最后胜利和由新民主主义向社会主义转变提供了有利的国际环境。另一方面，世界"冷战"局面开始出现，第二次世界大战结束不久，美国凭借它的经济和军事实力，逐渐成为世界资本主义的霸主。这时，美苏两国由战时的合作开始走向对峙。新中国成立后，美国拒绝予以承认，反对中华人民共和国在联合国的合法地位，对新中国采取了政治上孤立、军事上包围和经济上封锁的敌对政策，妄图把新生的人民政权扼杀在摇篮中。基于上述原因，我国对外实行了"一边倒"的策略，即倒向社会主义阵营。解放前夕，即 1949 年 6 月 30 日，毛泽东发表《论人民民主专政》一文，就明确表达了即将成立的新中国对于苏联和帝国主义所采取的不同态度，阐明了"一边倒"的外交方针。他指出："积四十年和二十八年的经验，中国人民不是倒向帝国主义一边，就是倒向社会主义一边，绝无例外。骑墙是不行的，第三条道路是没有的。"③ 他还进一步指出："我们在国际上是属于以苏联为首的反帝国主义战线一方面的，

---

① 中共中央文献研究室：《刘少奇论新中国经济建设》，中央文献出版社 1993 年版，第 4 页。
② 《毛泽东文集》第六卷，人民出版社 1999 年版，第 74 页。
③ 《毛泽东选集》第四卷，人民出版社 1991 年版，第 1473 页。

真正的友谊的援助只能向这一方面去找，而不是向帝国主义战线方面去找。"①因而，新中国成立后，中华民族和帝国主义之间的矛盾依然存在。

同时，新中国成立初期，在农村还有约 3.1 亿人口（占全国人口总数的2/3，其中农业人口 2.64 亿，占农业人口总数的 65%）的新解放区尚未进行土地制度的改革，还没有实行其他民主政策，封建地主还没有完全被打倒。因此，这些地区的主要矛盾仍然是封建主义与民主主义即地主阶级和农民阶级的矛盾。并且，受到战争破坏的国民经济也还有待于恢复，旧的文化教育事业、城市工矿企业的民主改革还有待进行；原国民党区的经济处于崩溃境地，财政经济严重困难。正如毛泽东指出的那样："中国的工业和农业在国民经济中的比重，就全国范围来说，在抗日战争以前，大约是现代性的工业占百分之十左右，农业和手工业占百分之九十左右。这是帝国主义制度和封建制度压迫中国的结果，这是旧中国半殖民地半封建社会性质在经济上的表现，这也是在中国革命的时期内和在革命胜利以后一个相当长的时期内一切问题的基本出发点。"②可见，新中国成立初期民主革命遗留的任务还相当繁重，经济形势极为严峻。

此外，新中国成立时，人民解放战争还在继续进行，国民党残余势力还占据着以广州为中心的华南地区，以重庆为中心的西南地区，陕西、湖北、湖南、福建等省的部分地区、西藏以及台湾等沿海岛屿，它们妄图以广州和重庆等作为基地，等待时机，卷土重来。并且，国民党溃逃时有计划地潜留了多达数百万的政治土匪、特务分子和各类反革命分子，在各地疯狂地进行破坏和颠覆活动，给新生的人民政权和社会秩序带来了严重的威胁。这些区域的社会矛盾，就其性质来说，属于人民大众与国民党残余势力之间的矛盾。因此，解决上述社会矛盾，成为巩固新生的人民政权的关键。这期间，工人阶级与资产阶级的矛盾逐步上升，但它还没有成为阻碍社会前进的主要障碍。

其次，从党确定的战略策略方针来看，新中国成立以后，我们党不是宣

① 《毛泽东选集》第四卷，人民出版社 1991 年版，第 1475 页。
② 《毛泽东选集》第四卷，人民出版社 1991 年版，第 1430 页。

布立即进行社会主义革命，1950 年，毛泽东在中共七届三中全会上明确指出，我们当前总的方针，"就是肃清国民党残余、特务、土匪，推翻地主阶级，解放台湾、西藏，跟帝国主义斗争到底。"① 也就是说，我们当前的首要任务就是要集中力量解决民主革命的遗留任务。毛泽东还阐明了党的"不要四面出击"的战略策略方针，他指出："四面出击，全国紧张，很不好。我们绝不可树敌太多，必须在一个方面有所让步，有所缓和，集中力量向另一方面进攻。"② 会上，毛泽东还着重提出了"为争取国家财政经济状况的基本好转而斗争"的总任务，并强调其他工作"都是围绕着生产建设这个中心工作并为这个中心工作服务的。"③ 这些正是当时面临的社会矛盾所要求解决的问题。

1952 年底，全国土地改革基本完成，地主阶级被消灭，民主革命的其他任务也已完成。这时，中国社会经济中存在着社会主义性质的国营经济、半社会主义性质的合作社经济、农民和手工业者的个体经济、私人资本主义经济和国家资本主义经济五种成分。其中半社会主义性质的合作社经济是个体经济向社会主义集体经济过渡的形式，国家资本主义经济是私人资本主义经济向国营经济过渡的形式。因而，这时我国的经济成分主要是三种：社会主义经济、个体经济和资本主义经济。由于农民和手工业者的个体经济是处于十字路口的经济，它既可以自发地走向资本主义，也可以被引导走向社会主义。因此，上述三种基本经济成分以及与此相对应的三个基本阶级力量之间的矛盾，就集中表现为工人阶级与资产阶级的矛盾、社会主义道路与资本主义道路之间的矛盾，并上升为中国社会的主要社会矛盾。

以毛泽东为主要代表的党中央在具体分析了国内基本情况后，对中国社会主要矛盾做出了新的判断。他指出："在打倒地主阶级和官僚资产阶级以后，中国内部的主要矛盾即是工人阶级与民族资产阶级的矛盾，故不应再将民族资产阶级称为中间阶级。"④ 周恩来也指出："把封建制度消灭以后，农村中的主

① 《毛泽东文集》第六卷，人民出版社 1999 年版，第 74 页。
② 《毛泽东著作选读》下册，人民出版社 1986 年版，第 679 页。
③ 《毛泽东选集》第四卷，人民出版社 1991 年版，第 1428 页。
④ 《毛泽东文集》第六卷，人民出版社 1999 年版，第 231 页。

要矛盾就变成广大农民跟农村中的资本主义势力的矛盾。在城市中，国民党被打倒了，反革命被肃清了，帝国主义势力被赶走了，主要矛盾就变成无产阶级跟资产阶级这样一个矛盾了。这是马克思主义的分析。当着我们反对三大敌人的时候，说民族资产阶级、上层小资产阶级是中间力量，那是恰当的。但是，现在不能那样说了。"① 这表明中国社会的主要矛盾已经发生了变化，即由中华民族和帝国主义之间的矛盾，农民阶级和地主阶级之间的矛盾，人民大众与国民党残余势力之间的矛盾转变为无产阶级和资产阶级之间的矛盾，无产阶级道路和资本主义道路之间的矛盾，消灭资本主义和资产阶级便成为国家的主要任务，此时的中国革命已经是社会主义性质的革命了。因为只有社会主义性质的革命才担负着从根本上解决工人阶级与资产阶级之间的矛盾的任务。因此，以毛泽东为核心的党中央提出了党在过渡时期的总路线，开始对个体农业、个体手工业和资本主义工商业进行社会主义改造。改造的目的就是为了解决这个矛盾，就是进行社会主义革命。毛泽东指出："社会主义革命的目的是为了解放生产力。农业和手工业由个体的所有制变为社会主义的集体所有制，必然使生产力大大地获得解放。这样就为大大地发展工业和农业的生产创造了社会条件。"②

　　1956 年，随着社会主义改造的基本完成，标志着我国已经由新民主主义社会过渡到社会主义社会，社会主义制度从此建立起来。这是 20 世纪中国人民在前进道路上经历的又一次历史性巨变，也标志着无产阶级与资产阶级之间的矛盾基本解决，中国社会的主要矛盾随之发生新的变化。这就要求党要针对新情况、新变化对社会主要矛盾作出新的认识和判断。9 月中共中央召开党的第八次全国代表大会正确判断了社会主义改造基本完成后我国社会主要矛盾的变化，作出了把党的工作重点转向社会主义建设的战略决策。在社会主义改造进行时，以毛泽东为主要代表的中国共产党人对社会主义制度建立后我国的社会矛盾问题进行了深入探索。1956 年 4 月 25 日，毛泽东发表了《论十大关

---

　　① 《建国以来重要文献选编》第三册，中央文献出版社 1992 年版，第 231—233 页。

　　② 《毛泽东文集》第七卷，人民出版社 1999 年版，第 1 页。

系》，阐明了社会主义革命和社会主义建设中的十大关系，并指出："这十种关系，都是矛盾。"① 从而突破了长期以来苏联不承认社会主义社会存在矛盾的传统观念，为党的八大正确分析我国社会主义社会的主要矛盾奠定了理论基础。

1956 年 9 月，党的八大召开。大会通过的《中国共产党第八次全国代表大会关于政治报告的决议》（以下称《决议》），论述了中国社会的主要矛盾。《决议》指出："在旧中国社会中的主要矛盾，即中国人民同帝国主义、封建主义、官僚资本主义的统治的矛盾，由于资产阶级民主革命的胜利而解决了。在解决了这种矛盾以后，我国除了对外还有同帝国主义的矛盾以外，在国内的主要矛盾是无产阶级同资产阶级之间的矛盾，这是社会主义革命所要解决的矛盾。""社会主义改造取得决定性的胜利，这就表明，我国的无产阶级同资产阶级之间的矛盾已经基本上解决。几千年来的阶级剥削制度的历史已经基本结束，社会主义的社会制度在我国已经基本建立起来了"，"我们国内的主要矛盾，已经是人民对于建立先进的工业国的要求同落后的农业国的现实之间的矛盾，已经是人民对于经济文化迅速发展的需要同当前经济文化不能满足人民需要的状况之间的矛盾。这一矛盾的实质，在我国社会主义制度已经建立的情况下，也就是先进的社会主义制度同落后的社会生产力之间的矛盾。党和全国人民的当前的主要任务，就是要集中力量来解决这个矛盾，把我国尽快地从落后的农业国变为先进的工业国。"② 针对阶级矛盾已经不是社会的主要矛盾问题，《决议》还强调："反革命分子确实存在着，认为可以放松警惕性的想法是完全错误的"，"我国人民还必须为解放台湾而斗争，还必须为彻底完成社会主义改造，最后消灭剥削制度而斗争，还必须为继续肃清反革命残余势力而斗争。不坚决进行这些斗争，是决不许可的。"③ 由此可见，这次会议认为，我国社会主义制度建立后，国内的主要矛盾，已经不再是无产阶级与资产阶级之间的矛盾，而是人民日益增长的物质文化需要同当前经济文化不能满足人民需要的状况之间的矛盾；以及全党和全国人民的主要任务是集中力量发展社会生产力，

---

① 《毛泽东选集》第五卷，人民出版社 1977 年版，第 288 页。

② 《中国共产党第八次全国代表大会文件》，人民出版社 1956 年版，第 80 页。

③ 《中国共产党第八次全国代表大会文件》，人民出版社 1956 年，第 80 页。

实现国家工业化，逐步满足人民日益增长的物质文化需要。党的工作重点不再是阶级斗争，而是领导全国各族人民进行社会主义建设，在新的生产关系下面保护和发展生产力。无疑，这样的着眼点和出发点是完全正确的。实践证明，党的八大对社会主义改造基本完成后我国社会主要矛盾的认识和对阶级关系状况的分析符合当时的国情，为新时期社会主义事业的发展指明了方向，具有重大的理论与现实意义。

二、时代主题的判断

准确把握时代主题，是马克思主义政党制定正确的路线方针政策的基础，是审视和处理其他问题的出发点与重要依据，是中国革命和建设的重大理论和实践问题，也是推进马克思主义时代化的现实依据。马克思、恩格斯曾经说过："一切划时代的体系的真正的内容都是由于产生这些体系的那个时期的需要而形成起来的。"①恩格斯还强调："每一时代的理论思维，从而我们时代的理论思维，都是一种历史的产物，在不同的时代具有非常不同的形式，并因而具有非常不同的内容。"②列宁也告诫我们："只有首先分析从一个时代转变到另一个时代的客观条件，才能理解我们面前发生的各种重大历史事件……即首先考虑到各个'时代'的不同的基本特征，（而不是个别国家的个别历史事件），我们才能够正确地制定自己的策略。"③经典作家关于时代主题的论述，表明研究和解决任何问题都离不开一定的社会历史条件，都源于时代的需要，并且对时代主题的科学判断与正确把握是每一个马克思主义政党正确地制定策略方针等各项工作顺利有效开展的首要前提和基础。

1924年，斯大林在《论列宁主义基础》中曾经指出："马克思和恩格斯是处在革命（我们指的是无产阶级革命）以前的时期，那时还没有发达的帝国主义"，而"列宁却处在发达的帝国主义时期，无产阶级革命开展起来的时

---

① 《马克思恩格斯全集》第三卷，人民出版社1960年版，第544页。
② 《马克思恩格斯全集》第二十卷，人民出版社1971年版，第382页。
③ 《列宁全集》第二十六卷，人民出版社1990年版，第142—143页。

期",因此,"列宁主义是帝国主义和无产阶级革命时代的马克思主义。"① 这一表述后来被概括为"战争与革命的时代"。新中国成立后,以毛泽东为核心的中共第一代领导集体,深刻分析了当时的国际形势,沿袭了斯大林有关时代主题的观点,即"战争与革命"成为时代主题,并在此基础上调整了国家的发展战略和内外政策,对"三大改造"完成后的社会主义建设产生了重大影响。

第二次世界大战结束后,国际关系发生了重大的变化。世界上形成了与苏联为核心的社会主义阵营和以美国为核心的资本主义阵营,两大阵营的对峙,导致了两种意识形态和两种社会制度的对立与斗争。新中国成立后,中国共产党人对当时复杂的国际形势进行了正确的分析与判断,进而对战争与和平问题得出了清醒的认识。1950 年 6 月,毛泽东指出:"帝国主义阵营的战争威胁依然存在,第三次世界大战的可能性依然存在。但是,制止战争危险,使第三次世界大战避免爆发的斗争力量发展得很快,全世界大多数人民的觉悟程度正在提高。只要全世界共产党能够继续团结一切可能的和平民主力量,并使之获得更大的发展,新的世界战争是能够制止的。"② 这表明,尽管这时我们党对时代主题的判断是"战争与革命",但世界上制止战争危险、和平民主的力量也发展迅速。毛泽东还进一步强调在争取和平的同时,对战争危险也要有充分的估计和准备。他说:"我们历来是这样估计的,整个国际形势是向好发展,不是向坏。只是有个情况也要估计,那就是疯子要打第三次世界大战怎么办?所以,战争的情况也要估计到。和平有可能被破坏,缓和之后又会搞紧张,搞突袭,打大战,等等。对这些情况都估计到了之后,我们说总的看来,形势是向好的方面发展的。从总的情况来看,争取到十年至十五年的和平时间是可能的。假如这种情况实现了,那时要打世界大战,他们就比现在更加困难了。那时社会主义阵营的力量要比现在大得多。西方国家的矛盾,日美矛盾,由基地和条约而造成的许多矛盾,都很难解决。"③ 1953 年 9 月 8 日,周恩来在全

---

① 《斯大林选集》(上卷),人民出版社 1979 年版,第 185 页。

② 《建国以来重要文献选编》第一册,中央文献出版社 1992 年版,第 251 页。

③ 《毛泽东外交文选》,中央文献出版社、世界知识出版社 1994 年版,第 385 页。

国政协第四十九次常委扩大会上讲道："当前世界形势的特点是：新世界诞生了三十六年，世界和平民主阵营更加巩固和扩大了；旧世界尽管叫嚣扩军备战，但困难重重。形式上是两个阵营的对立，但矛盾的焦点是在旧世界的内部。这种矛盾，有和平与战争的矛盾，有民主与反民主的矛盾。"①1960 年 5 月，毛泽东在会见拉丁美洲和非洲友人时，针对如何避免打世界大战，提出了"两条腿走路"的方针。他说："避免打世界大战，按照我们中国的说法，要两条腿走路。四国首脑会议，或者大国协商，是跟他们在桌子上谈，这是一条腿；亚洲、非洲、拉丁美洲人民反殖民主义、反帝国主义的斗争，又是一条腿。两条腿走路，世界大战就难打了。我们支持四国首脑会议或大国首脑会议，同时我们更支持受帝国主义压迫的各国人民有权利反对他们的压迫。要不打世界大战，就要各国人民起来，反对压迫者。这是一条重要的腿，是第一条腿。有人说，要世界和平，就不要搞反对帝国主义的斗争。如果这样，帝国主义不打世界大战就没有保证。"②此外，毛泽东还在进一步分析两大阵营的发展现状和趋势的基础上强调，要时刻警惕战争的爆发并做好战争的准备。他说："按照社会主义阵营的意见，按照各国共产党的意见和各国劳动人民的意见，是不要打的。现在社会主义阵营、各国共产党和各国劳动人民的力量很大，资本主义也怕灭亡，因此，有可能不打。但如果按照帝国主义以及它在各国的走狗的意见，那就要打。所以要警惕。""就是说做坏的方面的准备，这么做好了准备，也许可以不打。帝国主义反对我们，如果我们都睡觉，那是很危险的。"③毛泽东还揭露了帝国主义侵略扩张的本性，表明了中国人民热爱和平、不怕战争、反对战争的立场。他指出："帝国主义者哪里会爱和平？他们爱的是殖民主义。"④"我们希望和平。但是如果帝国主义硬要打仗，我们也只好横下一条心，打了仗再建设。每天怕战争，战争来了你有什么办法呢？"⑤"中国要和平。

---

① 《周恩来选集》下卷，人民出版社 1980 年版，第 107 页。
② 熊向晖：《历史的注脚》，中央党校出版社 1995 年版，第 5 页。
③ 《毛泽东外交文选》，中央文献出版社、世界知识出版社 1994 年版，第 470－471 页。
④ 《毛泽东外交文选》，中央文献出版社、世界知识出版社 1994 年版，第 411 页。
⑤ 《毛泽东外交文选》，中央文献出版社、世界知识出版社 1994 年版，第 297 页。

凡是讲和平的，我们就赞成。我们不赞成战争。"① 一直到 20 世纪 70 年代前后，毛泽东仍然认为"关于世界大战问题，无非是两种可能：一种是战争引起革命，一种是革命制止战争。"②

这一时期，以毛泽东为代表的中共第一代领导集体对战争与和平问题的认识，反映在社会主义建设方面就是重视国防建设，注重发展国防科学技术，加强武装力量建设，并取得了很大成就。1950 年 9 月，毛泽东明确指出："中国必须建立强大的国防军，必须建立强大的经济力量，这是两件大事。"③ 此后，他又明确提出一个屁股（基础工业）、两个拳头（农业、国防）的"三位一体"的国防建设与经济建设布局。他强调指出，"我们的国防将获得巩固，不允许任何帝国主义者再来侵略我们的国土"④；我们"将加强人民的海陆空军，巩固国防，保卫领土主权完整，反对任何帝国主义国家的侵略。"⑤1953 年 12 月 7 日到 1954 年 1 月 26 日，中共中央军委以党在过渡时期的总路线为指针，在北京召开全国军事系统党的高级干部会议。会议确定了人民解放军建设的总方针和总任务，即：在人民解放军现有的基础上，积极地有步骤地将我军建设成为一只优良的现代化革命军队，为解放台湾，防御帝国主义侵略，保卫国家安全和社会主义建设，保卫亚洲和世界和平而奋斗，⑥ 从而统一了全军的思想。1956 年 3 月，根据中国是社会主义国家的性质和国家武装力量的实际状况，中央军委依据毛泽东积极防御的战略思想召开了扩大会议，确定了新中国积极防御的国防战略方针。其核心思想就是：坚持自卫立场和后发制人的原则，维护和平、制止战争，准备以持久战取胜的方针。人民解放军常备不懈的重点，就是应付帝国主义的突然袭击。⑦ 在上述方针政策指引下，中国国防现代化建

---

① 《毛泽东外交文选》，中央文献出版社、世界知识出版社 1994 年版，第 530 页。

② 《亿万人民认真学习深刻领会林副主席政治报告　决心在伟大的毛泽东思想统帅下夺取更大胜利》，《人民日报》1969 年 4 月 28 日。

③ 《毛泽东军事文选》第六卷，人民出版社 1981 年版，第 103 页。

④ 《毛泽东军事文选》第六卷，人民出版社 1981 年版，第 4 页。

⑤ 《毛泽东选集》第五卷，人民出版社 1977 年版，第 9 页。

⑥ 何沁：《中华人民共和国史》第 2 版，高等教育出版社 1999 年版，第 112 页。

⑦ 何沁：《中华人民共和国史》第 2 版，高等教育出版社 1999 年版，第 113 页。

设逐步展开。

尤其是随着苏联大国沙文主义和民族利己主义滋生膨胀，其开始从"战略上"设想、研究和准备对中国进行一场核战争。对此，毛泽东和中国共产党第一代领导集体充分做好了各方面的准备。这期间，毛泽东提出，必须立足于战争，从准备大打、早打出发，积极备战，立足于早打、大打、打原子战争。[①]毛泽东还发出"备战、备荒，为人民"的号召。1964 年 6 月，在中央政治局常委会上，毛泽东又提出，要搞三线；军事要有准备；要考虑打仗，要有战略部署；三线现在不为后悔不及。[②]1965 年 9 至 10 月间，在讨论国民经济发展的第三个五年计划时，中共中央明确提出：要以国防建设第一，加速"三线"建设，逐步改变工业布局。1966 年 3 月 20 日，毛泽东在给刘少奇的一封信中提出：农业机械化应与备战、备荒、为人民联系起来，第一是备战，第二是备荒，第三是国家积累不可太多。直到 20 世纪 70 年代，毛泽东还断言："新的世界大战的危险依然存在，各国人民必须有所准备。但是，当前世界的主要倾向是革命。"[③] 正是在上述战略策略的指引下，这一时期，中国首次原子弹爆炸成功；能自己生产飞机、舰艇、坦克、火炮等各式武器，初步建立了现代化的独立完整的国防工业体系；到 70 年代中期，中国还建立了以防御为主的反核战略体系。等等。国防现代化建设取得了巨大成就。

但是，毛泽东和中国共产党第一代领导集体从维护国家安全、促进世界革命发展的良好愿望出发而提出的战争与革命的时代主题，将各方面工作的立足点，都放在了早打、大打、打核战争上，耗费了大量的人力、物力和财力，尽管促进了国防现代化的迅速发展，但是，没有对我国已经完成"三大改造"、已经进入社会主义建设时期这一时代变化作出科学的回应，影响了我国工作重点向以经济建设为中心的转变，也严重打乱了中国经济建设的正常秩序，使社会主义建设事业付出了沉重的代价。

---

① 陈继安主编：《毛泽东军事思想新论》，军事科学出版社 1995 年版，第 458 页。

② 陈继安主编：《毛泽东军事思想新论》，军事科学出版社 1995 年版，第 458 页。

③ 毛泽东：《全世界人民团结起来，打败美国侵略者及其一切走狗》，《人民日报》1970 年 5 月 21 日。

第二节　实行人民民主专政与完成社会主义改造

毛泽东关于人民民主专政的理论是对马克思列宁主义关于无产阶级专政学说的创造性发展，是我国进行社会主义革命和建设的最有利的国家制度。建立和巩固人民民主专政，是我国顺利实现由新民主主义到社会主义的历史性转变的首要条件。而 1956 年完成的对生产资料私有制的社会主义改造，建立了以生产资料公有制为主体、以按劳分配为基本特征的社会主义经济制度，是中国社会发展与时代发展相结合的必然结果，是中国历史的一大进步，为我国经济文化的进一步发展奠定了重要基础。尤其是在社会主义改造过程中，对资本主义工商业的社会主义改造的完成，是国际共产主义运动史上的一个创举，是马克思列宁主义在中国的新胜利、新证实和新发展。通过社会主义改造建立起来的社会主义制度，是我国历史上最伟大、最深刻的社会变革，是以毛泽东为主要代表的中国共产党人将马克思列宁主义关于过渡时期和无产阶级专政学说，创造性应用于中国革命实践的结果，是毛泽东思想的继续发展，极大地丰富了马克思列宁主义的理论宝库，推进了马克思主义时代化。

一、人民民主专政理论的构建

马克思主义经典作家认为，无产阶级专政是社会主义革命的工具，是任何国家从资本主义社会过渡到共产主义社会的必经之路。1845 年 9 月—1846 年夏，马克思和恩格斯在《德意志意识形态》中明确提出了无产阶级革命首先应当夺取政权，建立无产阶级的政治统治，最终消灭一切阶级统治的思想。他们指出："每一个力图取得统治的阶级，即使它的统治要求消灭整个旧的社会形式和一切统治，就像无产阶级那样，都必须首先夺取政权。"[①] 后来，马克思在总结 1848—1850 年的法兰西阶级斗争的经验时，第一次提出了"工人阶级专

---

① 《马克思恩格斯选集》第一卷，人民出版社 1995 年版，第 84—85 页。

政"、"无产阶级的阶级专政"等重要观点。① 无产阶级专政是工人阶级及其政党领导的国家政权，马克思和恩格斯在《共产党宣言》中就曾经指出，共产党人的最近目的就是领导无产阶级"推翻资产阶级的统治，由无产阶级掌握政权。"② 但是，由于各国的社会历史条件不同，每个国家的无产阶级专政都将会有自己的特点。1847 年，恩格斯在《共产主义原理》一文中，分析了英、法、德三国的社会历史条件，设想了这三个国家未来的无产阶级专政所具有的不同特点。他指出："无产阶级将建立民主的国家制度，从而直接或间接地建立无产阶级的政治统治。在英国可以直接建立，因为那里的无产者现在已占人民的大多数。在法国和德国可以间接建立，因为这两个国家的大多数人民不仅是无产者，而且还有小农和小资产者，小农和小资产者正处在转变为无产阶级的过渡阶段，他们的一切政治利益的实现都越来越依赖无产阶级，因而他们很快就会同意无产阶级的要求。"③ 这就告诉我们，在资本主义大工业生产还不够发达的国家中，无产阶级专政应当以无产阶级和其他劳动群众的联盟为基础。马克思和恩格斯告诫我们，无产阶级专政是对人民实行民主和对敌人实行专政相结合的国家。恩格斯指出："首先无产阶级革命将建立民主的国家制度"；"如果不立即利用民主作为手段实行进一步的、直接侵犯所有制和保障无产阶级生存的各种措施，那么，这种民主对于无产阶级就毫无用处。"④ 无产阶级专政的另一面，就是无产阶级和广大劳动人民对剥削阶级分子和各种破坏分子的专政，这是多数人民群众对少数敌人的专政。针对巴黎公社最终失败的原因之一，即对专政的力量运用的不够，镇压敌人不力，恩格斯深刻分析到："获得胜利的政党如果不愿意失去自己努力争得的成果，就必须凭借它以武器对反动派造成的恐惧，来维持自己的统治。要是巴黎公社面对资产者没有运用武装人民这个权威，它能支持哪怕一天吗？反过来说，难道我们没有理由责备公社把这个权威用得太少了吗？"⑤ 俄国十月革命胜利后，

---

① 《马克思恩格斯选集》第一卷，人民出版社 1995 年版，第 400、462 页。
② 《马克思恩格斯选集》第一卷，人民出版社 1995 年版，第 285 页。
③ 《马克思恩格斯选集》第一卷，人民出版社 1995 年版，第 239 页。
④ 《马克思恩格斯选集》第一卷，人民出版社 1995 年版，第 239 页。
⑤ 《马克思恩格斯选集》第三卷，人民出版社 1995 年版，第 227 页。

列宁分析了俄国的社会基本条件，即俄国的资本主义经济更为落后、非无产阶级劳动群众更为众多，于是，他更加强调无产阶级专政必须以无产阶级和其他劳动群众的联盟为基础的特点，明确提出俄国类型的无产阶级专政就是"劳动者的先锋队——无产阶级同人数众多的非无产阶级的劳动阶层（小资产阶级、小业主、农民、知识分子等）或同他们的大多数结成的特种形式的阶级联盟，是反资本的联盟，是为彻底推翻资本、彻底镇压资产阶级反抗并完全粉碎其复辟企图而成立的联盟，是为最终建成并巩固社会主义而成立的联盟。"① 毛泽东根据比俄国更为特殊的中国社会历史条件，采取在新民主主义革命取得全国胜利时所建立的人民民主专政，作为中国式的无产阶级专政。

人民民主专政理论是毛泽东在领导中国革命的实践过程中逐步形成的。在第二次国内革命战争时期，毛泽东就曾经初步表述过人民民主专政的思想。当时，由于民族资产阶级附和蒋介石的反动，退出了革命营垒，投靠了帝国主义和封建势力，于是，中国共产党独立担负起了领导中国革命的重任，并适时地将"工农民主共和国"作为国家制度的基本口号。在革命根据地建立起工人、农民和小资产阶级联盟的工农民主政府，以苏维埃为工农民主政权的组织形式。1931 年 11 月，第一次全国工农兵代表大会通过的《中华苏维埃共和国宪法大纲》规定："苏维埃全部政权是属于工人、农民、红军士兵及一切劳苦民众的"，一切剥削者"是没有选派代表参加政权和政治上自由的权力的"。毛泽东在论述苏维埃工农民主专政这一政权的性质时，明确指出："苏维埃具备着对于广大民众的十分宽广的革命的民主主义，但同时就在这种民主主义中间构成了它绝大的权力"，"苏维埃运用这种权力，形成了自己的专政。"② 因此，苏维埃工农民主专政实质上是"工人、农民和城市小资产阶级联盟的政府"③，民族资产阶级是被排除在政府之外的。第二次国内革命战争时期，特别是 1935 年华北事变后，由于日本帝国主义的入侵，中日民族矛盾逐渐上升到主要地

---

① 《列宁全集》第三十六卷，人民出版社 1985 年版，第 362—363 页。

② 毛泽东：《中华苏维埃共和国中央执行委员会与人民委员会对第二次全国苏维埃代表会议的报告》，《中央革命根据地史料选编》（下册），江西人民出版社 1982 年版，第 312 页。

③ 《毛泽东选集》第一卷，人民出版社 1991 年版，第 156 页。

位，中国社会的阶级关系发生了重大变化。针对民族资产阶级有与无产阶级合作的可能性，为了适应建立广泛的抗日民族统一战线的需要，中国共产党提出由"人民共和国"（或"民主共和国"）的口号代替"工农民主共和国"的口号。对此，毛泽东解释道："新的民主共和国所包括的成分是什么呢？它包括无产阶级、农民、城市小资产阶级、资产阶级及一切国内同意民族和民主革命的分子，它是这些阶级的民族和民主革命的联盟。"① 毛泽东还指出这种国家政权"是一切赞成抗日又赞成民主的人们的政权，是几个革命阶级联合起来对于汉奸和反动派的民主专政。它是和地主资产阶级的反革命专政区别的，也和土地革命时期的工农民主专政有区别。"② 这表明，人民民主共和国虽然具有在阶级成分上包括民族资产阶级的这一特点，但它仍然是一种以实现资产阶级民族民主革命为目的的人民民主专政的国家。毛泽东还对马克思主义国家学说进行了重要发挥，他说，人民民主专政中包含"国体"和"政体"，"国体——各革命阶级联合专政，政体——民主集中制。这就是新民主主义的政治，这就是新民主主义的共和国。"③ 可见，自第二次国内革命战争以来，尤其是在抗日战争时期，毛泽东已经从几个方面阐明了人民民主专政理论的基本内涵。到解放战争时期，人民民主专政理论得到了进一步完善。1948 年 6 月，中共中央宣传部在重新印刷的《共产主义运动中的"左派"幼稚病》第二章的前言中谈到中国的革命政权问题时，根据毛泽东的一贯思想，指出：在今天的中国就是要"建立人民民主专政"，第一次使用了"人民民主专政"的概念。1948 年 12 月，毛泽东在《将革命进行到底》一文中也提出了"人民民主专政"的概念，明确指出：中国人民要"在全国范围内推翻国民党的反动统治，在全国范围内建立无产阶级领导的以工农联盟为主体的人民民主专政的共和国。"④ 1949 年 3 月，在党的七届二中全会的报告中和同年 6 月的《论人民民主专政》一文中，毛泽东对即将在全国建立的国家制度，先后表述为"无产阶级领导的以工农联盟为

① 《毛泽东选集》第一卷，人民出版社 1991 年版，第 260 页。
② 《毛泽东选集》第二卷，人民出版社 1991 年版，第 741 页。
③ 《毛泽东选集》第二卷，人民出版社 1991 年版，第 677 页。
④ 《毛泽东选集》第四卷，人民出版社 1991 年版，第 1375 页。

基础的人民民主专政"和"工人阶级（经过共产党）领导的以工农联盟为基础的人民民主专政。……这就是我们党公式，这就是我们的主要经验，这就是我们的主要纲领。"① 在《论人民民主专政》一文中，毛泽东还阐明了人民民主专政的主要内容：第一，人民民主专政是工人阶级领导的以工农联盟为基础的包括小资产阶级、民族资产阶级在内的人民民主政权。中国工人阶级和民族资产阶级的联盟，是毛泽东对马克思主义的独特创造，它体现了人民民主的广泛性。第二，人民民主专政是民主和专政的统一，对人民内部的各个阶级和阶层实行广泛的民主，对人民的敌人则实行专政。第三，人民民主专政的国家政权的基本任务和职能，除了对内镇压敌对阶级的反抗，对外抵御敌人的侵略外，还必须有步骤地实现国家的工业化，使中国在工人阶级及其政党的领导下稳步地由农业国进到工业国。至此，完整的人民民主专政理论正式形成。

人民民主专政理论是以毛泽东为核心的第一代中央领导集体把马克思主义关于建立无产阶级专政的国家政权理论与中国革命的具体实际相结合的产物，它既继承了马克思主义的无产阶级专政学说、体现了时代发展的需求，又具有中国特色，是一种新型的专政形式。人民民主专政与无产阶级专政相比较，二者既有联系又有区别。联系是，二者都以无产阶级为领导，都以工农联盟为基础，都担负着通过社会主义革命来消灭剥削制度和消灭剥削阶级的历史使命。区别是，人民民主专政较无产阶级专政具有更广泛的阶级基础，在人民民主专政条件下，中国的民族资产阶级属于人民范畴，而不是专政的对象。在无产阶级专政条件下，民族资产阶级是专政的对象，而不属于人民的范畴。1956 年，在我国社会主义改造基本完成、剥削制度和剥削阶级已经消灭、社会主义制度完全确立的条件下，我国的人民民主专政实质上就是无产阶级专政。

二、经典作家社会主义过渡思想和改造理论的时代化

新民主主义革命取得胜利后，如何从新民主主义社会过渡到社会主义社

---

① 《毛泽东选集》第四卷，人民出版社 1991 年版，第 1436、1480 页。

会。以毛泽东为主要代表的中共中央运用马克思主义理论在对这一问题进行深入探索的基础上，明确提出，所谓新民主主义社会向社会主义社会过渡，就是指通过新民主主义革命取得全国政权，建立新民主主义社会，恢复国民经济，大力发展社会生产力，在条件成熟时再逐步实现对生产资料私有制的社会主义改造，进而建立社会主义社会。在这一过程中，马克思主义时代化的主要任务就是应当把马克思主义的国家与革命以及过渡理论加以创造性运用，使之与中国的时代发展需求相结合，最终确立中国的社会主义基本政治制度和经济制度。可以说，从新民主主义社会过渡到社会主义社会的思想是中国共产党人从中国社会的实际出发，创造性地运用马克思主义原理改造中国社会的一次伟大实践，它具有鲜明的时代特点，体现了马克思主义关于由资本主义向社会主义转变的理论在中国的具体化，极大地丰富和创造性地发展了科学社会主义革命理论的思想。并且，在此基础上，我党创造性开辟的具有中国特色的社会主义改造道路，是国际共产主义运动史上的一个创举，是马克思主义中国化第一次历史性飞跃的延伸，它实现了马克思和列宁曾经设想过的对民族资产阶级的"和平赎买"，并将其变为了全民所有的公有制。尤其是对资本主义工商业的成功改造，是以毛泽东为主要代表的中央领导集体创造性地运用马克思主义原理，具体解决中国实际问题的一个光辉典范，它实现了马克思、恩格斯和列宁提出的但是没有做到的对民族资产阶级的"和平赎买"，是新的社会历史条件下马克思主义在中国的新胜利、新证实和新发展。

马克思主义认为，过渡时期是从无产阶级夺取政权以后开始的由资本主义社会向共产主义社会的转变期。[①]1852年，马克思在给魏德迈的信中曾经提出："阶级斗争必然要导致无产阶级专政"，"这个专政不过是达到消灭一切阶级和

---

①　马克思依据资本主义经济及其发展趋势，曾经科学预见到未来共产主义社会的发展，在经济上有成熟度不同的两个阶段，即共产主义第一阶段（初级阶段）和高级阶段，并且指出了两个发展阶段的基本经济特征。在马克思看来，共产主义第一阶段是刚刚从资本主义社会里产生出来的，因而它在经济、道德和精神方面都带有它脱胎出来的那个社会的痕迹；而共产主义高级阶段，马克思指出，劳动不仅仅是谋生的手段，而且成了生活的第一需要，旗帜就是：各尽所能，按需分配。后来，马克思又从政治上考察了资本主义灭亡之后共产主义社会里国家制度所发生变化的问题。

进入无阶级社会的过渡。"① 在《1848 年至 1850 年的法兰西阶级斗争》一文中，马克思又进一步阐述了有关过渡时期的思想，认为无产阶级专政是改造旧社会、达到无阶级社会的工具。1875 年 4—5 月，马克思写了《哥达纲领批判》一文，文中第一次明确指出："在资本主义社会和共产主义社会之间有一个从前者转变为后者的革命转变时期。同时相应地还有一个政治上的过渡时期，这个时期的国家只能是无产阶级专政。"② 并且，这个转变期是指从资本主义社会向共产主义社会转变的低级阶段（即社会主义社会）。因为这一时期是刚刚从资本主义社会脱胎而来，自然在经济、道德和精神等方面都带有那个社会的痕迹，所以必须实行无产阶级专政。而且，这个转变与封建社会向资本主义社会的转变相比较，是一个短暂、有些艰苦的时期。正如马克思所说："以个人自己劳动为基础的分散的私有制转化为资本主义私有制，同事实上已经以社会生产为基础的资本主义所有制转化为公有制比较起来，自然是一个长久得多、艰苦得多、困难得多的过程。前者是少数掠夺者剥夺人民群众，后者是人民群众剥夺少数掠夺者。"③ 列宁在领导俄国革命时也强调了从资本主义社会向社会主义的过渡，必然要经历一个革命转变时期，就是无产阶级专政时期。列宁指出："在资本主义和共产主义之间有一个过渡时期，这在理论上是毫无疑义的。这个过渡时期不能不兼有这两种社会经济结构的特点或特征。这个过渡时期不能不是衰亡着的资本主义与生长着的共产主义彼此斗争的时期。"④ 他认为过渡时期是处于社会主义之前并同社会主义相联系的一个特殊阶段。他强调，过渡时期"向前发展即向共产主义发展，必须经过无产阶级专政，决不能走别的道路。"⑤

中国革命的前途是社会主义，这是中国共产党从建立之日起就已经明确的历史使命和发展目标。毛泽东指出："民主主义革命是社会主义革命的必要准

---

① 《马克思恩格斯选集》第四卷，人民出版社 1995 年版，第 547 页。
② 《马克思恩格斯文集》第三卷，人民出版社 2009 年版，第 445 页。
③ 《马克思恩格斯全集》第二十三卷，人民出版社 1972 年版，第 832 页。
④ 《列宁选集》第四卷，人民出版社 1995 年版，第 59 页。
⑤ 《列宁选集》第三卷，人民出版社 1995 年版，第 190 页。

备，社会主义革命是民主主义革命的必然趋势。而一切共产主义者的最后目的，则是在于力争社会主义社会和共产主义社会的最后的完成。"① 为什么说社会主义革命是民主革命的必然趋势？因为五四运动以来的中国革命已经是新民主主义革命，这个革命，"虽然按其社会性质，基本上依然还是资产阶级民主主义的，它的客观要求，是为资本主义的发展扫清道路；然而这种革命，已经不是旧的、被资产阶级领导的、以建立资本主义的社会和资产阶级专政的国家为目的的革命，而是新的、被无产阶级领导的、以在第一阶段上建立新民主主义的社会和建立各个革命阶级联合专政的国家为目的的革命。因此，这种革命又恰是为社会主义的发展扫清更广大的道路。"② 然而，民主革命胜利后，如何通过新民主主义过渡到社会主义？什么时间过渡？党对这些问题的认识和设想经历了一个过程。

以毛泽东为主要代表的中国共产党人，根据马克思列宁主义的普遍原理，并从中国的历史状况和社会状况出发，对中国革命的特点和规律进行了深刻研究，在此基础上，提出了关于革命转变的理论。早在 1940 年，毛泽东在《新民主主义论》中曾经指出，中国共产党经过新民主主义革命要建立一个新民主主义共和国。在政治上，"这种新民主主义共和国，一方面和旧形式的、欧美式的、资产阶级专政的、资本主义的共和国相区别，那是旧民主主义的共和国，那种共和国已经过时了；另一方面，也和苏联式的、无产阶级专政的、社会主义的共和国相区别，那种社会主义的共和国已经在苏联兴盛起来，并且还要在各资本主义国家建立起来，无疑将成为一切工业先进国家的国家构成和政权构成的统治形式；但是那种共和国，在一定的历史时期中，还不适用于殖民地半殖民地国家的革命。因此，一切殖民地半殖民地国家的革命，在一定历史时期中所采取的国家形式，只能是第三种形式，这就是所谓新民主主义共和国。这是一定历史时期的形式，因而是过渡的形式，但是不可移易的必要的形式。"③ 在经济上，一方面，将"大银行、大工业、大商业，归这个共和国的国

① 《毛泽东选集》第二卷，人民出版社 1991 年版，第 651 页。
② 《毛泽东选集》第二卷，人民出版社 1991 年版，第 668 页。
③ 《毛泽东选集》第二卷，人民出版社 1991 年版，第 675 页。

家所有"，"但这个共和国并不没收其他资本主义的私有财产，并不禁止'不能操纵国民生计'的资本主义生产的发展，这是因为中国经济还十分落后的缘故"；另一方面，新民主主义共和国"没收地主的土地，分配给无地和少地的农民，实行中山先生'耕者有其田'的口号，扫除农村中的封建关系，把土地变为农民的私产。农村的富农经济，也是容许其存在的。"① 毛泽东还在《论联合政府》、《论人民民主专政》和在七届二中全会上的报告等著作中，阐述了我国由新民主主义革命向社会主义革命转变的问题，他说："只有经过民主主义，才能到达社会主义，这是马克思主义的天经地义。"没有一个新民主主义的联合统一的国家，没有新民主主义的经济和文化的发展，"要想在殖民地半殖民地半封建的废墟上建立起社会主义社会来，那只是完全的空想。"② 毛泽东还初步提出了一系列有关革命转变的路线、方针和政策。如提出中国革命胜利后党的历史任务是："迅速地恢复和发展生产，对付国外的帝国主义，使中国稳步地由农业国转变为工业国，把中国建设成一个伟大的社会主义国家。"③ 阐明了过渡时期的经济结构和发展方向，认为"国营经济是社会主义性质的，合作社经济是半社会主义性质的，加上私人资本主义，加上个体经济，加上国家和私人合作的国家资本主义经济，这些就是人民共和国的几种主要的经济成分，这些就构成新民主主义的经济形态。"④ 并指出，国营经济是整个国民经济的领导成分，掌握着国家的经济命脉；农业和手工业的个体经济之发展方向是现代化和集体化；对民族资本则采取利用和限制的政策；要逐步把个体经济和私人资本主义经济引上社会主义发展轨道。与此同时，党的其他领导人也对该问题进行了探索。1949 年 9 月，在全国政协一届一次会议上，刘少奇指出："在协商过程中，有些代表提议把中国社会主义的前途写进共同纲领中去，但是我们认为这是不妥当的。因为要在中国采取相当严重的社会主义步骤，还是相当长久的将来的事情，如果共同纲领上写上这一目标，很容易混淆我们在今天所要采

---

① 《毛泽东选集》第二卷，人民出版社 1991 年版，第 678 页。

② 《毛泽东选集》第三卷，人民出版社 1991 年版，第 1060 页。

③ 《毛泽东选集》第四卷，人民出版社 1991 年版，第 1437 页。

④ 《毛泽东选集》第四卷，人民出版社 1991 年版，第 1433 页。

取的实际步骤。"①1950 年 4 月，周恩来在全国统战会议上说："现在到处都有人问：'到底什么时候实现社会主义？'"②，"最近中央政治局会议也谈到这个问题"，"实现社会主义是要有一定条件的。今天条件不成熟，就要急于转变社会主义，这说明一些同志对新民主主义缺乏切实的认识。""勉强是无论如何不行的。社会主义是依社会发展必然的规律实现的。"③"不经过新民主主义就不能达到社会主义"④，"大家都还是说搞社会主义要十五年左右。"⑤1951 年 5 月，刘少奇在第一次全国宣传工作会议上指出："在三年准备（还有十六个月）之后，我们来一个十年经济计划。到十年以后，新中国的面貌就要改变，那时我们不但有强大的农业，而且有我们自己强大的工业，使中国变成一个富足的国家。到那时，我们的国家才可以考虑到社会主义去的问题。现在不能提这个问题。现在有人就讲社会主义，我说：这是讲早了，至少是早讲了十多年。""十年之内社会主义是讲不到的。"⑥

可见，新中国成立后，党中央主张要经过 10 年、20 年的建设阶段，才可以开始向社会主义过渡。但是，人的认识是在实践中不断发展和完善的。1952 年下半年开始，党中央关于我国如何经过新民主主义向社会主义过渡的设想发生了重大变化。1952 年 9 月，毛泽东在中共中央书记处会议上讲道：我们现在就要开始用 10 年到 15 年的时间基本上完成到社会主义的过渡，而不是十年或者更长时间以后才开始过渡。

实践中，我国从新民主主义社会转变到社会主义社会，经历了两个发展阶段。新中国成立后的前三年，是转变时期的第一个阶段。这一时期，党的主要任务是继续完成新民主主义革命遗留的任务，在全国范围内建立新民主主义的政治制度和经济制度。在政治上，建立了各级人民政权，不断健全人

---

① 《刘少奇选集》（上卷），人民出版社 1981 年版，第 435 页

② 周恩来：《在全国统战工作会议上的第二次报告记录》，《人民日报》1950 年 4 月 13 日。

③ 《周恩来统一战线文选》，人民出版社 1984 年版，第 169 页。

④ 《周恩来统一战线文选》，人民出版社 1984 年版，第 168 页。

⑤ 《周恩来统一战线文选》，人民出版社 1984 年版，第 166 页。

⑥ 《农业集体化文件汇编》（上），中共中央党校出版社 1981 年版，第 31 页。

民民主专政的国家制度；在经济上，接受帝国主义的在华资产，没收官僚资本归国家所有，在全国范围内完成土地改革。同时，在部分地区和部门开始进行初步的社会主义改造。在老解放区的农村开始组织互助合作，并进行农业社会主义改造的试点工作；对资本主义工商业一方面主要实行利用和限制的政策，另一方面，在部分企业中开始采取初步的社会主义改造措施。1953年，伴随着民主革命任务的完成和国民经济的恢复和发展，党中央正式提出了过渡时期的总路线。随着这条总路线的提出，我国过渡时期进入了第二阶段。

1953年12月，中共中央形成了对过渡时期总路线准确的表述，即"从中华人民共和国成立，到社会主义改造基本完成，这是一个过渡时期。党在这个过渡时期的总路线和总任务，是要在一个相当长的时期内，逐步实现国家的社会主义工业化，并逐步实现国家对农业、对手工业和对资本主义工商业的社会主义改造。"1954年9月，第一届全国人民代表大会第一次会议通过了《中华人民共和国宪法》，以根本大法的形式，把党在过渡时期的总路线作为国家在过渡时期的总任务写入总纲。过渡时期的总路线是一条社会主义建设与改造同时并举的路线，它以发展生产力、实现国家工业化为主体，以解放生产力、实现三大改造为两翼，形成了一个辩证统一的关系，反映了过渡时期社会经济发展的客观规律。过渡时期总路线的提出，改变了新民主主义革命胜利后要经过一个相当长的新民主主义建设阶段，然后再采取慎重的步骤开始向社会主义过渡的设想。过渡时期的总路线显现了当时中国人民面临的既互相联系又互为条件的两项任务，即逐步实现国家的社会主义工业化，并逐步实现国家对农业、手工业和资本主义工商业的社会主义改造。这表明我国的社会主义工业化建设与社会主义改造的任务是并肩而行的，国家社会主义工业化是社会主义改造的物质基础，而社会主义改造则是国家社会主义工业化不可或缺的重要条件。从而，改变了新民主主义革命胜利后先集中力量实现工业化，之后再进行社会主义改造的主张。向社会主义转变的设想和实践，是中国共产党人从中国的国情出发，在将马克思列宁主义与中国的具体实际相结合的过程中进行的。在这一过程中，中国共产党人积极探索革命转变的理论和实践问题，始终把握向社会主义转变的必然趋势，并且，在时间的选择上，始终以完全有利于实现社会主义作为转变的历史前提，发展了马克思列宁主义关于过渡时期的学说和合作社的理论。

过渡时期总路线内在地包含了三大改造的任务。在进行社会主义改造的过程中，以毛泽东为代表的中共第一代领导集体依据马克思列宁主义对生产资料私有制进行社会主义改造的一般理论，结合中国的实际情况和时代要求，创造性地开辟了一条适合中国特点的社会主义改造道路，并取得了伟大的历史性胜利。

新中国成立后，我国无产阶级对资产阶级在政治经济两个方面都处于绝对的优势地位。在政治上，无产阶级有以农民为主体的全国广大劳动人民的支持，领导着人民民主专政的国家政权。"人民手里有强大的国家机器，不怕民族资产阶级造反。"① 在经济上，由于没收了占全国 80% 固定资产的官僚资本归新民主主义国家所有，从而掌握了全国的经济命脉。因此，中国无产阶级及其政党的领导地位，也为民族资产阶级所承认，这种特殊的社会历史条件，使党对资本主义工商业进行和平赎买有了客观上的可能性。毛泽东关于和平赎买的理论和实践，最终把这种可能变成了现实。随着过渡时期总路线的制定，1953 年，毛泽东明确作出了经过国家资本主义实现对资本主义工商业的社会主义改造的论断。他认为："有了三年的经验，已经可以肯定：经过国家资本主义完成对私营工商业的社会主义改造，是较健全的方针和办法"；"国家资本主义是改造资本主义工商业和逐步完成社会主义过渡的必经之路。"② 于是，党中央提出了对资本主义经济全面实行利用、限制和改造的方针，也就是说，在对其利用、限制的同时必须逐步进行社会主义改造。以毛泽东为代表的党中央把马克思列宁主义普遍原理与中国革命实践紧密结合，从我国工人阶级和广大劳动人民的根本利益出发，在实践中创造了加工订货、统购包销、经销代销、公私合营等一系列形式的国家资本主义，这些形式的国家资本主义是对资本主义

---

① 《毛泽东选集》第四卷，人民出版社 1991 年版，第 1477 页。
② 《毛泽东文集》第六卷，人民出版社 1999 年版，第 291 页。

经济实施社会主义改造、一步一步地把它引上社会主义的最健全的方针和必经之路。这样，就改变了对资本主义先利用和限制，之后进行改造，当条件成熟时再由国家发布一道国有化命令，一举消灭它并实现过渡的设想。我国通过多种形式的国家资本主义，采取和平赎买方法胜利地完成对资本主义工商业的社会主义改造，是我国社会主义革命的一个历史性胜利，是国际共产主义运动史上的一个伟大创举。马克思和恩格斯曾经指出，为了建成社会主义，必须"剥夺剥夺者"。但他们同时认为，如果取得国家政权的无产阶级能用赎买方式消灭资本主义私人占有制度，那对无产阶级是最便宜的事情。但是，他们没有机会实现这种设想。俄国十月革命胜利后，由于资产阶级对苏维埃政权采取对抗的立场，无产阶级对大型资本主义企业实行了暴力剥夺。但此后，列宁在1918年和1921年先后两次提出了赎买的主张，并对资本家采取过赎买政策，但由于没有得到资本家的合作而失败了。中国共产党根据不同的社会历史条件对民族资产阶级制定了一系列正确的路线方针政策，以和平方式有秩序地实现了马克思、恩格斯和列宁提出过的以和平赎买方法解决资产阶级问题的伟大设想，丰富和发展了马克思列宁主义关于国家资本主义的学说，"是我国和世界社会主义历史上最辉煌的胜利之一。"①

毛泽东和党中央还把马克思列宁主义关于合作制的理论与中国农村的具体实际相结合，科学分析了我国的政治经济情况和农村的阶级状况，在此基础上，找到了中国农业合作化的道路，并提出了一系列适合中国特点的农业社会主义改造理论、路线、方针和政策，开始对农业进行社会主义改造，使农民通过合作化的方式走上了社会主义道路。党中央还提出要按照积极引导、稳步前进的方针和自愿互利、典型示范以及国家帮助的原则，引导农民自愿联合起来，创造了我国农业集体化的途径，即经过具有社会主义萌芽性质的互助组，到半社会主义性质的初级农业生产合作社再到社会主义性质的高级农业生产合作社也就是由低级到高级逐步过渡的形式。这样，就改变了必须先有工业化，当工业能够为农业提供大量的农业机械的情况下才可以实现农业集体化的设想。

---

① 《邓小平文选》第二卷，人民出版社1994年版，第186页。

1956 年，我国社会主义改造取得了决定性的胜利，标志着我国已经基本上消灭了以生产资料私有制为基础的阶级剥削制度，基本建立起了以生产资料公有制为基础的社会主义经济制度，初步建立起了社会主义基本制度，成为 20 世纪中国人民在前进道路上经历的又一次历史性的巨变，中国社会从此进入到社会主义的初级阶段。在此过程中，党的过渡时期的总路线和探索的适合中国特点的社会主义改造道路，极大地推动了马克思主义在中国的发展，推进了马克思主义与中国时代发展需求的密切结合，是马克思主义时代化的深刻体现。

第三节　社会主义矛盾学说的理论构建

社会主义制度建立起来之后，社会主义社会是否存在矛盾？如何处理和解决社会主义社会的矛盾？这是马克思主义经典作家们一直没有解决好的重大问题。马克思和恩格斯创立的历史唯物主义揭示了人类社会的发展规律，阐明了资本主义社会及以前各种社会形态的基本矛盾，即生产力和生产关系之间的矛盾，经济基础和上层建筑之间的矛盾。但由于历史条件的局限，马克思和恩格斯对社会主义社会还存在不存在这些矛盾，没有做出正确的回答，因而，也不可能提出社会主义社会仍然存在矛盾的学说。列宁敏感地注意到社会主义国家中政治生活的主要内容将会发生新的变化，党和国家的工作重心也要逐步转向经济方面，并预见到在社会主义社会中，"对抗将会消失、矛盾仍将存在。"[①]而斯大林却在一个较长时期内否定社会主义社会仍然存在矛盾。一直到 1952 年，即他去世的前一年，斯大林才勉强承认，如果搞得不好，社会主义的生产关系和生产力之间也会发生冲突，但他并没有将生产力和生产关系这对矛盾作为社会主义社会的基本矛盾提出来。与经典作家们不同的是，毛泽东不仅明确指出社会主义社会仍然充满着矛盾，而且认为社会主义社会的基本矛盾仍然是

---

① 《列宁全集》第六十卷，人民出版社 1990 年版，第 28 页。

生产力和生产关系、经济基础和上层建筑之间的矛盾，并且，这种矛盾大量地表现为人民内部矛盾。尤其是 1957 年 2 月，毛泽东发表了《关于正确处理人民内部矛盾的问题》的讲话，讲话涉及以往国际共产主义运动中从未有人遇到过或者遇到了却没能解决的重大问题，在马克思主义发展史上，毛泽东第一次系统阐述了社会主义社会的矛盾问题，创立了关于正确处理两类不同性质矛盾的理论，成为以毛泽东为主要代表的中国共产党人对马克思列宁主义独创性发展的又一突出例证，极大地丰富了马克思主义的理论宝库。

一、社会矛盾学说的探索与概括

伴随着生产资料私有制的社会主义改造基本完成，我国无产阶级和资产阶级之间的矛盾基本上得到了解决，延续几千年来的剥削制度的历史已基本结束，社会主义制度在我国已经基本建立。以毛泽东为主要代表的中国共产党人将马克思主义、科学社会主义理论与中国实际和时代特征相结合，开始深入思考和探索社会主义社会的基本问题。而首先遇到的一个带有根本性的问题就是社会主义社会是否存在矛盾？如果存在，那是什么样的矛盾？需要如何来解决这些矛盾？

马克思主义认为，人类社会的发展和变化，主要是由社会内部矛盾引起的。而生产力和生产关系之间、经济基础和上层建筑之间的矛盾，则是贯穿于人类社会始终的基本矛盾。这里的人类社会主要指包括资本主义在内的之前的社会形态，至于社会主义社会是否存在矛盾，由于马克思和恩格斯没有经历过社会主义社会的实践，所以，他们不可能提出社会主义社会的矛盾问题。列宁也强调，社会主义社会仍然存在矛盾，但对抗会逐渐消失。列宁的观点可以看做是认识社会主义社会矛盾的良好开端，它肯定社会主义社会还存在着矛盾，而且是非对抗性的矛盾。当然，列宁还没有来得及对社会主义社会的矛盾进行具体深入的考察和分析。斯大林在苏联进入社会主义社会后，对社会主义社会的矛盾没有正确的认识。在他看来，苏联社会主义社会是一个内部没有矛盾的社会。1938 年，他在《论辩证唯物主义和历史唯物主义》中提出，在社会主义制度下，"生产关系同生产力状况完全适合，因为生产过程的社会性是由生产资料的公有制所巩固的"；①"苏联的社会主义国民经济是生产关系完全适合生产力性质的例子，这里的生产资料的公有制同生产过程的社会性完全适合，因此在苏联没有经济危机，也没有生产力破坏的情形。"②然而，现实生活中不可能不存在矛盾，因此，斯大林的理论不能回答现实生活中存在的问题，于是，斯大林又提出，如果有矛盾，根子也在于外国帝国主义。可见，在很长一段时间内，斯大林混淆了国内政治生活两类不同性质的矛盾，把党内的和人民内部的许多矛盾当做敌我矛盾来处理，因而，犯了肃反扩大化等严重错误。直到1952年，斯大林才吞吞吐吐地承认社会主义制度下仍然存在生产力和生产关系之间的矛盾，他在《苏联社会主义经济问题》中指出："'完全适合'这种说法是不能在绝对的意义上来理解的……，应该理解为在社会主义制度下，通常不会弄到生产关系和生产力发生冲突，社会有可能及时使落后了的生产关系去适合生产力的性质"；就是说"在社会主义制度下，也会有落后的惰性的力量，它们不了解生产关系有改变的必要，但是这种力量，当然不难克服，不致把事情弄到冲突的地步。"③斯大林还认为，如果实行的政策错误，也可能会导致生产关系和生产力之间发生冲突，然而，他始终没有把这对矛盾当做社会主义社会的基本矛盾来提出。

苏共二十大和随后爆发的"波匈事件"，极大地暴露了社会主义社会的各种矛盾。这说明，社会主义制度下仍然存在着矛盾，并且能否正确区分与处理人民内部矛盾和敌我矛盾，关系到社会主义建设的成败，关系到人民政权的存亡。在国内，社会主义改造基本完成后，虽然阶级斗争还在一定范围内存在，还要加强无产阶级专政，但是，国家的根本任务则是在新的生产关系下保护生产力，全面建设社会主义。在这一时期，人民内部矛盾成为我国政治生活中普遍、大量存在的主要矛盾。国际国内出现的新情况和新问题，迫切要求党从理论与实践的结合上，给予马克思主义的解决。这正是中国共产党在新的历史时

---

① 《斯大林选集》下卷，人民出版社1979年版，第449页。
② 《斯大林选集》下卷，人民出版社1979年版，第445页。
③ 《斯大林选集》下卷，人民出版社1979年版，第577页。

期面临的一个重点课题，也正是在这种情况下，以毛泽东为代表的党中央开始了对社会主义社会矛盾问题的新探索。毛泽东深刻总结了国际共产主义运动的经验以及中国革命和建设的经验，从中国国情出发探讨了社会主义社会的矛盾问题。1956 年 4 月，毛泽东在他发表的《论十大关系》中指出，社会主义建设中的"这十种关系，都是矛盾。世界是由矛盾组成的。没有矛盾就没有世界。我们的任务，是要正确处理这些矛盾。"① 事实上，十大关系隐含了社会主义社会的矛盾分为两类的思想以及对敌我矛盾要分清敌我、对人民内部矛盾要分清是非的处理两类不同性质矛盾的方法，从而构建了中国共产党关于社会主义社会矛盾学说的雏形。1956 年 4 月和 12 月，《人民日报》编辑部根据两次中共中央政治局扩大会议的精神，发表了《关于无产阶级专政的历史经验》和《再论无产阶级专政的历史经验》，第一次明确提出了社会主义社会仍然存在矛盾的思想，批评了否认矛盾的形而上学的观点，提出了"两种不同性质矛盾"的概念，明确指出生产力和生产关系之间的矛盾、经济基础和上层建筑之间的矛盾是适用于一切社会的基本矛盾。是年 12 月 4 日，毛泽东在给黄炎培的信上又说："社会总是充满矛盾。即使社会主义和共产主义社会也是如此，不过矛盾的性质和阶级社会有所不同罢了。既有矛盾就要求揭露和解决。有两种揭露和解决的方法：一种是对敌（指特务破坏分子）我之间的，一种是对人民内部的（包括党派内部的，党派与党派之间的）。前者是用镇压的方法，后者是用说服的方法及批评的方法。我们国家内部的阶级矛盾已经基本上解决了（即是说还没有完全解决，表现在意识形态方面的，还将在一个长时期内存在。另外，还有少数特务分子也将在一个长时间内存在），所有人民应当团结起来。但是人民内部的问题将层出不穷，解决的方法，就是从团结出发，经过批评与自我批评，达到团结这样一种方法。"② 随着国际形势的动荡，1956 年秋冬，中国国内出现了一些工人罢工，学生罢课等不安定的因素。面对这种情况和形势，如何正确认识和处理这些矛盾，成为摆在以毛泽东为代表的党中央面前亟

---

① 《毛泽东文集》第七卷，人民出版社 1999 年版，第 44 页。

② 《毛泽东书信选集》，中央文献出版社 2003 年版，第 474 页。

待解决的新问题。

1957 年 2 月，毛泽东发表了《关于正确处理人民内部矛盾的问题》的讲话，在这篇具有重大理论和实践意义的著作中，毛泽东深入研究和阐述了我国社会主义社会的矛盾问题，形成了具有独创性的理论体系，集中体现了马克思主义中国化和时代化的理论成就，反映了马克思主义中国化和时代化所达到的理论广度和深度。

首先，毛泽东阐述了社会主义社会的基本矛盾，提出社会基本矛盾是社会主义社会发展的根本动力。毛泽东从马克思主义哲学角度出发，认为在自然界、人类社会和人们的思想中，对立统一规律都是普遍存在的。在此基础上，毛泽东指出："在社会主义社会中，基本的矛盾仍然是生产关系和生产力之间的矛盾，上层建筑和经济基础之间的矛盾。不过社会主义社会的这些矛盾，同旧社会的生产关系和生产力的矛盾、上层建筑和经济基础的矛盾，具有根本不同的性质和情况罢了。"① 毛泽东列举了社会主义社会的矛盾与旧社会的矛盾尤其是与资本主义社会的矛盾的不同之处。他认为："资本主义社会的矛盾表现为剧烈的对抗和冲突，表现为剧烈的阶级斗争，那种矛盾不可能由资本主义制度本身来解决，而只有社会主义革命才能够加以解决。社会主义社会的矛盾是另一回事，恰恰相反，它不是对抗性的矛盾，它可以经过社会主义制度本身，不断地得到解决。"② 进而，毛泽东还提出，我国社会主义生产关系已经建立起来，它是和生产力的发展是相适应的；但是，它还很不完善，这些不完善的方面和生产力的发展又是相矛盾的。除了生产关系和生产力发展的这种既相适应又相矛盾的情况以外，还有上层建筑和经济基础之间的既相适应又相矛盾的情况。当然，"在解决这些矛盾以后，又会出现新的问题，新的矛盾，又需要人们去解决。"③ 由于社会主义社会的矛盾不是对抗性的，它可以通过社会主义制度本身不断地得到解决，解决的根本方法就是通过社会主义改革。因此，社会主义社会中生产力和生产关系之间的矛盾、经济基础和上层建筑之间的矛盾，

① 《毛泽东文集》第七卷，人民出版社 1999 年版，第 214 页。
② 《毛泽东文集》第七卷，人民出版社 1999 年版，第 213 页。
③ 《毛泽东文集》第七卷，人民出版社 1999 年版，第 215 页。

是推动社会主义社会向前发展的基本矛盾，是社会主义社会发展的根本动力。

其次，毛泽东阐述了社会主义社会两类矛盾，提出人民内部矛盾是社会主义社会发展的主要动力。毛泽东在对社会主义社会基本矛盾深刻认识的基础上，创立了社会主义社会两类矛盾的学说，并强调应当把正确处理人民内部矛盾作为国际政治生活的主题。毛泽东指出，在社会主义社会，"有两类社会矛盾，这就是敌我之间的矛盾和人民内部的矛盾。这是性质完全不同的两类矛盾。"[1]"敌我之间的矛盾是对抗性的矛盾。人民内部的矛盾，在劳动人民之间说来，是非对抗性的；在被剥削阶级和剥削阶级之间说来，除了对抗性的一面以外，还有非对抗性的一面。"[2] 社会主义社会存在着大量的社会矛盾，其中，人民内部矛盾是社会主义社会基本矛盾的主要表现形式，因此，要正确区分和处理敌我矛盾和人民内部矛盾这两类不同性质的矛盾。毛泽东还强调，不同性质的矛盾要用不同的方法来解决。他指出："敌我之间和人民内部这两类矛盾的性质不同，解决的方法也不同。简单地说起来，前者是分清敌我的问题，后者是分清是非的问题。"[3] 在人民民主专政条件下，解决敌我之间的矛盾要用专政的方法，解决人民内部矛盾要用民主的方法。毛泽东还根据不同领域中人民内部矛盾呈现的不同特点，在总结中国革命和建设经验的基础上，提出了许多具体的解决人民内部矛盾的民主形式。在思想政治领域，提出了"团结——批评——团结"的方针；在经济领域，提出了"统筹兼顾，适当安排"的原则；在科学文化领域，提出了"百花齐放，百家争鸣"的方针；在党建设方面提出了"民主集中制"的原则；在中国共产党和各民主党派的关系上提出了"长期共存，互相监督"的方针；在汉族和少数民族的关系上提出了"克服大汉族主义与地方民族主义"的原则；在干部和群众的关系上提出了"克服官僚主义"的方法，等等。人民内部矛盾主要表现为人与人之间的关系，正确处理人民内部矛盾的根本目的，就是为了调动一切积极因素，动员各族人民积极投身于社会主义建设事业的伟大实践，为社会主义建设事业服务。如果没有亿万人民群

---

[1] 《毛泽东文集》第七卷，人民出版社 1999 年版，第 204—205 页。
[2] 《毛泽东文集》第七卷，人民出版社 1999 年版，第 205 页。
[3] 《毛泽东文集》第七卷，人民出版社 1999 年版，第 206 页。

众的积极参与，社会主义是建不成的。毛泽东还强调，要把正确处理人民内部矛盾作为国家政治生活的主题，"造成一个又有集中又有民主，又有纪律又有自由，又有统一意志、又有个人心情舒畅、生动活泼，那样一种政治局面。"①

再次，毛泽东阐述了工人阶级同民族资产阶级的矛盾，提出这对矛盾属于人民内部矛盾。毛泽东分析了中国民族资产阶级在民主革命时期和社会主义革命时期所具有的两面性，即我国的民族资产阶级"在资产阶级民主革命时期，它有革命性的一面，又有妥协性的一面。在社会主义革命时期，它有剥削工人阶级取得利润的一面，又有拥护宪法、愿意接受社会主义改造的一面。"② 在此基础上，毛泽东指出："在我们国家里，工人阶级同民族资产阶级的矛盾属于人民内部的矛盾。工人阶级和民族资产阶级的阶级斗争一般地属于人民内部的阶级斗争。"③ 毛泽东还批评了一些人对民族资产阶级是否具有两面性的看法，他说："有人说，中国资产阶级现在已经没有两面性了，只有一面性。这是不是事实呢？不是事实。"④ 尽管民族资产阶级现在正处在由剥削者变为自食其力的劳动者的转变过程中，但是，他们现在还在公私合营的企业中拿定息，这就是说，他们的剥削根子还没有脱离。这怎么能说已经没有了两面性呢？就是不拿定息，摘掉了资产阶级的帽子，"也还需要一个相当的时间继续进行思想改造。"⑤ 毛泽东还强调，要防止人民内部矛盾激化，防止人民内部矛盾向敌我矛盾转化，同时要促进敌我矛盾向人民内部矛盾转化。他指出，在我国具体的历史条件下，工人阶级与民族资产阶级之间的对抗性的矛盾如果处理得当，就可以转变为非对抗性的矛盾，这样，就可以用和平的方法来解决它；如果我们处理不当，对民族资产阶级不是采取团结、批评、教育的政策，或者民族资产阶级不接受我们的这个政策，那么，工人阶级同民族资产阶级之间的矛盾就会变成敌我之间的矛盾。

---

① 《建国以来毛泽东文稿》第六册，中央文献出版社1992年版，第543页。
② 《毛泽东文集》第七卷，人民出版社1999年版，第206页。
③ 《毛泽东文集》第七卷，人民出版社1999年版，第206页。
④ 《毛泽东文集》第七卷，人民出版社1999年版，第223页。
⑤ 《毛泽东文集》第七卷，人民出版社1999年版，第224页。

总之，对社会主义社会矛盾学说的探索和理论建构，体现了以毛泽东为主要代表的中国共产党人的与时俱进的创新精神。毛泽东坚持历史唯物主义的基本原则，正本清源，明确提出了社会主义社会基本矛盾学说，极大地发展了马克思主义的唯物史观；毛泽东深刻分析了两类矛盾的性质和特点，提出了处理两类矛盾的基本原则和正确解决人民内部矛盾的方针政策，并指出正确处理人民内部矛盾是社会主义国家政治生活的主题，这些都具有强烈的时代气息和民族特色，创造性地发展了马克思列宁主义，是中国共产党在全面建设社会主义阶段开始后马克思主义中国化和时代化的重要里程碑，为邓小平理论作了先导。

二、社会主要矛盾和主要任务的再认识

社会主义社会的主要矛盾是什么？这在马克思、恩格斯和列宁的著作中没有现成的答案。这一问题是在后来的社会主义实践中提出的对社会主义事业带有全局性的重大理论问题。以毛泽东为主要代表的中国共产党人对这一问题的认识经历了一个反复的过程。

1956年，我国社会主义改造基本完成后，国内的阶级关系发生了重大变化，剥削阶级和剥削制度已不复存在。工人阶级已经成为国家的领导阶级，其队伍日益壮大，觉悟程度和文化技术水平也大大提高；广大的农民和其他个体劳动者已经成为社会主义的集体劳动者；知识界也改变了原来的面貌，已经成为一支为社会主义服务的队伍；原来从事剥削的地主、富农和民族资产阶级，正处在向自食其力的劳动者的转变过程中；国内各民族已经组成一个团结友好的和睦的大家庭；以共产党为领导的人民民主统一战线，更加扩大和巩固。① 国际上，我国倡导和坚持和平共处五项原则，国际声望和国际地位大大提高。党的八大正确分析了当时国内国外主要形势和国内的主要矛盾，八大政治报告的决议明确宣布：我国的"现在这种社会主义改造已经取得决定性的胜

---

① 《刘少奇选集》下卷，人民出版社1985年版，第202、203、253、254页。

利，这就表明，我国的无产阶级同资产阶级之间的矛盾已经基本上解决，几千年来的阶级剥削制度的历史已经基本上结束，社会主义的社会制度在我国已经基本上建立起来了。"① 尽管在社会主义社会制度条件下，党和国家还有解放台湾、彻底完成社会主义改造、最后消灭剥削制度、继续肃清反革命残余势力等艰巨任务，但是"我们国内的主要矛盾，已经是人民对于建立先进的工业国的要求同落后的农业国的现实之间的矛盾，已经是人们对于经济文化迅速发展的需要同当前经济文化不能满足人民需要的状况之间的矛盾。"在这一前提下，"党和全国人民当前的主要任务，就是要集中力量来解决这个矛盾，把我国尽快地从落后的农业国变为先进的工业国。"② 这实际上宣布了党今后的工作重点已不再是搞阶级斗争，而是要依靠广大劳动人民，迅速地把我国建设成为一个伟大的社会主义国家。八大政治报告的决议还明确指出了国内主要矛盾的实质，即"在我国社会主义制度已经建立的情况下，就是先进的社会主义制度同落后的社会生产力的矛盾。"但是，这个概括在文中表述上还不够精确，容易引起歧义。看起来好像是生产力发展不要求生产关系和社会制度的变革，因而不符合历史唯物主义基本原理的规范表述。这一点在毛泽东看来，既然社会主义制度已经基本确立，那么，随之建立起来的社会主义生产关系与生产力的发展之间应该是既相适应，又存在着矛盾。并且，这种矛盾主要还是由生产关系在某些方面不完善造成的。所以，社会主义社会的主要任务，应该是既要大力发展社会生产力，又要不断改革生产关系和上层建筑，并使之日趋完善，不断适应生产力的发展需要。毛泽东及时意识到八大有关社会主要矛盾的表述不确切，并多次对这个论断进行了批评，这也仅限于"有语病"之类的说法，对八大关于主要矛盾的基本精神并没有反对，直到八大以后的大半年时间内，他还是基本肯定的。随着国内外形势的变化，毛泽东对该论断逐渐流露出一些不满。1956 年 11 月，党的八届二中全会召开，毛泽东在他的讲话中仍然认为，我国的"国内阶级矛盾已经基本解决。"③1957

① 《建国以来重要文献选编》第九册，中央文献出版社 1994 年版，第 341 页。
② 《中国国共产党第八次全国代表大会文献》，人民出版社 1957 年版，第 809—810 页。
③ 《建国以来毛泽东文稿》第六册，中央文献出版社 1992 年版，第 245 页。

年初，毛泽东在关于人民内部矛盾问题的写作和宣传上，他也多次强调"阶级斗争基本结束"了。

当然，党的八大对于阶级斗争问题的认识，存在着一定的局限性。在八大召开时，我国的社会主义改造已经基本完成，这时根据我国的时代条件，理应宣布过渡时期基本结束。但八大政治报告却认为"我们应当在三个五年计划的时期内，基本上建成一个完整的工业体系"①，"第二个五年计划的实现，将为我国在第三个五年计划期间基本上完成过渡时期总任务准备好必要的条件。"②这样党的八大就把过渡时期估计得很长，不再把过渡时期理解为"从中华人民共和国成立，到社会主义改造基本完成"，而是理解为"从中华人民共和国成立到工业化实现"，甚至把过渡时期的下限延长到第三个五年计划结束，即1967 年。从主观上来看，延长过渡时期的时限，尽管具有对社会主义改造留有余地的考虑，但其结果必然为夸大工人阶级和资产阶级之间的矛盾、社会主义道路和资本主义道路之间的矛盾留有空间。因为按照原本对过渡时期的理解，过渡时期是充满阶级斗争的。从而为社会主要矛盾认识的转移和阶级斗争扩大化提供了理论上的某种依据。

八大结束后不久，毛泽东在《关于正确处理人民内部矛盾的问题》一文中又进一步指出，现在革命时期的大规模的疾风暴雨式的群众阶级斗争已经基本结束，但是阶级斗争还没有完全结束，我们的根本任务有解放生产力变为保护和发展生产力。国家国内主要矛盾的变化，毛泽东把正确处理人民内部矛盾作为党和国家政治生活的主题。为了正确处理人民内部矛盾，逐渐缓和党和人民群众在某些方面的紧张关系，党中央和毛泽东提出开展党内整风运动。这时，毛泽东和刘少奇都十分强调正确处理人民内部矛盾中的反对官僚主义的意义。刘少奇认为，人民内部矛盾大量地表现在领导者同人民之间，确切地讲，表现为领导上的官僚主义与人民群众的矛盾。"如果领导机关不犯官僚主义，问题就可以解决了，矛盾就缓和了。"③毛泽东还强调，整风的总的题目是要处理人

---

① 《建国以来重要文献选编》第九册，中央文献出版社 1994 年版，第 62 页。
② 《建国以来重要文献选编》第九册，中央文献出版社 1994 年版，第 64—65 页。
③ 《刘少奇选集》下卷，人民出版社 1985 年版，第 303 页。

民内部矛盾，使党的作风真正得到改进。在整风运动过程中，党中央和毛泽东肯定了大量积极的批评意见，但对于那些涉及重大政治问题的意见和一些激愤之言，缺乏一定的思想准备，并对此作了非常过度的反应。中央认为这是右派分子向党和社会主义发起的猖狂进攻，必须打退其进攻，整风运动才能顺利开展；同时，党和人民同右派的矛盾是对抗性的、不可调和的、你死我活的敌我矛盾；反击右派就是捍卫社会主义的尖锐的阶级斗争，必须在全国人民中间进行坚持社会主义道路的教育，从而稳定新建立起来的社会主义制度。"不打胜这一仗，社会主义是建不成的，并且有出'匈牙利事件'的某些危险。"① 在这样的思想指导下，整风运动的主题发生了转向，即由正确处理人民内部矛盾转向了对敌斗争，由党内整风转向了反击右派，于是，"一场大规模的思想战争和政治战争"② 开始了。毛泽东在评价这场斗争时指出："这一次批判资产阶级右派的意义，不要估计小了。这是一个在政治战线上和思想战线上的伟大的社会主义革命。单有一九五六年在经济战线上（在生产资料所有制上）的社会主义革命，是不够的，并且是不巩固的。'匈牙利事件'就是证明。必须还有一个政治战线上和一个思想战线上的彻底的社会主义革命。"③ 并且，党中央和毛泽东这时都认为这场斗争是对马克思主义阶级斗争理论的丰富和发展。也就是在此时，毛泽东对社会主义社会主要矛盾的认识和分析开始有了反复。1957年9月，毛泽东会见匈牙利总理卡达尔，他提出，中国、匈牙利和东欧各国的国内主要矛盾是无产阶级和资产阶级的矛盾。他还说，由于阶级并未消灭，这个矛盾存在的时间可能会延长得很长。毛泽东还在多次讲话中强调，尽管生产资料所有制的改造已完成，但现在人民民主专政的基础并不巩固，在意识形态方面，社会主义和资本主义之间谁胜谁负的斗争，还需要一个相当长的时间才能解决。因此，我们现在思想战线上的一个重要任务，就是要对修正主义展开批判。根据这一估量，毛泽东过于悲观地分析了党内思想状况和知识分子的改造情况，并且，"伴随着反右派严重扩大化的发生，毛泽东在社会主义时期的

① 《建国以来毛泽东文稿》第六册，中央文献出版社 1992 年版，第 497 页。

② 《建国以来毛泽东文稿》第六册，中央文献出版社 1992 年版，第 491 页。

③ 《建国以来毛泽东文稿》第六册，中央文献出版社 1992 年版，第 548 页。

阶级斗争理论观点上，很快地发生了向'左'的改变。他根据自己对反右派斗争的认识，提出了改变八大论断的理论新概括。"① 即对八大决议关于社会主义社会主要矛盾的表述作根本性的修改。

1957 年 9 月 20 日至 10 月 9 日，中共中央举行八届三中全会，会上毛泽东对改变八大论断的原因作了说明，并对在策略上如何处理这种改变，提出了意见。在会议结束时，毛泽东明确指出："无产阶级和资产阶级的矛盾，社会主义道路与资本主义道路的矛盾，毫无疑问，这是当前我国社会的主要矛盾。"② 毛泽东进一步指出："现在的主要矛盾是什么呢？现在是社会主义革命，革命的锋芒是对着资产阶级，同时变革小生产制度即实现合作化"，概括地说，主要矛盾"就是社会主义和资本主义两条道路的矛盾。"③ 同时，毛泽东直接否定了八大决议中有关社会主要矛盾的提法。他指出："'八大'决议上有那么一段，讲主要矛盾是先进的社会主义制度同落后的社会生产力之间的矛盾。这种提法是不对的。"④ 这反映了毛泽东从原来之前的观点转变到错误观点的开始阶段，并且后来还出现过反复。但是总的来说，从这时起，两个阶级之间的阶级斗争是国内主要矛盾的观点，则始终贯穿于毛泽东的全部指导思想之中。从此，中国共产党便开始了此后 20 年中不能正确处理社会主义初期阶段的政治与经济、阶级斗争与社会主义建设关系的历史。1958 年 3 月，在成都会议（中共中央工作会议）期间，毛泽东提出了国内还存在两个剥削阶级，（即官僚资产阶级及封建地主阶级，民族资产阶级及其知识分子）和两个劳动阶级（即工人阶级和农民阶级）的新论断。⑤4 月，在汉口会议上，毛泽东阐发了这一观点，认为第一个剥削阶级是帝国主义、封建主义、官僚资本主义、国民党残余，地、富、反、坏及右派；第二个剥削阶级是民族资产阶级和它的知识分子。同时还提出对两个剥削阶级的方针，是团结后一个，孤立并打倒前一个，

---

① 丛进：《曲折发展的岁月》，河南人民出版社 1989 年版，第 74 页。

② 《毛泽东选集》第五卷，人民出版社 1977 年版，第 475 页。

③ 《毛泽东选集》第五卷，人民出版社 1977 年版，第 475 页。

④ 《毛泽东选集》第五卷，人民出版社 1977 年版，第 475 页。

⑤ 《建国以来毛泽东文稿》第七册，中央文献出版社 1992 年版，第 119—120 页。

即团结中间，孤立右派。两个劳动阶级是工人和农民。① 这一观点为党中央所接受。基于这种错误分析，在党的八大二次会议上，毛泽东又明确提出，在整个过渡时期，即在社会主义建成以前，无产阶级同资产阶级的斗争，社会主义道路同资本主义道路的斗争，始终是我国的主要矛盾。1959 年的庐山会议上毛泽东又把对我国社会主要矛盾的错误分析引向党内，并用它来指导解决党内的矛盾和分歧，他说："庐山出现的这一场斗争，是一场阶级斗争，是过去十五年社会主义革命过程中，资产阶级与无产阶级两大对抗阶级生死斗争的继续。"毛泽东还断言，这类斗争将长期存在，资产阶级在整个社会主义历史阶段都将存在和企图复辟，是党内产生修正主义的主要根源；因此，阶级斗争要"年年讲，月月讲，天天讲"，并号召全国人民"千万不要忘记阶级斗争"。

由于社会主要矛盾提法的改变，是一个关系到全局的重大问题。因此，对我国社会主要矛盾认识的逆转，并错误地分析社会主义社会主要矛盾，使得毛泽东对社会主义发展规律的认识逐渐偏离了马克思主义，对中国社会主义建设道路的探索也偏离了社会主义发展的正确方向。可以说，从 50 年代末到 70 年代末的 20 年间，在"左"的思想指导下，形成了超越阶段的社会主义空想论和以阶级斗争为纲的社会主义革命论，成为中国社会主义理论的二重变奏，其中以阶级斗争为纲的理论是主旋律，成为以后政治斗争频繁开展、阶级斗争不断扩大化以及人为制造阶级斗争的理论根源，使得党和国家在政治上和经济上遭受到了严重的损失，马克思主义中国化和时代化的探索陷入迷误之中。

第四节　"三个世界"划分理论的提出与实践

中国的革命与建设事业，不仅植根于中国的国情，而且也同整个世界密切地联系着。因此，中国的发展离不开世界。为了给中国革命和建设创造有利的

---

① 中国共产党新闻网，见 http://dangshi.people.com.cn/GB/151935/176588/176596/10556145.html。

国际环境和条件，中国共产党一直将正确认识和处理同外部世界的关系、善于应对复杂多变的国际形势、争取最广泛的国际支持作为国际战略的基本内容和根本目标。在国际事务中，中国始终维护发展中国家的权益，努力促进和平友好的睦邻关系。20世纪60年代，中国外交揭开了抛弃依据意识形态和社会制度画线、而在共同利益的基础上发展外交关系的序幕。70年代，第三世界在国际事务中的作用达到空前的高度，毛泽东敏锐地观察到了这一点，他依据国际形势和世界各种基本矛盾以及各种政治力量的重大变化，在进行缜密地分析和估计后，在他战后所提出的"中间地带"理论的基础上，与时俱进地提出了符合时代潮流的独具特色的"三个世界"划分的战略理论，丰富和发展了马克思列宁主义关于世界革命的战略思想，为马克思主义理论宝库增添了新的光彩。

一、国家关系不应以意识形态划界

列宁曾经指出："在任何一个战略活动中我们都决不应该束缚自己的手脚。一切取决于力量的对比和什么时候这个或那个帝国主义国家向我们进攻。"[①] 这为我们提供了分析和判断世界格局的基本方法。第二次世界大战结束不久，在中国很快形成了美、苏、英等大国插手中国事务的复杂局面。针对美、苏、英等大国均表示不赞成中国发生内战的情况，毛泽东指出："资本主义国家和社会主义国家在许多国际事务上还是会妥协的，因为妥协有好处。"[②] 由此，毛泽东认为，在第二次世界大战后维持一个时期的和平是有可能的。此后，毛泽东针对美国是否可能举行反苏战争提出了"中间地带"的理论。1946年8月6日，毛泽东在同美国记者安娜·路易斯·斯特朗谈话时明确指出："美国和苏联中间隔着极其辽阔的地带，这里有欧、亚、非洲的许多资本主义国家和殖民地半殖民地国家，美国反动派在没有压服这些国家之前，是谈不到进攻苏联的"，

---

① 《列宁全集》第三十四卷，人民出版社1985年版，第34页。
② 《毛泽东选集》第四卷，人民出版社1991年版，第1162页。

"美国反动派说，他们在世界各地已经建立和准备建立的一切军事基地，都是为着反苏联的，不错，这些军事基地是指向苏联，但是在现时，首先受到美国侵略的不是苏联，而是这些被建立军事基地的国家。我相信，不要很久，这些国家将会认识到真正压迫他们的是谁，是苏联还是美国。美国反动派终有一天将会发现他们自己是处在全世界人民的反对中。"[1] 这里可以看出，毛泽东将处在美国和苏联中间的欧、亚、非，包括许多资本主义国家和殖民地半殖民地国家称为"中间地带"，并把美帝国主义与英、法、德、日等资本主义国家区别对待，突出了全世界人民的主要敌人——美帝国主义。同时，粉碎了美苏必战的论调。随后，在两大阵营对抗的形势下，民族国家在取得国家的主权独立之后，仍然维持它们的中间立场，成为两大阵营之间的中间力量。直到 20 世纪50 年代中期，世界政治舞台中又增加了民族主义国家。作为第三种国际力量，民族主义国家既显示了它们之间的团结和力量，同时又表现出与社会主义国家在反对帝国主义反对殖民主义方面的一致。在这种情形下，1957 年，毛泽东恢复使用了"中间地带"的说法。他 1958 年同外宾的一次谈话中改变了在《新民主主义论》中的一些看法，明确指出："我在《新民主主义论》中讲到，第二次世界大战爆发以后，不可能再出现基马尔式的土耳其那样的国家；殖民地和半殖民地的资产阶级，要就是站在帝国主义战线方面，要就是站在反帝国主义战线方面，没有其他的道路。事实上，这种观点只适合于一部分国家……它们不是帝国主义国家，也不是社会主义国家，而是民族主义国家。"[2]"帝国主义不能够永久维持。社会主义也不能够永久维持，因为还要进入更高级的共产主义社会。第三种立场可以维持相当长的时期，维持到还有必要的时候。"[3] 毛泽东还深刻分析了战后的形势，认为："共产主义、民族主义、帝国主义，这三个主义中，共产主义和民族主义比较接近。"[4] 毛泽东关于中间力量看法的变化，为建立广泛的国际统一战线和"三个世界"划分的战略思想的最终形成，

---

① 《毛泽东选集》第四卷，人民出版社 1991 年版，第 1193—1194 页。

② 《毛泽东外交文选》，中央文献出版社，世界知识出版社 1994 年版，第 335—336 页。

③ 《毛泽东外交文选》，中央文献出版社，世界知识出版社 1994 年版，第 336 页。

④ 《建国以来毛泽东文稿》第七册，中央文献出版社 1992 年版，第 384 页。

奠定了必要的思想基础。20 世纪 60 年代初期，面对世界出现的动荡局面、原有的国际力量由于各种矛盾出现了分化、正在继续新的力量改组等许多新特点的情况，毛泽东及时地提出了"第二个中间地带"的思想。他在 1964 年 7 月同日本朋友进行谈话时指出，中间地带国家现在有 4 种类型，即目前拥有殖民地的国家和不拥有殖民地的发达国家，已经取得独立的国家和仍处于西方大国殖民统治下的或尚未真正获得独立仍处于附属国的国家。他还进一步指出，关于这 4 类国家，"我们现在提出这么一个看法，就是有两个中间地带：亚洲、非洲、拉丁美洲是第一个中间地带；欧洲、北美加拿大、大洋洲是第二个中间地带。日本也属于第二个中间地带。"① 他还分析说，这两个中间地带的国家都反对美国的控制和干涉，都反对美苏两个超级大国争霸世界，所以"整个亚洲、非洲、拉丁美洲的人民都反对美帝国主义。欧洲北美、大洋洲也有许多人反对美帝国主义。有的帝国主义者也反对美帝国主义，戴高乐反对美国就是证明。"② 因此，不仅"强大的资本主义国家，对美国不满意，对苏联也不满意"，并且，"苏联和东欧各国的矛盾也有明显的发展，关系紧张得很"，所以，东欧各国正在反对苏联对它们的控制。③

毛泽东提出的关于"第二个中间地带"的思想，极大地深化和丰富了人们对世界格局的认识。这一思想着重揭示了发达资本主义国家中的一部分国家同第一个中间地带的国家一样，也与美国和苏联存在着尖锐的矛盾，表明帝国主义国家也不是铁板一块，因此，要对其各个组成部分予以区别对待。这一论断，使中国同反对美苏的国家建立国际统一战线成为了可能。毛泽东提出的关于"第二个中间地带"的思想还告诉我们，要依靠第一个中间地带的力量，使它成为反对美帝国主义的主力军；还要团结第二个中间地带的力量，使它成为反对美帝国主义的同盟者。同时可以看出，这一时期毛泽东在构建中国的国际战略时，已经开始放弃以社会制度和意识形态为标准的旧模式，开始以经济和军事实力以及对霸权和战争的态度为标准来划分世界，成为中国外交史上抛弃

---

① 《毛泽东外交文选》，中央文献出版社，世界知识出版社 1994 年版，第 509 页。
② 《毛泽东外交文选》，中央文献出版社，世界知识出版社 1994 年版，第 510 页。
③ 《毛泽东外交文选》，中央文献出版社，世界知识出版社 1994 年版，第 508—509 页。

依据意识形态和社会制度画线、而在共同利益的基础上发展外交关系的重要开端，也是对马克思主义世界格局理论的新贡献。

二、"三个世界"划分的理论

在国际政治领域，世界结构是由世界上的阶级、经济和政治等因素构成的在一定时期内比较稳定的架构和体系。对于马克思主义者、对于无产阶级政党来说，它是弄清世界上敌友我的关系和阵势，制订正确的国际战略和策略的客观基础和前提，只要资本主义向社会主义过渡的时代没有结束，对任何一个国家来说，国际上敌友我三方面都是客观存在，无法抹杀，只是不同的时期表现形式和程度不同。① 马克思和恩格斯在领导无产阶级进行革命斗争时，一贯坚持无产阶级和世界革命人民在国际阶级斗争中的整体利益，并号召"全世界无产者，联合起来!"② 在帝国主义时代，资本主义列强疯狂地掠夺、奴役和压迫落后地区的殖民主义，激起了被压迫民族人民的奋起反抗，民族解放运动纷纷兴起。在这种形势下，列宁一方面肯定了被压迫民族反对帝国主义的斗争，认为被压迫民族的民族解放运动已经是世界无产阶级社会主义革命的一个重要组成部分。另一方面，他明确指出："社会革命的发生只能是指一个时代，期间既有先进国家无产阶级同资产阶级的国内战争，又有不发达的、落后的和被压迫的民族所掀起的一系列民主的、革命的运动，其中包括民族解放运动。"③ 表明无产阶级反对资产阶级的革命与被压迫民族反对帝国主义的民族解放运动必须联合起来进行。列宁认为，社会主义革命是一切被压迫民族联合起来反对国际帝国主义的斗争。他说："社会主义革命不会仅仅是或主要是每一个国家的革命无产者反对本国资产阶级的斗争。不会的，这个革命将是受帝国主义压迫的一切殖民地和国家、一切附属国反对国际帝国主义的斗争。"④ 列宁还指出了

① 宋士昌：《科学社会主义通论》第三卷，人民出版社 2004 年版，第 284 页。
② 《马克思恩格斯选集》第一卷，人民出版社 1995 年版，第 264 页。
③ 《列宁全集》第二十八卷，人民出版社 1990 年版，第 153 页。
④ 《列宁选集》第四卷，人民出版社 1995 年版，第 77 页。

帝国主义时代的特点和事实，就是帝国主义为了在世界上争夺殖民地，到处侵略扩张，已经把世界划分成"压迫民族和被压迫民族"①两大阵营。第二次世界大战以后，美苏对峙、民族解放运动风起云涌，整个世界的基本格局发生了重大变化。世界反法西斯战争之后，苏联很快医治了战争创伤，国力日益强大，东欧和亚洲也出现了一系列人民民主国家。新中国的成立，冲破了帝国主义的东方战线，改变了世界进步力量与反动力量的对比，极大地推进了殖民地半殖民地人民争取民族解放的斗争，也大大推进了世界革命的进程。随之，社会主义的力量不断壮大，并且超越了一国范围，这样，就形成了以前苏联为首的社会主义阵营。与此同时，第二次世界大战后，西欧国家普遍衰落，美国一枝独秀，于是，便形成了以美国为首的资本主义阵营。60年代初，由于苏联党的大国沙文主义和赫鲁晓夫分裂国际共产主义运动的行为，中国共产党对之进行了严厉的批判，两党也因其展开了大论战，最终使两党关系发生了质的变化，相互间的矛盾上升为势不两立的敌我矛盾。1965年3月，中共拒绝出席苏共二十三大，从而断绝了中国共产党同苏东各国共产党的联系。同时，这场大论战使国际共运出现大分裂，使统一的社会主义阵营宣告解体，也导致了一些党出现严重分裂和极"左"思潮的泛滥，给各国革命和建设带来严重的影响。此后，美苏两个超级大国为了各自的利益在世界范围内展开了对峙和争夺。20世纪60年代末70年代初，国际关系出现明显的阶段性变化。毛泽东和党中央善于把握稍纵即逝的机遇，在变化了的新形势下，及时应对错综复杂的严峻国际形势，并抓住了各类矛盾中最主要的矛盾，毅然调整了中国的外交政策。随着中国外交政策的调整，中国对外关系有了重大突破和发展。在1971年第26届联合国大会恢复了中华人民共和国的合法席位和1972年中美关系改善的基础上，整个70年代中国先后同70个国家建立了外交关系，基本完成了同西方国家的建交过程。中国对外关系的新发展，平衡了国际战略力量，缓解了苏联对中国的压力，制约了战争爆发，维护了世界和平。从而，改善了中国的国际环境，提高了中国的国际威望，中国的国际地位有了明显的提高。

---

① 《列宁选集》第二卷，人民出版社1995年版，第6页。

　　"三个世界"划分的理论是毛泽东在战后提出的"中间地带"理论和"第三世界"论断的基础上发展起来的。冷战时期，一些经济发展比较落后的国家为表示并不靠拢北约①或华约②任何一方，用"第三世界"一词界定自己。1973 年 9 月，不结盟国家在阿尔及尔通过的《政治宣言》中正式使用了"第三世界"这个概念。③后来，毛泽东还曾经用"第三世界"这个概念来代表他所说的"中间地带"。1964 年 1 月，毛泽东在会见外国朋友时指出："美国现在在两个'第三世界'都遇到抵抗。第一个'第三世界'是指亚、非、拉。第二个'第三世界'是指以西欧为主的资本主义高度发展的、有些还是帝国主义的国家，这些国家一方面压迫别人，另一方面又受美国压迫，同美国有矛盾。"④1970 年 7 月 11 日，毛泽东在同坦桑尼亚政府代表团和赞比亚政府代表团谈到美帝国主义时，又谈到"第三世界"。他说："实际上现在世界上帝国主义的日子不大好过，它们怕第三世界，既怕你们这些人，也怕我们这些人，要破除迷信，不要迷信那个什么帝国主义。"⑤1973 年 6 月，毛泽东在会见马里国家元首特拉奥雷时再次讲到第三世界，他指出："我们都是叫做'第三世界'，就是叫做发展中国家。"⑥1974 年 2 月，毛泽东在同阿尔及利亚革命委员会主席布迈丁的谈话中强调："中国属于第三世界。因为政治、经济各方面中国不能

---

　　①　北大西洋公约组织（英 NATO: North Atlantic Treaty Organization; 法 OTAN: Organisation du Traité de Atlantique Nord），简称北约组织或北约，是美国与西欧、北美主要发达国家为实现防卫协作而建立的一个国际军事集团组织。北约拥有大量武器和常规部队，是西方的重要军事力量。这是资本主义阵营在军事上实现战略同盟的标志，是马歇尔计划的发展，使美国得以控制欧洲的防务体系，是美国称霸世界的标志。

　　②　华沙条约组织（英语：Warsaw Treaty Organization ；俄语：Организация Варшавского Договора；简称华约组织或华约。）是东欧社会主义阵营为对抗北大西洋公约组织而成立的政治军事同盟。成员国包括阿尔巴尼亚人民共和国、保加利亚人民共和国、匈牙利人民共和国、德意志民主共和国、波兰人民共和国、罗马尼亚人民共和国、苏维埃社会主义共和国联盟、捷克斯洛伐克共和国。东欧社会主义国家除南斯拉夫以外，全部加入华约组织，1991 年 7 月 1 日，华沙条约组织正式解散。

　　③　百度百科，见 http://baike.baidu.com/view/34015.htm。

　　④　《毛泽东外交文选》，中央文献出版社、世界知识出版社 1994 年版，第 514—515 页。

　　⑤　《毛泽东外交文选》，中央文献出版社、世界知识出版社 1994 年版，第 587—588 页。

　　⑥　《人民日报》1977 年 11 月 1 日。

跟富国、大国比只能跟一些比较穷的国家在一起。"① 这体现了中国属于"第三世界",与"第三世界"具有共同的利益的,与"第三世界"是不可分割的整体的思想,有利于中国在国际舞台上团结一切可以团结的力量结成最广泛的国际统一战线。正是在这一前提下,在 20 世纪 70 年代前期,毛泽东针对国际形势的不断变化和世界主要矛盾的发展,准确分析和判断了世界政治力量的对比变化,以战略家的远见卓识,在他提出的关于"中间地带"理论和"第三世界"论断的基础上,提出了独具特色的"三个世界"划分的理论。

1974 年 2 月 22 日,毛泽东在会见来华访问的赞比亚总统卡翁达时提出了"三个世界"划分的基本思想,他认为,当今世界上有两个超级大国,即美国和苏联,它们推行霸权主义政策,干涉别国内政;还有欧洲的一些发达国家,它们当中有的奉行外交中立,有的倒向苏联,有的则倒向美国;还有的是不发达国家。毛泽东明确指出:"我看美国、苏联是第一世界。中间派,日本、欧洲、澳大利亚、加拿大,是第二世界。咱们是第三世界。"他还根据各国拥有的原子弹数量和富裕程度进行了进一步的划分说明,即"第二世界,欧洲、日本、澳大利亚、加拿大,原子弹没有那么多,也没有那么富,但是比第三世界要富。""第三世界人口很多。""亚洲除了日本,都是第三世界。整个非洲都是第三世界,拉丁美洲也是第三世界。"② 这样,毛泽东就就明确地提出了"三个世界"划分的理论。

1974 年 4 月 10 日,邓小平代表中国政府在联合国第六届特别会议上发言,他全面而系统地阐述了毛泽东关于"三个世界"划分的理论。邓小平的发言是根据毛泽东的历次指示写的,也是经中共中央政治局讨论通过、并由毛泽东审阅批准的。邓小平的发言指出:"从国际关系的变化看,现在的世界实际上存在着互相联系又互相矛盾着的三个方面,三个世界。美国、苏联是第一世界,亚、非、拉发展中国家和其他地区的发展中国家,是第三世界。处于这两者之

---

① 中共中央文献研究室:《毛泽东思想年编》(1921—1975),中央文献出版社 2011 年版,第 950 页。

② 《毛泽东文集》第八卷,人民出版社 1999 年版,第 441—442 页。

间的发达国家是第二世界。"①邓小平还明确指出，为了称霸世界，美苏两个超级大国，用不同方式想把亚非拉发展中国家置于他们各自的控制之下，同时还要欺负那些实力不如他们的发达国家。并且，"第二世界"的发达国家中的一些国家，对一些"第三世界"国家仍保持着各种不同形态的殖民主义关系。这种情况现在已经应当结束了。同时，所有这些发达国家都在不同程度上受着这个或那个超级大国的控制、威胁或欺负。所以，这些国家都在不同程度上具有摆脱超级大国的奴役或控制、维护国家独立和主权完整的要求。它们的斗争也对国际形势的发展产生了重要影响。"第三世界"国家受压迫最深，反对压迫、谋求解放和发展的要求最为强烈。因此，它们是反对殖民主义、帝国主义、特别是超级大国的主要力量。邓小平在发言中指出了国际斗争的主题是反对霸权主义，他还郑重声明"中国属于第三世界"，"中国现在不是，将来也不做超大国。"②

毛泽东根据 20 世纪 60 年代末 70 年代初国际形势的大转折和中国面临的国际环境的变化提出的"三个世界"划分的理论，是将马克思主义活的灵魂中的一切从实际出发、具体问题具体分的原则应用于对世界形势的观察，它强调国家关系的基础和核心是国家利益，在国家整体利益中，意识形态利益只是其中的一部分，应该服从国家整体利益的要求，这就改变了以意识形态划分力量集团的观念，代之而用的是以经济和军事实力以及对霸权和战争的态度为标准来划分世界，从而为中国外交注入了新思路，这就使中国有可能联合最大多数的国家，更好地维护中国的国家利益。"三个世界"划分的理论讲的是国际力量的重新配置，就是在国际关系上，要依靠、团结最广大的"第三世界"、"第二世界"的国家，主要打击美国和苏联两个超级大国，丰富和发展了马克思主义统一战线理论。"三个世界"划分的理论将世界上所有国家划分为"三个世界"，突破了美国和苏联两极对立的国际政治旧格局，准确地反映了世界格局的新变

---

① 邓小平：《中华人民共和国代表团团长邓小平在联大第六届特别会议上的发言》，《人民日报》1974 年 4 月 11 日。

② 邓小平：《中华人民共和国代表团团长邓小平在联大第六届特别会议上的发言》，《人民日报》1974 年 4 月 11 日。

化，推动了世界向多极化方向发展。同时，"三个世界"划分的理论促进了国际政治新格局的建立，减轻了苏联对中国国家安全的威胁，不仅为中国营造了良好的国际环境，提高了中国的国际地位，而且为新时期中国外交转型奠定了重要的基础。正如邓小平指出的那样："毛泽东同志在他的晚年还提出了关于三个世界划分的战略思想，并且亲自开创了中美关系和中日关系的新阶段，从而为世界反霸斗争和世界政治前途创造了新的发展条件。我们能在今天的国际环境中着手进行四个现代化建设，不能不铭记毛泽东同志的功绩。"①

---

① 《邓小平关于建设有中国特色社会主义的论述专题摘编》，中央文献出版社 1992 年版，第 200 页。

第六章　改革开放以来中共推进马克思主义时代化研究

与时俱进是马克思主义的理论品质，是马克思主义者十分注重和一直坚持的基本原则，其最本质的体现就是贯穿于马克思主义时代化发展的全过程。尽管由于一定社会历史条件的局限性，时代化的观念并没有出现在马克思主义经典作家的论述中，但不可否认的是，马克思主义时代化这一思想始终是贯穿于马克思主义发展的一条主线。从这一层面来讲，马克思主义的发展史就是马克思主义在与不同时代特征相结合的过程中，不断被赋予鲜明的时代特征和时代内容的历史。改革开放以来，中国共产党人坚持与时俱进，不断将马克思主义的基本理论与中国改革开放的实际和时代特征相结合，创立了马克思主义与中国实际相结合的第二次飞跃的理论成果——中国特色社会主义理论体系，再次实现了马克思主义时代化。

第一节　邓小平推进马克思主义时代化研究

邓小平是我国改革开放的总设计师，是马克思主义时代化新阶段的伟大奠基者。"文化大革命"结束后，邓小平通过准确判断国际形势，科学审视中国社会主义建设的历史与现实，重新确立了解放思想、实事求是的党的思想路线，不断推进马克思主义继续发展，在领导我国改革开放和社会主义现代化建设过程中，取得了一系列马克思主义时代化的理论成果，极大地丰富了马克思主义的理论宝库。

一、时代主题的判断与国情的审视

20世纪六七十年代开始的时代主题的变化与转换，以及对这一变化与转换的正确认识和把握，是邓小平推进马克思主义时代化的逻辑起点，也是我们党制定新的路线方针和政策的基础。而科学审视我国社会主义建设的经验和挫折，则是邓小平推进马克思主义时代化的现实基础。

首先，和平与发展时代主题思想的提出，是邓小平推进马克思主义时代化的逻辑起点。

马克思和恩格斯所谈的时代，大多是指不同的社会形态。列宁明确地把时代同世界形势和革命运动联系起来。他根据当时世界基本矛盾运动和国际形势的发展趋势，提出了"战争与革命"的时代主题论。列宁的论断为两次世界大战的爆发、俄国十月革命的胜利以及亚欧一大批社会主义国家、民族国家的建立所验证。列宁的时代观是对马克思和恩格斯时代观的丰富和发展。

从19世纪末20世纪初至第二次世界大战结束后的很长一段时期内，战争与革命一直是当时世界的主题，世界历史的主要内容和潮流是帝国主义战争和无产阶级革命。第二次世界大战结束以后，国际形势发生了巨大而深刻的变化，出现了许多新的特点。由于受"左"的思想的严重束缚，使我们在很长一段时间内对列宁的时代观采取机械的、教条式的理解，未能对新的形势做出科学的判断，结果给我们的工作造成了无可估量的损失。20世纪70年代末以后，邓小平对世界形势的发展变化进行了深入的研究和分析，在战争与和平问题上逐渐形成了新的判断。1977年12月，邓小平在中央军委全体会议上指出："国际形势也是好的。我们有可能争取多一点时间不打仗。因为我们有毛泽东同志的关于划分三个世界的战略和外交路线，可以搞好国际的反霸斗争。另一方面，苏联的全球战略部署还没有准备好。美国在东南亚失败后，全球战略目前是防守的，打世界大战也没有准备好。所以，可以争取延缓战争的爆发。"①
他还告诫我们，尽管战争可能延缓爆发，但是，我们也要防备别人早打、大
打，因为霸权主义有疯狂性。邓小平还提出我国解决国际问题、反对霸权主义
的最主要的条件是进行社会主义现代化建设，但这需要一个和平的环境。为
此，邓小平深入分析了当时的国际形势，于1980年1月在《目前的形势和我
们的任务》讲话中指出，80年代是"非常动荡、充满危机的年代。当然，我
们有信心，如果反霸权主义斗争搞得好，可以延缓战争的爆发，争取更长一点
时间的和平。这是可能的，我们也正是这样努力的。不仅世界人民，我们自己
也确确实实需要一个和平的环境。所以，我们的对外政策，就本国来说，是要
寻求一个和平的环境来实现四个现代化。""这不仅是符合中国人民的利益，也
是符合世界人民利益的大事。"② 随着国际形势的进一步变化和发展，邓小平提
出了"大战一时打不起来"的思想，1983年3月2日，邓小平在视察江苏等
地回北京后的谈话中进一步指出。"大战打不起来，不要怕，不存在什么冒险
问题。以前总是担心打仗，每年总要说一次。现在看，担心过分了。我看至少
十年打不起来。"③ 这表明，邓小平对世界战争与和平问题的看法此时发生了根
本性的变化，从而改变了过去认为世界大战迫在眉睫的看法。20世纪80年代
中期，随着国际总体形势的进一步缓和，各国迅速掀起了经济改革和发展的浪
潮，南北关系的问题也日益引起国际社会的关注。在这种形势下，邓小平在深
入分析国际社会中各种力量相互关系及其矛盾的基础上，正式提出了当代世界
的两大主题——和平与发展。1984年5月，邓小平在会见巴西总统菲格雷多
时指出："现在世界上问题很多，有两个比较突出。一是和平问题。……要争
取和平就必须反对霸权主义，反对强权政治。二是南北问题。这个问题在目前
十分突出。发达国家越来越富，相对的是发展中国家越来越穷。南北问题不解
决，就会对世界经济的发展带来障碍。解决这个问题当然要靠南北对话，我们

---

① 《邓小平文选》第二卷，人民出版社1994年版，第77页。
② 《邓小平文选》第二卷，人民出版社1994年版，第241页。
③ 《邓小平文选》第三卷，人民出版社1993年版，第25页。

主张南北对话①。不过，单靠南北对话还不行，还要加强第三世界国家之间的合作，也就是南南合作②。"③同年 10 月 31 日，邓小平再次指出了和平与发展问题，他说："国际上有两大问题非常突出，一个是和平问题，一个是南北问题。还有其他许多问题，但都不像这两个问题关系全局，带有全球性、战略性的意义。"④1985 年 3 月，面对新科技革命和世界经济的不断发展，国际形势和世界政治格局发生的新变化，邓小平审时度势，对新的时代主题作了简明概括。他指出："现在世界上真正大的问题，带全球性的战略问题，一个是和平问题，一个是经济问题或者说发展问题。和平问题是东西问题，发展问题是南北问题。概括起来，就是东西南北四个字。南北问题是核心问题。"⑤ 在这里，他用"东西南北"四个字高度概括了国际政治和经济关系的特点以及当今世界基本矛盾的表现。

可以看出，邓小平对时代主题作出的新判断是从纠正毛泽东晚年在战争与和平问题上的错误认识开始的，他首先从正确判断世界国际形势和基本矛盾入手，并伴随着国际局势的不断发展变化，进一步认识到世界战争问题，逐步提出当今世界的主题是"和平与发展"，突破了我国长期以来的僵化的"左"的思潮的束缚，使我们在新的形势下，对当今世界的主要矛盾和国际形势发展的趋势有了一个明确的认识和科学的把握，并在复杂多变的国际竞争中取得主动权，丰富和发展了马克思主义时代观。

对时代的认识、对时代主题的正确判断，是马克思主义的一个重要理论问题，也是实践中的社会主义面临的一个重大现实问题。正如列宁所说："只有在这个基础上，即首先考虑到各个'时代'的不同的基本特征（而不是个别国

---

① 由于发展中国家多数位于发达国家的南方，因此国际上习惯把发展中国家同发达国家之间的经济关系称为南北关系，或南北问题。转引自《邓小平文选》第三卷，人民出版社 1993 年版，第 391 页。

② 由于发展中国家多数位于发达国家的南方，因此人们习惯把发展中国家之间的经济关系称为南南合作。转引自《邓小平文选》第三卷，人民出版社 1993 年版，第 391 页。

③ 《邓小平文选》第三卷，人民出版社 1993 年版，第 97 页。

④ 《邓小平文选》第三卷，人民出版社 1993 年版，第 96 页。

⑤ 《邓小平文选》第三卷，人民出版社 1993 年版，第 10 页。

家的个别历史事件），我们才能够正确地制定自己的策略；只有了解了某一时代的基本特征，才能在这一基础上去考虑这个国家或那个国家的更具体的特点。"① 对时代的认识、对时代主题的正确判断，也是我们党制定路线，方针、政策的重要依据和基本前提条件，它直接影响我们对当前形势和任务的认定。在过去很长一段时间里，由于没能正确把握时代主题的变化，依然固守"战争与革命"的时代观，因此制定各项政策均以阶级斗争为中心，正如邓小平同志所说过的那样："过去我们的观点一直是战争不可避免，而且迫在眉睫。我们好多的政策……都是从这个观点出发的"②，结果使我们丧失了发展的大好时机，拉大了与发达国家的距离，甚至一度使我们的经济陷于濒临崩溃的边缘。邓小平的和平与发展时代主题论的提出，为我国实施战略重点转移提供了科学的依据。

邓小平提出和平与发展成为时代主题，是依据国际形势和世界基本矛盾的发展变化而做出的科学判断。一是战后世界矛盾的新变化。第二次世界大战后，国际政治力量呈发达资本主义国家、社会主义国家、发展中国家等两种制度、三种类型的国家。国家社会的基本矛盾主要是"东西矛盾"和"南北矛盾"。"和平问题是东西问题，发展问题是南北问题，概括起来，就是东西南北四个字。"③ 南北问题，即经济问题或发展问题，是 20 世纪下半叶以来世界上真正大的问题，带全球性的战略问题。"南方得不到适当的发展，北方的资本和商品出路就有限得很，如果南方继续贫困下去，北方就可能没有出路。"④ 二是美苏两个超级大国的战略均势和全球战略部署没有完成，制约了世界大战的爆发。"就打世界大战来说，只有两个超级大国有资格，一个苏联，一个美国，而这两家都还不敢打。首先，苏美两家原子弹多，常规武器也多，都有毁灭对手的力量，毁灭人类恐怕还办不到，但有本事把世界打得乱七八糟就是了，因此谁也不敢先动手。其次，苏美两家都在努力进行全球战略部署，但都受到了

---

① 《列宁全集》第二十六卷，人民出版社 1988 年版，第 143 页。
② 《邓小平文选》第三卷，人民出版社 1993 年版，第 25 页。
③ 《邓小平文选》第三卷，人民出版社 1993 年版，第 105 页。
④ 《邓小平文选》第三卷，人民出版社 1993 年版，第 106 页。

挫折，都没有完成，因此都不敢动。"① 三是世界和平力量的增长超过战争力量的增长。两次世界大战使世界各国人民渴望世界永久和平，成为各国人民的共同追求和强烈愿望。"我们感到，虽然战争的危险还存在，但是制约战争的力量有了可喜的发展。日本人民不希望有战争。欧洲人民也不希望有战争。"第三世界"，包括中国，希望自己发展起来，而战争对他们毫无好处。"第三世界"的力量，特别是"第三世界"国家中人口最多的中国的力量，是世界和平力量发展的重要因素。"② 实际上，"美国人民、苏联人民也是不支持战争的"③，"争取和平是世界人民的要求"④。四是通过提高科学技术水平所获取的经济利益远远超过通过战争获取的经济利益。第二次世界大战后，在发达资本主义国家兴起了以原子能、电子计算机和空间技术为标志的第三次科技革命。这一次科技革命极大地推动了发达资本主义国家乃至整个世界经济的发展。新科技革命使发展生产有了廉价的原料和能源，同时也为原材料和能源的节约提供了可能，还极大地促进了经济结构的变化和调整，创造了大量新产业。五是经济全球化使发展问题上升为全球性的问题。一方面，世界经济全球化和区域经济集团化的发展使得共同的利益推动着国际协调与国际合作机制的不断发展，以非军事手段解决矛盾和争端往往成为各国的首要选择。另一方面，经济全球化也使发展问题成为全球性问题。经济全球化使世界经济联系进一步加深，发展中国家所面临的经济困难已不仅仅是发展中国家自身的问题，它同时也极大地影响了发达国家经济的进一步发展。

以邓小平为核心的第二代中央领导集体以马克思主义理论为指导，在时代主题变化和转变的大背景下，沉着应对国际局势的新变化，以宽广的世界眼光，及时作出和平与发展成为时代主题的新判断，为我国争取较长时间的国际国内和平环境进行社会主义建设提供了可能；并在正确认识和准确把握和平与发展时代主题的前提下，开创了中国改革开放和建设中国特色社会主义的伟大

---

① 《邓小平文选》第三卷，人民出版社 1993 年版，第 127 页。
② 《邓小平文选》第三卷，人民出版社 1993 年版，第 105 页。
③ 《邓小平文选》第三卷，人民出版社 1993 年版，第 127 页。
④ 《邓小平文选》第三卷，人民出版社 1993 年版，第 116 页。

时代，赋予了马克思主义时代化理论创新以新的生命。这不仅是邓小平和我们党探索"什么是社会主义、怎样建设社会主义"实行社会主义模式创新的重要出发点和重要依据，也是邓小平推进马克思主义时代化的逻辑起点，开创了马克思主义时代化的新篇章。

其次，科学审视我国社会主义建设的经验和挫折，是邓小平推进马克思主义时代化的实践基础。

马克思曾经指出："问题就是公开的、无畏的、左右一切个人的时代声音。问题就是时代的口号，是它表现自己精神状态的最实际的呼声。问题就是时代的口号，是它表现自己精神状态的最实际的呼声。"① 众所周知，每个时代都有属于它自己的问题，只要科学地认识、准确地把握、正确地解决这些问题，就能够不断推进社会向前发展。恩格斯也指出："我们的理论是发展的理论，而不是必须背得滚瓜烂熟并机械地加以重复的教条。越少从外面把这种理论硬灌输给美国人，而越多由他们通过自己亲身的经验（在德国人的帮助下），它就越会深入他们的心坎。"② 实践是无止境的，理论创新也必然是无止境的。随着人类实践的不断深化，人们的认识也将随之不断深化。能否科学审视我国社会主义建设实践中出现的经验和挫折，能否将马克思主义同当前时代的发展相结合，关系到党能否随着实践的发展，而不断推进理论创新，以更好地指导实践创新的大问题。可以说，这也是这是邓小平推进马克思主义时代化的实践基础。

邓小平科学审视了我国社会主义建设的历史与现实，总结了社会主义建设的挫折和经验，他说："一九七八年我们党的十一届三中全会确定了现行的方针政策。这八年多，我们的事情干得比较好。过去耽误太多，特别是'文化大革命'的十年，自己找麻烦，自己遭灾，不过教训总结起来很有益处。现在的方针政策，就是对'文化大革命'进行总结的结果。最根本的一条经验教训，就是要弄清什么叫社会主义和共产主义，怎样搞社会主义。搞社会主义必须根

---

① 《马克思恩格斯全集》第四十卷，人民出版社 1982 年版，第 289—290 页。

② 《马克思恩格斯选集》第四卷，人民出版社 1995 年版，第 681 页。

据本国的实际。我们提出建设有中国特色的社会主义，相信你们是理解的。"①

邓小平还将生产力是否发达作为衡量社会主义的标准。他站在时代的高度，坚定地指出，在马克思主义的学说中，没有"穷的共产主义"，也没有"穷的社会主义"。在他看来，衡量社会主义的标准在于生产力，生产力不发达，社会主义就不够格，社会主义的性质也只能是空的。他指出："搞社会主义，一定要使生产力发达，贫穷不是社会主义。我们坚持社会主义，要建设比资本主义具有优越性的社会主义，首先必须摆脱贫穷。现在虽说我们也在搞社会主义，但事实上不够格。只有到了下个世纪中叶，达到了中等发达国家水平，才能说真的搞了社会主义，才能理直气壮地说社会主义优于资本主义。"②针对当时中国贫困的地方太多，不对外搞活开放已经不能适应发展趋势这一现状，邓小平进行了深入分析，他认为，在"文化大革命"之前，我们并没有搞清楚什么是社会主义和共产主义，总认为生产关系的公有制程度越高越好，这就为阶级斗争扩大化提供了理论根据，严重影响了我国经济的发展。于是，邓小平在深刻总结经验教训的基础上，进一步提出："我们过去固守成规，关起门来搞建设，搞了好多年，导致的结果不好。经济建设也在逐步发展，也搞了一些东西，比如原子弹、氢弹搞成功了，洲际导弹也搞成功了，但总的来说，很长时间处于缓慢发展和停滞的状态，人民的生活还是贫困。'文化大革命'当中，'四人帮'更荒谬地提出，宁要贫穷的社会主义和共产主义，不要富裕的资本主义。不要富裕的资本主义还有道理，难道能够讲什么贫穷的社会主义和共产主义吗？结果中国停滞了。"③关起门来搞建设必然导致发展的停滞。社会主义建设不但要把马克思主义理论与中国的实际相结合，更要与时代发展相结合，用马克思主义理论解决时代问题。

在中国特色社会主义现代化建设的实践中，邓小平一方面非常重视坚持马克思列宁主义、毛泽东思想的基本原则，另一方面他一再强调马克思列宁主义、毛泽东思想必须与中国国情相结合。他说："马列主义、毛泽东思想的基

---

① 《邓小平文选》第三卷，人民出版社 1993 年版，第 223 页。

② 《邓小平文选》第三卷，人民出版社 1993 年版，第 225 页。

③ 《邓小平文选》第三卷，人民出版社 1993 年版，第 223—224 页。

本原则，我们在任何时候都不能违背，这是毫无疑义的。但是，一定要和实际相结合，要分析研究实际情况，解决实际问题。按照实际情况决定工作方针，这是一切共产党员所必须牢牢记住的最基本的思想方法、工作方法。""不然，我们开会就只能讲空话，不能解决任何问题。"① 历史与现实都要求我们一定要在实践中把不断推进马克思主义时代化与本国实际相结合，这样，才能加快实现社会主义现代化。从这一点上来看，尽管马克思主义是欧洲的，且处于不同时期，但是邓小平没有拘泥于马克思主义的框框，而是把马克思主义与中国的国情、中国的时代特征结合起来，运用于中国特色社会主义建设的实践中，形成了具有中国特色、中国气派和中国风格的马克思主义。

二、社会主义本质论

探索我国的社会主义发展道路，必须以当时当地的历史条件为转移，坚持走自己的路。"什么是社会主义，怎样建设社会主义"，是社会主义国家的执政党和当代马克思主义者面临的一个根本问题。对这一根本问题，只有坚持与时俱进，在不断推进马克思主义时代化的基础上进行理论创新，才能作出正确的回答。"什么是社会主义，怎样建设社会主义"，这是每一个时代的社会主义者必须回答的基本问题。这个问题的不同答案，不仅是对社会主义和科学社会主义各种流派不同观点的区分点，从实践中说，它决定了社会主义事业的成功与失败。

社会主义本质论的提出是邓小平在科学分析时代主题是和平与发展之后，总结国际社会主义运动的经验，而形成的科学结论。1992 年邓小平在视察南方的讲话中，科学回答了社会主义的本质问题。他指出："社会主义的本质，是解放生产力，发展生产力，消灭剥削，消除两极分化，最终达到共同富裕。"② 邓小平关于社会主义本质的论述，既是对我国社会主义发展实践和世界

---

① 《邓小平文选》第二卷，人民出版社 1994 年版，第 114 页。
② 《邓小平文选》第三卷，人民出版社 1994 年版，第 373 页。

社会主义运动的经验总结，也是在新的历史条件下对科学社会主义理论的继承、丰富和发展，充分反映了人民的利益和时代要求。

社会主义在实践中的发展不是一帆风顺的。随着时代主题由战争与革命转换为和平与发展，被社会主义各国奉为标准的苏联的社会主义模式的局限性逐渐暴露。许多社会主义国家在建设社会主义的实践中发现苏联模式并不完全适合自己的国情，而且苏联在经历了几十年经济高速增长后也陷入了种种危机。虽然从 20 世纪 60 年代开始，包括苏联在内的一些东欧社会主义国家开始了不同形式、不同程度的调整和改革，但仍然没有从根本上解决什么是社会主义，如何建设社会主义这个重大问题。苏联领导人在国内经济发展停滞甚至倒退的情况下，仍然倾注国力与美国争夺世界霸权，大搞军备竞赛，结果激化了国内多种矛盾；再加上错误地宣传西方所谓"民主社会主义"，导致了人们思想混乱，最后终于发展到了苏联解体、东欧剧变的局势。邓小平总结了苏联社会主义实践的经验教训，并反思苏联模式对我国社会主义建设的影响后，指出："社会主义究竟是个什么样子，苏联搞了很多年，也并没有完全搞清楚。"[①]

我国的社会主义也经历了曲折的过程，20 世纪 50 年代以来，由于缺乏经验以及当时所处的国内外形势，我国曾经照搬苏联的模式来搞社会主义。1956年，以毛泽东为核心的党的第一代领导集体已经觉察到一些问题，提出要以苏联经验为借鉴，总结我国的经验，试图走出一条中国式的社会主义建设道路。但后来由于"左"倾思想的发展，在理论和实践上都犯了不少错误。

改革开放以来，对于实践中出现的一系列现实问题，马克思主义经典作家没有讲过，以前的社会主义实践也没有干过的新事物，如农村实行家庭联产承包责任制、对企业下放经营自主权、搞股份制、个体经济和私营经济一定范围内的发展、兴办经济特区以及大量外资的涌入等，实践与传统观念冲突，迫使人们回答究竟什么是社会主义。回顾社会主义发展史，我们可以清楚地看到，从马克思、恩格斯以来的一代又一代先驱者，对科学社会主义学说作了一系列精辟的论述，但由于历史条件或认识水平的限制，他们都没有

---

① 《邓小平文选》第三卷，人民出版社 1994 年版，第 39 页。

对社会主义本质作过全面的论证和科学概括。但我们不能因为经典作家没有提出社会主义本质这一概念而否定他们关于社会主义本质的思想。毋庸置疑，邓小平的社会主义本质论是在继承前人思想的基础上创立的，并不是无源之水，无本之木。

社会主义建设在探索中的前进迫切需要搞清楚社会主义的本质究竟是什么。因而在 1980 年，邓小平针对改革开放中存在的各种思想障碍，明确指出："不解放思想不行，甚至于包括什么叫社会主义这个问题也要解放思想。经济长期处于停滞状态总不能叫社会主义。人民生活长期停止在很低的水平总不能叫社会主义。"① 此后，他又反复提出一定要搞清楚"什么是社会主义，怎样建设社会主义"这个问题。邓小平说："我们马克思主义者过去闹革命，就是为社会主义、共产主义崇高理想而奋斗。现在我们搞经济改革，仍然要坚持社会主义道路，坚持共产主义的远大理想，年轻一代尤其要懂得这一点。但问题是什么是社会主义，如何建设社会主义。我们的经验教训有多条，最重要的一条，就是搞清楚这个问题。"②

首先，邓小平把"解放生产力，发展生产力"作为社会主义的本质，体现了对社会主义本质问题认识的一个新特点和新贡献。尽管马克思主义经典作家都注重发展生产力，但他们都比较侧重于从生产关系和社会制度的层面来界定社会主义。而邓小平则将我国社会主义发展实践的一个非常重要的经验教训概括为：认识和把握社会主义的本质，不能撇开解放生产力和发展生产力，而只从生产关系和社会制度方面来认识和把握。社会主义是一种崭新的社会形态，它的本质必然要由生产力和生产关系二者的特殊的矛盾性质和矛盾运动来决定。社会主义生产关系之所以能够诞生，其诞生的根据就在于它能够适合新的生产力的性质和要求，使生产力能够在这种生产关系中得到解放和发展，可以说，这也是社会主义诞生和存在的根据，是社会主义性质中最根本的东西。所以，解放和发展生产力是社会主义的最根本的本质。

① 《邓小平文选》第二卷，人民出版社 1994 年版，第 312 页。
② 《邓小平文选》第三卷，人民出版社 1994 年版，第 116 页。

其次，"消灭剥削，消除两极分化"，是社会主义本质和功能实现的特殊方式。由于共产主义、社会主义是人类社会发展的必然趋势，代表了历史前进的方向。因而，社会主义绝不可能采取任何一种剥削形式来取代资本主义。当社会主义获得了比资本主义更高的劳动生产力之后，就应当消灭剥削，进而消除两极分化，最后达到全体社会成员的共同富裕。可见，社会主义只有通过这种特殊的方式，才能解放和发展被资本主义剥削制度束缚了的生产力。因此，"消灭剥削，消除两极分化"是社会主义区别于资本主义制度和其他一切剥削制度的本质表现，是社会主义的崇高目标。由于我国正处于社会主义初级阶段，而且将长期处于社会主义初级阶段，如果采取单一的公有制形式必然不适合当前生产力的性质和水平，因此，必须采取以公有制为主体、多种经济成分共同发展的所有制形式。与此同时，还要采取必要的政策来抑制非公有制经济中存在的剥削，抑制社会分配中的两极分化趋势，逐步实现消灭剥削、消除两极分化、最终达到共同富裕的目标。

再次，"最终达到共同富裕"，是社会主义的价值目标，是社会主义本质的最重要体现，也是社会主义在价值目标上与资本主义的本质区别。尽管最终达到共同富裕的价值目标还必须经过一个相当长的历史时期的奋斗，但是，我们可以采取相应的措施，就是在生产力充分发展的前提下，允许一部人和一部分地区通过正当的、合法的劳动先富裕起来，以先富带动后富，最终达到共同富裕的目标。

邓小平关于社会主义本质的理论将我们对社会主义的认识提高到了一个新的科学水平，使我们搞清楚了建设社会主义的根本目的和目标，有利于大力促进社会主义现代化建设；为在实践中探索怎样建设社会主义奠定了理论基础；既坚持和继承了科学社会主义理论，又发展和创新了科学社会主义理论，是对马克思主义的重大发展。需要指出的是，邓小平的社会主义本质理论作为一个科学的理论，不是绝对真理，只是相对真理，是一个动态的理论。随着中国改革开放和社会主义现代化建设的不断推进，党对社会主义本质的认识和理解也在不断深化。如江泽民曾经指出："我们进行的一切工作，既要着眼于人民现实的物质文化生活需要，同时又要着眼于促进人民素质的提高，也就是要努力促进人的全面发展。这是马克思主义关于建设社会主义新社会的本质要求。"①
十六届六中全会做出"社会和谐是中国特色社会主义的本质属性"的重大判断，
十七大进一步强调"社会和谐是中国特色社会主义的本质属性。这个重大判断，
深化了对社会主义本质的认识，是总结国内外社会主义建设特别是我国社会主
义建设历史经验得出的重要结论，也是构建社会主义和谐社会的理论基础"。②
这些不仅体现了党对社会主义本质认识的不断深化，也是对邓小平的社会主义
本质论的进一步丰富和发展。

三、社会主义初级阶段理论

社会主义初级阶段理论，是邓小平在推进马克思主义时代化，用马克思主
义理论解决中国社会主义建设中重大问题的理论创新，不仅科学地揭示了当代
中国的最大实际，也极大地丰富和发展了科学社会主义理论，将党对中国社会
主义发展阶段的认识提高到新的科学水平。

马克思主义经典作家对于消灭了资本主义之后的未来社会曾有过论述。
马克思曾笼统地将其划分为革命转变时期、"第一阶段"和"高级阶段"。他
认为，"我们这里所说的是这样的共产主义社会，它不是在它自身基础上已经
发展了的，恰好相反，是刚刚从资本主义社会中产生出来的，因此它在各方
面，在经济、道德和精神方面都还带着它脱胎出来的那个旧社会的痕迹。"③
共产主义的第一阶段刚刚从资本主义社会中产生出来，在经济、道德和精神
方面都还带着它脱胎出来的那个社会的痕迹。而在共产主义的高级阶段，分
工的情形已经消失，脑力劳动和体力劳动的对立也随之消失，劳动成了生活
的第一需要，个人得到全面发展，社会生产也增长起来，集体财富的一切源
泉都充分涌流。

---

① 江泽民：《在庆祝中国共产党成立八十周年大会上的讲话（2001 年 7 月 1 日）》，人民出
版社 2001 年版，第 43 页。

② 《十六大以来重要文献选编》（下），中央文献出版社 2008 年版，第 673—674 页。

③ 《马克思恩格斯选集》第三卷，人民出版社 1995 年版，第 304 页。

列宁最先将未来社会区分为社会主义和共产主义两个阶段，他指出，社会主义，"马克思称之为共产主义社会的'第一'阶段或低级阶段。"① 后来，在《伟大的创举》一文中，列宁进一步指出："社会主义和共产主义之间的科学区别，只在于第一个词是指从资本主义生长起来的新社会的第一阶段，第二个词是指它的下一个阶段，更高的阶段。"② 而社会主义本身也是一个过程，是一个由低级到中级再到高级的漫长发展过程。"怎样设想一个发达的社会主义社会，这并不困难。这也已经解决了。但是，怎样实际地从旧的、习惯了的、大家都熟悉的资本主义向新的、还没有产生的、没有牢固基础的社会主义过渡，却是一个最困难的任务。这一过渡搞得好也需要许多年。在这一时期内，我们的政策又要照顾到许多小的过渡。"③ 在这些论述中，尽管列宁没有对社会主义的发展过程作进一步的具体划分，但他使用了"完全的社会主义"和"发达的社会主义"等提法。

真正对社会主义的发展阶段作出明确划分的是毛泽东。1957 年 2 月，毛泽东在《关于正确处理人民内部矛盾的问题》一文中，指出："我国的社会主义制度刚刚建立，还没有完全建成，还不完全巩固。"④1959 年 12 月，毛泽东在读苏联《政治经济学教科书》的谈话时，科学地阐明了社会主义的发展阶段问题，他说："社会主义这个阶段，又可能分为两个阶段，第一个阶段是不发达的社会主义，第二个阶段是比较发达的社会主义。后一阶段可能比前一阶段需要更长的时间。"⑤ 但是从具体实践看，毛泽东并不认为第一阶段需要太长时间，也没有把它作为制定路线、方针和政策的依据。从认识的发展过程来看，毛泽东这一闪烁着真理之光的思想也只是昙花一现，未能坚持并系统阐发。

在深刻反思我国社会主义建设经验教训、继承前人思想精华的基础上，邓小平创造性地提出了社会主义初级阶段理论。1980 年 4 月，邓小平在会见阿

---

① 《列宁选集》第三卷，人民出版社 1995 年版，第 194 页。
② 《列宁选集》第四卷，人民出版社 1995 年版，第 10 页。
③ 《列宁全集》第三十八卷，人民出版社 1986 年版，第 113 页。
④ 《毛泽东文集》第七卷，人民出版社 1999 年版，第 214 页。
⑤ 《毛泽东文集》第八卷，人民出版社 1999 年版，第 116 页。

尔及利亚民族解放阵线代表团时说："要充分研究如何搞社会主义的问题。现在我们正在总结建国三十年的经验。总起来说，第一，不要离开现实和超越阶段采取一些'左'的办法，这样是搞不成社会主义的。我们过去就是吃'左'的亏。第二，不管你搞什么，一定要有利于发展生产力。"① 此后，在邓小平主持制定的《关于建国以来若干历史问题的决议》、《关于社会主义精神文明建设指导方针的决议》等文件中，都使用了"初级阶段"的提法，但都未加以详细诠释，表明社会主义初级阶段理论处于酝酿的过程中。1987 年 3 月 21 日，赵紫阳写了《关于草拟十三大报告大纲的设想》报给邓小平。报告指出："十三大报告全篇拟以社会主义初级阶段作为立论的根据。'初级阶段'这个提法，在党的文件中已三次出现，但都没有发展，十三大报告的起草工作准备循着这个思路加以展开，说明由此而来的经济建设的发展战略，由此而来的发展社会主义商品经济的任务和我国经济体制改革的方向，由此而来的建设社会主义民主政治的任务和我国政治体制改革的原则，由此而来的加强和改善党的领导的任务，由此而来的在理论和指导思想上避免'左'右两种倾向的必要性。"3月 25 日，邓小平批示："这个设计好。"4 月 26 日，邓小平在会见捷克斯洛伐克社会主义共和国总理什特劳加尔时又说："现在虽说我们也在搞社会主义，但事实上不够格。只有到了下世纪中叶，到达了中等发达国家的水平，才能说真的搞了社会主义，才能理直气壮地说社会主义优于资本主义。"② 这里"不够格"的社会主义，实际上是指"初级阶段"的社会主义。

1987 年 8 月，邓小平在《一切从社会主义初级阶段的实际出发》一文中明确指出："我们党的十三大要阐述中国社会主义是处在一个什么阶段，就是处在初级阶段，是初级阶段的社会主义。社会主义本身是共产主义的初级阶段，而我们中国又处在社会主义的初级阶段，就是不发达的阶段。一切都要从这个实际出发，根据这个实际来制定规划。"③ 这是带有定论性的认识成果，其内涵非常丰富：第一，肯定了中国的社会主义还"处在初级阶段，是初级阶段

---

① 《邓小平文选》第二卷，人民出版社 1994 年版，第 312 页。

② 《邓小平文选》第三卷，人民出版社 1993 年版，第 225 页。

③ 《邓小平文选》第三卷，人民出版社 1993 年版，第 252 页。

的社会主义";第二,初级阶段"就是不发达阶段";第三,初级阶段的实际情况是我们党制定路线、方针、政策和规划的基本依据。这标志着初级阶段理论的正式提出。

根据邓小平的思想,党的十三大报告对初级阶段理论进行了系统阐发,使之初步形成了科学的理论体系。党的十三大报告阐明了初级阶段的内涵。所谓我国正处在社会主义初级阶段,包括两层含义:第一,我国已经是社会主义社会。我们必须坚持而不能离开社会主义;第二,我国社会主义还处在初级阶段。这就是说,一方面,就中国社会的性质而言,已经是社会主义;另一方面,就我国社会主义社会的成熟阶段来说,还处在初级阶段。我们必须从这个实际出发,而不能超越这个阶段。党的十三大报告阐明了初级阶段的历史地位。社会主义代替资本主义是人类社会发展的总趋势。我国的社会主义脱胎于半殖民地半封建半资本主义社会,跨越了资本主义充分发展阶段,由半殖民地半封建半资本主义直接走上了社会主义道路,先进的社会制度和落后的社会生产力之间的矛盾决定了我国必须经历一个很长的初级阶段,去实现别的许多国家在资本主义条件下实现的工业化和生产的商品化、社会化、现代化。党的十三大报告阐明了初级阶段的特征,我国社会主义初级阶段,是逐步摆脱贫穷、摆脱落后的阶段;是由农业人口占多数的手工劳动为基础的农业国,逐步变为非农业人口占多数的现代化的工业国的阶段;是由自然经济半自然经济占很大比重,变为商品经济高度发达的阶段;是通过改革和探索,建立和发展充满活力的社会主义经济、政治、文化体制的阶段;是全民奋起、艰苦创业、实现中华民族伟大复兴的阶段。党的十三大报告阐明了初级阶段的主要矛盾。对于我国进入社会主义初级阶段后所面临的主要矛盾,党曾作出过正确的判断,也有过重大失误。正是在吸收以往经验教训的基础上,十三大报告对社会主义初级阶段的矛盾作出了新的科学概括:我们在现阶段所面临的主要矛盾,是人民日益增长的物质文化需要同落后的社会生产力之间的矛盾。阶级斗争在一定范围内还会长期存在,但已经不是主要矛盾。为了解决现阶段的主要矛盾,就必须大力发展商品经济,提高劳动生产率,逐步实现工业、农业、国防和科学技术的现代化,并且为此而改革生产关系和上层建筑中不适应生产力发展的部分。党的十三大报告阐明了党在初级阶段的基本路线。这条路线的内容是：领导和团结全国各族人民，以经济建设为中心，坚持四项基本原则，坚持改革开放，自力更生，艰苦创业，为把我国建设成为富强、民主、文明的社会主义强国而奋斗。根据党的初级阶段基本路线的要求，1997 年 9 月，党的十五大围绕社会主义现代化建设的总题目，制度了党在社会主义初级阶段的基本纲领，明确了中国特色社会主义经济、政治和文化的基本目标和基本政策。坚持党在社会主义初级阶段的基本纲领，必须正确处理最高纲领和最低纲领的关系。同时，将"三步走"①战略的第三步进一步具体化，提出了三个阶段性目标：第一步，2010 年国民经济和社会发展的主要奋斗目标是：实现国民生产总值比 2000 年翻一番，人民的小康生活更加宽裕，形成比较完善的社会主义市场经济体制；从 2010 年到 2020 年，是第二步，根据十六大的规划，到 2020 年实现国内生产总值比 2000 年翻两番的目标；从 2020 年到 2050 年，是第三步，通过 30 年的奋斗，基本实现现代化。2002 年 11 月，党的十六大在深刻分析党和国家面临的新形势和新任务的基础上，提出大体用 20 年的时间，全面建设一个惠及十几亿人口的更高水平的小康社会的奋斗目标，并强调，21 世纪头 20 年，是我国必须紧紧抓住并且可以大有作为的重要战略机遇期。

社会主义初级阶段理论不仅根植于中国国情，而且根植于 19 世纪末 20 世纪初以来世界历史发展演变的规律之中，揭示了我国社会主义初级阶段的世界历史根源和历史必然性，是邓小平从我国具体实际出发、准确认识和把握我国国情的特点与时代特征、思考和设计中国的社会主义现代化，并将中国特色寓于中国国情之中而得出的科学结论，是对马克思主义理论的丰富和发展。

---

① 1987 年 10 月党的十三大提出的中国经济建设分三步走的总体战略部署：第一步目标，1981 年到 1990 年实现国民生产总值比 1980 年翻一番，解决人民的温饱问题，这在 20 世纪 80 年代末已基本实现；第二步目标，1991 年到 20 世纪末国民生产总值再增长一倍，人民生活达到小康水平；第三步目标，到 21 世纪中叶人民生活比较富裕，基本实现现代化，人均国民生产总值达到中等发达国家水平，人民过上比较富裕的生活。

四、改革开放理论

邓小平是我国改革开放的奠基人。改革开放是决定中国命运的重大决策，是新时期最鲜明的特征，是我国的强国之路，也是发展中国特色社会主义、实现中华民族伟大复兴的必经之路；只有社会主义才能救中国，只有改革开放才能发展中国，只有改革开放才能发展社会主义。改革开放包括对内改革和对外开放两个方面，十一届三中全会是我党历史上一次具有开创未来意义的会议，会议明确指出党在新时期的历史任务是把中国建设成为社会主义现代化强国，从而揭开了社会主义改革开放的帷幕。

马克思和恩格斯在提出社会基本矛盾，即生产力和生产关系、经济基础和上层建筑之间的矛盾的基础上形成了社会发展动力论。他们认为，矛盾是一切事物的发展动力，社会发展的重要动力就是解决社会基本矛盾的基本形式。但是，由于社会历史条件的限制，他们只是分析了阶级社会的基本矛盾，认为阶级斗争和革命是解决阶级社会对抗性矛盾的基本方式、是阶级社会历史发展的动力，无产阶级反对资产阶级的阶级斗争是"现代社会变革的巨大杠杆"①他们没有论及取代资本主义的未来社会的发展动力。1890 年，恩格斯提及到社会主义社会的发展动力，他说："所谓'社会主义社会'不是一种一成不变的东西，而应当和任何其他社会制度一样，把它看成是经常变化和改革的社会。"② 这表明，恩格斯把改革视为未来的社会主义社会的发展动力，认为改革是解决社会主义基本矛盾的基本形式。在马克思主义思想史上，列宁是最早提出和论述改革的思想家和理论家。1921 年，列宁在《论黄金在目前和社会主义完全胜利后的作用》一文中，明确指出：无产阶级夺取和巩固政权以后，"对于一个真正的革命家来说，最大的危险，甚至也许是唯一的危险，就是夸大革命的作用，忘记了恰当地和有效地运用革命方法的限度和条件。真正的革命者如果开始把'革命'写成大写，把'革命'几乎奉为神明，丧失理智，不能极

---

① 《马克思恩格斯选集》第三卷，人民出版社 1995 年版，第 685 页。
② 《马克思恩格斯选集》第四卷，人民出版社 1995 年版，第 693 页。

其冷静极其清醒地考虑、权衡和验证在什么时候、什么情况下、什么活动领域要善于采取革命的行动，而在什么时候、什么情况下、什么活动领域要善于改用改良主义的行动，那他们就最容易为此而碰得头破血流。"① 这里所讲的"改良主义的行动"，实际上指的是改革。列宁还从理论上对革命和改革进行了界定，即革命是一种自下而上的、急风暴雨式的，"最彻底、最根本地摧毁旧事物"，而改革则是一种自上而下的，"审慎地、缓慢地、逐渐地改造旧事物，力求尽可能少加以破坏。"② 我国社会主义制度建立后，毛泽东认为社会主义社会的基本矛盾仍然是生产力和生产关系、经济基础和上层建筑之间的矛盾，它们之间既相适应又相矛盾，从而否定了斯大林所说的社会主义社会的基本矛盾是"完全适应"的观点，为中国的改革打开了闸门。但是，后来由于毛泽东又将社会主义同资本主义的矛盾当做主要矛盾，导致了实践中的失误，甚至试图以"阶级斗争为纲"来推动生产力的发展，结果使社会主义建设遭受了严重挫折。邓小平总结了我国社会主义建设的历史经验，认为由于长期不改革，原有的高度集中的计划经济体制已经成为僵化的经济体制，已经严重地阻碍了我国生产力的发展。于是，邓小平着眼于生产力的发展，通过总结汲取我国社会主义现代化建设和世界社会主义运动兴衰成败的经验教训，自党的十一届三中全会以来，提出了一系列改革的思想。

首先，不改革不行，改革也是解放生产力。邓小平指出"我是主张改革的，不改革就没有出路，旧的那一套经过几十年的实践证明是不成功的"，"中国社会从一九五八年到一九七八年二十年时间，实际上处于停滞和徘徊状态，国家的经济和人民的生活没有得到多大的发展和提高。这种情况不改革行吗？……改革是全面的改革，包括经济体制改革、政治体制改革和相应的其他各个领域的改革。"③ 因此，必须进行改革，制定新的政治的、经济的和社会的政策，否则就会葬送我国的现代化事业和社会主义事业。1992 年，邓小平进一步提出："革命是解放生产力，改革也是解放生产力。推翻帝国主义、封建主义、官僚

① 《列宁选集》第四卷，人民出版社 1995 年版，第 612 页。

② 《列宁选集》第四卷，人民出版社 1995 年版，第 611 页。

③ 《邓小平文选》第三卷，人民出版社 1993 年版，第 237 页。

资本主义的反动统治，使中国人民的生产力获得解放，这是革命，所以革命是解放生产力。社会主义基本制度确立以后，还要从根本上改变束缚生产力发展的经济体制，建立起充满生机和活力的社会主义经济体制，促进生产力的发展，这是改革，所以改革也是解放生产力。"① 说明改革同革命具有相同的性质，都是为了解放生产力。

其次，改革是一场革命，是社会主义制度的自我完善和发展。邓小平指出："改革是中国的第二次革命。"②"改革的性质同过去的革命一样，也是为了扫除发展社会生产力的障碍，使中国摆脱贫穷落后的状态。从这个意义上说，改革也可以叫革命性的变革。"③ 改革是对原有经济体制的根本性变革，而不是对原有经济体制的细枝末节的修补；改革是要从根本上改变束缚我国生产力发展的经济体制，建立起充满生机和活力的社会主义的崭新的经济体制，同时相应地改革政治体制和其他方面的体制，推动社会主义现代化的实现。同时，改革不仅能够解放和发展生产力，并且还能够完善社会主义制度。社会主义制度的确立不是一劳永逸的，它有一个从不完善走向完善的过程。要实现这个过程，唯一的途径就是进行改革。社会主义社会是在改革中不断前进的社会。正如邓小平指出的："改革促进了生产力的发展，引起了经济生活、社会生活、工作方式和精神状态的一系列深刻变化。改革是社会主义制度的自我完善和发展，在一定范围内也发生了某种程度的革命性变革。"④ 我国的改革是在党的领导下和社会主义制度范围内进行的，体现了社会主义制度的自我完善和发展。

十一届三中全会以后，以邓小平为核心的党的第二代中央领导集体把发展问题同社会主义制度的优越性和社会主义事业的命运紧密联系起来，强调社会主义优越性的根本体现是生产力的发展，社会主义发展的动力是改革，改革是中国的第二次革命，提出要以改革为动力促进社会主义优越性的实现。社会主义改革论的提出，破除了以强调社会主义生产关系的纯粹性和公平性为主要内

① 《邓小平文选》第三卷，人民出版社 1993 年版，第 370 页。
② 《邓小平文选》第三卷，人民出版社 1993 年版，第 113 页。
③ 《邓小平文选》第三卷，人民出版社 1993 年版，第 135 页。
④ 《邓小平文选》第三卷，人民出版社 1993 年版，第 142 页。

容的抽象的社会主义优越论，是对社会主义运动发展规律的科学把握，是对社会主义建设理论的重大创新。中国 30 多年的改革，风雷激荡，极大地丰富和发展了马克思主义的改革思想，在社会主义改革史上具有十分重要的历史地位。

改革是社会主义社会发展的直接动力，开放是社会主义社会发展的必要条件，改革和开放密切联系、相辅相成。对外开放论是建立在当今的世界是开放的世界、中国的发展离不开世界这一时代分析基础之上而得出的结论。马克思主义时代化体现了民族性与世界性的交融。对当代中国和当代世界基本情况的认识、分析和判断是马克思主义时代化的逻辑起点，中国共产党和中国特色社会主义的历史使命、任务、责任和理论自觉是马克思主义时代化的现实基础。世界各国发展的经验证明，当今的世界是开放的世界，任何国家的发展都离不开世界，中国的发展同样离不开世界。这是对中国发展历史的深刻总结。中国在西方国家产业革命以后变得落后了，一个重要的原因就是闭关自守。历史的经验教训告诉我们，关起门来搞建设是不行的，把自己孤立于世界之外也是不行的，是发展不起来的。因此，要想发达起来，必须实行对外开放，这是我国经济长期发展的客观要求。邓小平指出："我们在制定对内经济搞活这个方针的同时，还提出对外经济开放。总结历史经验，中国长期处于停滞和落后状态的一个重要原因是闭关自守。经验证明，关起门来搞建设是不能成功的，中国的发展离不开世界。"①

同时，探索社会主义发展道路，必须充分吸收人类一切文明成果。社会主义要赢得与资本主义相比较的优势，就必须大胆吸收借鉴人类社会创造的一切文明成果，吸收和借鉴当今世界各国包括资本主义发达国家的一切反映现代化生产规模的先进经营方式、管理方法。但借鉴不能脱离本国国情，不能照抄照搬，照搬别国模式从来不能成功，这是一个被历史反复证明了的颠扑不破的真理。"当然，像中国这样大的国家搞建设，不靠自己不行，主要靠自己，这叫做自力更生。但是，在坚持自力更生的基础上，还需要对外开放，吸收外国的

---

①　《邓小平文选》第三卷，人民出版社 1993 年版，第 78—79 页。

资金和技术来帮助我们发展。这种帮助不是单方面的。中国取得了国际的特别是发达国家的资金和技术，中国对国际的经济也会作出较多的贡献。几年来中国对外贸易的发展，就是一个证明。所以我们说，帮助是相互的，贡献也是相互的。"[1] 因此，搞社会主义现代化建设，必须始终把独立自主、自力更生作为自己发展的根本基点，必须把立足国内、扩大国内需要作为经济发展的长期战略方针，同时又必须打开大门搞建设，大胆吸收和利用国外的资金、先进技术和一切进步的东西，大胆吸收和借鉴当今世界各国包括资本主义发达国家的一切反映现代化社会化生产规律的先进经营方式、管理方法，把坚持发扬我们民族的优秀传统文化同积极学习人类社会创造的一切优秀文明成果结合起来，把利用国内资源、开拓国际市场结合起来，积极引进国外智力，吸收和借鉴世界各国先进的技术和管理经验以及其他一切文明成果，加快自己的发展。

历史的事实已充分证明，中国的发展离不开世界，关起门来搞建设是不能成功的。实行对外开放，符合当今时代特征和世界经济技术发展规律要求，是加快我国现代化建设的必然选择，是我们必须长期坚持的一项基本国策。

五、社会主义市场经济理论

建立什么样的经济体制，是我国经济体制改革的核心问题，也是建设中国特色社会主义的重大问题。党的十一届三中全会以来，以邓小平为主要代表的中国共产党人坚持解放思想，实事求是，在以"建设中国特色社会主义"为主题的改革实践中，吸收和借鉴了毛泽东在探索社会主义建设道路上的实践经验和理论认识，大胆探索经济体制改革中计划与市场的关系问题：从高度集中的计划经济到"计划经济为主、市场调节为辅"、到"计划经济与市场调节相结合"、再到"建立社会主义市场经济体制"，逐渐形成社会主义市场经济理论，成为中国特色社会主义理论的重要内容。这既是在推进马克思主义时代化过程中的理论创新，也是对科学社会主义理论的杰出贡献。

---

① 《邓小平文选》第三卷，人民出版社 1993 年版，第 78—79 页。

马克思、恩格斯在无产阶级社会主义革命还没有在任何国家取得胜利以前，就曾经对社会主义制度下是否存在商品生产和商品交换的问题进行过探讨，并提出了设想。"在一个集体的、以生产资料公有为基础的社会中，生产者并不交换自己的产品；用在产品上的劳动，在这里也不表现为这些产品的价值。"①"一旦社会占有了生产资料，商品生产就将被消除，而产品对生产者的统治也将随之被消除。社会生产内部的无政府状态将为有计划的自觉的组织所代替。"②从马克思、恩格斯对未来社会预示性的构想框架中可以看出，生产资料社会占有，没有商品生产，联合起来的生产者自觉按计划组织生产，实行按劳分配，这些是社会主义经济制度的基本特征。尔后，列宁、斯大林全盘接受了马克思、恩格斯关于社会主义社会不存在商品货币的观点。因此，十月革命胜利后，在1917—1920年进入战时共产主义时期，苏维埃政府实施了一系列以所有企业收归国有、余粮收集制、普遍义务劳动制为和限制消灭商品货币关系为主要内容的"战时共产主义政策"。该政策一方面为粉碎外来干涉、平息国内叛乱、巩固苏维埃政权提供了重要保证；另一方面，其弊端也日益显露出来，引发了部分农民和工人的不满和骚乱，并使国内经济遭到了严重损失。面对这一严峻形势，以列宁为首的俄共（布）中央开始反思"战时共产主义政策"，并以1921年3月起，开始推行新经济政策，提出以粮食税代替余粮收集制；允许商品经济和一定范围的私人贸易；允许私人开设小型工业企业和利用国家资本主义等规定，使新生的社会主义经济很快摆脱了困境。但是，列宁逝世后，新经济政策没有得到很好的执行和坚持，很快为高度集中的计划经济体制和政策所取代。斯大林指出"国民经济有计划发展的规律，是作为资本主义制度下竞争和生产无政府状态的规律的对立物而产生的。"③尽管斯大林承认只要社会主义存在着两种所有制，就必然存在商品生产，价值规律在流通领域也发挥调节作用，但他否认全民所有制内部存在商品交换关系，认为生产资料不是商品，并且他认为计划经济是社会主义经济制度的基本特征，苏联高度集中

---

① 《马克思恩格斯选集》第三卷，人民出版社1995年版，第303页。
② 《马克思恩格斯选集》第三卷，人民出版社1995年版，第633页。
③ 《斯大林选集》下册，人民出版社1979年版，第544页。

的计划经济模式，就是建立在这样的认识基础之上的，并被作为社会主义国家进行建设的惟一模式固定下来。

新中国建立初期，毛泽东在发展商品生产和商品交换问题上，曾提出过很好的意见。他在1959年读斯大林的《苏联社会主义经济问题》一书时，提出了社会主义商品生产的概念，并批评了斯大林关于生产资料不是商品的观点。他说："商品，如斯大林所说'只限于个人消费品'，行不通。还有农业工具（包括拖拉机）、手工业工具也是商品。生产资料归根到底是制造生活资料的。"①他还强调，应该充分利用商品生产这一有利工具为社会主义建设服务。1959年3月，他针对我国农村搞"一平二调"、刮"共产风"的错误，进一步认识到价值规律在我国仍然起作用，并明确指出：价值规律"是一个伟大的学校，只有利用它，才有可能教会我们的几千万干部和几万万人民，才有可能建设我们的社会主义和共产主义。否则一切都不可能。"②毛泽东的这些思想，对于社会主义商品经济理论的确立，至今都有着重要的意义。遗憾的是毛泽东没有在理论与实践上始终一贯地坚持下去，而且在他晚年错误地发动"文化大革命"过程中，又错误地把商品生产列入无产阶级专政的对象，造成了理论上的混乱和政策上的失误，使我国的经济建设遭受严重损失。

"文化大革命"结束后，针对当时中国的社会生产力发展水平却与社会主义社会性质极不相符的状况，以邓小平为主要代表的中国共产党人认为不能再继续之前的僵化的计划经济体制。于是，开始纠正社会主义经济理论的一个重大误区，即长期以来把计划经济等同于社会主义，把市场经济等同于资本主义的观点，提出社会主义也可以搞市场经济的思想，并逐步把建立社会主义市场经济体制作为我国经济体制改革的目标，成为创立社会主义市场经济理论的重要开端，从而解决了长期困扰社会主义国家和马克思主义者的一个十分重要的理论问题。

首先，突破了高度集中的计划经济体制的羁绊，形成了"计划经济为主，

---

① 《缅怀毛泽东》下卷，中央文献出版社1993年版，第340—342页。

② 《毛泽东文集》第八卷，人民出版社1999年版，第34页。

市场调节为辅"的思想。1979 年 3 月，陈云指出了计划工作制度中存在的"只有有计划按比例"、而没有"市场调节"的主要缺点，主张整个社会主义时期必须有"计划经济部分"和"市场调节部分"① 两种经济。同年 4 月，李先念在中央工作会上提出：要"以计划经济为主，同时充分重视市场调节的辅助作用。"② 这些认识促进了从计划经济向以"计划经济为主，市场调节为辅"的转变。1979 年 11 月，邓小平在接见外宾的谈话时，首次提出了"社会主义也可以搞市场经济"的论断。他指出："说市场经济只存在于资本主义社会，只有资本主义的市场经济，这肯定是不正确的。社会主义为什么不可以搞市场经济，……我们是以计划经济为主，也结合市场经济，但这是社会主义的市场经济，虽然方法上基本上和资本主义社会的相似，但也有不同，……归根到底是社会主义的，是社会主义社会的。""社会主义也可以搞市场经济。"③ 这极大地推动了当时的理论探索和改革进程。1981 年 6 月，党的十一届六中全会通过了《关于建国以来党的若干历史问题的决议》，决议正式提出"以计划经济为主，市场调节为辅"，并在党的十二大报告中进一步加以肯定，十二大报告指出："国家通过经济计划的综合平衡和市场调节的辅助作用，保证国民经济按比例地协调发展。"④ 这对于突破高度集中的计划经济体制的束缚、发挥市场调节功能、促进经济发展起到了重要作用，是马克思主义基本原理与中国实践相结合的政治经济学。1984 年 10 月，党的十二届三中全会通过了《中共中央关于经济体制改革的决定》，明确提出："社会主义计划经济必须自觉依据和运用价值规律，是在公有制基础上的有计划的商品经济。商品经济的充分发展是社会主义经济发展的不可逾越的阶段，是实现我国经济现代化的必然条件。"⑤ 这为我国社会主义市场经济理论的形成奠定了重要的坚持。"计划经济为主，市场调节为辅"的思想，虽然仍然保持计划经济的总体框架，但已承认市场也是

---

① 《陈云文选》（1965—1985），人民出版社 1986 年版，第 221 页。
② 《三中全会以来重要文献选编》（上），人民出版社 1982 年版，第 141 页。
③ 《邓小平文选》第二卷，人民出版社 1994 年版，第 236 页。
④ 《十二大以来重要文献选编》（上），人民出版社 1986 年版，第 22—23 页。
⑤ 《十二大以来重要文献选编》（中），人民出版社 1986 年版，第 568 页。

资源配置的一种方式，为发挥市场调节作用提供了理论依据，为社会主义市场经济理论的形成开辟了道路。

其次，建立计划经济与市场调节相结合的经济体制和运行机制，强调计划与市场的内在统一性。随着社会主义改革实践的进一步发展，邓小平已经开始思考社会主义市场经济体制，1987年2月，他在十三大召开前就深刻指出："为什么一谈市场就说是资本主义，只有计划才是社会主义呢？计划和市场都是方法嘛。只要对发展生产力有好处，就可以利用，它为社会主义服务，就是社会主义的；为资本主义服务，就是资本主义的。好象一谈计划就是社会主义，这也是不对的。"① 根据邓小平的讲话，1987年，党的十三大报告进一步强调："社会主义经济是公有制基础上的商品经济"；"社会主义有计划商品经济体制，应该是计划与市场内在统一的体制"，"计划和市场都是覆盖全社会的。新的经济运行机制，总体上来说，应当是'国家调控市场，市场引导企业'的机制。"② 后来，又提出计划经济与市场调节相结合。从这些提法能够看出，改革的实践伴随着的是市场在社会主义建设中的意义和作用不断提升，改革的实践也越来越依靠市场来配置资源。1989年6月，针对在建立宏观管理体系方面的失误，邓小平指出："我们要继续坚持计划经济与市场调节相结合，这个不能改。在实际工作中，在调整时期，我们可以加强或者多一点计划性，而在另一个时候多一点市场调节，搞得更灵活一些。以后还是计划经济与市场调节相结合。"③ 可以看出，社会主义市场经济的概念已经呼之欲出。

再次，从根本上破除了用计划与市场同社会基本制度直接联系的观念，确立建立社会主义市场经济体制的改革目标。1990年12月，邓小平同中央负责同志谈话时强调："我们必须从理论上搞懂，资本主义与社会主义的区分不在于计划还是市场这样的问题。社会主义也有市场经济，资本主义也有计划控制。""不要以为，搞点市场经济就是资本主义道路，没有那么回事。计划和市

---

① 《邓小平文选》第三卷，人民出版社1993年版，第203页。
② 《十三大以来重要文献选编》（上），人民出版社1991年版，第26页。
③ 《邓小平文选》第三卷，人民出版社1993年版，第306页。

场都得要。不搞市场，连世界上的信息都不知道，是自甘落后。"①1991年初，邓小平又进一步指出："不要以为，一说计划经济就是社会主义，一说市场经济就是资本主义，不是那么回事，两者都是手段，市场也可以为社会主义服务。"② 邓小平的讲话为党在经济体制改革中坚持计划经济与市场调节相结合指明了方向。1992年初，邓小平在南方谈话中，更加明确地指出："计划多一点还是市场多一点，不是社会主义与资本主义的本质区别。计划经济不等于社会主义，资本主义也有计划；市场经济不等于资本主义，社会主义也有市场。计划和市场都是经济手段。"③ 这就从根本上解除了把计划经济和市场经济看做是区分社会主义和资本主义等社会基本制度范畴的思想束缚，为我党最终确立社会主义市场经济体制的改革目标奠定了理论基础。1992年10月，党的十四大报告正式宣布："经济体制改革的目标是建立社会主义市场经济体制"；1993年11月，党的十四届三中全会又作出了《关于建立社会主义市场经济体制若干问题的决定》，进一步明确了建立社会主义市场经济体制的基本框架。

社会主义市场经济体制是社会主义基本制度与市场经济的结合。由这一结合而形成的市场经济体制，一方面它必然体现社会主义的制度特征，是社会主义市场经济同作为主体的公有制相结合；另一方面，它又具有市场经济的一般特征。作为社会主义的制度特征，主要表现为：一是在所有制结构上，以公有制为主体、多种所有制经济共同发展；二是在分配制度上，以按劳分配为主体、多种分配方式并存；三是在宏观调控上，以实现最广大劳动人民利益为出发点和归宿，并以实现共同富裕为目标。社会主义市场经济体制的确立，不仅对中国、而且对世界都是具有历史意义的伟大创新。

六、外交与统一论

"独立自主和平外交政策"与"一国两制"战略，更是具有明显的时代特

---

① 《邓小平文选》第三卷，人民出版社1993年版，第364页。
② 《邓小平文选》第三卷，人民出版社1993年版，第367页。
③ 《邓小平文选》第三卷，人民出版社1993年版，第373页。

点，两个理论是应反对霸权主义和维护世界和平的时代需要而产生的，解决了中国外交和统一的重大问题。至于"抓住时机、力争隔几年上一个新台阶"思想，也是通过分析时代特点后而产生的，

国际方面，对外政策的首要任务是争取和平。"我们的对外政策是反对霸权主义，维护世界和平。把争取和平作为对外政策的首要任务。争取和平是世界人民的要求，也是我们搞建设的需要。没有和平环境，搞什么建设！"①"社会主义中国应该用实践向世界表明，中国反对霸权主义、强权政治，永不称霸。中国是维护世界和平的坚定力量。"②

"毛泽东同志关于三个世界划分的战略思想，给我们开辟了道路。我们坚持反对帝国主义、霸权主义、殖民主义和种族主义，维护世界和平，在和平共处五项原则的基础上，积极发展同世界各国的关系和经济文化往来。"③ 和平发展、开放合作、和谐繁荣是中国的主张、理念、原则和追求，建设一个持久和平、共同繁荣的和谐世界是目标。中国坚持走和平发展的道路，是一条统筹国内外发展和对外开放的发展道路，是一条勇于参与经济全球化而又坚持广泛合作、互利共赢的发展道路，是基于中国特色社会主义、基于中国历史文化传统、基于当今世界发展潮流的必然选择。

国内方面，维护祖国统一是中华民族的爱国主义传统，实现祖国完全统一是中华民族伟大的历史任务之一，是中国人民不可动摇的坚强意志。"和平统一、一国两制"构想是一个完整的体系，其基本内容就是在祖国统一的前提下，国家的主体坚持社会主义制度，同时在香港、澳门、台湾保持原有的资本主义制度长期不变。

中国共产党和中国政府一直把解决台湾问题、实现祖国完全统一，作为自己神圣的历史使命，并根据国内外形势的发展变化，适时制定和实施了对台方针政策。以毛泽东为代表的中国共产党人在解决台湾问题的方针上，经历了从武力解放台湾到和平解放台湾的过程。20世纪70年代，国内国际形势发生了

① 《邓小平文选》第三卷，人民出版社1993年版，第116—117页。
② 《邓小平文选》第三卷，人民出版社1993年版，第383页。
③ 《邓小平文选》第二卷，人民出版社1994年版，第127页。

深刻变化，为确立和平解决台湾问题的方针创造了新的有利条件。以邓小平为核心的第二代中央领导集体在推进马克思主义时代化的过程中，创造性地提出了"和平统一、一国两制"的科学构想。

"和平统一、一国两制"的科学构想创造性地把和平共处原则用之于解决一个国家的统一问题，创造性地发展了马克思主义的国家学说；既体现了坚持祖国统一、维护国家主权的原则坚定性，也体现了照顾历史实际和现实可能的策略灵活性，避免了武力统一可能造成的不良后果，有利于争取社会主义现代化建设事业所需要的和平的国际环境和国内环境。更重要的是为新形势下的"和平统一、一国两制"构想提供了发展思路。

第二节　"三个代表"重要思想与马克思主义时代化

马克思主义时代化这一科学命题是在党的十七届四中全会中首次明确提出的。全会指出要"不断推进马克思主义中国化、时代化、大众化"。在"中国化"、"大众化"和"时代化"这三大理论建设的战略任务中，前两者提的比较多，学术界的理论成果也比较丰富，而"时代化"作为一个崭新的概念，相对而言研究成果比较少，将其与"三个代表"重要思想结合起来，探讨分析"三个代表"重要思想对马克思主义时代化的实践，其本身就具有重要的理论意义，同时，对于新时期新阶段推进马克思主义时代化，建设中国特色社会主义伟大事业也具有重要的借鉴价值。

一、与时俱进的理论成果

"三个代表"重要思想与马克思主义时代化的理论成果一脉相承。中国早期的马克思主义先驱李大钊在传播马克思主义思想时曾经说过：马克思主义"会因时、因所、因事的性质情形生一种适应环境的变化。""一个社会主义者，为使他的主义在世界上发生一些影响，必须要研究怎么可以把他的理想尽量应用于环绕着他的实境。""所以现代的社会主义，包含着许多把他的精神变作实际的形式使合于现在需要的企图。"① 这其中"时"、"所"、"事"以及"实境"，都是指时代要求。也就是说，运用马克思主义不是照抄照搬，而是要与时代特征相结合，使其在运用中指导实践并得到发展。我党历届领导人对马克思主义时代化这一命题都有精辟的理解和论述，同时他们结合每一阶段国际国内和党内的实际情况用实际行动推动着马克思主义时代化的进程。毛泽东经常说："世界上没有什么东西不是经过发生、发展和消灭的"，任何思想"要随客观实际的发展变化而发展变化"，"马克思主义一定要向前发展，要随着实践的发展而发展，不能停滞不前。停止了，老是那么一套，它就没有生命了。"② 毛泽东从事物发展的规律和马克思主义的科学性角度，强调时代特征与马克思主义结合的重要性，反映的正是马克思主义与时代发展相统一的时代化问题。毛泽东在中共早期领导人探索马克思主义时代化的基础上，根据所处的战争与革命的时代特点，始终坚持对中国国情的把握，并结合中国革命的具体实际，在经历了两次失败两次胜利的革命实践后，将马克思主义与中国国情和时代特征有机结合起来，总结了中国革命的规律和特点，形成了毛泽东思想。毛泽东思想是马克思主义中国化过程中产生的理论成果。由于马克思主义时代化是马克思主义中国化的题中应有之义，所以，马克思主义中国化的过程，实际上也是马克思主义时代化的过程，是将马克思主义与中国国情和时代特征相结合、提出符合那个时代实际的路线方针政策、以便更好地指导中国革命的过程。改革开放的总设计师邓小平也曾指出："马克思主义理论从来不是教条，而是行动的指南。它要求人们根据它的基本原则和基本方法，不断结合变化着的实际，探索解决新问题的答案，从而也发展马克思主义理论本身。"③ 他以敏锐的世界眼光，对国际形势的发展变化进行了深入的研究和分析，指出，世界政治力量的对比出现了重要变化，和平因素增长超出战争因素增长，世界大战打不起来，争取一个较长时期的和平环境是可能的。因此，他果断地提出时代主题已经发

---

① 《李大钊文集》下卷，人民出版社 1984 年版，第 34 页。

② 《毛泽东文集》第七卷，人民出版社 1999 年版，第 281 页。

③ 《邓小平文选》第三卷，人民出版社 1993 年版，第 146 页。

生转换，即由战争与革命转换为和平与发展。并在这一时代背景下，带领广大干部群众解放思想，实事求是，创造性地回答了"什么是社会主义，怎样建设社会主义"，形成了邓小平理论，初步形成了中国特色社会主义道路，推进了马克思主义时代化。以江泽民为核心的第三代中央领导集体，面对时代的新变化和新要求，更加突出的强调马克思主义必须适应时代的发展要求，不断创新，与时俱进，"同时代和世界形势的新发展、新变化紧密结合起来，在坚持马克思主义的实践中丰富和发展马克思主义。"① 面对新时期的世情、国情、党情，以江泽民为核心的中国共产党人在进一步回答"什么是社会主义，怎样建设社会主义"的同时，创造性地回答了"建设什么样的党，怎样建设党"的问题，创立了"三个代表"重要思想，形成了中国特色社会主义理论体系的新篇章。进入 21 世纪，以胡锦涛为总书记的党中央明确强调："要始终走在时代前列，敏锐地把握时代特征，准确地反映时代要求，使当代中国的马克思主义具有更加鲜明的时代特色。"② 他在党的十七大报告中也指出新时期最突出的标志是与时俱进。由此可见，马克思主义是一个不断发展着的理论体系。一代又一代的马克思主义者准确把握国情，根据时代特征和新的实践进行理论创新，不断发展着马克思主义，从而使马克思主义与时俱进，显示出旺盛的生命力和巨大的吸引力。"三个代表"重要思想正是在这一历史运动中产生的，它与马克思主义时代化的其他成果是一脉相承的。一部中国共产党人带领中国人民进行革命、建设和改革开放的历史就是一部中国共产党人不断将马克思主义时代化的历史。

"三个代表"重要思想是对马克思列宁主义、毛泽东思想、邓小平理论的继承和发展，是在对国际形势科学判断、国内发展科学认识、党内现状科学分析的时代背景下提出来的，反映了当今世界和中国的发展变化对党和国家的新要求，是推进马克思主义时代化进程中与时俱进的理论成果。

对国际形势的科学判断是"三个代表"重要思想形成的世情要求。江泽民

---

① 江泽民：《论有中国特色社会主义》，中央文献出版社 2002 年版，第 21 页。

② 胡锦涛：《在纪念红军长征胜利 70 周年大会上的讲话》，人民出版社 2006 年版，第 8 页。

在分析国际形势时指出："世界正在向多极化方向发展，经济全球化进程也正在加快，世界科学技术的进步更是日新月异。在这种情况下，各种思潮相互交错、相互激荡。"① 政治上，20世纪80年代末，随着东欧剧变、苏联解体，世界社会主义阵营遭到严重挫伤，两极对立的大格局被打破，世界正在朝着多极化的方向曲折发展。虽然和平与发展是时代主题，但霸权主义和强权政治披上"人权高于主权、人权无国界"等新的外衣仍然存在，恐怖主义危害上升。经济上，中国加入世贸组织，全面参与全球经济竞争，而这一全球化经济竞争的规则是由西方发达国家制定的，经济全球化的主导是发达国家，但是如果不抓住经济全球化的机遇，我们会失去发展的机遇和发展的市场。科技发面，以信息技术和生命科学为核心的现代科技突飞猛进、日新月异，这在人类以往的历史上是无法比拟的。在发达国家占明显优势的情况下，发展中国家面临着实现技术跨越的机遇和巨大压力。在政治多极化、经济全球化和科技迅猛发展的情况下，形形色色的思想文化和意识形态纷纷登场，各种社会思潮和精神文化互相交错、激荡，我国作为西方国家西化、渗透的主要目标对象，有些落后的腐朽的思想对我国社会的政治文明、经济文明和精神文明造成巨大冲击。这是"三个代表"重要思想形成的世情要求。

对国内发展的科学认识是"三个代表"重要思想形成的国情要求。党的十一届三中全会以来，我国改革开放取得了举世瞩目的成就。我们已经成功实现了现代化建设"三步走"战略的前两步目标，进入了全面建设小康社会、加快推进社会主义现代化新的发展阶段。我国生产力水平大幅跃升，综合国力显著增强，国际地位进一步提高。政治稳定、民族团结、社会进步、人民生活总体上达到小康水平，社会主义中国充满活力。但我国处于并将长期处于社会主义初级阶段的国情没有改变，人民日益增长的物质文化需求和落后社会生产之间的矛盾这一社会主要矛盾没有改变，新世纪面临的推进现代化建设、完成祖国统一和维护世界和平与促进共同发展的三大艰巨历史任务还没有完成，社会主义市场经济体制和中国特色社会主义法律体系还需要继续完善，更加均衡、

---

① 江泽民：《论三个代表》，中央文献出版社2001年版，第61页。

全面的小康社会还没有实现等等，这些都向执政党建设提出了新的要求。可见，对改革开放以来国内发展的科学认识是"三个代表"重要思想形成的国情要求。

对党内现状的科学分析是"三个代表"重要思想形成的党情要求。我们党历经革命、建设和改革，已经从领导人民为夺取全国政权而奋斗的党转变成掌握全国政权并长期执政的党，已经从受到外部封锁和实行计划经济条件下领导国家建设的党转变成为对外开放和发展社会主义市场经济条件下领导国家建设的党。我们的党员队伍，党所处的地位和环境，党所肩负的历史任务、党的自身状况都发生了新的重大变化。党员队伍方面，新党员的数量大幅增加，干部队伍新老交替不断进行，一大批年轻干部走上领导岗位，这些新党员和年轻干部文化水平高，知识结构好，视野开阔，接受新事物快，适应能力强，给党的发展带来新的活力，但是他们缺乏系统的理论素养和丰富的实践经验；党所处的地位和环境方面，党作为执政党，面对新形势、新任务，对党的领导方式、工作方法等都提出了新的要求，同时在长期执政的情况下，我们党和党员面临各种严峻的考验，一些党员甚至党的高级干部存在严重的官僚主义作风，群众观点淡薄，经不住糖衣炮弹的诱惑，贪污受贿，以权谋私，严重损坏了党的形象，败坏了党同人民的血肉联系；党肩负的历史任务方面，党要团结并带领全国各族人民进行社会主义现代化建设，实现国家统一，建设富强、民主、文明、和谐的社会主义国家；党的自身状况方面，党内存在着思想不纯、作风不纯、组织不纯的现象，损害了党的战斗力，在党的基层组织建设和党的领导制度方面也存在不相适应的地方。可知对党内现状的科学分析是"三个代表"重要思想形成的党情要求。

二、先进生产力的发展要求

人类社会的发展，是先进生产力不断取代落后生产力的历史过程。"三个代表"重要思想是在邓小平理论的基础上，进一步回答了什么是社会主义、怎样建设社会主义的问题，创造性地回答了建设什么样的党、怎样建设党的问题，它在中国特色社会主义根本任务问题上，强调的是生产力是社会发展的最终决定力量，并着重强调中国共产党代表着先进社会生产力的发展要求，充分反映了时代精神，从而深化了对中国特色社会主义的认识，推进了中国特色社会主义实践与马克思主义理论的有机结合，是全面开创中国特色社会主义现代化建设征程中马克思主义时代化的又一伟大理论成果，为马克思主义理论宝库增添了新的光彩。

马克思主义的历史唯物主义明确指出，生产力和生产关系的矛盾是社会发展的基本矛盾，它们之间经过相互作用而产生了伟大的社会历史运动。生产力是社会生产方式中最活跃和最革命的因素，它总是不断向前发展。生产关系适应生产力的发展要求，就能够推动生产力发展，否则就要变革。生产力决定生产关系、生产关系一定要适应生产力是人类社会历史发展的基本规律。有什么样的生产力，最终就会形成什么样的生产关系，也就会建立起什么样的社会。正如马克思所说："社会关系和生产力密切相连。随着新生产力的获得，人们改变自己的生产方式，随着生产方式即谋生的方式的改变，人们也就会改变自己的一切社会关系。手推磨产生的是封建主的社会，蒸汽磨产生的是工业资本家的社会。"① 也就是说，人类社会的不断向前发展，就是先进的社会生产力的发展不断取代落后的社会生产力发展的历史进程，而且这种取代或者淘汰落后生产力的过程呈现出愈来愈快的态势。哪个国家、哪个民族掌握了先进的社会生产力，哪个国家和民族就能够在世界上处于优势地位。

马克思和恩格斯在《共产党宣言》中曾经指出："其余的阶级都随着大工业的发展而日趋没落和灭亡，无产阶级却是大工业本身的产物。"②"共产党人是各国工人政党中最坚决的、始终推动运动前进的部分。"③ 毛泽东在参与指导国共合作的大革命时期，坚持认为，中国工人阶级及其政党"是中国新的生产力的代表者"和"革命的领导力量"。1945 年，在党的七大报告中毛泽东进一步指出："中国一切政党的政策及其实践在中国人民中所表现得作用的好坏、

① 《马克思恩格斯选集》第一卷，人民出版社 1995 年版，第 141—142 页。
② 《马克思恩格斯选集》第一卷，人民出版社 1995 年版，第 282 页。
③ 《马克思恩格斯选集》第一卷，人民出版社 1995 年版，第 285 页。

大小，归根到底，看他对于中国人民的生产力的发展是否有帮助及其帮助之大小，看它是束缚生产力的，还是解放生产力的。"① 在新的历史时期，邓小平更是重视党的建设工作与发展社会生产力之间的内在关系，一再强调"社会主义的任务虽然有很多，但根本的一条就是发展生产力。"② 他还说："搞社会主义，一定要使生产力发达，贫穷不是社会主义。"③《中国共产党章程》也指出："中国共产党是中国工人阶级的先锋队，是中国各族人民利益的忠实代表，是中国社会主义事业的领导核心。党的最终目标，是实现共产主义的社会制度。""社会主义的本质，是解放生产力，发展生产力，消灭剥削，消除两极分化，最终达到共同富裕。""我国社会主义建设的根本任务，是进一步解放生产力，发展生产力，逐步实现社会主义现代化，并且为此而改革生产关系和上层建筑中不适应生产力发展的方面和环节。"中国共产党始终代表先进社会生产力的发展要求正是中国社会主义建设本质的反映，是中国共产党的根本任务所要求的，是中国共产党实现党的最终目标所要求的，同时也是中国共产党过去 90 多年历史的反映和证明。上述关于发展社会生产力的论述，为中国共产党始终代表先进生产力的发展要求、大力发展社会生产力、实现最广大人民群众的根本利益指明了方向。

首先，中国共产党代表生产力的发展要求和发展方向指的是代表先进的生产力而不是落后的生产力。旧中国处在半封建、半殖民地、半资本主义状态，帝国主义、封建主义、官僚资本主义三座大山压在了中国人民头上，中国的社会生产力受到了严重的束缚，生产力水平严重低下，中国人民处在了水深火热之中。中国共产党领导全国各族人民，经过了反对帝国主义、封建主义和官僚资本主义长期的革命斗争，取得了新民主主义革命的胜利，建立了人民民主专政的中华人民共和国。新中国成立以后，中国共产党采取了过渡时期的总路线，完成了从新民主主义到社会主义的过渡，顺利地进行了社会主义的改造，确立了社会主义制度，发展了社会主义的经济、政治和文化；尤其是十一届三

① 《毛泽东选集》第三卷，人民出版社 1991 年版，第 1079 页。
② 《邓小平文选》第三卷，人民出版社 1993 年版，第 137 页。
③ 《邓小平文选》第三卷，人民出版社 1993 年版，第 225 页。

中全会以来，中国共产党采取了"一个中心，两个基本点"的基本路线，坚持以经济建设为中心，加快实现现代化，不断满足人民群众日益增长的物质文化和精神文化需求；坚持改革开放，不断调整生产关系，建立和完善推动生产力不断发展的社会主义市场经济体制；坚持四项基本原则，推进政治体制改革，维护和稳定生产力大力发展的政治环境和社会秩序；大力实施科教兴国战略，发展高新技术产业，促进生产力不断迈向知识经济的新时代。极大地解放和发展了社会生产力，并随着先进社会生产力的发展，及时地改革生产关系和上层建筑中不相适应的环节和方面，进行了一系列体制创新，开创了社会主义事业的发展新时期。中国民主革命、社会主义革命和社会主义现代化建设的发展历史表明，没有中国共产党就没有新中国，就没有今天这样繁荣强大的社会主义的新中国。实践证明，中国共产党是全中国各族人民的领导核心，是中国先进社会生产力的领导力量，中国先进社会生产力只有在中国共产党的领导下才能不断地得以解放和发展，中国共产党始终代表了先进社会生产力的发展要求。

其次，中国共产党代表先进生产力的发展要求和发展方向与实现最广大人民群众的根本利益是辩证统一的。从历史上看，凡是处于历史上升时期，属于进步、革命的阶级及其政党，总是代表先进生产力发展要求的。马克思和恩格斯在《共产党宣言》中就曾称赞过："资产阶级在它的不到一百年的阶级统治中所创造的生产力，比过去一切时代创造的全部生产力还要多，还要大。"① 但是，资产阶级只是在一定时期代表先进的社会生产力，在整个历史时期并不是永远代表先进的社会生产力的发展要求，而工人阶级及其政党在其发展的整个历史时期，都要"始终"代表先进社会生产力的发展要求。不仅如此，即使资产阶级在一定时期代表先进的社会生产力，但它决不代表最广大人民群众的根本利益。而工人阶级及其政党不仅要代表先进社会生产力的发展要求，还要代表人民群众的根本利益。这是工人阶级及其政党的宗旨。但是反过来，如果仅仅在主观动机上或党的宗旨上代表广大人民利益，而在社会发展中不代表先进社会生产力的发展要求和先进文化的前进方向，那么，所谓代表人民利益就成

---

① 《马克思恩格斯选集》第一卷，人民出版社 1995 年版，第 277 页。

了一句空话，就没有足够的物质和精神财富用以实现人民群众的根本利益。所以，代表先进生产力的发展方向与实现最广大人民群众的根本利益是辩证统一的。为此，党始终把解放和发展生产力作为社会主义的根本任务。邓小平强调指出："社会主义的首要任务是发展生产力，逐步提高人民的物质和文化生活水平。"[①]"社会主义制度优越性的根本表现，就是能够允许社会生产力以旧社会所没有的速度迅速发展，使人民不断增长的物质文化生活需要能够逐步得到满足。按照历史唯物主义的观点来讲，正确的政治领导的成果，归根结底要表现在社会生产力的发展上，人民物质文化生活的改善上。"[②]"我们不要资本主义，但是我们也不要贫穷的社会主义，我们要发达的、生产力发展的、使国家富强的社会主义。"[③] 再次，中国共产党代表先进生产力的发展要求和发展方向就是要始终坚持以经济建设为中心，一心一意谋发展，逐步实现共同富裕。十一届三中全会后，我们党及时转变工作中心，即"从以阶级斗争为纲转到以发展生产力为中心，从封闭转到开放，从固守成规转到各方面的改革。"[④] 也就是把工作中心转移到了经济建设方面。针对现代化建设任务的繁重，邓小平又强调："要把经济建设当做中心。离开了经济建设这个中心，就有丧失物质基础的危险。其他一切任务都要服从这个中心，围绕这个中心，决不能干扰它，冲击它。"[⑤] 坚持以经济建设为中心，必须抓住机遇，加快发展，在发展中解决前进道路上的问题。对此，邓小平明确指出，要"抓住时机，发展自己，关键是发展经济。现在，周边一些国家和地区经济发展比我们快，如果我们不发展或发展得太慢，老百姓一比较就有问题了。所以，能发展就不要阻挡，有条件的地方要尽可能搞快点，只要是讲效益，讲质量，搞外向型经济，就没有什么可以担心的。"[⑥] 中国的主要目标是发展，"发展才是硬道理。"[⑦] 邓小平还指出，

---

① 《邓小平文选》第三卷，人民出版社1993年版，第116页。
② 《邓小平文选》第二卷，人民出版社1994年版，第128页。
③ 《邓小平文选》第二卷，人民出版社1994年版，第231页。
④ 《邓小平文选》第三卷，人民出版社1993年版，第259页。
⑤ 《邓小平文选》第二卷，人民出版社1994年版，第250页。
⑥ 《邓小平文选》第三卷，人民出版社1993年版，第375页。
⑦ 《邓小平文选》第三卷，人民出版社1993年版，第377页。

走社会主义道路，就是要逐步实现共同富裕。并提出了实现共同富裕的构想："一部分地区有条件先发展起来，一部分地区发展慢点，先发展起来的地区带动后发展的地区，最终达到共同富裕。如果富的愈来愈富，穷的愈来愈穷，两极分化就会产生，而社会主义制度就应该而且能够避免两极分化。解决的办法之一，就是先富起来的地区多交点利税，支持贫困地区的发展。当然，太早这样办也不行，现在不能削弱发达地区的活力，也不能鼓励吃'大锅饭'。什么时候突出地提出和解决这个问题，在什么基础上提出和解决这个问题，要研究。可以设想，在本世纪末达到小康水平的时候，就要突出地提出和解决这个问题。到那个时候，发达地区要继续发展，并通过多交利税和技术转让等方式大力支持不发达地区。不发达地区又大都是拥有丰富资源的地区，发展潜力是很大的。总之，就全国范围来说，我们一定能够逐步顺利解决沿海同内地贫富差距的问题。"① 此外，邓小平还指出，中国发展到一定程度后，要对分配问题进行思考。他说："要考虑落后地区和发达地区的差距问题。不同地区总会有一定的差距。这种差距太小不行，太大也不行。如果仅仅是少数人富有，那就会落到资本主义去了。要研究提出分配这个问题和它的意义。到本世纪末就应该考虑这个问题了。"② 当然，中国的发展，既是以经济为中心的发展，也是整个社会、包括物质文明、精神文明和生态文明等在内的全面发展。

总之，"三个代表"重要思想依据马克思主义关于生产力的发展是人类社会的最终决定力量的原理，强调先进生产力的发展要求，具有重要的理论意义和现实意义。按照唯物史观，人类社会的发展，就是先进生产力不断取代落后生产力的历史进程。社会主义现代化必须建立在发达生产力的基础之上。无论什么样的生产关系和上层建筑，都要随着生产力的发展而发展。"三个代表"重要思想要求党的理论路线、纲领、方针、政策和各项工作必须努力符合生产力发展的规律，体现不断推动社会生产力的解放和发展的要求，尤其要体现推动先进生产力发展的要求，通过发展生产力不断提高人民群众的生活水平。这

---

① 《邓小平文选》第三卷，人民出版社 1993 年版，第 373—374 页。

② 《邓小平年谱（1975—1997）》（下），中央文献出版社 2004 年版，第 1356—1357 页。

就准确地把握了当今时代生产力与生产关系矛盾运动的基本规律，揭示了社会主义社会的本质特征和社会主义建设的基本规律。

三、党的先进性与执政能力建设

党的先进性建设，就是要使我们党保持与时俱进的品质，始终走在时代前列，不断提高执政能力、巩固执政地位、完成执政使命；就是要通过推进思想建设、组织建设、作风建设、制度建设、反腐倡廉建设，使党的理论和路线、方针、政策始终体现社会发展进步的要求和全国各族人民的利益，不断提高广大党员的素质和各级党组织的创造力、凝聚力、战斗力，始终发挥党员的先锋模范作用，始终发挥党组织的领导核心作用和战斗堡垒作用。

先进性对于任何政党来说都是至关重要的，对马克思主义政党则更是事关党的生存、发展和壮大的根本问题。正因为如此，马克思恩格斯和列宁历来都把保持党的先进性作为马克思主义政党建设的根本要求来思考、来实践，并提出了一系列深刻的思想。马克思和恩格斯在《共产党宣言》中就要求马克思主义政党要在实践和理论上保持先进性，列宁在俄国共产党建设的过程中丰富和发展了马克思和恩格斯关于马克思主义政党的先进性理论。他认为："党是阶级的先进觉悟阶层，是阶级的先锋队。"[①] 并强调，："只有以先进理论为指南的党，才能实现先进战士的作用。"[②] 中国共产党从建立之日起就以马克思主义作为自己的指导思想，始终高度重视党的先进性问题，并在理论和实践上进行了长期的探索，积累了宝贵的经验。毛泽东从中国国情出发，从中国革命的实际出发强调，要坚持党的先进性。1929 年，毛泽东起草的《古田会议决议》确立了党的思想建设的基本原则。他认为："红军第四军的共产党内存在着各种非无产阶级的思想，这对于执行党的正确路线，妨碍极大。若不彻底纠正，则中国伟大革命斗争给予红军第四军的任务，是必然担负不起来的……缺乏对党

---

① 《列宁全集》第二十四卷，人民出版社 1990 年版，第 38 页。
② 《列宁选集》第一卷，人民出版社 1995 年版，第 312 页。

员作正确路线的教育，也是使这些不正确思想存在和发展的重要原因。大会根据中央九月来信的精神，指出四军党内各种非无产阶级思想的表现、来源及其纠正的方法，号召同志们起来彻底地加以肃清。"① 因此，必须加强马克思主义教育，从思想上建设党。他具体分析了党内存在的各种错误倾向的表现、危害及其产生的原因，明确提出纠正的原则和措施，从而指明了在中国的具体条件下，建设无产阶级政党的根本道路，创造了在全党通过马克思主义思想教育保持党的先进性的有效形式，对党的建设产生了深远影响。在建立社会主义市场经济体制、加快社会主义现代化建设的新时期，面对执政、改革开放和反对"和平演变"等诸多考验，邓小平总结了"文化大革命"的深刻教训和新时期党的建设的经验，围绕在改革开放的历史条件下如何保持党的先进性问题，提出了一系列重要思想。他指出："所有共产党员都要增强党性，遵守党的章程和纪律。"② 江泽民针对新形势下党的建设中出现的新情况、新问题，创造性地回答了建设什么样的党、怎样建设党的问题，丰富和发展了马克思主义关于党的建设理论。他创立的"三个代表"重要思想，集中概括了新的历史条件下党的先进性的丰富内涵，揭示了党的先进性的本质特征，为我们党始终保持先进性提供了强大的思想武器。

"三个代表"重要思想强调，中国共产党是中国工人阶级的先锋队，同时是中国人民和中华民族的先锋队。2001 年，江泽民《在庆祝中国共产党成立八十周年大会上的讲话》中明确指出："贯彻'三个代表'要求，我们必须坚持党的工人阶级先锋队的性质，始终保持党的先进性，同时要根据经济发展和社会进步的实际，不断增强党的阶级基础和扩大党的群众基础，不断提高党的社会影响力。"③ 他还进一步强调："面对我们肩负的历史重任，面对国际国内各种复杂因素的影响和各种风险的考验，我们党要始终成为中国工人阶级的先锋队，同时成为中国人民和中华民族的先锋队，成为中国先进生产力的发展要求、中国先进文化的前进方向和中国最广大人民的根本利益的忠实代表，成为

---

① 《毛泽东选集》第一卷，人民出版社 1991 年版，第 85 页。
② 《邓小平文选》第三卷，人民出版社 1993 年版，第 46 页。
③ 《江泽民文选》第三卷，人民出版社 2006 年版，第 284 页。

建设有中国特色社会主义事业的领导核心，就必须不断加强和改进党的建设，努力把全体党员锻炼成坚定的共产党人。"①

"三个代表"重要思想是党建理论的新成果，它赋予了党的性质、根本宗旨和历史任务以新的时代内容，形成了崭新的马克思主义建党学说。首先，"三个代表"赋予党的先进性以新的时代内容。在改革开放和社会主义现代化建设的新的历史时期，如何坚持党的先进性，坚持什么样的先进性，这是中国共产党人必须面对和探索的问题。江泽民适应社会历史发展的新要求，提出了"三个代表"重要思想，深化了马克思主义者对党的先进性一的认识，并把这种先进性具体化，即代表先进社会生产力的发展要求、先进文化的前进方向、最广大人民群众的根本利益。这样的概括，既分层次又系统完整地揭示了我们党作为工人阶级先锋队的先进性的本质内涵和客观依据。我们党的先进性是从"三个代表"及其实践中，历史地、具体地、全面地体现出来的。这种全面、科学的概括是以往党的文献中不曾有过的。具体来说，始终代表先进生产力的发展要求，是党保持先进性的前提和现实基础；代表先进文化的前进方向，是党始终保持其先进性的精神文化基础和社会条件；始终代表中国最广大人民的根本利益，是党保持其先进性的根基和阶级基础。

其次"三个代表"赋予党员先进性以新的时代内容。党的先进性，决定着党员的先进性。马克思主义政党历来重视党员的先进性问题，并把它作为工人阶级先锋战士应有的高贵品质和精神风貌予以强调。马克思、恩格斯在创建第一个无产阶级政党—共产主义者同盟时，就要求"每一个支部对它所接受的会员的品质负责。"②列宁在创建俄国布尔什维克党时，认为共产党的力量和作用与其说取决于党员的数量，不如说取决于党员的质量，他指出："我们的任务是要保护我们党的巩固性、坚定性和纯洁性。我们应当努力把党员的称号和作用提高、提高、再提高。"③中国共产党始终高度重视党员的先进性问题。毛泽东特别重视从思想上建党，1942 年，他明确指出："有许多党员，在组织上

---

① 《江泽民文选》第三卷，人民出版社 2006 年版，第 292 页。

② 《马克思恩格斯选集》第一卷，人民出版社 1995 年版，第 612 页。

③ 《列宁全集》第七卷，人民出版社 1986 年版，第 272 页。

入了党，思想上并没有完全入党，甚至完全没有入党"①，要求全党把提高党员质量、保持党员的先进性作为思想、组织建设的首要任务。邓小平在党的八大《关于修改党的章程的报告》中严肃指出："党的事业的胜利，党对于人民所负的责任的加重，党在人民中间的威信的增长，这一切，都要求党对于党员提出更高的标准。"②"三个代表"重要思想，是新时期党的先进性的根本标准。党员的先进性是党的先进性的具体体现，是党的先进性的基础和前提。因此，"三个代表"重要思想，也是对党员先进性新的科学概括。只有广大党员忠实实践"三个代表"，我们党才能永葆先进性。

再次，"三个代表"赋予党的性质、宗旨和根本任务以新的时代内容。过去我们讲党的先进性，是从党的阶级基础上讲的，即共产党是工人阶级先锋队组织，工人阶级是同先进生产方式联系在一起的革命阶级。而加入共产党的必须是工人阶级中的先进分子，就是意识到工人阶级在现代社会中的历史地位和历史使命的最有觉悟的部分。这样讲中国共产党的先进性当然是对的，缺点是过于笼统。"三个代表"重要思想，是把党的性质即无产阶级先锋队组织，党的宗旨即全心全意为人民服务，党在现阶段的历史任务即发展先进社会生产力和先进文化联系在一起，进一步从社会发展的规律、时代进步的本质上，揭示了"先锋队"的实质和丰富的内涵，深刻具体，富有鲜明的时代性和现实性。党的先进性，绝不是一般的政治要求，而是从根本上关系着党的性质和历史地位，体现在党的先锋队作用上，即主要体现在党作为一个整体对于国家和社会所起的整合、凝聚、引导作用上，表现在党始终站在时代前列、领导时代潮流上。

进入新世纪新阶段后，国际国内政治经济形势发生了深刻变化，这对我们党的执政能力和领导水平提出了更加严峻的挑战，同时对加强党的执政能力建设也提出了新的更高的要求。党的十六大立足于我们党所处的历史地位和时代赋予的历史使命，着眼于中国特色社会主义事业的前进方向，向全党明确提出

---

① 《毛泽东选集》第三卷，人民出版社 1991 年版，第 875 页。

② 《邓小平文选》第一卷，人民出版社 1993 年版，第 242 页。

不断提高执政能力建设的基本要求，即不断提高科学判断形势的能力，不断提高驾驭市场经济的能力，不断提高应对复杂局面的能力，不断提高依法执政的能力，不断提高总揽全局的能力。为落实党的十六大提出的上述要求，2004年9月党的十六届四中全会审议通过《中共中央关于加强党的执政能力建设的决定》（以下简称《决定》），全面分析当前的形势和任务，对党的执政经验作了进一步总结，明确提出加强党的执政能力建设的指导思想、总体目标和主要任务。

一是关于党的执政能力。党提出和运用正确的理论、路线、方针、政策和策略，领导制定与实施宪法和法律，采取科学的领导制度和领导方式，动员和组织人民依法管理国家和社会事务、经济和文化事业，有效治党、治国、治军，加强建设社会主义现代化国家的本领。

二是关于加强党的执政能力建设的指导思想。必须坚持以马克思列宁主义、毛泽东思想、邓小平理论和"三个代表"重要思想为指导，全面'落实科学发展观，贯彻党的基本路线、基本纲领、基本经验，以保持党同人民群众的血肉联系为核心，以建设高素质干部队伍为关键，以改革和完善党的领导体制和工作机制为重点，以加强党的基层组织和党员队伍建设为基础，努力体现时代性、把握规律性、富于创造性。

三是关于加强党的执政能力建设的总体目标。通过全党共同努力，使党始终成为立党为公、执政为民的执政党，成为科学执政、民主执政、依法执政的执政党，成为求真务实、开拓创新、勤政高效、清正廉洁的执政党，归根到底是成为始终做到"三个代表"、永远保持先进性、经得住各种风浪考验的马克思主义执政党。

四是关于加强党的执政能力建设的主要任务。按照推动社会主义物质文明、政治文明、精神文明协调发展的要求，不断提高驾驭社会主义市场经济的能力、发展社会主义民主政治的能力、建设社会主义先进文化的能力、构建社会主义和谐社会的能力、应对国际局势和处理国际事务的能力。

此外，《决定》还在党的十六大提出的"五个方面的执政能力"基础上，就提高党的执政能力建设作出具体部署。

根据中央有关部署，为切实加强党的执政能力建设，确保党始终走在时代前列，更好地肩负起历史使命，2004年11月中共中央下发《关于在全党开展以实践"三个代表"重要思想为主要内容的保持共产党员先进性教育活动的意见》，就先进性教育活动作出具体安排。这就是：在目标要求上，继续提高党员素质，加强基层组织，服务人民群众，促进各项工作；在总体进程上，保持共产党员先进性教育活动分三批进行，从2005年1月开始到2006年6月基本结束；在方法步骤上，吸取"三讲"教育经验，分为学习动员、分析评议和整改提高三个阶段进行。经过一年半时间，全党共有350多万个基层党组织、近7000万名党员参加了先进性教育活动。整个活动健康有序、进展顺利，取得了比较明显的成效。

在开展先进性教育活动期间，以胡锦涛为总书记的党中央还十分注重反腐败制度的建设和创新，继续着力从源头上预防和解决腐败问题。党的十六届三中全会首次提出，要建立健全与社会主义市场经济体制相适应的教育、监督、制度并重的惩治和预防腐败体系。党的十六届四中全会提出新形势下党风廉政建设和反腐败斗争的16字方针，即"标本兼治、综合治理、惩防并举、注重预防"，并要求抓紧建立教育、制度、监督并重的惩治和预防腐败体系。2004年12月，中央政治局审议通过《建立健全教育、制度、监督并重的惩治和预防腐败体系实施纲要》，明确了建立惩治和预防腐败体系的指导思想、主要目标和工作原则。关于建立健全惩治和预防腐败体系的主要目标是：到2010年建成惩治和预防腐败体系基本框架；再经过一段时间的努力，建立起思想道德教育的长效机制、反腐倡廉的制度体系、权力运行的监控机制，建成完善的惩治和预防腐败体系。其工作原则是：坚持与完善社会主义市场经济体制、发展社会主义民主政治、建设社会主义先进文化、构建社会主义和谐社会相适应；坚持教育、制度、监督并重；坚持科学性、系统性、可行性相统一；坚持继承与创新相结合。它是深入开展党风廉政建设和反腐倡廉工作的重要指导性文件。

在推动反腐倡廉制度体系建设的过程中，党和政府还出台了一系列法规，不断充实和完善反腐倡廉制度体系的内容。如2003年12月，中央颁发《中国共产党党内监督条例（试行）》，第一次以党内法规形式对党内监督重点、途径和办法等重大问题作出明确规定，提出党内监督的重点对象是各级领导机关、领导干部，特别是各级领导班子的主要负责人。同时，还颁发了修订后的《中国共产党纪律处分条例》，对新形势下党员的各种违纪行为的处理作出了具体规定。按照建立结构合理、配置科学、程序严密、制约有效的权力运行机制的目标，把加强对权力约束的制度建设与对干部的有效监督结合起来。2005 年 7 月，中纪委通过《关于纪委协助党委组织协调反腐败工作的规定（试行）》。2007 年 4 月，国务院公布《行政机关公务员处分条例》。这些规定和条例的出台，初步形成了以党章为核心、以监督条例为主干，以一系列配套规定为重要补充的党内监督法规制度体系。

建立健全惩治和预防腐败体系，是党对执政规律和反腐倡廉工作的进一步深化。这一体系的建立和逐步完善，同保持共产党员先进性教育活动相互促进，有效地加强了党的执政能力建设和先进性建设。

四、对马克思主义时代化的实践

以江泽民为核心的党的第三代领导人紧密结合国际形势、国内发展和党内现状的时代背景，在建设中国特色社会主义事业的伟大实践中，在马克思列宁主义、毛泽东思想和邓小平理论的基础上，经过艰苦的理论探索和实践创新，逐步将治党治国治军的新经验加以概括总结，创立了"三个代表"重要思想。"三个代表"重要思想紧跟时代潮流，适应时代要求，把握时代脉搏，进一步回答了什么社会主义，怎样建设社会主义的问题，创造性地回答了建设什么样的党，怎样建设党的问题，深化了对中国特色社会主义的认识，实践了马克思主义时代化这一贯穿于中国共产党人领导人民革命、建设和改革发展始终的战略命题。正如马克思、恩格斯所指出的那样："每一时代的理论思维，从而我们时代的理论思维，都是一种历史的产物，它在不同的时代具有不同的形式，同时具有不同的内容。"[1]

---

[1]　《马克思恩格斯选集》第四卷，人民出版社 1995 年版，第 284 页。

三个代表"重要思想是对新时期党的任务的实践。"三个代表"重要思想在新时期实践了马克思主义生产力和生产关系的矛盾运动学说，体现了党的任务的时代要求。唯物主义观点坚持从社会物质生产特别是生产力和生产关系的矛盾运动来解释世界，把生产力作为推动社会前进最活跃、最革命、最根本、起决定作用的力量，认为生产力的总和决定着社会状况，决定着社会和历史的发展进程。始终代表中国先进生产力的发展要求，始终代表中国先进文化的前进方向，是对马克思主义关于生产力与生产关系、经济基础与上层建筑的辩证关系、物质生活和精神生活、社会存在与社会意识的辩证关系这些基本原理的运用和阐发。生产力、经济基础、物质生活和社会存在决定生产关系、上层建筑、精神生活和社会意识，但后者也会反作用于前者；社会文化作为后者的重要组成部分，只有与先进生产力相适应，才能推动社会更好的向前发展。判断一个政党是先进还是落后，是推动历史进步还是阻碍社会发展，关键要看他是否代表先进生产力的发展要求和先进文化的前进方向。面对复杂多变的国际形势和国内需求，我们党作为中国人民和中华民族的先锋队，始终代表中国先进生产力的发展要求和中国先进文化的前进方向，牢固树立无产阶级政党性质，把现代化建设和中国特色社会主义事业推向前进。要实现这一目标必须创造良好的稳定的内外部国际环境。而良好的内外部环境必须以自身的强大发展为基础。因此，要更加努力的发展自身经济，进一步增强国家的综合国力，提高我国应对国际局势和处理国际事务的能力和国际地位，和广大发展中国家一道推动国际新秩序的建立。要更加解放思想，抓住机遇，参与全球经济竞争，在激烈的世界经济博弈中占领一席之地，带领广大发展中国家逐步改变以西方发达国家为主导的经济规则。要加大对科技创新的激励力度，特别是以信息技术、生物技术、纳米技术等新技术、新产业为主的新科技，走创新发展之路，使制造大国转变为制造强国，创新大国，增强国家在全球的科技竞争力。要大力发展中国特色社会主义文化，推动软实力建设，建立核心价值体系，通过各种国际活动向全球展示中国优秀的传统文化、现代经济政治制度等，增强中国意识形态和政治价值的吸引力、文化的感召力。要顺应社会主义市场经济发展的客观要求，继承和发扬本民族优秀传统文化并广泛吸收国外优秀文化成果，把先进生产力和先进文化的发展建设结合起来，两手抓两手都要硬，建设健康、科学、向上、代表未来的社会主义先进文化。

"三个代表"重要思想是对新时期党的宗旨的实践。"三个代表"重要思想在新时期实践了人民群众是历史的创造者这一历史唯物主义观点，体现了党的宗旨的时代要求。马克思恩格斯在《共产党宣言》中明确指出："过去的一切运动都是少数人的或者为少数人谋利益的运动。无产阶级的运动是绝大多数人的、为绝大多数人谋利益的独立的运动。"① 正如前所述，无产阶级专政即人民民主专政后，作为无产阶级政党的共产党代表最广大人民的根本利益，是由马克思主义的唯物史观决定的，也是由党的性质和宗旨决定的。始终代表中国最广大人民的根本利益，是对马克思主义关于人民群众是历史的创造者，是推动历史前进的动力这一基本原理的运用和阐发。马克思主义认为，历史是由人民创造的，人民是历史的真正主人。人民创造着社会物质财富和精神财富，推动着人类历史不断向前发展。江泽民在讲话中指出："人民群众是先进生产力和先进文化的创造主体，也是实现自身利益的根本力量。不断发展先进生产力和先进文化，归根到底都是为了满足人民群众日益增长的物质文化生活需要，不断实现最广大人民的根本利益。"②"全心全意为人民服务，立党为公，执政为民，是我们党同一切剥削阶级政党的根本区别。"③ 在中国特色社会主义市场经济的大潮中，我们更要牢记党的宗旨，从人民群众中汲取前进的不竭动力，始终紧紧依靠广大人民群众，全心全意为人民服务，把人民赞成不赞成、满意不满意、拥护不拥护、答应不答应作为自己言论、行动的最高标准；把维护好、实现好、发展好最广大人民的根本利益作为一切工作的出发点和落脚点，真正做到立党为公，执政为民。要做到这一点，就要清楚认识我国处于社会主义初级阶段的国情，进一步完善中国特色社会主义市场经济体制，推动经济社会又好又快发展，逐步解决落后的社会生产和人民日益增长的物质文化之间的矛盾，改变经济发展不平衡和收入差距不断扩大的现状，加快更加全面更加均衡的小康社会

---

① 《马克思恩格斯选集》第一卷，人民出版社1995年版，第283页。

② 江泽民：《论三个代表》，中央文献出版社2001年版，第163页。

③ 江泽民：《论三个代表》，中央文献出版社2001年版，第161页。

的建成。要努力推动国家政治体制改革，发展社会主义民主政治，建设社会主义政治文明，完善中国特色社会主义法律体系，尊重广大人民群众的政治诉求，保障公民的社会主义民主、自由和人权。要大力发展中国特色社会主义文化，坚持贴近实际、贴近生活、贴近群众，坚持百花齐放、百家争鸣，同时把握主方向，弘扬主旋律，立足本土优秀传统文化，吸收世界优秀文化成果，不断进行文化创新，满足人民群众日益增长的精神文化需要，不断丰富人民的精神世界，增强人民的精神力量，提高全体国民的综合素质，促进人的全面发展。

"三个代表"重要思想是对新时期党的建设的实践。"三个代表"重要思想发展了马克思主义的建党理论，体现了党的建设的时代要求。如前所述，生产力是推动社会发展的最终决定力量，作为上层建筑组成部分的文化，必须适应生产力的状况并反作用于生产力，人民群众作为历史的创造者，推动历史前进的主体，它既是前两者的创造者，也是享有者。因此，"三个代表"内在是统一的。只有准确把握这一点，才能从唯物史观的角度对党的先进性进行全面理解。党的建设是一项伟大工程，提高党的领导水平和执政水平是经济社会发展和党自身发展的迫切需求。贯彻落实"三个代表"重要思想，加强党的先进性建设，就要始终抓好党员队伍建设，重点解决党员队伍中存在的突出问题，完善党各方面的制度机制，激励广大党员自觉遵守党章党规党纪，不断增强党员队伍整体的先进性。要明确党所处的环境，珍惜来之不易的执政地位，始终保持同人民群众的血肉联系，始终坚持科学执政、民主执政、依法执政，不断完善党的领导方式和执政方式，使党的执政方略更完善、方式更健全、基础更稳固。要清楚地认识党所肩负的历史任务，把发展作为执政兴国的第一要务，不断提高人民的生活水平，加快社会主义现代化建设，逐步实现国家统一，努力建设富强、民主、文明、和谐的社会主义国家。要清楚地认识党的自身状况，加强党员的理想信念教育和先进性教育，增强党员和党组织的创造力、战斗力和凝聚力，始终成为中国特色社会主义事业的坚强领导核心，真正践行"三个代表"重要思想。

"三个代表"重要思想中生产力与生产关系、社会存在和社会意识、人民群众的历史地位及其相互关系等这些基本论点，马克思主义经典作家都有鲜明的论述，但把发展先进生产力和先进文化、实现最广大人民的根本利益同坚持党的先进性联系在一起，上升到党的任务、党的宗旨、党的建设、党的性质、历史地位、历史作用的高度，上升到党的指导思想的高度，构成一个完整的科学的理论体系，这是以江泽民为代表的当代中国共产党人结合时代发展、时代背景、时代要求对辩证唯物主义和历史唯物主义创造性地运用和发展。"三个代表"重要思想既坚定不移地坚持了马克思主义的世界观和方法论，又赋予它们鲜明的时代特征和时代精神，实践并实现了马克思主义时代化。这种伟大的理论创新精神和创新实践对新时期新阶段推进马克思主义时代化，建设中国特色社会主义伟大事业具有重要的理论意义和借鉴价值。

第三节　科学发展观与马克思主义时代化的推进

胡锦涛同志在党的十八大报告中指出，科学发展观同马克思列宁主义、毛泽东思想、邓小平理论、"三个代表"重要思想一道，是党必须长期坚持的指导思想。科学发展观是把马克思主义理论应用于我国社会主义现代化建设实践过程中而形成的独创性理论，它不仅秉承了马克思主义的价值取向和发展理念，总结和深化了毛泽东思想、邓小平理论和"三个代表"重要思想，而且以更加宽广的理论视野，创造性地发展了马克思主义理论，推进了马克思主义时代化。

一、新时期新阶段重要战略机遇期的把握

重要战略机遇期是党中央对当前国际国内形势作出的一个科学判断。党十六大报告提出："综观全局，二十一世纪头二十年，对我国来说，是一个必须紧紧抓住并且可以大有作为的重要战略机遇期。"① 重要战略机遇期，深刻反

---

① 《十六大报告辅导读本》，人民出版社 2002 年版，第 17 页。

映了新世纪新阶段我国的历史方位，为我们确立改革发展的目标任务、方略步骤提供了客观依据。因此，要抓住和用好重要战略机遇期，在日益激烈的综合国力竞争中牢牢掌握加快我国发展的主动权。

（一）把握重要战略机遇期的重要性

十六大以来，党领导全国人民紧紧抓住并用好重要战略机遇期，战胜了一系列严峻挑战，取得了辉煌的历史性成就。总结十年的奋斗历程，最关键就是勇于在既有的正确理论成果的基础之上，不断推进理论创新，围绕中国特色社会主义现代化建设，不断提出新的思想、新的观点、新的论断，从而提出和完善了科学发展观。党的十八大把科学发展观作为我党指导思想的最新部分，是对指导思想的丰富与完善，必将成为今后各项工作的强大思想武器。

第一，把握重要战略机遇期是实现科学发展的首要前提

对战略机遇期的正确判断和把握，是保证党的一切路线、方针、政策切实可靠的关键，也是保证中国特色社会主义发展方向、路径选择的关键。把握战略机遇期一个基本要求就是深刻认识我国所处的发展阶段，全面分析国内外环境，制定出既不会落后又不至超前于时代的发展战略，为实现社会主义现代化建设开创新局面。然而准确把握重要战略机遇期，并非易事。党领导人民从新民主主义革命时期一路走到社会主义现代化建设的新时期，进行了异常艰辛的努力奋斗并取得了丰硕成果，但其中也走过一些弯路，付出了沉重的代价。深刻反思，这些过错和失误都脱离不了党对历史性发展机遇的错误认识。只有清醒认识和正确把握战略机遇期，才能保证党在战略决策上没有大的失误，为取得社会主义改革和建设的重大胜利打好基础。

党的十六大以来，中国共产党牢记"我国仍处于并将长期处于社会主义初级阶段"[1]的基本国情，结合国际形势的风雨变幻和国内发展复杂的情况，紧紧抓住和灵活运用每一个战略机遇期，沉着应对挑战，坚持"发展是硬道理"的科学论断，用发展的办法去解决前进中出现的问题，经过长期不懈的努力奋斗，开创了中国特色社会主义道路，把中国特色的社会主义伟大事业推进到一

---

[1] 《十七大以来重要文献选编》（上），中央文献出版社 2009 年版，第 316 页。

个又一个新的发展高峰。在当代中国,"发展"仍然是我们解决所有问题的关键,"发展是硬道理"要求我们在任何时候都坚持好科学发展的思想,让科学发展观成为转变经济发展方式的强大推动力。立足于世情、国情、党情的新变化,和谐发展的新要求以及人民群众的新期待,胡锦涛提出"我们要全面审视当今世界和当代中国发展大势,全面把握我国发展新要求和人民群众新期待,科学制定适应时代要求和人民愿望的行动纲领和大政方针,更加奋发有为、兢兢业业地工作,继续推动科学发展、促进社会和谐,继续改善人民生活、增进人民福祉,奋力完成时代赋予的光荣而艰巨的任务。"① 因此,只有深入分析社会发展在不同阶段的具体特征,才能正确判断并牢牢把握战略机遇期,也才能做到既不切断历史又不迷失方向,为社会主义现代化建设制定正确的发展战略,开创科学发展的新局面。

第二,我国把握重要战略机遇期,取得了辉煌的历史成就

十六大以来,中国共产党坚持邓小平理论与"三个代表"重要思想的科学指导,全面分析我国社会主要矛盾发展的具体特征,牢牢把握战略机遇期,创新发展理念,转变发展方式,增强发展动力,大力推进改革发展的步伐,使我国经济社会发展取得了举世瞩目的历史成就。

从国内看,综合国力与竞争力明显增强。国家统计局数据显示,2003年至2011年,中国经济年均增长10.7%,高于同期世界经济的平均增速6.8个百分点,中国经济总量占世界经济总量的份额,从2002年的4.4%提高到了2011年的10%左右,中国经济总量在世界的排序,从2002年的第6位上升至2011年的第2位,国内人均国内生产总值超过5000美元,已经由中等收入国家向高收入国家的行列迈进;尖端科技领域不断有新的重大突破,新能源、新材料、信息网络、生物医药等成新一轮产业投入增长点;政府的宏观经济调控与社会综合管理水平明显提高,有效抵御了国际金融危机的不良影响,妥善应对了地震、旱涝等严重的自然灾害,成功举办了奥运会、世博会等重大国际活

---

① 胡锦涛:《沿着中国特色社会主义伟大道路奋勇前进》,见 http://cpc.people.com.cn/n/2012/0723/c64094—18580418—3.html。

动。人民生活明显改善，就业规模持续扩大，社会保障体系和养老保险制度日益完善，医疗卫生制度改革稳步推进，义务教育全面实施，建立了惠及城乡困难群体的最低生活保障，扶贫事业大规模实施，文化建设不断取得新成就。

从国际看，国际地位与影响力显著上升。我国对外开放水平不断迈上新台阶，已成为推动世界经济增长的一支重要力量。据海关总署网站数据显示，2011 年以来我国进出口贸易总值增长迅猛，1—11 月累计进出口总值达 33096 亿美元，实现同比增长 23.6%，是世界上第一出口大国和第二进口大国；对外直接投资连涨 9 年现处于世界第五。我国积极参与国际金融体系改革，参与联合国关于能源、气候、粮食等问题的重要国际议题磋商，成为二十国集团峰会重要角色。中国在国际事务方面发挥着越来越重要的作用。

过去 10 年，我国经济社会发展取得明显成效，胜利完成了"十五"、"十一五"制定的发展计划，谱写了中国特色社会主义事业的崭新篇章。实践证明，我们能取得这样的辉煌成绩，与邓小平理论和"三个代表"重要思想指导密不可分，与科学发展观的贯彻落实密不可分，与战略机遇期的准确判断和牢牢把握密不可分。新时期新阶段，深入贯彻落实科学发展观、继续推进中国特色社会主义建设仍然是一项长期而艰巨的任务，"综合判断国际国内形势，既面临难得的历史机遇，也面对诸多可以预见和难以预见的风险挑战。我国发展仍处于可以大有作为的重要战略机遇期，"[1] 因此，我们应当加强思想认识、加大工作力度、加快推进改革发展的步伐，牢牢把握战略机遇期，沉着应对新的挑战。

（二）新时期新阶段重要战略机遇期的全面把握

在党的十八大报告中，胡锦涛指出："科学发展观是中国特色社会主义理论体系最新成果，是中国共产党集体智慧的结晶，是指导党和国家全部工作的强大思想武器。科学发展观同马克思列宁主义、毛泽东思想、邓小平理论、'三个代表'重要思想一道，是党必须长期坚持的指导思想。"[2] 表达了当前阶

---

① 胡锦涛：《在庆祝清华大学建校 100 周年大会上的讲话》，人民出版社 2011 年版，第 5 页。

② 《十八大报告辅导读本》，人民出版社 2012 年版，第 8 页。

段继续坚持贯彻与稳定落实科学发展观对于党和国家事业发展的重要作用，科学发展观对新时期新阶段战略机遇期的把握，必将更加有力的指导党和全国人民开展现代化建设的新实践。

第一，从国际形势来看，求和平、谋发展、促合作成为新的时代要求，和平与发展时代主题的延续成为我国集中精力搞发展的有利外部条件。世界多极化、经济全球化的趋势已不可逆转。虽然世界上仍存在一些地区性偶发冲突和局部性小规模战争，但国际形势总体上趋于缓和了。发达国家的影响力下降，新兴市场经济体增多，随着经济的发展，世界各地贸易、金融逐渐融合，日益成为完整而统一的国际市场，全球各国之间的紧密联系使得任何一个国家都无法脱离世界单独存在。国际环境的新变化带来了新的战略机遇期，基于对国际局势的认识和发展趋势的把握，我国广泛参与国际分工、合作，积极融入世界经济，利用好境外资源与市场。安定的国际环境需要不同国家之间的协同合作、共同维护。为此，中国一贯坚持和平的外交方针，在和平共处、互利共赢原则下同他国建立起友好合作的关系，推进建立国际新秩序，成为维护世界和平的中坚力量。维护世界和平的目的在于谋求共同发展。"当今世界的全球化，实质上是不同的社会制度、不同的社会文明乃至不同的思维方式的竞争与整合。"① 每个国家的发展都建立在其文化传统和历史积淀的基础之上，矛盾发展的特殊性原理决定了每个国家都具有自己独特的历史文化背景，因而也必然有着不尽相同的发展道路。因此，中国关注自身经济发展的同时也关注世界经济的共同发展，在实现本国利益的同时也兼顾对方的利益，特别是发展中国家的利益，以自身经济的发展促进地区经济乃至世界经济的共同发展。然而一些西方国家对社会主义国家根深蒂固的敌对态度，使得"中国崩溃论"、"中国威胁论"等不利于世界和平的命题甚嚣尘上。在这种情况下，党中央领导集体审时度势，因势利导，表明了对内构建"和谐社会"，对外倡导"和谐世界"的战略意图，让世界了解中国特色的发展模式和道路选择，营造有利于我国发展的国际政治环境，同时又通过自身的发展促进世界和平与稳定，以实际行动树立

---

① 包心鉴：《当代全球化与马克思主义新发展》，《中共云南省委党校学报》2005 年第 4 期。

起负责任大国的良好国家形象。"和谐世界"的提出，不仅符合"和平与发展"的时代潮流，而且反映了我国对当今世界发展问题的认识，体现了极其鲜明的时代特征。

第二，从国内发展条件来看，任何时期政治措施的提出和落实都不能离开当时所处的历史条件，也就是说一切发展战略的制定都必须结合具体国情、尊重客观规律、紧抓战略机遇期、着力解决社会主要矛盾。从国内发展的具体条件来看，我国仍然处于社会主义初级阶段是目前乃至以后较长一段时期内的基本国情。为了迅速改变社会主义初期阶段生产力不够发达的状况，改革开放以来，我国坚持以经济建设为中心，大力发展社会生产并取得了显著的成效，目前我国已进入中等收入国家向高收入国家迈进的阶段。新的形势和环境对经济发展提出了更高要求，人民群众对生活改善给予更多期待。广大人民群众在收入增长和分配、社会保障、教育、医疗、住房、环境等方面的生活标准与期望不断提高，人口结构和资源环境条件的变化，使得传统的主要依赖要素投入扩张的外延型增长方式难以持续。面对这种情况，党的十六届三中全会毅然提出了"坚持以人为本，树立全面、协调、可持续的发展观，促进经济社会和人的全面发展。"[1] 全面落实"五个统筹"，在重视经济发展的同时又重视政治、文化、社会的全面协调，节约资源和保护生态环境，把构建社会主义和谐社会作为我国全面建设小康社会的重要任务。科学发展观是当代中国发展战略的继承和超越，是顺应时代潮流的明智之举，是符合人民利益和愿望的新型发展模式。促进我国经济社会又好又快的发展是科学发展观的本质要求，也是现代化建设的一项重大战略任务。发展要靠改革来推动，在科学发展观的指导下解决社会主要矛盾，实现经济持续发展，需要不断革除旧的发展观念，矫正旧的发展惯性，打破旧的利益格局。当前"我国社会的主要矛盾依然是人民日益增长的物质文化需要同落后的社会生产之间的矛盾"[2]，因此，国民经济持续健康发展的过程也是人民群众生活水平提高的过程，也就是我国社会主要矛盾不断得

---

① 《十六大以来重要文献选编》（上），中央文献出版社 2005 年版，第 465 页。

② 《十六大以来重要文献选编》（中），中央文献出版社 2006 年版，第 1090 页。

到解决的过程。要想在解决主要矛盾方面有所突破，不仅要着手于国民经济的发展，而且要以加强保障和改善民生为重点，使人民群众的物质文化生活不断得到改善，为构建"民主法治、公平正义、诚信友爱、充满活力、安定有序、人与自然和谐相处"①的社会主义和谐社会提供保障。

第三，从新科技革命的影响来看，科学技术的进步，促进社会的迅猛发展，生产效率大幅提高，人们的生活得到前所未有的改善。重要科技领域的重大突破，将为生产力的发展开辟更为广阔的空间，创造更多的社会需求，深刻影响人类的生产以及生活状况。从某种意义上来讲，科技水平决定了生产力的发展水平，又在很大程度上决定了综合国力的较量。为应对金融危机，各国不断加大科技投入，一场新的产业革命势在必行。胡锦涛强调，"当今世界，科学技术正在酝酿着新的重大突破，一场新的科技革命和产业革命正在孕育之中。"②新的科技革命将会催生新的人类文明。对广大发展中国家来说，科学技术更是奋起直追、锐意创新，改变国家命运必须依靠的强大力量。因而，发展中国家必须高度重视科技创新的作用，大力发展以科学技术和自主创新为主导的生产力，否则必将处于被动落后的地位。"既要充分估量新的科技革命带来的严峻挑战，更要珍惜它带来的难得机遇"③。"不转型就没有出路"，科学发展观适时提出"各级领导干部要带头学科学、用科学，各级党政主要负责同志要高度重视科技工作，并把提高自主创新能力的成效作为落实科学发展观和正确政绩观的重要内容"④，正是对当前世界科学技术迅猛发展的积极回应。科学技术是促进经济发展的强大动力，是社会发展的力量所在、后劲所在。科技发展的未来，决定着中国的未来。我党适时地抓住科学技术进步的战略发展机遇，充分利用各种科学技术资源，同时更需要提高我国的自主创新能力，用科学技术推动生产，为我国选择了一条创新驱动、引进集成、示范推广、跨越发展的科技创新之路。

---

① 《十六大以来重要文献选编》（下），中央文献出版社 2008 年版，第 547 页。
② 《十六大以来重要文献选编》（中），中央文献出版社 2006 年版，第 65 页。
③ 《十五大以来重要文献选编》（中），人民出版社 2001 年版，第 952 页。
④ 《十六大以来重要文献选编》（下），中央文献出版社 2008 年版，第 195 页。

二、一脉相承的马克思主义理论成果

科学发展观的形成既有扎实的现实依据，又有深厚的理论基础。如果说马克思主义关于人类社会的发展理论是科学发展观最基本的理论依据，那么从直接来源上看，科学发展观更主要的是继承和发展了毛泽东思想、邓小平理论和"三个代表"重要思想中关于发展的思想。科学发展观的形成，经历了一个不断探索、勇于创新的历史过程，凝聚了几代中国共产党人的心血和艰辛探索，凝聚了新中国60多年社会主义建设、改革和发展的历史经验，同马克思列宁主义、毛泽东思想、邓小平理论和"三个代表"重要思想是一脉相承的关系，是与时俱进的马克思主义发展观。

（一）科学发展观是马克思主义的发展观

马克思主义关于社会发展的理论，是在长期调查与深入研究人类社会的普遍发展及其内在规律的基础上提出来的，其本质是科学的发展理论。尽管马克思并没有提出"科学发展观"这一概念，但马克思主义理论中蕴含的关于社会发展的思想对党发展思路的形成特别是科学发展观的提出，具有重要的理论指导意义。

第一，科学发展观与马克思主义发展观具有共同的价值取向

"使人的性格和智慧得到全面的合理的发展"[1] 是马克思衡量社会进步的重要尺度，也是对未来社会发展的最高价值诉求。马克思曾明确指出："历史不过是追求着自己目的的人的活动而已"[2]。也就是说，社会历史由人的社会活动构成，社会历史的发展过程是人自觉活动和客观规律相统一的过程，没有人的活动就没有历史的发展，绝不会有外在于人的社会。不仅如此，实现人的全面的合理的发展还是对共产主义合理性与历史必然性的最好论证，可以说，这一命题几乎涵盖了马克思对共产主义科学性的所有认识，他在《共产党宣言》中这样论述："代替那存在着阶级和阶级对立的资产阶级旧社会的，将是这样一

---

[1] 《马克思恩格斯选集》第三卷，人民出版社1995年版，第612页。
[2] 《马克思恩格斯文集》第一卷，人民出版社2009年版，第295页。

个联合体，在那里，每个人的自由发展是一切人的自由发展的条件。"① 马克思认为，任何社会形态都会由于自身的矛盾的发展被另一个更高级的社会形态所代替，而共产主义是在社会物质财富极大丰富、人类精神境界极大提高的条件下，以生产资料归全体社会成员所有为基础的社会形态，因而具有任何阶级社会都无法比拟的革命性与科学性。共产主义理想的实现是历史的必然，只有共产主义才能消除一切剥削、消除一切压迫，这是实现人类全面而合理发展的首要前提。

科学发展观的本质与核心是"以人为本"。以人为本"就是要以实现人的全面发展为目标，从人民群众的根本利益出发谋发展、促发展，不断满足人民群众日益增长的物质文化需要，切实保障人民群众的经济、政治和文化权益，让发展的成果惠及全体人民。"② 科学发展观倡导的这一思想与马克思主义实现人的全面而合理发展的最高价值诉求是一致的，与马克思主义发展观的根本价值取向是一致的，充分体现了中国共产党始终坚持"人民是历史的创造者"的唯物史观基本原理，自觉执行"一切为了人民，一切依靠人民"的群众路线，切实贯彻"立党为公，执政为民"的执政理念，时刻牢记"全心全意为人民服务"的根本宗旨。科学发展观"以人为本"的价值取向集中体现了中国共产党鲜明的马克思主义政治立场。

第二，科学发展观与马克思主义发展观具有共同的发展理念

马克思主义理论蕴含了一系列关于发展的基本原理和观点，比如："社会发展决定于生产力发展"③，"随着经济基础的变更，全部庞大的上层建筑也或慢或快地发生变革"④ 等，为"无产阶级上升为统治阶级，争得民主"以及"无产阶级将利用自己的政治统治，一步一步地夺取资产阶级的全部资本，把一切生产工具集中在国家即组织成为统治阶级的无产阶级手里，并且尽可能快地增

---

① 《马克思恩格斯选集》第一卷，人民出版社 1995 年版，第 294 页。
② 胡锦涛：《在中央人口资源环境工作座谈会上的讲话》，人民出版社 2004 年版，第 2 页。
③ 《列宁全集》第一卷，人民出版社 1984 年版，第 402 页。
④ 《列宁全集》第一卷，人民出版社 1984 年版，第 108 页。

加生产力的总量。"① 提供了理论基础和科学指导。然而，马克思主义真理颠扑不破并不意味着马克思主义停滞不前。马克思指出："任何真正的哲学都是自己时代的精神上的精华。"② 恩格斯也指出："我们只能在我们时代的条件下去认识，而且这些条件达到什么程度，我们才能认识到什么程度。"③ 也就是说，一切思想理论的产生都将深深地带着那个时代的烙印。同样，马克思主义也诞生于特定的时代，必然会被刻画上时代的生动印记。因此，马克思主义更多是从宏观上考察社会运行的一般规律，而无法对几百年后社会发展产生的具体问题进行细致入微地分析。在马克思看来，真正的科学理论并不在于揭示永恒的真理，而在于它是否能够由于实践的需要而产生、由于实践的需要而发展，是否能够在指导实践并接受实践检验的过程中得到充实与完善。马克思主义正是这样一种"发展着的理论，而不是必须背得烂熟并机械地加以重复的教条"④，它所具备的革命性与科学性构成了中国共产党大力提倡推进"马克思主义时代化"的根本依据。

科学发展观坚持贯彻马克思主义的指导思想，准确把握当前中国发展的具体实践，围绕"四个深刻"和"两个前所未有"⑤，对进一步推进中国特色社会主义建设的思路作出了战略性概括，凸现了科学发展的全新理念。科学发展观"坚持第一要义是发展、核心是以人为本、基本要求是全面协调可持续、根本方法是统筹兼顾。"⑥"这就要求我们在推进发展中充分考虑资源和环境的承受力，统筹考虑当前发展和未来发展的需要，既积极实现当前发展的目标，又为未来的发展创造有利条件，积极发展循环经济，实现自然生态系统和社会经济系统的良性循环，为子孙后代留下充足的发展条件和发展空间。"⑦ 由此可见，

① 《马克思恩格斯选集》第一卷，人民出版社1995年版，第293页。
② 《马克思恩格斯全集》第一卷，人民出版社1995年版，第6页。
③ 《马克思恩格斯选集》第四卷，人民出版社1995年版，第337页。
④ 《马克思恩格斯选集》第四卷，人民出版社1995年版，第681页。
⑤ 《十六大以来重要文献选编》（下），中央文献出版社2008年版，第897页。
⑥ 胡锦涛：《在纪念党的十一届三中全会召开30周年大会上的讲话》，人民出版社2008年版，第40页。
⑦ 《十六大以来重要文献选编》（上），中央文献出版社2005年版，第852页。

科学发展观秉承了马克思主义的发展理念，汲取了当前人类文明发展的最新成果，并且以更加宽广的理论视野丰富了马克思主义的理论宝库，为中国进一步解放和发展生产力、实现经济又好又快地发展奠定了理论基础。

（二）科学发展观是马克思主义时代化的必然产物

马克思主义时代化是一个具有高度开放性与包容性的科学理论体系。将马克思主义理论不断同当前时代发展需要相结合，不断运用于指导新的实践，既是马克思主义的本质驱动，也是历史发展的必然诉求。

第一，科学发展观与马克思主义时代化的理论成果一脉相承

中国共产党人对时代问题的敏感性由来已久。早在抗日战争时期，毛泽东就清醒地认识到："我们搞政治，搞政府，搞军队，为的是什么？就是要破坏妨碍生产力发展的旧政治、旧政府、旧军队。""为着解放生产力。""马克思主义社会科学也主要是讲的这件事，讲生产力在历史上是如何发展起来的。"[①] 这一论述体现了毛泽东对"革命为什么"的深刻理解，开启了马克思主义时代化在中国发展的先河。作为中国共产党第一代领导人，毛泽东深知与时代同进步、与实践共发展的重要性，他强调："世界上没有什么东西不是经过发生、发展和消灭的"[②]，因此"马克思主义一定要向前发展，要随着实践的发展而发展，不能停滞不前。停止了，老是那么一套，它就没有生命了。"[③] 毛泽东高瞻远瞩、深谋远虑，准确把握"帝国主义战争与无产阶级革命"的时代主题，积极投身于中国革命的伟大事业，在极其艰苦的环境中开创了一条独具特色的革命道路，并取得了丰硕成果，实现了马克思主义时代化的历史性飞跃。同毛泽东一样，邓小平对马克思主义的时代性特征也有着自己的理解，他认为："马克思主义理论从来不是教条，而是行动的指南。它要求人们根据它的基本原则和基本方法，不断结合变化着的实际，探索解决新问题的答案，从而也发展马克思主义理论本身。"[④] 面对时代主题的巨大转换，邓小平及时敏锐地判断出

① 《毛泽东文集》第三卷，人民出版社 1996 年版，第 108 页。
② 《毛泽东文集》第七卷，人民出版社 1999 年版，第 375 页。
③ 《毛泽东文集》第七卷，人民出版社 1999 年版，第 281 页。
④ 《邓小平文选》第二卷，人民出版社 1994 年版，第 146 页。

"和平与发展"的大趋势不可逆转，中国和平崛起的时机已经到来，考虑到中国经济发展尚处社会主义初级阶段的具体特征，邓小平果断做出"科学技术是第一生产力"、"发展是硬道理"、"对外开放"等一系列科学论断，使中国迎头赶上时代潮流，取得了举世瞩目的发展成就，同时也深入发展了马克思主义理论，持续推进了马克思主义时代化。20 世纪末和 21 世纪初期正是国际格局大变革、大调整的关键时期，江泽民不畏发展形势的严峻复杂，冷静观察、沉着应对，高举邓小平理论的伟大旗帜，更加突出地强调"马克思主义具有与时俱进的理论品质。"① 创造性提出以"三个代表"重要思想为标准，检验党各项工作的得失成败，继续推进改革开放和社会主义现代化建设事业。自党的十六大以来，各国经济联系更加紧密、国际利益关系日趋复杂，胡锦涛审时度势、总揽全局，面对中国改革开放和社会主义现代化建设深入推进的新局面，重申了马克思主义时代化的重要性，他强调："只有正确认识和把握时代特征和世界发展的总趋势，科学制定和实施符合我国实际和人民愿望的目标和任务，我们党才能始终站在时代发展的前列和中国社会发展进步的潮头。"② 为此，胡锦涛坚持马克思主义理论的科学指导，立足于国内外形势的新变化、着眼于中国发展的新要求、致力于人民群众的新期待，高屋建瓴地提出了"科学发展观"的新概念。"科学发展观是同马克思列宁主义、毛泽东思想、邓小平理论和'三个代表'重要思想既一脉相承又与时俱进的科学理论，是我国经济社会发展的重要指导方针，是发展中国特色社会主义必须坚持和贯彻的重大战略思想"③，它不仅继承和发展了毛泽东、邓小平等老一辈无产阶级革命家提出并经过实践检验的关于发展的重要思想，而且在探索指导中国特色社会主义的蓬勃发展的过程中，进一步提升了马克思主义的发展境界，是马克思主义时代化的最新成果。

第二，科学发展观是马克思主义时代化的最新理论成果

毛泽东思想、邓小平理论、"三个代表"重要思想和科学发展观等马克思主义时代化的重要理论成果，是中国共产党多年来在多方面、各领域进行艰辛

---

① 《江泽民文选》第三卷，人民出版社 2006 年版，第 282 页。
② 《十六大以来重要文献选编》（下），中央文献出版社 2008 年版，第 522 页。
③ 《十七大以来重要文献选编》（上），中央文献出版社 2009 年版，第 256 页。

探索的宝贵经验和智慧结晶。究其历史发展进程，不难看出这些伟大成果之间存在着密切的内在逻辑关系：它们虽然产生于不同的历史时期，面临着不同时代赋予的历史使命，但都是以马克思主义的立场、观点和方法作为根本指导，以社会诸多领域的最新发展动态为依据，以落实人民群众的根本利益为目标，共同揭示了近现代以来中国社会的运行规律和发展趋势，科学体现了马克思主义的一脉相承性。不仅如此，这些理论成果的系统性还体现在，前者是后者的逻辑起点与现实依据，直接或间接地影响着后者的形成与发展，也就是说，前者对后者起着指导和规范的作用，而后者则是对前者的深化、完善和超越。从这个角度上来看整个马克思主义时代化在中国的发展历程，我们可以认为，科学发展观起着系统整合与融会贯通的作用，它以全新的时代课题为导向，系统而深刻的阐述了当前社会主义发展所面临的系列问题，使整个马克思主义时代化更具科学性、系统性与完整性。可见，"科学发展观是管根本、管全局、管长远的"①，"是我国经济社会发展的重要指导方针、是发展中国特色社会主义必须坚持和贯彻的重大战略思想。"② 科学发展观在指导中国特色社会主义实践过程中形成的开阔眼界、立体思维与前瞻意识，对马克思主义与中国现代化建设的实践进一步结合具有开创性的重要意义。

三、全面协调可持续发展

全面协调可持续发展是科学发展观的基本要求。首先，坚持全面发展是科学发展观的基本要求之一，是中国实现全面建成小康社会的前提条件。坚持全面发展标志着我们从理论上划清了与片面追求经济增长的发展观的界限，在实践上告别了崇拜 GDP 的发展模式。我们党对全面发展的认识经历了一个不断探索和不断深化的过程，即经历了由三位一体到四位一体、再由四位一体到五位一体的认识过程。2003 年，党的十六届三中召开，会议首次提出了要树立

---

① 《十七大以来重要文献选编》（上），中央文献出版社 2009 年版，第 598 页。
② 《十七大以来重要文献选编》（上），中央文献出版社 2009 年版，第 178 页。

和落实科学发展观，明确指出要坚持以人为本，树立全面、协调、可持续的发展观，促进经济社会和人的全面发展，并强调"中国特色社会主义是社会主义市场经济、社会主义民主政治和社会主义先进文化协调发展的伟大事业"，必须"坚持社会主义物质文明、政治文明和精神文明协调发展。"①2004 年 4 月，胡锦涛在《中央人口资源环境工作座谈会上的讲话》中进一步指出："全面发展，就是要以经济建设为中心，全面推进经济、政治、文化建设，实现经济发展和社会全面进步。"②这里的科学发展观所指的全面发展，包括经济发展、政治发展和文化发展；还包括物质文明建设、政治文明和精神文明建设。这种对全面发展的理解，就是"三位一体"的理解。

毛泽东在《新民主主义论》中就曾经指出："我们共产党人，多年以来，不但为中国的政治革命和经济革命而奋斗，而且为中国的文化革命而奋斗；一切这些的目的，在于建设一个中华民族的新社会和新国家。在这个新社会和新国家中，不但有新政治、新经济，而且有新文化。这就是说我们不但要把一个政治上受压迫、经济上受剥削的中国，变为一个政治上自由和经济上繁荣的中国，而且要把一个被旧文化统治因而愚昧落后的中国，变为一个被新文化统治因而文明先进的中国。"③这里毛泽东提出的有关新民主主义国家建设的新政治、新经济和新文化就是新民主主义的"三大纲领"。在改革开放的新的时代背景下，邓小平指出："我们要在大幅度提高社会生产力的同时，改革和完善社会主义的经济制度和政治制度，发展高度的社会主义民主和完备的社会主义法制。我们要在建设高度物质文明的同时，提高全民族的科学文化水平，发展高尚的丰富多彩的文化生活，建设高度的社会主义精神文明。"④邓小平在这里阐明了中国社会主义经济建设、政治建设和文化建设应当全面发展。1982 年，党的十二大提出："大力推进社会主义物质文明和精神文明的建设，继续健全社会主义民主和法制"，从经济、政治、文化三个方面阐述了我国社会主义发

① 《十六大以来重要文献选编》（上），中央文献出版社 2005 年版，第 481 页。
② 《十六大以来重要文献选编》（上），中央文献出版社 2005 年版，第 850 页。
③ 《毛泽东选集》第二卷，人民出版社 1991 年版，第 663 页。
④ 《邓小平文选》第二卷，人民出版社 1994 年版，第 208 页。

展的基本要求。1987 年、党的十三大提出党在社会主义初级阶段的"一个中心、两个基本点"的基本路线，强调要"为把中国建设成为富强、民主、文明的社会主义现代化国家而奋斗"，把经济富强、政治民主、精神文明确立为我国社会主义现代化必须为之奋斗的目标。2002 年 7 月 16 日，江泽民在考察中国社会科学院时明确提出："建设有中国特色社会主义，应该是我国经济、政治、文化全面发展的进程，是我国社会主义物质文明、政治文明、精神文明全面建设的进程。"① 这些论述体现了我们党对"三位一体"全面发展思想的一脉相承。2004 年，党的十六届四中全会提出了"构建社会主义和谐社会"的科学论断，并第一次明确提出了"社会建设"的概念。会议通过的《中共中央关于加强党的执政能力建设的决定》指出："形成全体人民各尽其能、各得其所而又和谐相处的社会，是巩固党执政的社会基础、实现党执政的历史任务的必然要求。"提高构建社会主义和谐社会的能力，必须"加强社会建设和管理，推进社会管理体制创新。"② 而构建社会主义和谐社会的重大任务，就是要使社会主义物质文明、政治文明、精神文明建设与和谐社会建设全面发展。构建社会主义和谐社会，是我们党从全面建设小康社会、开创中国特色社会主义事业新局面的全局出发提出的一项重大任务，适应了中国改革发展进入关键时期的客观要求，体现了广大人民群众的根本利益和共同愿望，同时也极大地深化和拓展了我们党对中国特色社会主义事业总体布局的认识，使我们党对全面发展的认识由"三位一体"转变为"四位一体"。胡锦涛就明确指出，"随着我国经济社会的不断发展，中国特色社会主义事业的总体布局，更加明确地由社会主义经济建设、政治建设、文化建设三位一体发展为社会主义经济建设、政治建设、文化建设、社会建设四位一体。"③2007 年，在党的十七大报告中，胡锦涛明确指出：坚持全面发展"要按照中国特色社会主义事业总体布局，全面推进经济建设、政治建设、文化建设、社会建设"，并强调"社会建设与人民幸福安康息息相关。必须在经济发展的基础上，更加注重社会建设，着力保障和改

---

① 《江泽民文选》第三卷，人民出版社 2006 年版，第 491 页。
② 《十六大以来重要文献选编》（中），中央文献出版社 2006 年版，第 286—287 页。
③ 《十六大以来重要文献选编》（中），中央文献出版社 2006 年版，第 696 页。

善民生，推进社会体制改革，扩大公共服务，完善社会管理，促进社会公平正义，努力使全体人民学有所教、劳有所得、病有所医、老有所养、住有所居，推动建设和谐社会。"① 在此基础上，党的十七大决定在党章中把我们党的基本路线对我国社会主义建设奋斗目标的表述，由"把我国建设成为富强民主文明的社会主义现代化国家"，补充修改为"把我国建设成为富强民主文明和谐的社会主义现代化国家。"② 至此，科学发展观关于"四位一体"全面发展的思想得到完全确立。把促进社会和谐作为同促进社会主义物质文明、政治文明和精神文明协调发展相并列的基本任务之一，把经济建设、政治建设、文化建设和社会建设共同作为全面建设小康社会的总体要求，是对科学发展观关于全面发展思想的重要推进，也是我们党在社会主义现代化建设总体布局上的一个新的重要推进，既是对中国特色社会主义理论的丰富和发展，也是对马克思主义关于社会主义社会建设理论的丰富和发展。随着我国现代化建设的不断推进，有关全面发展的认识也在不断深化。2006 年 4 月 17 日，在的基础上，温家宝在第六次全国环境保护大会上总结全国各地坚持全面发展经验时指出："全面建设小康社会，不仅包括经济建设、政治建设、文化建设、社会建设，还包括生态环境建设，使整个社会走上生产发展、生活富裕、生态良好的文明发展道路。"③2008 年 9 月 19 日，在全党深入学习实践科学发展观活动动员大会暨省部级主要领导干部专题研讨班的讲话中，胡锦涛进一步提出了"全面推进社会主义经济建设、政治建设、文化建设、社会建设和生态文明建设"的要求。2009 年 9 月，在中共中央政治局第十六次集体学习时，胡锦涛谈到贯彻全面发展的要求时又强调指出：深入贯彻落实科学发展观要"按照中国特色社会主义事业总体布局，坚持以经济建设为中心，全面推进社会主义经济建设、政治建设、文化建设、社会建设以及生态文明建设。"（《进行把握社会主义现代化建设规律更好把社会主义现代化推向前进》，《人民日报》2009 年 9 月 10 日）

---

① 《十七大以来重要文献选编》（上），中央文献出版社 2009 年版，第 29 页。

② 《十七大以来重要文献选编》（上），中央文献出版社 2009 年版，第 45 页。

③ 温家宝：《全面落实科学发展观　加快建设环境友好型社会》，《人民日报》2006 年 4 月 24 日。

这样，就把科学发展观关于经济建设、政治建设、文化建设、社会建设"四位一体"全面发展的思想，在增加生态文明建设后，进一步推进到"五位一体"的新水平。因此，科学发展观全面发展的要求就是：按照中国特色社会主义事业总体布局，全面推进社会主义经济建设、政治建设、文化建设、社会建设和生态建设。

其次，科学发展观所要求的发展是协调发展。发展不协调的问题，是在现代化进程中各类国家都普遍存在的现象。我国是发展中国家，整体发展是协调的，但由于快速发展也存在发展不协调的问题，科学发展观提出的协调发展的要求，为解决我国发展不协调问题提供了理论依据。党的十七大报告曾经指出，协调发展，就是促进现代化建设各个环节、各个方面相互协调，促进生产关系和生产力、上层建筑和经济基础相互协调。简单说来，协调发展所说的协调，是指不同部门、不同地区、不同地域之间在发展规模、发展速度、发展程度和发展效益等方面比例适当、结构合理、相互促进、良性运行、共同发展的状态。协调包括平衡和不平衡，是平衡与不平衡的统一。协调的关键是比例适当，结构合理。比例适当，要有差别，但差别必须保持在一定程度的范围内。唯物辩证法把协调看做是平衡与不平衡的统一。对此，马克思在《资本论》中曾经指出："因为各式各样的不平衡具有互相对立的性质，并且因为这些不平衡会彼此接连不断地发生，所以它们会由它们的相反方向，由它们互相之间的矛盾而平衡。这样，虽然在任何场合供求都一定是一致的，但是它们的不平衡会这样接连发生—以至就一个或短时期的整体来看，供求总是一致的；不过这种一致只是作为过去的变动的评价，并且只是作为他们的矛盾的不断运动的结果。"[①] 马克思在研究不同生产部门、社会生产的两大部类、各个资本集团之间的平衡和不平衡的关系的基础上，分析了各个领域中大量存在的平衡和不平衡的关系，指出："平衡总是以有什么东西要平衡为前提，就是说，协调始终只是消除现存不协调的那个运动的结果。""平衡"就是"经常不断地消除经常的不协调。"[②] 马克思

---

①　《马克思恩格斯全集》第二十五卷，人民出版社 1995 年版，第 443 页。

②　《马克思恩格斯全集》第二十六卷（第二册），人民出版社 1973 年版，第 604 页。

和恩格斯在设想未来新社会时，还预见了城乡、工农和体力劳动与脑力劳动之间的三大差别。他们认为："消灭城乡之间的对立，是共同体的首要条件之一，这个条件又取决于许多物质前提，而且任何人一看就知道，这个条件单靠意志是不能实现的。"① 也就是说，在未来的新社会随着私有制的消灭和生产力的高度发展，将消灭城乡之间的对立，实现城乡之间的协调发展。恩格斯还特别指出：伴随城乡对立的消失，工农之间的差别也将消失，"城市和乡村之间的对立也将消失。从事农业和工业的将是同一些人，而不再是两个不同的阶级，单从纯粹物质方面的原因来看，这也是共产主义联合体的必要条件。乡村农业人口的分散和大城市工业人口的集中，仅仅适应于工农业发展水平还不高的阶段，这种状态是一切进一步发展的障碍，这一点现在人们就已经深深地感觉到了。"② 马克思的论述对于理解协调发展具有重要的启发意义，为正确认识协调发展奠定了理论基础。

毛泽东在领导中国革命的过程中，结合中国社会和中国革命的各种矛盾的发展状况，提出了中国政治经济发展不平衡和中国革命发展不平衡的理论，揭示了中国革命的发展规律。他指出："在某些阶段里，革命的总的形势是更加发展了，但是不平衡状态还会存在着。要把不平衡的状态变到大体上平衡的状态，还要经过很长的时间，还要花费很大的力气。"③ 也就是说，要在全国取得革命胜利，就要经历革命由不平衡到大体平衡的这种转变，也就是要经历革命协调发展的过程。在社会主义建设时期，毛泽东进一步阐明了平衡和不平衡的区别、联系和转化。他指出："静止是平衡，不打破平衡，那是不行的。我们马克思主义者认为，不平衡，矛盾，斗争，发展，是绝对的；平衡，静止，是相对的。所谓相对，就是暂时的、有条件的。"他认为，经济发展总是有进有退，平衡和不平衡不断转化，波浪式前进，不平衡发展。他在《工作方法六十条（草案）》中指出："不平衡是普遍的客观规律，从不平衡到平衡，又从平衡到不平衡，循环不已，永远如此，但是每一循环都进到高的一级，不平衡是经

---

① 《马克思恩格斯选集》第一卷，人民出版社 1995 年版，第 104 页。
② 《马克思恩格斯选集》第一卷，人民出版社 1995 年版，第 243 页。
③ 《毛泽东文集》第八卷，人民出版社 1999 年版，第 80 页。

常的、绝对的；平衡是暂时的、相对的。"在此基础上，毛泽东提出了综合平衡的协调发展思想。他指出："搞社会主义建设，很重要的一个问题是综合平衡。""在整个经济中，平衡是个根本问题"。毛泽东特别重视综合平衡和按比例发展，不仅要搞好农业内部的平衡、工业内部的平衡、工业和农业的平衡，还要在这个基础上搞好整个国民经济的综合平衡。尽管毛泽东在实践中没有按照上述思想办事，但是毛泽东的论述为实现协调发展提供了宝贵的启示。

坚持协调发展是我国新时期现代化建设的客观要求。改革开放后，我国各方面发展取得了巨大成就，但是，在城乡之间、区域之间、经济与社会之间、人与自然之间、国内发展与对外开放之间也出现了发展不协调的问题。可以说，这也是党中央把协调发展作为贯彻落实科学发展观基本要求的重要的现实依据。那么，如何实现协调发展？胡锦涛明确指出："协调发展，就是要统筹城乡发展、统筹区域发展、统筹经济社会发展、统筹人与自然和谐发展、统筹国内发展和对外开放，推进生产力和生产关系、经济基础和上层建筑相协调，推进经济、政治、文化建设的各个环节、各个方面的协调。"①

再次，科学发展观所要求的发展是可持续发展。我国是一个人口大国，人均资源相对短缺，因此，面临着经济可持续发展、生态可持续发展和社会可持续发展等艰巨任务，其中核心是要解决好经济发展与人口资源环境的关系问题。马克思和恩格斯对人类社会经济发展与人口、资源、环境的关系以及人与自然协调发展进行了开创性研究，为我们提供了启示和借鉴。马克思恩格斯认为，物质资料生产和人类自身生产是人类历史发展中的决定性因素，正是这两种生产构成了"直接生活的生产与再生产"过程，形成了社会现实的生产力，从而成为人类社会生存和发展的物质基础。恩格斯指出："根据唯物主义的观点，历史中的决定性因素，归根结蒂是直接生活的生产和再生产。但是，生产本身又有两种。一方面是生活资料即食物、衣服、住房以及为此所必需的工具的生产；另一方面是人自身的生产，即种的繁衍。"② 物质资料生产和人类自身

---

① 《十六大以来重要文献选编》（上），中央文献出版社 2005 年版，第 850 页。
② 《马克思恩格斯选集》第四卷，人民出版社 1995 年版，第 2 页。

生产既互相区别，又互相依存，二者互为条件。他们还提出了人既是生产者又是消费者的观点。马克思指出，"人们为了能够'创造历史'，必须能够生活。但是为了生活，首先就需要吃喝住穿以及其他一些东西。因此第一个历史活动就是生产满足这些需要的资料，即生产物质生活本身，而且这是这样的历史活动，一切历史的一种基本条件，人们单是为了能够生活就必须每日每时去完成它，现在和几千年前都是这样。"① 作为生产者，人能创造社会财富；作为消费者，人需要消费社会财富。人在社会经济生活中的这种二重作用，是正确认识人口与社会经济相互关系的出发点。马克思还指出："物质资料的生产与人类自身生产互相适应"是一个自然规律，要满足人的消费需要和人的自身发展，就必须"使人口的增长和生产的增长相一致，甚至使生产的发展超过人口的增长。"② 为了使人口的增长和生活资料的增长相适应，他们还提出了对人口生产进行调节控制的思想。他们认为自然资源是财富的重要源泉，在生产力发展和社会进步中具有重要的作用。恩格斯曾经指出："劳动和自然界在一起才是一切财富的源泉，自然界为劳动提供材料，劳动把材料转变为财富。"③ 马克思则认为，劳动生产力的发展和社会的进步，一方面要取决于自然条件、自然资源，另一方面取决于人们对自然资源的应用能力和水平。马克思和恩格斯还告诫我们，人类对自然界过度索取是要付出代价的，恩格斯指出："我们不要过分陶醉于我们人类对自然界的胜利。对于每一次这样的胜利，自然界都对我们进行报复，每一次胜利，起初确实取得了我们预期的结果，但是往后和再往后却发生完全不同的、出乎预料的影响，常常把最初的结果又消除了。"④ 因此，人类应该调节和控制改造自然的行为和影响，正确认识自然规律，实现人与自然和谐发展。

我国在改革开放开始后，中国共产党人解放思想，大胆探索，具有中国特色的可持续发展思想也由此开始起步。1978 年，党的十一届三中全会以后，在邓小平等人的积极倡导下，计划生育条款第一次被写入宪法。他还指出，要

---

① 《马克思恩格斯选集》第一卷，人民出版社 1995 年版，第 79 页。

② 《马克思恩格斯全集》第二十六卷（第三册），人民出版社 1974 年版，第 267 页。

③ 《马克思恩格斯选集》第四卷，人民出版社 1995 年版，第 373 页。

④ 《马克思恩格斯选集》第四卷，人民出版社 1995 年版，第 383 页。

"在较短的时期内使人口增长率不超过千分之五至六。"① 从此，计划生育被确立为我国的基本国策，使我国在改革开放后的 20 多年时间里少生了 3—4 亿人口，如果没有这一条，中国的人口资源环境问题将不知道要比现在严峻多少。针对我国的资源环境状况，邓小平指出："在经济发展中必须合理利用资源，坚持开发与节约并重"，"自然环境的保护和经济建设一样，都很重要"。邓小平还特别重视植树造林、保护自然环境问题。他指出："植树造林、绿化祖国，是建设社会主义，造福子孙后代的伟大事业……要一代一代永远干下去。"② 在邓小平的领导下，中共中央明确提出保护环境是社会主义现代化建设的重要组成部分。1979 年，全国人大通过了新中国第一部环境保护的立法《中华人民共和国环境保护法（试行）》，使我国的环境保护工作开始走上法制化轨道。我国是在 1992 年联合国环境与发展大会之后开始关注和正式使用可持续发展概念。1994 年 3 月，国务院常务会议在正式通过的《中国 21 世纪议程》里，将"可持续发展"正式确立为我国的一项跨世纪战略。1995 年，江泽民在《正确处理社会主义现代化建设中的若干重大关系》讲话中明确指出："在现代化建设中，必须把实现可持续发展作为一个重大战略。要把控制人口、节约资源、保护环境放到重要位置，使人口增长与社会生产力的发展相适应，使经济建设与资源、环境相协调，实现良性循环。"③ 同年，党的十四届五中全会正式将"可持续发展"写入《中共中央关于制定国民经济和社会发展"九五"计划和 2010 年远景目标的建议》。1996 年，全国人大八届四次会议批准通过的《中华人民共和国国民经济和社会发展"九五"计划和 2010 年远景目标纲要》正式提出："实施可持续发展战略"，强调指出："必须把社会全面发展放在重要战略地位，实现经济与社会相互协调和可持续发展。"④1997 年，党的十五大重申：我国是人口众多、资源相对不足的国家，在现代化建设中必须实施可持续发展战略。2000 年，党的十五届五中全会的《中共中央关于制定国民经济和社会

---

① 《邓小平思想年谱》，中央文献出版社 1998 年版，第 190—191 页。

② 《邓小平思想年谱》，中央文献出版社 1998 年版，第 250 页。

③ 《江泽民文选》第一卷，人民出版社 2006 年版，第 463 页。

④ 《十四大以来重要文献选编》（中），人民出版社 1997 年版，第 1834 页。

发展第十个五年计划的建议》强调指出："实施可持续发展战略，是关系中华民族生存和发展的长远大计。"2002 年，江泽民在中央人口资源环境工作会议上又进一步指出："实现可持续发展，核心的问题是实现经济社会和人口、资源、环境协调发展。现在，国际上形成了一个越来越明确的共识，就是发展不仅要看经济增长指标，还要看人文指标、资源指标、环境指标。为了实现我国经济社会持续发展，为了中华民族的子孙后代始终拥有生存和发展的良好条件，我们一定要高度重视并切实解决经济增长方式转变的问题，按照可持续发展的要求，正确处理经济发展同人口、资源、环境的关系，促进人和自然的协调与和谐，努力开创生产发展、生活富裕、生态良好的文明发展道路。"[1]2002年 11 月，党的十六大首次提出了走新型工业化道路的思想，指出走新型工业化道路，必须"把可持续发展放在十分突出的地位，坚持计划生育、保护环境和保护资源的基本国策"。2003 年，党的十六届三中全会在借鉴国际可持续发展思想和坚持我国改革开放以来制定的可持续发展战略思想的基础上，进一步把可持续发展提高到发展观的高度，作为科学发展观必须坚持的基本要求提了出来。2007 年，党的十七大进一步对可持续发展的基本要求作出明确和精辟的概括，指出坚持可持续发展，就要"坚持生产发展、生活富裕、生态良好的文明发展道路，建设资源节约型、环境友好型社会，实现速度和结构质量效益相统一、经济发展与人口资源环境相协调，使人民在良好生态环境中生产生活，实现经济社会永续发展。"

坚持可持续发展，不仅具有马克思主义的深刻理论依据，更是中国发展的现实需要。以胡锦涛为代表的党中央从发展观的高度提出坚持可持续发展，并在此基础上提出了建设资源节约型社会和环境友好型社会、发展循环经济和低碳型经济等一系列重大战略措施，既是积极吸收借鉴国外发展研究成果的体现，更是自觉坚持马克思主义世界观方法论的必然要求；既是从中国基本国情出发作出的长期战略决策，又是从中国现实国情出发作出的重大战略抉择；是对马克思主义理论宝库的丰富和发展。

---

① 《江泽民文选》第一卷，人民出版社 2006 年版，第 462 页。

四、构建和谐社会的思想

实现社会和谐，建设美好社会，始终是人类不懈追求的目标，也是包括中国共产党在内的马克思主义政党孜孜以求的社会理想。马克思和恩格斯曾经对未来社会勾画出了美好的蓝图，认为共产主义社会是人类未来理想的社会，只有在共产主义社会里，人类才能够处于真正的社会和谐状态，即没有阶级差别和阶级对抗、没有剥削和压迫、没有国家机器专制，人与人之间是自由的、平等的。由此，他们指明了实现美好社会理想的正确途径："代替那存在着阶级和阶级对立的资产阶级旧社会的，将是这样一个联合体，在那里，每个人的自由发展是一切人的自由发展的条件。"[①] 并且，在共产主义社会，"生产的发展使不同社会阶级的继续存在成为时代的错误。随着社会生产的无政府状态的消失，国家的政治权威也将消失。人终于成为自己的社会结合的主人，从而也就成为自然界的主人，成为自身的主人——自由的人。"[②] 但是，是一个基于现实社会而又超越于现实社会的、需要经过长期发展的社会运动过程。因此，"共产主义对我们来说不是应当确立的状况，不是现实应当与之相适应的理想，我们所称为共产主义的是那种消灭现存状况的现实的运动。这个运动的条件是由现有的前提产生的。"[③] 在《哥达纲领批判》一文中，马克思进一步指出："我们所说的是这样的共产主义社会，它不是在它自身基础上已经发展的，恰好相反，是刚刚从资本主义社会中产生出来的，因此它在各方面，在经济、道德和精神方面都还带着它脱胎出来的那个旧社会的痕迹。"[④] 也就是说，在许多方面它还没有超出"资产阶级权利的狭隘眼界"，资本主义社会的一些弊端，"在经过长久阵痛刚刚从资本主义社会产生出来的共产主义社会第一阶段，是不可避免的。权利决不能超出社会的经济结构以及由经济结构制约的社会的文化

---

① 《马克思恩格斯选集》第一卷，人民出版社 1995 年版，第 294 页。
② 《马克思恩格斯选集》第三卷，人民出版社 1995 年版，第 760 页。
③ 《马克思恩格斯选集》第一卷，人民出版社 1995 年版，第 87 页。
④ 《马克思恩格斯选集》第三卷，人民出版社 1995 年版，第 304 页。

发展。"① 在《共产主义原理》一文中，恩格斯也指出，新的社会制度不可能一下子就废除私有制，"正像不能一下子就把现有的生产力扩大到为实行财产公有所必要的程度一样"，"只能逐步改造现社会，只有创造了所必要的大量生产资料之后，才能废除私有制。"② 这表明，在马克思和恩格斯看来，要达到共产主义社会的高度和谐状态不是在消灭资本主义制度之后就能够立即实现的，它需要一个长期的构建过程。所以，在共产主义社会的低级阶段社会主义社会时期，构建和谐社会必将是一个伴随着社会主义发展的长期的实践过程。

2002 年 11 月召开的中国共产党第十六次全国代表大会提出了"社会更加和谐"的要求，但是，十六大报告并未就此问题展开具体探讨。十六大以后，随着中国特色社会主义实践的不断推进，以胡锦涛为总书记的中央领导集体不断深化认识社会主义和谐社会建设的重要性，并逐步从理论和实践上作出新的概括和部署。

2004 年 9 月，党的中共十六届四中全会召开，第一次完整提出了"构建社会主义和谐社会"的重大命题。会议通过的《中共中央关于加强党的执政能力建设的决定》(以下简称《决定》)明确地把"构建社会主义和谐社会的能力"作为党必须大力加强的六大执政能力之一。《决定》初步阐述了构建社会主义和谐社会的主要内容，强调："形成全体人民各尽其能、各得其所而又和谐相处的社会，是巩固党执政的社会基础、实现党执政的历史任务的必然要求。要适应我国社会的深刻变化，把和谐社会建设摆在重要位置，注重激发社会活力，促进社会公平和正义，增强全社会的法律意识和诚信意识，维护社会安定团结。"③2005 年 2 月 19 日至 25 日，中共中央在中央党校举办了省部级主要领导干部提高构建社会主义和谐社会能力专题研讨班。胡锦涛在开班式上发表讲话，从理论与实践的结合上阐明了构建社会主义和谐社会在中国特色社会主义事业总体布局中的地位，强调构建社会主义和谐社会同建设社会主义物质文明、政治文明、精神文明是有机统一的。要通过发展社会主义社会的生产力来

① 《马克思恩格斯选集》第三卷，人民出版社 1995 年版，第 305 页。
② 《马克思恩格斯选集》第一卷，人民出版社 1995 年版，第 239 页。
③ 《中共中央关于加强党的执政能力建设的决定》，《人民日报》2004 年 9 月 27 日。

不断增强和谐社会建设的物质基础，通过发展社会主义民主政治来不断加强和谐社会建设的政治保障，通过发展社会主义先进文化来不断巩固和谐社会建设的精神支撑，同时又通过和谐社会建设来为社会主义物质文明、政治文明、精神文明建设创造有利的社会条件。胡锦涛还强调，要加强对构建社会主义和谐社会一系列实际问题和重大理论问题的调查研究，全面把握各地社会建设和社会管理的发展趋势，为制定政策、抓好和谐社会建设的布局和规划奠定坚实的基础。专题研讨班期间，2月21日，中央政治局还进行了以努力构建社会主义和谐社会为主要内容的集体学习。胡锦涛在主持集体学习时进一步提出：要加强对构建社会主义和谐社会所涉及的社会结构、社会利益关系和社会稳定等重大问题的调查研究，加强对我国历史上和国外关于社会建设问题及其积极成果的理论研究和借鉴，以使新形势下构建社会主义和谐社会的理论更加完备，推进社会主义和谐社会建设的工作更加富有成效。这次研讨会对提高构建社会主义和谐社会能力问题进行了集中研讨，为构建社会主义和谐社会奠定了组织领导基础。

2006年10月，党的十六届六中全会召开，这次会议在更高层次和更广领域对构建社会主义和谐社会的问题进行了全面研究。全会作出的《中共中央关于构建社会主义和谐社会若干重大问题的决定》（以下简称（《决定》)，把构建社会主义和谐社会提到确保党的事业兴旺发达和国家长治久安的战略高度来思考，放到中国特色社会主义事业总体布局中来谋划，作为全面建设小康社会的重大现实课题来审视，深刻阐述了构建社会主义和谐社会的重大意义，明确提出了构建社会主义和谐社会的指导思想、目标任务和工作原则，并就如何构建社会主义和谐社会作出了一系列的重大决策部署。《决定》指出，社会和谐是中国特色社会主义的本质属性，是国家富强、民族振兴、人民幸福的重要保证。新世纪新阶段，我国已进入改革发展的关键时期，经济体制深刻变革，社会结构深刻变动，利益格局深刻调整，思想观念深刻变化。这种空前的社会变革，给我国发展进步带来巨大活力，也必然带来这样那样的矛盾和问题。我国社会总体上是和谐的，但也存在不少影响社会和谐的因素，主要是：城乡、区域、经济社会发展很不平衡，人口资源环境压力加大；就业、社会保障、收入分配、教育、医疗、住房、安全生产、社会治安等方面关系群众切身利益的问题比较突出；体制机制尚不完善，民主法制还不健全；一些社会成员诚信缺失、道德失范，一些领导干部的素质、能力和作风与新形势新任务的要求还不适应；一些领域的腐败现象仍然比较严重；敌对势力的渗透破坏活动危及国家安全和社会稳定。这都要求必须坚持以经济建设为中心，把构建社会主义和谐社会摆在更加突出的地位。

《决定》指出，我们要构建的社会主义和谐社会，是在中国特色社会主义道路上，中国共产党领导全体人民共同建设、共同享有的和谐社会。构建社会主义和谐社会的指导思想是："坚持以马克思列宁主义、毛泽东思想、邓小平理论和'三个代表'重要思想为指导，坚持党的基本路线、基本纲领、基本经验，坚持以科学发展观统领经济社会发展全局，按照民主法治、公平正义、诚信友爱、充满活力、安定有序、人与自然和谐相处的总要求，以解决人民群众最关心、最直接、最现实的利益问题为重点，着力发展社会事业、促进社会公平正义、建设和谐文化、完善社会管理、增强社会创造活力，走共同富裕道路，推动社会建设与经济建设、政治建设、文化建设协调发展。"到2020年，构建社会主义和谐社会的目标和主要任务是："社会主义民主法制更加完善，依法治国基本方略得到全面落实，人民的权益得到切实尊重和保障；城乡、区域发展差距扩大的趋势逐步扭转，合理有序的收入分配格局基本形成，家庭财产普遍增加，人民过上更加富足的生活；社会就业比较充分，覆盖城乡居民的社会保障体系基本建立；基本公共服务体系更加完备，政府管理和服务水平有较大提高；全民族的思想道德素质、科学文化素质和健康素质明显提高，良好道德风尚、和谐人际关系进一步形成；全社会创造活力显著增强，创新型国家基本建成；社会管理体系更加完善，社会秩序良好；资源利用效率显著提高，生态环境明显好转；实现全面建设惠及十几亿人口的更高水平的小康社会的目标，努力形成全体人民各尽其能、各得其所而又和谐相处的局面。"构建社会主义和谐社会，必须遵循"六个坚持"的原则：一是必须坚持以人为本。始终把最广大人民的根本利益作为党和国家一切工作的出发点和落脚点，实现好、维护好、发展好最广大人民的根本利益，不断满足人民日益增长的物质文化需要，做到发展为了人民、发展依靠人民、发展成果由人民共享，促进人的全面发展。二是必须坚持科学发展。切实抓好发展这个党执政兴国的第一要务，统筹城乡发展，统筹区域发展，统筹经济社会发展，统筹人与自然和谐发展，统筹国内发展和对外开放，转变增长方式，提高发展质量，推进节约发展、清洁发展、安全发展，实现经济社会全面协调可持续发展。三是必须坚持改革开放。坚持社会主义市场经济的改革方向，适应社会发展要求，推进经济体制、政治体制、文化体制、社会体制改革和创新，进一步扩大对外开放，提高改革决策的科学性、改革措施的协调性，建立健全充满活力、富有效率、更加开放的体制机制。四是必须坚持民主法治。加强社会主义民主政治建设，发展社会主义民主，实施依法治国基本方略，建设社会主义法治国家，树立社会主义法治理念，增强全社会法律意识，推进国家经济、政治、文化、社会生活法制化、规范化，逐步形成社会公平保障体系，促进社会公平正义。五是必须坚持正确处理改革发展稳定的关系。把改革的力度、发展的速度和社会可承受的程度统一起来，维护社会安定团结，以改革促进和谐、以发展巩固和谐、以稳定保障和谐，、确保人民安居乐业、社会安定有序、国家长治久安。六是必须坚持在党的领导下全社会共同建设。坚持科学执政、民主执政、依法执政，发挥党的领导核心作用，维护人民群众的主体地位，团结一切可以团结的力量，调动一切积极因素，形成促进和谐人人有责、和谐社会人人共享的生动局面。《决定》还从六个方面对如何推进社会主义和谐社会建设作出安排：坚持协调发展，加强社会事业建设；加强制度建设，保障社会公平正义；建设和谐文化，巩固社会和谐的思想道德基础；完善社会管理，保持社会安定有序；激发社会活力，增进社会团结和睦；加强党对构建社会主义和谐社会的领导。

中国共产党十六届六中全会关于构建社会主义和谐社会的战略部署，反映了党对共产党执政规律、对社会主义建设规律、对人类社会发展规律认识的深化，反映了建设富强文明和谐的社会主义现代化国家的内在要求，是中国特色社会主义事业的有机组成部分，是推进全面建成小康社会的重大战略举措。它体现了十几亿中国人民创造幸福生活和美好未来的共同愿望，开辟了中国特色社会主义事业的新境界。

伴随着中国共产党提出构建社会主义和谐社会这一重大命题的同时，以胡锦涛为代表的党中央将"和谐"理念拓展到国际事务领域，逐步提出并形成了"推动建设持久和平、共同繁荣的和谐世界"主张，体现了我国外交工作的重大创新。2005年4月，胡锦涛主席参加纪念万隆会议召开50周年大会的亚非峰会，在讲话中首次提出了"和谐世界"的思想，他指出，亚非国家应"倡导开放包容精神，尊重文明、宗教、价值观的多样性，尊重各国选择社会制度和发展模式的自主权，推动不同文明友好相处、平等对话、发展繁荣，共同构建一个和谐世界。"① 此后，在不同场合，党和国家领导人多次阐述关于构建和谐世界的主张。2005年7月，胡锦涛出访俄罗斯，在发表的《中俄关于21世纪国际秩序的联合声明》中提出："两国决心与其他有关国家共同不懈努力，建设发展与和谐的世界，成为安全的世界体系中重要的建设性力量。"② 这里，"和谐世界"第一次被确认为国与国之间的共识，标志着这一全新的理念逐渐进入国际社会的视野。

2005年9月，胡锦涛在出席联合国成立60周年纪念大会的演讲中再次倡导建设"和谐世界"，并全面阐述了"和谐世界"的深刻内涵。他说，要用更广阔的视野审视安全，维护世界和平稳定；用更全面的观点看待发展，促进共同繁荣；用更开放的态度开展合作，推动互利共赢；用更宽广的胸襟相互包容，实现和谐共处。2006年8月，胡锦涛在中央外事工作会议上讲话中强调了构建和谐世界的重要性，他指出，推动建设和谐世界，是中国坚持走和平发展道路的必然要求，也是实现和平发展的重要条件。要致力于同各国相互尊重、扩大共识、和谐相处，尊重各国人民自主选择社会制度和发展道路的权利，坚持各国平等参与国际事务，促进国际关系民主化；致力于同各国深化合作、共同发展、互利共赢，推动共享经济全球化和科技进步的成果，促进世界普遍繁荣；致力于促进不同文明加强交流、增进了解、相互促进，倡导世界多样性，

---

① 胡锦涛：《与时俱进，继往开来，构筑亚非新型伙伴关系——在亚非峰会上的讲话》，《人民日报》2005年4月23日。

② 《中华人民共和国和俄罗斯联邦关于二十一世纪国际秩序的联合声明》，《人民日报》2005年7月2日。

推动人类文明发展进步；致力于同各国加深互信、加强对话、增强合作，共同应对人类面临的各种全球性问题，促进和平解决国际争端，维护世界和地区安全稳定。①2006 年 10 月，党的十六届六中全会召开，会议提出："按照和平共处五项原则和其他公认的国际关系准则同世界各国发展友好关系，推动建设持久和平、共同繁荣的和谐世界。"②2007 年 10 月，党的十七大报告进一步提出："共同分享发展机遇，共同应对各种挑战，推进人类和平与发展的崇高事业，事关各国人民的根本利益，也是各国人民的共同心愿。我们主张，各国人民携手努力，推动建设持久和平、共同繁荣的和谐世界。为此，应该遵循联合国宪章宗旨和原则，恪守国际法和公认的国际关系准则，在国际关系中弘扬民主、和睦、协作、共赢精神。政治上相互尊重、平等协商，共同推进国际关系民主化；经济上相互合作、优势互补，共同推动经济全球化朝着均衡、普惠、共赢方向发展；文化上相互借鉴、求同存异，尊重世界多样性，共同促进人类文明繁荣进步；安全上相互信任、加强合作，坚持用和平方式而不是战争手段解决国际争端，共同维护世界和平稳定；环保上相互帮助、协力推进，共同呵护人类赖以生存的地球家园。"③推动建设持久和平、共同繁荣的"和谐世界"的理念是以胡锦涛为代表的党中央在和平与发展的时代主题下提出的开拓性的外交理念，顺应了和平、发展合作的时代潮流。它根植于中国五千年的文化传统，与中国的外交基本理念独立自主与和平共处五项原则一脉相承，是与时俱进的马克思主义；同时，它是中国国内建设"和谐社会"在处理国际问题方面的拓展和延伸，具有更大的包容性和更鲜明的时代特征，"和谐世界"的理念对于当代中国发展和国际社会的稳定都有着重大的现实意义，它为消除中国威胁论、探索新形势下的国际关系理论以及国际安全和发展提供了一条新思路，也为中国具有中国特色的新世界观体系的形成奠定了重要基础。和谐世界理念提

---

①　《坚持和平发展道路　推动建设和谐世界》，《人民日报》2006 年 8 月 24 日。

②　《中共中央关于构建社会主义和谐社会若干重大问题的决定》，《人民日报》2006 年 10 月 19 日。

③　胡锦涛：《高举中国特色社会主义伟大旗帜，为夺取全面建设小康社会新胜利司斗——在中国共产党第十七次全国代表大会上的报告》，《人民日报》2007 年 10 月 25 日。

出之后，逐渐为越来越多的国家和民众理解和接受，这本身就反映了中国的影响力、感召力在不断扩展。和谐世界理念的提出，具有重要的现实意义，它是对现行世界奉行的以利己主义和自由竞争为基础的价值观和价值体系的一种修正，也对西方体制主导下的世界所存在的种种顽疾（如：环境问题，种族问题，文明冲突，武器扩善等）给出了一个最终的解决思路，是更加成熟、更加自信的中华民族用自己的智慧为人类的和平发展作出的又一次伟大贡献。

总之，构建社会主义和谐社会与构建"和谐世界"的理念，是与马克思主义的社会主义思想一脉相承的理论，社会主义社会之所以是人类追求的理想社会，就是因为它要实现一个无处不均匀、无处不保暖的普遍幸福的"和谐社会"和持久和平、共同繁荣的"和谐世界"。因而，从这个意义上讲，构建社会主义和谐社会与构建"和谐世界"的理念是对马克思主义的丰富和发展，是对中国特色社会主义理论的重大创新，体现了与时俱进的马克思主义理论品格，推进了马克思主义时代化。

五、科学发展观推进了马克思主义时代化

新的时代呼唤新的理论，新的理论指导新的实践。在理论分析与实践探索的双重作用下，科学发展观应运而生，以其对新时期新阶段实现什么样的发展、怎样发展等重大问题作出了新的科学回答，把我们对中国特色社会主义规律的认识提高到新的水平，科学发展观在时代问题上的重大理论创新推进了马克思主义时代化。

（一）正确判断时代特征

列宁曾告诫我们："只有首先分析从一个时代转变到另一个时代的客观条件，才能理解我们面前发生的各种重大历史事件……即首先考虑到各个'时代'的不同的基本特征，（而不是个别国家的个别历史事件），我们才能够正确地制定自己的策略。"[1] 在列宁看来，对时代特征的科学判断是各项工作顺利有效开

---

[1] 《列宁全集》第二十六卷，人民出版社 1988 年版，第 142 页。

展的首要前提。在经济联系错综复杂、利益关系相互交织的全新时代背景下，要制定出利国利民、行之有效的大政方针，要实现本国经济的发展目标，就必须对当今时代的基本特征有充分认识和整体把握。

第一，从国际形势的总体特征来看，当今时代仍然是和平与发展的时代，资本主义和社会主义两大社会制度在互相借鉴与竞争中共同推动时代的发展；当今时代更是充满机遇和挑战的时代，以科技为主导、经济为基础、人才为核心的综合国力的竞争是国际竞争的主要表现。胡锦涛在党的十七大报告中重申了和平与发展时代主题的延续，他指出："和平与发展仍然是时代主题，求和平、谋发展、促合作已经成为不可阻挡的时代潮流。"① 在之后的十七届四中全会上，胡锦涛进一步指出："当今世界正处在大发展大变革大调整时期。世界多极化、经济全球化深入发展，科技进步日新月异，国际金融危机影响深远，世界经济格局发生新变化，国际力量对比出现新态势，全球思想文化交流交融交锋呈现新特点，发达国家在经济、科技等方面仍占优势，综合国力竞争和各种力量较量更趋激烈，不稳定不确定因素增多，给我国发展带来新的机遇和挑战。"② 胡锦涛对纷繁复杂国际形势的科学判断与切实把握成为中国特色的社会主义事业蓬勃发展的根本指针。

第二，从中国现阶段具体特征来看，胡锦涛认为："经过新中国成立以来特别是改革开放以来的不懈努力，我过去的了举世瞩目的发展成就，但我国仍处于并将长期处于社会主义初级阶段的基本国情没有变，人民日益增长的物质文化需要同落后的社会生产之间的矛盾这一社会主要矛盾没有变。"③ 在十七大报告中，胡锦涛进一步阐述了中国社会发展的阶段性特征，他认为"当前我国发展的阶段性特征，是社会主义初级阶段基本国情在新世纪新阶段的具体表现。强调认清社会主义初级阶段基本国情，不是要妄自菲薄、自甘落后，也不是要脱离实际、急于求成，而是要坚持把它作为推进改革、谋划发展的根本依

---

① 《十七大以来重要文献选编》（上），中央文献出版社 2009 年版，第 35 页。

② 《中共中央关于加强和改进新形势下党的建设若干重大问题的决定》，人民出版社 2009年版，第 3 页。

③ 《十七大以来重要文献选编》（上），中央文献出版社 2009 年版，第 123 页。

据"①，并从经济、政治、文化、社会、外交等方面对这些阶段性特征进行了以下概括：经济增长保持平稳较快趋势，市场经济体制更加成熟，经济市场化程度大幅提高，社会制度的改革与完善深入开展，社会保障体系不断完善，社会职能日趋合理，民主法治建设切实贯彻，人民权益得到更好保障，但是"经济体制深刻变革，社会结构深刻变动，利益格局深刻调整，思想观念深刻变化"②等日趋复杂的社会现实，使社会管理面临更多的新问题、新情况，主要有：生产力的总体水平与发达国家仍有较大差距，过于粗放的经济增长方式没有得到彻底纠正，就目前经济增长要素投入配比来看，劳动力与资源的投入在生产成本中仍占据较大比重，企业的自主创新意识不够、产品的科技含量与附加值低下，将成为未来经济增长的主要制约因素。针对当前国际发展的总体特征与中国现阶段发展的突出问题，科学发展观以立体多样的思维方式创造性地提出了全面、协调、可持续的发展理念，为中国全面参与国际竞争、发展中国特色社会主义事业做出了根本性指导。

（二）准确把握发展规律

马克思主义认为，任何事物的发展都将遵循着一定的客观规律，按照规律办事才能对事物的发展起到推动作用。科学的理论指导对实践的发展起着巨大的推动作用，错误的理论指导则，会给实践的发展带来毁灭性的灾难。由此可见，是否能准确地把握一定阶段的发展规律对社会的发展至关重要。科学发展观全面反思了过分追求经济增长而付出的沉重代价，深入探索了中国社会发展必须遵循的客观规律，进而提出一种能够适应时代转换需要并且正确反映生产力发展规律的全新发展理念，实现了马克思主义时代化在当代中国的伟大创新。

第一，科学发展观揭示了党的执政规律。科学发展观第一要义是发展，党要执政兴国的第一要务是发展，中国能妥善解决前进道路上问题靠的也是发展，这是由于"集中力量发展生产力，把国民经济搞上去，实现社会主义现代

---

① 《十七大以来重要文献选编》（上），中央文献出版社 2009 年版，第 11 页。

② 《十六大以来重要文献选编》（下），中央文献出版社 2008 年版，第 987 页。

化，为社会主义制度的巩固和发展打下更加坚实的物质技术基础，不但是我国长期的根本任务，而且在我国现阶段具有重要的紧迫的意义。"① 因此，中国共产党要正确认识和妥善处理现阶段经济发展中的突出问题，就要不断提高执政水平、加强执政能力建设，牢记"代表中国先进生产力发展要求"的重大使命，坚持以经济建设为中心，不断解放和发展生产力，在深入落实与灵活运用科学发展观的实践中推进中国社会的全面进步和繁荣发展。科学发展观是中国共产党领导全国人民推进现代化建设、建立创新型国家的经验总结，是党科学执政理念的凝结与升华。

第二，科学发展观揭示了社会主义现代化建设的规律。改革开放的深入发展与社会主义现代化建设的全面推进是时代发展的崭新课题，围绕这一课题提出的科学发展观是中国共产党引领人民群众阔步前进的强大思想武器与科学的行动向导，集中体现了党对社会主义发展规律的把握已上升到新的高度。科学发展观的根本要求就是要牢牢抓住经济建设这个中心，同时促进各个领域、各项事业共同发展，实现经济社会的全面进步。"只有坚持以经济建设为中心，不断解放和发展生产力，才能为社会全面进步和人的全面发展奠定坚实的物质基础"②，只有"坚持以人为本，转变发展观念、创新发展模式、提高发展质量，落实'五个统筹'把经济社会发展切实转入全面协调可持续发展的轨道"③，才能化解社会主义建设中的复杂矛盾与利益交织，使各个发展要素紧密衔接、和谐互动，最终达到中国国民经济既好又快地发展。科学发展观对社会主义发展规律的全面统筹和高度概括，为中国特色社会主义事业在新时期更好、更快、更协调地发展既奠定了理论基础，又创造了有利条件。

第三，科学发展观揭示了人类社会的发展规律。在社会主义建设过程中出现的环境污染、资源短缺与浪费等问题严重影响了人们的生活质量，导致了经济发展后劲不足。为了改善发展环境、提高发展质量，科学发展观正式提出"必须促进社会主义物质文明、政治文明和精神文明协调发展，坚持在经济

---

① 《江泽民文选》第一卷，人民出版社 2006 年版，第 152 页。
② 《十六大以来重要文献选编》（上），中央文献出版社 2005 年版，第 483 页。
③ 《十六大以来重要文献选编》（中），中央文献出版社 2006 年版，第 1047 页。

发展的基础上促进社会全面进步和人的全面发展，坚持在开发利用自然中实现人与自然的和谐相处，实现经济社会的可持续发展。"①科学发展观这种和谐发展的理念为人类社会的未来发展指出一条更加符合客观规律的光明之路。科学发展观以长远的眼光审视了当前中国社会的发展弊端以及发展过程中的经验教训，把中国的发展纳入时代化与全球化的大背景中，广泛汲取了人类文明发展的先进成果，统筹谋划人的发展与经济、社会、自然等因素之间的密切关系，逐步成熟、日趋完善地揭示出人类社会的普遍发展规律，对现阶段中国"巩固和完善社会主义制度，建设社会主义市场经济、社会主义民主政治、社会主义先进文化、社会主义和谐社会，建设富强民主文明和谐的社会主义现代化国家"②起着科学的引导和巨大的推动作用，也为世界各国攻克发展难题、化解发展矛盾提供了新的思路和借鉴。科学发展观对"三大规律"的系统认识和整体把握是现阶段坚持马克思主义理论、推进现代化事业的重要前提，也是人类社会文明发展趋势在当代中国的具体体现。

（三）科学回答时代课题

不同的时代有不同的问题，"问题就是公开的、无畏的、左右一切个人的时代声音。问题就是时代的口号，是它表现自己精神状态的最实际的呼声"③。从中国历史发展的具体情况来看，在战争与革命的时代背景下，"为什么要革命、怎样革命"是毛泽东时代需要解决的首要问题，在和平与发展成为时代主题的背景下，邓小平回答了"什么是社会主义、怎样建设社会主义"的问题，江泽民则用"三个代表"回答了"建设什么样的党、怎样建设党"的问题。今天，"我们党坚持马克思主义的思想路线，不断探索和回答什么是社会主义、怎样建设社会主义，建设什么样的党、怎样建设党，实现什么样的发展、怎样发展"④是时代赋予的最新课题。

第一，科学发展观回答了"为什么要发展"。发展是中国共产党执政兴国

---

① 《十六大以来重要文献选编》（上），中央文献出版社 2005 年版，第 483 页。

② 《十七大以来重要文献选编》（上），中央文献出版社 2009 年版，第 9 页。

③ 《马克思恩格斯全集》第四十卷，人民出版社 1982 年版，第 289 页。

④ 《十七大以来重要文献选编》（上），中央文献出版社 2009 年版，第 250 页。

的第一要务，党要不断提高自身的执政能力与执政水平、妥善解决中国特色社会主义事业前进道路上的问题，关键是要靠发展；要不断提高人民生活水平、满足人民多样化需求、协调好不同社会群体的利益关系，这些也要靠发展。只有发展的办法才能解决发展中产生的问题，发展才是硬道理。因此，科学发展观开宗明义提发展，认为只有切实把握发展机遇、不断攻克发展难题，才能从根本上提高人民生活质量、有效增强综合国力、显著提升国际地位、最终实现中华民族的伟大复兴。

第二，科学发展观回答了"为谁发展"和"靠谁发展"。科学发展观将发展的最终目的和发展的依靠力量统一于最广大的人民群众，要求党和国家一切政策的制定和工作的开展都要从人民的根本利益出发，牢记人民的需要，倾听人民的声音，着力解决民生难题。"今天，我们坚持以人为本，就是要坚持发展为了人民、发展依靠人民、发展成果由人民共享，关注人的价值、权益和自由，关注人的生活质量、发展潜能和幸福指数，最终是为了实现人的全面发展。"[1]科学发展观"以人为本"的核心思想，把马克思主义实现人的全面合理发展的价值诉求秉承昭彰。

第三，科学发展观回答了"怎样发展"。盲目追求经济增长速度导致的严重后果，引起了人们对发展问题的深刻反思。如何才能正确认识和妥善协调经济发展与社会其他各方面发展之间的关系，实现中国国民经济又快又好的发展是科学发展观亟需解决的首要问题。中国社会的具体发展方式问题从未脱离过中国共产党人的探索轨迹，邓小平指出："只有允许和鼓励一部分地区、一部分企业和一部分人依靠勤奋劳动先富起来，才能对大多数人产生强烈的吸引和鼓舞作用，并带动越来越多的人一浪接一浪地走向富裕。"[2]江泽民认为："关键在于要走出一条既有较高速度又有较好效益的国民经济发展路子。"[3]胡锦涛则强调："只有深入贯彻落实科学发展观，才能实现经济社会又好又快发

---

① 《十六大以来重要文献选编》（下），中央文献出版社2008年版，第429页。

② 《十二大以来重要文献选编》（中），人民出版社1986年版，第578页。

③ 《江泽民文选》第一卷，人民出版社2006年版，第462页。

展。"① 科学发展观"全面协调可持续"的崭新发展理念体现了党对坚持科学发展道路的认识进一步深化。

从"又快又好",到"又好又快";从关注数量增长,到更加注重质量效益;从经济、政治、文化建设"三位一体",到经济、政治、文化、社会、生态建设"五位一体";从单纯追求经济增长到强调"以人为本"、"全面协调可持续"、"统筹兼顾"……科学发展观是马克思主义的基本原理与时代特征和中国实际又一次紧密结合的光辉典范,是马克思主义时代化的最新理论成果,它的及时提出和切实贯彻不仅解决了在新的历史条件下中国特色社会主义前进道路上的新情况、新问题,并且以更加宽广的理论视野和立体多样的思维方式丰富了马克思主义的发展理论,推进了马克思主义时代化。

---

① 《十七大以来重要文献选编》(上),中央文献出版社 2009 年版,第 303 页。

第七章　中国共产党推进马克思主义时代化的基本经验

中国共产党在领导中国革命和建设的过程中，坚持马克思主义理论与中国实际相结合、与时代特征，在理论上和实践上取得了伟大成就，形成了时代化（这里马克思主义时代化和中国化是一致的，如前所述，由于马克思主义时代化是马克思主义中国化的题中应有之义，因此，实现马克思主义中国化的过程就是实现马克思主义时代化的过程，实现马克思主义中国化所取得的丰富经验也是实现马克思主义时代化的丰富经验。）的马克思主义理论伟大成果——毛泽东思想和中国特色社会主义理论体系。由于马克思主义时代化是一个过程，这不仅表现为理解马克思主义是一个过程，表现为了解中国具体实际是一个过程，还表现为把握时代特征是一个过程，而且表现为将马克思主义运用于中国实际解决问题也是一个过程，这些过程又是在不断地发展变化着的，所以，实现马克思主义时代化必须从认识到实践才能把握这个过程的规律。中国共产党人在近一个世纪的时间内，孜孜不倦地追求实现马克思主义时代化的历程，波澜壮阔，积累了丰富的经验。具体包括：

第一节　科学判断时代特征，准确把握时代主题

马克思主义时代化就是将马克思主义与时代发展、时代特征结合起来，使

之能够适应时代需要、把握时代脉搏、回答时代课题。马克思主义的本质属性是时代性，与时俱进是马克思主义的本质特征。马克思主义经久不衰的根本原因就是顺应时代、应时而生、应时而变。因此，推进马克思主义时代化，决然不能离开对时代特征的科学判断，不能离开对时代主题的准确把握。否则，马克思主义就成为了毫无价值的东西。

一、坚持马克思主义时代观

马克思主义时代观是在研究人类社会发展的总趋势和规律的长期过程中形成的，揭示了社会主义取得资本主义的历史必然性。马克思认为，"时代"是反映社会发展某一特定历史阶段并具有自己基本特征的社会范畴。他在《资本论》中谈到了经济时代的区别问题，指出："各种经济时代的区别，不在于生产什么，而在于怎样生产，用什么劳动资料生产。劳动资料不仅是人类劳动力发展的测量器，而且是劳动借以进行的社会关系的指示器。"[1] 由此，马克思认为手推磨标志着封建时代，而机器磨则代表人类进入了资本主义时代。生产方式和经济制度的变化，是马克思划分时代的基本标准。1857 年，马克思在《政治经济学批判序言》一文中，把人类社会的发展划分了四个历史时代，认为大体说来，就是亚细亚的、"古代的"、封建的和现代资产阶级的生产方式可以看做是经济的社会形态演进的几个时代。[2] 恩格斯完全赞同马克思的时代观，他认为："每一个历史时代主要的经济生产方式和交换方式以及必然由此产生社会结构，是该时代政治和精神的历史赖以确立的基础。"[3]1884 年，恩格斯写了《家庭私有制和国家的起源》，将人类历史划分为"蒙昧时代"、"野蛮时代"、"文明时代"三个大的时代。认为以剥削、压迫为基础的"文明时代"，包括奴隶制、封建制、资本主义制度三大阶级社会。将来代替三大阶级社会的未来的最高级的文明时代，则是"随着阶级的消失，国家也不可避免地要消失。在生

---

① 《马克思恩格斯全集》第二十三卷，人民出版社 1992 年版，第 257 页。

② 《马克思恩格斯选集》第一卷，人民出版社 1995 年版，第 33 页。

③ 《马克思恩格斯选集》第一卷，人民出版社 1995 年版，第 257 页。

产者平等的自由联合体的基础上按新的方式来组织生产的社会"①，就是我们通常所说的共产主义新时代。列宁继承和发展了马克思和恩格斯的时代观。1915年1月，列宁写了《在两个时代的交界点》一文，论述了他的马克思主义时代观，他指出："无可争辩，我们是生活在两个时代的交界点；因此，只有首先分析一个时代转变到另一个时代的客观条件，才能理解我们前面发生的各种重大历史事件。这里谈的是大的历史时代。每个时代都有而且总会有个别的、局部的、有时前进、有时后退的运动，都有而且总会有各种偏离运动的一般形式和一般速度的情形。我们无法知道，一个时代的各个历史运动的发展会有多快，有多少成就。但是我们能够知道，而且确实知道，哪一个阶级是这个或那个时代的中心，决定着时代的主要内容、时代发展的主要方向、时代的历史背景的主要特点，等等。只有在这个基础上，即首先考虑到每个时代的不同的基本特征（而不是个别国家的个别历史事件），我们才能够正确地制定自己的策略；只有了解了某一时代的基本特征，才能在这个基础上考虑这个国家或那个国家的更具体的特点。"②邓小平依据生产方式与社会制度的变革来区分时代。他在纪念中华人民共和国成立35周年大会上曾经指出："三十五年来，我国不但完全结束了旧时代的黑暗历史，建立了社会主义社会，也改变了人类历史的进程。"1992年，邓小平在南方谈话中再次阐明了马克思列宁主义时代观的科学性。他指出："我坚信，世界上赞成马克思主义的人会多起来的，因为马克思主义是科学，它运用历史唯物主义揭示了人类社会发展的规律。封建社会代替奴隶社会、资本主义代替封建主义，社会主义经历了一个长过程发展后必然代替资本主义。这是社会历史发展不可逆转的总趋向，但道路是曲折的。"③可见，邓小平的时代观是在新的国际国内社会历史条件下对马克思列宁主义的时代观的继承与发展。因此，马克思列宁主义的科学的时代观，其核心思想是研究人类社会发展总趋势及其规律，永远是我们今天观察与说明时代问题的理论指南和思想武器。

---

① 《马克思恩格斯选集》第三卷，人民出版社1995年版，第174页。

② 《列宁全集》第二十六卷，人民出版社1988年版，第142—143页。

③ 《邓小平文选》第三卷，人民出版社1993年版，第382—383页。

中国共产党在领导中国革命、建设和改革开放的历程中，在坚持马克思列宁主义时代观的前提下，取得了一个又一个伟大胜利，积累了丰富的经验。但是，也曾经出现过失误和挫折。20世纪50年代，我们党在实践中逐渐发现苏联模式的弊端，为此，毛泽东明确提出搞社会主义不一定全照苏联那套公式，不能教条主义地学习苏联经验。在这一正确思想指导下，我们党对中国社会主义建设道路进行了艰辛探索，形成了一系列正确的社会主义建设指导方针。可惜这一探索未能长期坚持下去，50年代后期发生了严重失误，以至形成严重背离社会主义本质的"左"的理论和"左"的路线。产生这一挫折有多方面原因，其中一个根本原因，是没有坚持马克思列宁主义时代观。这一时期，尽管毛泽东也不断强调要继续促进马克思主义基本原理同中国具体实际相结合，但是这种结合更多的是从本本出发，企图在马、恩、列、斯书本中寻求理想化社会的方案和解决现实社会问题的路径，严重地忽视了中国的国情，由此导致关于社会主义的理念期待与现实状况之间的强烈反差，导致脱离具体的现实条件加快社会主义进程的路线和政策，乃至在什么是社会主义、怎样建设社会主义的根本问题上，使人们陷入了迷惘和困惑。

失误和挫折教育了全党，使我们党在马克思主义中国化的道路上更加成熟起来。在新的历史时期，邓小平创造性地坚持和发展了毛泽东"马克思主义中国化"的思想。在把马克思主义基本原理同中国具体实际相结合这一原则问题上，邓小平明确强调，必须坚持一切从实际出发，走自己的路，在实践中将马克思主义基本原理同中国具体实际结合起来。这既是中国特色社会主义所解决的最关键问题，也是马克思主义时代化的最重要经验和最基本规律。

二、准确把握时代主题

马克思主义时代化的必要前提就是要科学判断时代特征，准确认识和把握时代主题。只有正确认识了整个世界历史发展背景下的时代所展现的基本特征，正确分析每一阶段具体时代的时代特色，我们才能不断推进马克思主义的时代化向前发展。

马克思主义普遍原理与中国具体实际相结合的过程，也是凸显其时代特征和时代主题的过程。时代特征和时代主题作为马克思主义中国化和时代化的实践的一部分，中国共产党必须科学分析时代特征，准确把握时代主题，适时回答时代对实践提出的新要求。在新民主主义革命时期，由于毛泽东准确判断了"现在的世界，是处在革命和战争的新时代"①的时代主题，从而使马克思主义中国化和时代化的实践围绕着中国革命问题而自然展开。十一届三中全会以后，邓小平根据世界政治、经济和科学技术的发展态势以及由此产生的一系列新矛盾、新问题，对时代特征作出了新判断，明确提出和平与发展已成为时代主题。由此，马克思主义中国化和时代化的实践围绕发展问题而自然展开。近年来，针对全球化发展日益深入的态势，中国共产党提出"和平、发展、合作"是时代的主旋律，并提出了"和谐社会"与"和谐世界"的思想，深化了和平与发展的时代主题；同时强调，中国的发展是和平的发展、开放的发展和合作的发展。中国共产党作为马克思主义中国化和时代化的实践主体，通过对中国国情、时代特征和时代主题的科学认识与准确把握，赋予马克思主义中国化以鲜明的时代气息和时代特色，推进了马克思主义时代化。

当然，在我国历史上，在科学判断时代特征以及准确认识和把握时代主题方面，我们党也有过失误和教训。社会主义制度建立后，时代主题逐步发生了根本性的变化。尽管冷战的威胁依然存在，但是制约战争的因素也在不断增长，全世界人民求和平、求发展的愿望在增强。在这种情形下，毛泽东敏锐地觉察到时代和国际形势发生的新变化，认为战争危险与和平发展的可能性并行，由此，他指出世界反动力量确实在准备第三次世界大战，战争的危险是存在的，要警惕帝国主义发动战争的可能性。所以，他果断地提出了"抗美援朝，保家卫国"的战略，坚决地同以美国为首的联合国军进行战斗，维护了中国的领土完整和国际利益。随着世界人民民主力量逐渐超过了反动力量这一国际形势，毛泽东适时地指出："现在，新的侵华战争和新的世一界大战，估计短时

---

① 《毛泽东选集》第二卷，人民出版社1991年版，第680页。

期内打不起来，可能有十年或更长一点的和平时期。"①"由于爱好护和平的国家和人民的不断努力，国际的趋势已经趋向缓和。"② 依据对时代主题的准确认识和把握，以毛泽东为首的党中央制定并实施了第一个五年计划。到 20 世纪六七十年代，时代主题逐渐由"战争与革命"转向"和平与发展"。然而，由于受"战争与革命"思维定势的影响，由于中苏日益紧张的外交关系，由于美国扩大对越南的侵略战争等因素。1970 年 5 月，毛泽东提出："目前，在世界范围内，正出现一个反对帝国主义斗争的新高潮。第二次世界大战后，美帝及其追随者不断地发动侵略战争，各国人民不断地用革命战争打败侵略者。新的世界大战的威胁依然存在，各国人民必须有所准备。但是当前世界的主要倾向是革命。"③ 这一时期，由于没有分析清楚错综复杂的国际形势及世界政治力量的变动、分化和改组，从而使中国共产党错误地分析和判断了时代主题。特别是后来由于对国际国内形势缺乏全面分析和正确认识，不适当地把阶级斗争扩大化、绝对化，使中国错过了发展经济的大好时期。

因此，要基于广阔的视野来观察世界，了解时代的基本矛盾，科学判断时代特征，准确认识和把握时代主题，这是在推进马克思主义中国化和时代化过程中的第一个也是最重要的任务。只有这样，才能明确马克思主义时代化面临的主要任务和内容，才能真正推进马克思主义时代化，以至实现马克思主义时代化。

第二节　坚持一切从实际出发，正确认识中国国情

马克思主义是科学的世界观和方法论，是指导中国革命、建设、改革和发展的锐利思想武器。中国共产党领导全国各族人民进行革命、建设、改革和发展的历史，就是不断推进马克思主义中国化和时代化的奋斗史。在这一历史过

---

① 《毛泽东文集》第七卷，人民出版社 1999 年版，第 26 页。
② 《毛泽东文集》第七卷，人民出版社 1999 年版，第 115 页。
③ 叶自成：《新中国外交思想：从毛泽东到邓小平》，北京大学出版社 2001 年版，第 86 页。

程中，中国共产党人坚持一切从实际出发，立足不同阶段的具体国情，深刻把握不同阶段的国情变化，具体分析和解决中国的实际问题，不断促进马克思主义与中国不同阶段的具体实际和国情相结合，推动马克思主义中国化和时代化在不同阶段的理论创新，使马克思主义理论在中国焕发出强大的生命力、创造力和感召力，实现了马克思主义中国化和时代化。

一、坚持一切从实际出发

共产主义运动是从客观实际出发、而不是从原则出发，这是马克思主义的基本观点。中国共产党是以马克思列宁主义为指导建立起来的政党，在领导中国革命、建设、改革和发展的进程中，坚持实事求是，一切从实际出发，理论联系实际，不断把马克思列宁主义普遍原理同中国的具体实际相结合，实现了20世纪中国历史上两次大的历史性巨变，产生了马克思主义与中国实际深相结合的伟大理论成果——毛泽东思想和中国特色社会主义理论体系，制定出正确的马克思主义政治路线，使中国的经济、政治、文化、社会等各项建设事业全面地推向前进，中国各族人民不断取得中华民族伟大复兴的新胜利，在世界上产生了深刻而广泛的影响。坚持一切从实际出发，理论联系实际，是马克思列宁主义的基本观点，是中国各项事业全面推行前进的基本经验。1847年9月，恩格斯曾经在《共产主义和卡尔·海因岑》一文中提出："海因岑先生异想天开地认为，共产主义是一种从一定的理论原则即自己的核心出发并由此得出进一步的结论的教义。海因岑先生大错特错了。共产主义不是教义，而是运动。它不是从原则出发，而是从事实出发。共产主义者不是把某种哲学作为前提，而是把迄今为止的全部历史，特别是这一历史目前在文明各国造成的实际结果作为前提……共产主义作为理论，是无产阶级立场在这个斗争中的理论表现，是无产阶级解放的条件的理论概括。"① 这里的"事实"就是指客观实际，"从事实出发"就是指一切从实际出发。恩格斯把从事实出发而非从原则出发看做

---

① 《马克思恩格斯选集》第一卷，人民出版社1995年版，第210页。

是马克思主义的根基，只有在事实的基础上得出的原则，才是马克思主义生机勃勃的原则，也就是说，这种生机勃勃的原则，它在继续指导实践、认识与改造客观世界过程中，仍然必须是从客观存在的事实出发，而不能从已有的主观原则出发；主观原则是在客观事实基础上产生的，客观事实决定主观原则，而主观原则反映与表现客观事实，它是工人阶级及其政党认识世界与改造世界的强有力之工具或武器。在这里，恩格斯所讲的"共产主义不是教义，而是运动"，显然是指共产主义不是几个天才闭门臆造出来的学说，而首先是工人阶级的运动实践，总结工人阶级运动实践经验，继承前人优秀文化成果，而由工人阶级理论上的代言人创立的科学共产主义这种学说，不带"先哲"之神秘色彩，而完全是朴实无华的东西，是无产阶级立场的理论表现，是无产阶级解放条件的理论概括。1895 年 5 月，恩格斯在《致威纳尔·桑巴特》的信中又一次强调："马克思的整个世界观不是教义，而是方法。它提供的不是现成的教条，而是进一步研究的出发点和供这种研究使用的方法。"① 列宁在把马克思主义基本原理与俄国革命的实际情况相结合、强调马克思主义是科学的世界观和方法论时，讲到"马克思主义的精髓，马克思主义的活的灵魂"，并明确将其归纳为"对具体情况作具体分析。"② 经典作家所论述的彻底唯物主义的道理，在中国，由毛泽东、邓小平等将其变成彻底的中国化的东西了，那就是"实事求是"的理论，"解放思想、实事求是"的思想路线。

实事求是，就是一切从实际出发，理论联系实际，就是要把马克思列宁主义基本原理同中国革命与建设的具体实践相结合。一切从实际出发是指我们想问题、办事情要把客观存在的实际事物作为根本出发点。坚持一切从实际出发，是辩证唯物主义世界观的根本要求。它要求我们在认识世界和改造世界的活动中，做到使主观符合客观，要根据客观存在的事实，来决定我们的主观思想和行动，要从客观存在的情况出发分析问题，提出解决问题的方法对策。坚持一切从实际出发，是人们正确地认识世界和改造世界的根本立足点，是无产

---

① 《马克思恩格斯文集》第 10 卷，人民出版社 2009 年版，第 691 页。

② 《列宁选集》第四卷，人民出版社 1995 年版，第 213 页。

阶级政党正确地制定和执行路线方针政策的前提，是我们做好各项工作的起码要求。坚持一切从实际出发，就要深入实际开展调查研究；要全面把握客观实际；要把握多个事实组成的客观实际的总和；要使自己的思想适应不断变化的客观情况，即把握客观实际的全面性、整体性和变动性。①　毛泽东在从事党所有领导的革命活动时，非常注重应用马克思主义理论和方法来认识中国社会的特殊性，寻找中国革命的特殊规律，反对脱离中国社会和中国革命实际去研究马克思主义的主观主义的态度和方法。1929 年 12 月，他为红四军党的第九次代表大会写的决议案中专门批判了主观主义，强调要"教育党员用马克思列宁主义的方法去作政治形势的分析和阶级势力的估量，以代替主观主义的分析和估量。"②1930 年 5 月，针对当时党和红军内部普遍存在的教条主义倾向，毛泽东写了《反对本本主义》一文，第一次使用了党的"思想路线"这一科学概念，提出要洗刷唯心精神，树立"从斗争中创造新局面的思想路线"的历史性任务。他还强调："马克思主义的'本本'是要学习的，但是必须同我国的实际情况相结合。我们需要'本本'，但是一定要纠正脱离实际情况的本本主义。"③30年代末，毛泽东在论述马克思主义必须与中国实际相结合这个思想时，开始使用"实事录是"这个概念，并从思想路线的角度明确提出了"马克思列宁主义的理论和中国革命的实践相结合"的概念。1941 年 5 月，毛泽东对"实事求是"这个概念作出了新的解释，指出："'实事'就是客观存在着的一切事物，'是'就是客观事物的内部联系，即规律性，'求'，就是我们去研究。"④　毛泽东认为，这是一个共产党员应该具备的对待马克思主义的正确态度。在这种态度下，就是要有目的地去研究马克思列宁主义的理论，要使马克思列宁主义的理论和中国革命的实际运动结合起来，要为着解决中国革命的理论问题和策略问题而去从它那里找立场、找观点、找方法。

要做到实事求是，还要求理论与实际相统一。一方面，要对马克思主义的

①　叶笃初、卢先福：《党的建设词典》，中共中央党校出版社 2009 年版，第 108 页。

②　《毛泽东选集》第一卷，人民出版社 1991 年版，第 92 页。

③　《毛泽东选集》第一卷，人民出版社 1991 年版，第 111—112 页。

④　《毛泽东选集》第三卷，人民出版社 1991 年版，第 801 页。

理论有完整、准确的理解和把握，不能断章取义、肢解歪曲，不能有任意的附加与演绎；要努力了解马克思主义经典作家是如何从时代特点出发，创造性地构建理论体系并不断地随着实践的发展而修正自己的观点，丰富发展自己的理论的；不仅要了解马克思主义的理论体系的各个组成部分的一般的具体的原理、原则，更要把贯串于各个部分的立场、观点、方法。另一方面，也是更重要的方面，要对中国的实际有深入、透彻的认识和了解。不能粗枝大叶、不求甚解，甚至全然不了解下情；不仅要了解中国社会今天的情况，还要了解中国的昨天和前天；不仅要了解中国社会和中国革命的一般情况，更要认识和把握中国社会和中国革命的特殊情况；必须应用马克思主义的观察问题和解决问题的立场和方法，去研究、探寻中国社会和中国革命与建设的内部联系，即规律性，找出符合中国国情的革命和建设的道路。毛泽东指出："马克思列宁主义理论和中国革命实际，怎样互相联系呢？拿一句通俗的话来讲，就是'有的放矢'。'矢'就是箭，'的'就是靶，放箭要对准靶。马克思列宁主义和中国革命的关系，就是箭和靶的关系。"① 只有学会了用马克思主义之箭，去射中国革命之的，才是真正做到了理论联系实际，坚持了实事求是。

毛泽东还认为调查研究是贯彻实事求是的思想路线、实现马克思列宁主义理论和中国实际相结合的基本途径和方法。他说："你对于那个问题不能解决吗？'那末，你就去调查那个问题的现状和它的历史吧！你完完全全调查明白了，你对那个问题就有解决的办法了。一切结论产生于调查情况的末尾，而不是在它的先头。"② 一年后，毛泽东在为红军总政治部起草的《关于调查人口和土地状况的通知》中又提出"不做正确的调查同样没有发言权"③，对"没有调查，没有发言权"的命题作了补充和发展，使之更加严谨、科学。这样，毛泽东不仅把调查研究作为工作方法的问题，更把它上升到辩证唯物主义认识论的高度。要做到实事求是，一切从实际出发，就必须了解实际情况；要了解实际情况，最主要的、最基本的途径和方法，就是调查研究。系统的周密的调查研

---

① 《毛泽东选集》第三卷，人民出版社 1991 年版，第 819 页。
② 《毛泽东选集》第一卷，人民出版社 1991 年版，第 109—110 页。
③ 《毛泽东文集》第一卷，人民出版社 1996 年版，第 268 页。

究，是获取对客观实际正确认识的前提，是制订符合客观实际情况的路线、方针、政策的基础。毛泽东关于"不做正确的调查同样没有发言权"的命题，进一步强调了调查研究必须坚持科学的态度，即在客观事实面前采取实事求是、老老实实的态度，对客观事实既不夸大，也不缩小，不要满足于局部的、片面的、孤立的观察，更不能被各种假象所蒙蔽，要从对客观事实的深入全面的把握中引出正确的结论来；而不能先抱定某种成见专门替自己的主观臆断找"证据"，也不要怕实际检验推翻自己已经作出的判断或决定。这就从根本上区别了马克思主义的调查研究与形形色色的主观主义的所谓调查研究。毛泽东是中国共产党内大兴调查研究的开创者。在20世纪20年代末30年代初那段中国革命最艰难的日子里，毛泽东亲自从根据地农村中收集第一手材料，形成了大量的调查研究报告。其中收录在《毛泽东农村调查文集》中的就有10多个。从这些调查报告中我们可以发现，当年毛泽东社会调查的对象十分广泛，除了工农基本群众外，还有社会其他各阶层的人们；调查的内容涉及社会生活的各个方面；调查的方法、手段也是多种多样。例如，寻乌调查和兴国调查，对当地旧有的土地关系、土地革命中各阶级阶层的表现、土地分配的状况及政策等都有详细的记载。这些调查对土地革命方针、政策的完善无疑起了直接的推动和促进作用。又如，长冈乡调查和才溪乡调查，在对根据地的经济、政治、军事、文化等方面的建设作了周密调查的基础上，就党在根据地的经济文化工作、民主政权建设及其同革命战争的关系等问题，提出了许多正确的方针、政策。延安整风运动中，毛泽东又反复强调调查研究的重要性。在《改造我们的学习》中，毛泽东谈到如何使马列主义的理论成为行动的向导时指出：这就是"要有目的地去研究马克思列宁主义的理论，要使马克思列宁主义的理论和中国革命的实际运动结合起来，是为着解决中国革命的理论问题和策略问题而去从它找立场，找观点，找方法的。"这"就是理论和实际统一的马克思列宁主义的作风。"[1]1942年1月，张闻天也曾经阐述了共产党人对于调查研究应当采取的态度和开展调查研究的基本方法，即"一个真正唯物论者的起码态度，

---

[1]　《毛泽东选集》第三卷，人民出版社1991年版，第801页。

就是一切工作必须从客观的实际出发","要从实际出发,要认识实际,其基本一环,就是时于这个实际的调查研究。没有这一基本工作,一切关于从实际出发、要认识实际一类的话,仍然只是毫无意义的空谈";调查研究"是一切工作的基本,是贯穿在全部工作过程中的基本工作,是全部工作中最重要的有机组成部分,是一切工作者都需要做的工作。调查研究工作做的是否充分,是决定一项工作成败的主要关健。一个共产党员只有在实际行动上能够把这个工作当做自己一切工作的基础,他才算是一个真正的唯物论者,他的整顿三风才算有了实际的成效。"① 经过延安整风,调查研究成为中国共产党人的优良传统,实事求是的思想路线深入人心,全党马克思主义理论水平显著提高,解决中国革命问题的努力明显增强,中国革命的局面发生了巨大的变化。

新中国成立初期,党中央和毛泽东面临错综复杂的社会矛盾,仍然重视调查研究,制定了一系列战略和策略,战胜了国内外敌人,克服了严重困难,使新中国在短暂的时间内就站稳了脚跟。

新中国成立后,以毛泽东为代表的中国共产党人,坚持实事求是思想路线,发扬调查研究的优良作风,在对农业、手工业和资本主义工商业逐步进行社会主义改造的进程中,经过周密系统的调查研究,规定了正确的路线、方针、政策和每个阶段的具体步骤,取得了社会主义改造的决定性胜利。1955年,毛泽东在全国党代表会议上告诫全党:"在我们这样一个大国里面,情况是复杂的,国民经济原来又很落后,要建成社会主义社会,并不是轻而易举的事。"② 所以,在社会主义改造即将基本完成,面临全面建设社会主义的形势下,1955年底至1956年初,我们党和国家主要领导人进行了一次大规模的比较系统的经济建设情况的调查。在此基础上,提出了一些真知灼见,这对指导我国社会主义建设的实践有着重大的意义。遗憾的是,没有继续坚持下去。在大规模开展社会主义建设过程中,毛泽东仍然强调要继续保持和发扬实事求是和调查研究的优良传统。正如1961年毛泽东在中共中央转发邓子恢的调查研

---

① 《张闻天文集》第三卷,中共党史出版社1994年版,第192—196页。
② 《毛泽东文集》第六卷,人民出版社1999年版,第390页。

究报告的批语中强调的：“认真调查研究，对具体问题作出具体的分析，而不是抽象的主观主义的分析，这是马克思主义的灵魂。”① 邓小平对马克思主义精髓的把握在总体上是源于毛泽东，但在具体表述上又不同于毛泽东。邓小平将马克思主义的精髓主要归结为“实事求是”四个字。在批评“两个凡是”、领导和支持真理标准问题大讨论期间，邓小平不断强调：“实事求是，是无产阶级世界观的基础，是马克思主义的思想基础”；是“一个马克思主义的根本观点，根本方法。”② 在 1992 年的南方谈话中，邓小平进一步明确指出：“实事求是是马克思主义的精髓。要提倡这个，不要提倡本本。”③ 邓小平对“实事求是是马克思主义的精髓”的认识，不是通过熟读马列著作，从本本出发而做的结论，而是从对中国革命和建设经验的总结而做的概括。他说：“我们改革开放的成功，不是靠本本，而是靠实践，靠实事求是。农村搞家庭联产承包，这个发明权是农民的。农村改革中的好多东西，都是基层创造出来，我们把它拿来加工提高作为全国的指导。实践是检验真理的唯一标准。我读的书并不多，就是一条，相信毛主席讲的实事求是。过去我们打仗靠这个，现在搞建设、搞改革也靠这个。我们讲了一辈子马克思主义，其实马克思主义并不玄奥。马克思主义是很朴实的东西，很朴实的道理。”④

　　由于在长期的革命实践中，中国共产党人将“实事求是”作为中国化的马克思主义思想路线，所以，邓小平十分重视并高度评价“实事求是”这一宝贵思想遗产和精神资源。他不仅认为实事求是是马克思主义的精髓，还从哲学层面指出：“‘实事求是’四个大字，这是毛泽东哲学思想的精髓”；⑤ 从党的指导思想层面指出：“实事求是，是毛泽东思想的出发点、根本点。这是唯物主义。”⑥ 邓小平认为，毛泽东思想的精髓是实事求是，“毛泽东思想的精髓就是

① 《建国以来毛泽东文稿》第九册，中央文献出版社 1996 年，第 605 页。
② 《邓小平文选》第二卷，人民出版社 1994 年版，第 143、114 页。
③ 《邓小平文选》第三卷，人民出版社 1993 年版，第 382 页。
④ 《邓小平文选》第三卷，人民出版社 1993 年版，第 382 页。
⑤ 《邓小平文选》第二卷，人民出版社 1994 年版，第 67 页。
⑥ 《邓小平文选》第二卷，人民出版社 1994 年版，第 114 页。

这四个字。毛泽东同志所以伟大，能把中国革命引导到胜利，归根到底，就是靠这个。"① 毛泽东思想是我们党实现马克思主义中国化第一次历史性飞跃的第一个伟大理论成果，邓小平的概括是准确的。实事求是既然是马克思主义的精髓，毫无疑问，也应当是第一个中国化的马克思主义理论——毛泽东思想的精髓。讲实事求是是毛泽东思想的精髓，同讲它是马克思主义中国化的实质或中国化马克思主义的实质，意义是相同的。

党的十三届四中全会以来，国际和国内形势发生了深刻的变化，资本主义世界的持续繁荣和马克思主义在一些社会主义国家的重大挫折，给马克思主义中国化事业带来了严峻的挑战。如何对待马克思主义，如何实现马克思主义与中国实际的结合，成为第三代领导集体必须回答的重大课题。江泽民指出，"马克思主义的基本原理是放之四海而皆准的真理，要始终不渝地坚持，而马克思主义的生命力就在于它必须与发展着的实践相结合，不断指导实践向前发展。死守着马列主义经典作家在当时条件下针对具体情况作出的一些个别论断，不发展，不前进，不仅没有前途，而且只能是死路一条。"② 为此，江泽民同志提出了对待马克思主义的科学态度："一是必须坚持马克思主义的立场、观点和方法，坚持马克思主义的基本原理。这一点，要坚定不移，不能含糊。二是一定要贯彻解放思想、实事求是的思想路线，坚持勇于追求真理和探索真理的革命精神。这一点，也要坚定不移，不能含糊。"③ 他强调指出，能否做到这两个"坚定不移"，始终是检验是不是真正的马克思主义者的试金石。以江泽民同志为核心的第三代中央领导集体，坚持解放思想、实事求是、与时俱进的思想路线，既坚持马克思主义的指导地位毫不动摇，又坚持用发展着的马克思主义指导中国改革开放的实践，"自觉地把思想认识从那些不合时宜的观念、做法和体制中解放出来，从对马克思主义的错误的和教条式的理解中解放出来，从主观主义和形而上学的桎梏中解放出来"，创立了"三个代表"重要思想，在马克思主义中国化的历程中树立了第三座丰碑。

---

① 《邓小平文选》第二卷，人民出版社 1994 年版，第 126 页。

② 《江泽民论有中国特色社会主义(专题摘编)》，中央文献出版社 2002 年版，第 582—587 页。

③ 江泽民：《论党的建设》，中央文献出版社 2002 年版，第 537 页。

进入新世纪，以胡锦涛为代表的新一届中央领导集体，以邓小平理论和"三个代表"重要思想为指导，一切从实际出发，以我国改革开放和现代化建设的实际问题为中心，着眼于马克思主义理论的运用，着眼于对实际问题的理论思考，着眼于新的实践和新的发展，从新世纪新阶段党和国家事业发展全局出发，总结20多年来我国改革开放和现代化建设的成功经验，吸取世界上其他国家在发展进程中的经验教训，概括战胜"非典"疫情的重要启示，更加重视经济和社会全面协调发展，不断丰富发展内涵、创新发展理念、开拓发展思路、破解发展难题，提出了坚持以人为本，全面协调可持续的科学发展观，是对马克思列宁主义、毛泽东思想、邓小平理论和"三个代表"重要思想的坚持和创新，进一步明确了新世纪新阶段我国要发展、为什么发展、怎样发展和发展为了谁、发展依靠谁、发展成果由谁来享用等重大问题，反映了我我们党对发展问题的新认识，是我们党对社会主义现代化建设规律认识的进一步深化，是我们党执政理念的一个飞跃。

马克思主义中国化和时代化的发展史充分说明：实事求是，一切从实际出发，是马克思主义中国化和时代化的思想基础，也是马克思主义能在中国与时俱进、永葆生机和活力的法宝。

二、正确认识中国国情

中国国情是马克思主义中国化和时代化的实践基础和客观依据。马克思主义中国化和时代化的过程就是把马克思主义基本原理同中国的具体国情相结合的过程，立足于不同历史阶段的国情，深刻把握不同阶段的国情变化，在深入了解中国历史和现状的前提下，具体分析和解决中国的实际问题，推动马克思主义中国化和时代化在不同阶段的理论创新，并使其成为中国社会进步和发展的指导思想，是马克思主义中国化和时代化的一条基本经验。

国情是个综合性的概念，主要指一个国家的文化历史传统、自然地理环境、社会经济发展状况以及国际关系等方面的基本状况构成。中国共产党在运用马克思列宁主义指导中国实际的实践中，十分注重研究中国特殊的国情，立足于中国的实际来运用和发展马克思主义，才实现和推进了马克思主义中国化和时代化的伟大事业。

1939年，毛泽东在《中国革命与中国共产党》一文中曾经指出："认清中国社会的性质，就是说，认清中国的国情，乃是认清一切革命问题的基本的根据。"① 这里的国情主要是指马克思主义传入中国以后中国在不同阶段呈现出的社会基本状况，包括中国社会性质、社会主要矛盾及社会阶级状况等。以毛泽东为代表的老一辈无产阶级革命家在民主革命时期，通过系统的周密的调查研究，正确地分析了中国的历史、社会和现状，解决了中国革命的性质、对象、动力、领导权、前途等一系列基本问题，据此制定了中国革命的战略和策略，指导新民主主义革命取得了伟大的胜利，形成了马克思列宁主义与中国革命具体实际相结合的毛泽东思想，实现了马克思主义中国化和时代化。正如毛泽东所说："马克思列宁主义的伟大力量，就在于它是和各国家具体的革命实践相联系的。对于中国共产党来说，就是要学会把马克思列宁主义的理论应用于中国的具体的环境。成为伟大中华民族的一部分而和这个民族血肉相连的共产党员，离开中国特点来谈马克思主义，只是抽象的空洞的马克思主义。"② 这就必须要探索研究中国的国情，了解和把握中国的具体实际。"共产党员是国际主义的马克思主义者，但是马克思主义必须和我国的具体特点相结合并通过一定的民族形式才能实现。"③ 这就是说，离开中国特点来谈马克思主义，只是抽象的空洞的马克思主义。这也是毛泽东所强调的："马克思主义在中国具体化，使之在其每一表现中带着必须有的中国的特性，即是说，按照中国的特点去应用它，成为全党亟待了解并亟须解决的问题。"④ 为此，毛泽东号召全党必须"学会应用马克思列宁主义的立场、观点和方法，认真地研究中国的历史，研究中国的经济、政治、军事和文化，对每一个问题要根据详细的材料加以具

① 《毛泽东选集》第二卷，人民出版社1991年版，第633页。
② 《毛泽东选集》第二卷，人民出版社1991年版，第534页。
③ 《毛泽东选集》第二卷，人民出版社1991年版，第534页。
④ 《毛泽东选集》第二卷，人民出版社1991年版，第534页。

体的分析，然后得出理论性的结论来。"① 在新中国即将成立前夕，毛泽东对当时中国的基本国情进行了分析，他指出：中国的工业和农业在国民经济中的比重，就全国范围来说，在抗日战争以前，现代性的工业只有 10% 左右，农业和手工业却占 90% 左右。他说："这是帝国主义制度和封建制度压迫中国的结果，这是旧中国半殖民地和半封建社会性质在经济上的表现，这也是在中国革命时期内和在革命胜利以后一个相当长的时期内一切问题的基本出发点。"② 在中国社会主义制度建立前后，1956 年 4 月，毛泽东发表了《论十大关系》一文，他从分析中国革命的优点和缺点入手，进一步阐述了我国社会主义建设面临的基本状况。他指出："我们一为'穷'，二为'白'。'穷'，就是没有多少工业，农业也不发达。'白'，就是一张白纸，文化水平、科学水平都不高。"③ 之后，毛泽东和中央其他领导人在许多场合反复强调这个问题，提出中国是一个大国，人口多，底子薄，经济文化落后，生产力不发达，也很不平衡，这是我国的基本国情，是我们考虑一切问题的基本出发点。以毛泽东为代表的中国共产党人，正是由于认清了中国国情，把握了马克思主义与中国革命实践相结合的中心环节，才终于找到了一条适合中国国情的革命和建设道路，实现了马克思主义与中国实际相结合的第一次历史性的飞跃。

但是，对中国国情的认识不是一蹴而就的。在革命战争年代要正确认识中国国情，在新中国成立后的建设时期还要对中国国情进行再认识。从新中国成立到党的十一届三中全会召开前的 29 年，社会主义建设既有胜利也有挫折，但无论胜利还是挫折，都有一个是否正确把握中国国情和所处的历史方位问题。新中国成立后的头 7 年和 20 世纪 60 年代前期的纠"左"是对国情认识比较清醒的时候，这一时期，国家的发展比较顺利。20 世纪 50 年代后期连续 3 年的"大跃进"和 10 年"文化大革命"两次全局性的严重失误，都与不能正确认识中国国情和我们国家所处的社会主义历史方位有着密切关系。十一届三

---

① 《毛泽东选集》第三卷，人民出版社 1991 年版，第 814—815 页。
② 《毛泽东选集》第四卷，人民出版社 1991 年版，第 1430 页。
③ 《毛泽东文集》第七卷，人民出版社 1999 年版，第 43—44 页。

中全会以后，邓小平之所以能够拨正马克思主义中国化和时代化的航向，坚持把马克思主义的基本原理与时代特征和具体实践相结合，创造性地提出建设有中国特色的社会主义理论，也正是由于他抓住了我国处在社会主义初级阶段的特殊国情，坚持一切从社会主义初级阶段的实际出发，创造性地运用和发展马克思主义。在邓小平看来，中国的社会主义不是马克思主义经典理论家当年构想的从发达资本主义过渡而来的社会主义，而是建立在一个生产力水平低下，经济文化不发达的新民主主义社会；中国的社会主义虽然跨越了资本主义的"卡夫丁峡谷"，但却不能跨越资本主义社会和社会主义之间巨大的生产力"沟壑"，不能跨越商品经济充分发展的阶段。"现在虽说我们也搞社会主义，但事实上不够格。"① 这就是中国的国情。由此，他对我国社会主义的历史方位作出了科学的论断—中国现在处于社会主义初级阶段，"社会主义本身是共产主义的初级阶段，而我们中国又处在社会主义的初级阶段，就是不发达的阶段。一切都要从这个实际出发，根据这个实际来制定规划。"② 正是立足于社会主义初级阶段的这个基本国情，邓小平才能够把马克思主义基本原理与中国社会主义现代化的实际相结合，提出建设中国特色社会主义的一系列观点：要坚持"一个中心、两个基本点"党的基本路线一百年不动摇；社会主义本质是解放生产力，发展生产力，消灭剥削，消除两极分化，最终达到共同富裕；计划经济不等于社会主义，市场经济不等于资本主义，社会主义经济体制改革的目标是建立社会主义市场经济体制；必须坚持"两手抓、两手都要硬"，只搞物质文明，不搞精神文明，就不能建设有中国特色的社会主义，等等。

中国特色社会主义理论在新时期的进一步拓展，同样靠的是第三代领–导集体立足于社会主义初级阶段的国情，紧密结合中国的实际运用和发展马克思主义。江泽民对中国的国情有着深刻的认识。他说，"中国走的是社会主义道路，这是国情；中国社会主义正处在并将长期处在初级阶段，这也是国情。必须把社会主义和初级阶段这八个字统一起来来认识和把握。""我们想问题、办

---

① 《邓小平文选》第三卷，人民出版社 1993 年版，第 225 页。

② 《邓小平文选》第三卷，人民出版社 1993 年版，第 252 页。

事情、作决策，都必须从社会主义初级阶段的实际出发，而不能脱离这个实际。"①"我们讲一切从实际出发，最大的实际就是中国现在处于并将长时期处于社会主义初级阶段。"② 为此，江泽民提出了"一个中心，三个着眼于"的思想。他认为，学习和运用马克思主义"一定要以我国改革开放和现代化建设的实际问题、以我们正在做的事情为中心，着眼于马克思主义理论的运用，着眼于对实际问题的理论思考，着眼于新的实践和新的发展。离开本国实际和时代发展来谈马克思主义，没有意义。静止地孤立地研究马克思主义，把马克思主义同它在现实生活中的生动发展割裂开来、对立起来，没有出路。"③ 正是牢牢把握并立足于社会主义初级阶段的这个国情，江泽民创造性地把马克思主义与中国改革开放和现代化建设的实际结合起来，用一系列紧密联系、相互贯通的新思想、新观点、新论断，进一步回答了什么是社会主义、怎样建设社会主义的问题，创造性地回答了建设什么样的党、怎样建设党的问题，使我们党对共产党的执政规律、社会主义建设规律和人类社会发展规律的认识，达到了新的理论高度，开辟了马克思主义中国化和时代化的新境界。

新时期新阶段，我国发展的阶段性特征是：既是一个发展机遇期，也是一个矛盾凸显期，是大好机遇和严峻挑战并存的时期。胡锦涛在中共十六届五中全会第二次全体会议上的讲话中指出："我国正处在全面建设小康社会、加快推进社会主义现代化的新的发展阶段，经济社会发展呈现出一系列重要的阶段性特征。深入研究和把握这些阶段性特征，是我们抓住机遇、应对挑战，推进经济社会又快又好发展的重要前提。"④ 正是在科学分析和把握当前我国发展的阶段性特征的基础上，以胡锦涛为总书记的党中央，着眼于把握发展规律、创新发展理念、转变发展方式、破解发展难题，提出了科学发展观这一重大战略思想。科学发展观来自于实践，对指导实践进一步发展。站在新的历史起点上，面对我国全面参与经济全球化的新机遇新挑战，面对工业化、信息化、城

---

① 江泽民：《论党的建设》，中央文献出版社 2001 年版，第 290—291 页。
② 《江泽民论有中国特色社会主义（专题摘编）》，中央文献出版社 2002 年版，第 27 页。
③ 《十五大以来重要文献选编》（上），人民出版社 2000 年版，第 13 页。
④ 《十六大以来重要文献选编》（中），中央文献出版社 2006 年版，第 1088 页。

镇化、市场化、国际化深入发展的新形势新任务，面对社会活力不断迸发、各项事业不断进步情况下发展不平衡现象有所扩大的新课题新矛盾，我们只有高举中国特色社会主义伟大旗帜，坚持以毛泽东思想和中国特色社会主义理论为指导，深入贯彻落实科学发展观，更加自觉地走科学发展道路，才能奋力开拓中国特色社会主义更为广阔的发展前景。

第三节　不断坚持与发展马克思主义

马克思主义理论是科学的思想体系，它揭示了客观世界的本质联系和人类社会发展的内在规律，是科学的世界观和方法论，是为各国无产阶级革命和社会主义建设实践反复检验和证明了的真理，是解决中国现实问题，促进革命、建设和改革事业顺利发展的根本立场、基本观点和科学方法。我国革命、建设和改革的历史雄辩地证明，没有马克思主义，就没有新中国；没有马克思主义及其在中国的新发展，就没有中国特色社会主义。在任何时候、任何情况下，都要坚持马克思主义的指导地位不动摇，否则党和国家的事业就会因为没有正确的理论基础和思想灵魂而迷失方向，就会归于失败。同时，马克思主义是不断发展的理论，与时俱进是马克思主义的理论品质，《共产党宣言》问世以来160多年的实践充分证明，马克思主义是不断开放发展的科学理论体系，它只有与时代发展同步伐、与时代特征相契合、与时代需求相一致，与时俱进地随着时代的发展而发展，随着实践的丰富而丰富，才能不断焕发出旺盛的生命力。

一、坚持马克思主义是马克思主义时代化的理论根源

马克思主义是科学的理论，是放之四海而皆准的真理。马克思主义是中国共产党的指导思想，是马克思主义时代化的理论根源。中国共产党领导中国人民进行中国革命、建设、改革和发展的历史，"就是一部坚持以马克思基本原理为指导、紧密结合中国实际进行理论创新的历史，就是一部不断推进马

克思主义中国化的历史。"① 从根本上来说，中国革命、建设和改革的成功以及发展所取得的成就，就是始终坚持马克思主义、不断推进马克思主义中国化和时代化的结果。纵观我们党领导中国革命、建设、改革和发展的历史，我们可以发现：每实现一次马克思主义中国化的历史性飞跃，每一个中国化马克思主义重大理论成果的形成，都是与我们党始终坚持马克思主义、不断地总结历史经验分不开的。党的十七大报告精辟指出：《共产党宣言》发表以来近一百六十年的实践证明，马克思主义只有与本国国情相结合、与时代发展同进步、与人民群众共命运，才能焕发出强大的生命力、创造力、感召力。"② 可见，以马克思主义为一切行动的指南，以我国的基本国情为基本依据，以解决中国所面临的历史任务为根本出发点和归宿，使我们党所制定的每一项路线方针政策都具有中国特点，在此基础上，逐渐形成中国特色的革命道路和建设道路，所以，坚持马克思主义是实现马克思主义中国化和时代化的前提条件，也是马克思主义中国化和时代化的基本要求。可以说，这就是马克思主义中国化和时代化的真谛所在。

首先，坚持马克思主义，必须以科学的态度对待马克思主义，深刻理解和准确把握马克思主义的精神实质，学会运用马克思主义的立场、观点、方法去观察、分析和解决问题。要在坚持马克思主义的基础上，善于运用马克思主义的基本原理来指导中国革命、建设、改革和发展的具体实践，在实践中不断推进马克思主义中国化和时代化、实现马克思主义理论的发展与创新。在这一过程中，最根本的就是要把马克思主义基本原理同中国具体实际相结合。胡锦涛在纪念党的十一届三中全会召开30周年大会上的讲话中高度概括和总结改革开放以来我国建设社会主义历史进程，他指出："30 年来，我们党的全部理论和全部实践，归结起来什么是马克思主义、怎样对待马克思主义，什么是社会主义、怎样建设社会主义，建设什么样的党、怎样建设党，实现什么样的发

---

① 胡锦涛：《在纪念红军长征胜利70周年大会上的讲话》，人民出版社2006年版，第7—8页。

② 胡锦涛：《高举中国特色社会主义伟大旗帜　为夺取全面建设小康社会新胜利而奋斗》，人民出版社2007年版，第465页。

展、怎样发展等重大理论和实际问题。"① 这其中的"什么是马克思主义、怎样对待马克思主义",实际上就是指"把马克思主义基本原理同中国具体实际相结合"这一最具基础性和根本性的问题。因此,坚持马克思主义,就是要坚持和运用马克思主义的立场和方法,分析和解决中国革命、建设、改革和发展的实际问题,揭示中国革命、建设与改革发展的客观规律,并把中国人民在长期实践中所积累起来的丰富经验加以科学总结和概括,使之上升为理论,成为中国化的马克思主义,从而以中国特有的独创性的内容,丰富和发展马克思主义理论宝库。②

新中国成立 60 多年、建党 90 多年我们党在不同历史时期对各种重大理论问题和实际问题的成功探索和正确回答,都是沿着"把马克思主义同中国具体实际相结合"的道路不断前进而取得的。因此,坚持马克思主义,首要前提就是要全面、完整和准确地理解把握马克思主义,用马克思主义的立场、观点和方法来指导中国的具体实践,这是中国革命、建设、改革和发展实践的经验总结。毛泽东曾经指出:"马克思这些老祖宗的书,必须读,他们的基本原理必须遵守,这是第一。"③ 邓小平也强调指出:马克思主义的基本原理任何时候都要坚持,"老祖宗不能丢啊!"④ 江泽民也着重指出:"马克思列宁主义、毛泽东思想一定不能丢,丢了就丧失根本。"⑤"马克思主义的基本原理任何时候都要坚持,否则我们的事业就会因为没有正确的理论基础和思想灵魂而迷失方向,就会归于失败。"⑥ 共产党人在任何时候、任何情况下都必须坚持马克思主义的基本原理。"这一点,要坚定不移,不能含糊。"胡锦涛也提出"理论创新必须以坚持马克思主义基本原理为前提,否则就会迷失方向,

---

① 胡锦涛:《在纪念党的十一届三中全会召开 30 周年大会上的讲话》,《人民日报》2008 年 12 月 19 日。

② 杨春贵:《科学对待马克思主义》,《浙江日报》2009 年 2 月 9 日。

③ 《毛泽东文集》第八卷,人民出版社 1993 年版,第 109 页。

④ 《邓小平文选》第三卷,人民出版社 1993 年版,第 369 页。

⑤ 《江泽民文选》第二卷,人民出版社 2006 年版,第 12 页。

⑥ 《江泽民文选》第三卷,人民出版社 2006 年版,第 282 页。

就会走上歧途。"①正是因为我们党始终坚持用马克思主义的立场、观点和方法去观察、分析和解决中国特色社会主义道路上出现的新情况、新问题和新矛盾，由此才成功地推进了马克思主义中国化的历史进程。正如马克思主义哲学家艾思奇所指出的："中国化绝不是丢开马克思主义的立场的意思，相反地，愈更要能够中国化，就是指愈更能够正确地实践马克思主义的立场的意思，愈更能创造，就是指更能够开展真正的马克思的意思。"②这就是说，我们愈能坚持马克思主义，就愈能实现马克思主义中国化和时代化。

中国革命、建设和改革的历史雄辩地证明，没有马克思主义，就没有新中国；没有马克思主义及其在中国的新发展，就没有中国特色社会主义。在任何时候任何情况下，都要坚持马克思主义的指导地位不动摇，否则党和国家的事业就会因为没有正确的理论基础和思想灵魂而迷失方向，就会归于失败。党的十一届三中全会以来改革开放和现代化建设所以能不断向前推进，我们所以能有效地避免"左"的或右的错误思潮的干扰，坚定不移地确保中国特色社会主义发展，首先在于我们党在坚持马克思主义这个重大原则问题上始终保持清醒的头脑。包括邓小平理论、"三个代表"重要思想、科学发展观在内的中国特色社会主义理论体系，深刻体现了马克思主义的根本立场、基本观点和科学方法，是马克思主义中国化和时代化的最新理论成果。坚定不移地走中国特色社会主义发展道路，就要毫不动摇地坚持以中国特色社会主义理论体系为指导。

其次，马克思主义是中国共产党的指导思想，是一切行动的指南而不是教条。马克思主义在中国的指导地位，不是由某个人或某个政党的主观意志决定的，而是历史的选择、人民的选择。每一个时代都有它特定的历史任务。历史任务不是又一个阶级、政党或个人主观圈定的，而是由那个时代的社会主要矛盾决定的。对于一个民族、一个国家的人民来说，认识到自己所处的地位、所面对的历史任务，并能探寻出切实可行的方式方法，找到行之有效的途径，是

---

① 胡锦涛：《在"三个代表"重要思想理论研讨会上的讲话》，人民出版社 2003 年版，第10 页。

② 《艾思奇全书》第二卷，人民出版社 2006 年版，第 774 页。

其觉醒的标志。鸦片战争后，随着帝国主义侵入的加深，民族危机日益深重，国家状况越来越糟，中国社会逐渐沦为半殖民地半封建社会，由此，中国社会的主要矛盾也发生了变化，由原来单一的封建主义与人民大众的矛盾，转化为帝国主义和中华民族的矛盾，封建主义和人民大众的矛盾。而帝国主义和中华民族的矛盾，乃是各种矛盾中的最主要的矛盾。这些矛盾的斗争及其尖锐化，就不能不造成日益发展的革命运动。伟大的近代和现代的中国革命，是在这些基本矛盾的基础之上发生和发展起来的。对外进行推翻帝国主义压迫的民族革命和对内进行推翻封建主义压迫的民主革命，就成为近代中国革命的两大基本任务。先进的中国人曾经不畏艰难险阻，前仆后继，上下求索，寻找救国救民的真理。各种思潮，如改良主义、社会达尔文主义、唯意志论、无政府主义、实用主义、民主社会主义等，都先后在我国流行过、尝试过，但它们都以失败告终。只有马克思主义深深扎根于中国土壤之中，引领中华民族走上了光明之路。包括毛泽东、邓小平在内的许多早期革命家，最初并不是马克思主义者，而是真诚的爱国主义者。在国难当头民不聊生的关键时刻，他们首先产生的是救国救民的意识。随之他们接触、研究各种各样的主义，最后认定只有马克思主义才能够救中国。各民主党派、无党派的许多进步人士之所以能同我们党肝胆相照、精诚合作，主要因为他们具有与共产党相同的救国救民的思想，他们也是经过探索之后才逐步信服马克思主义的。

1949 年 9 月，当新民主主义革命胜利前夕，毛泽东指出："马克思列宁主义来到中国之所以发生这样大的作用，是因为中国的社会条件有了这种需要，是因为同中国人革命的实践发生了联系，是因为被中国人民所掌握了。任何思想，如果不和客观的实际的事物相联系，如果没有客观存在的需要，如果不为人民群众所掌握，即使是最好的东西，即使是马克思列宁主义，也是不起作用的。"[①]"正是在马克思主义的指导下，我们党领导全国人民进行新民主主义革命和社会主义革命，推翻了帝国主义、封建主义、官僚资本主义在中国的统治，建立了新中国，确立了社会主义制度，为当代中国一切发展进步奠定了根

---

① 《毛泽东选集》第四卷，人民出版社 1991 年版，第 1515 页。

本政治前提和制度基础。"①

十一届三中全会后，以邓小平为代表的党中央坚持把马克思主义基本原理同中国实际和时代特征紧密结合起来，不断探索和回答什么是社会主义、怎样建设社会主义等重大理论和实际问题。他曾经指出："马克思主义，另一个词叫共产主义。我们过去干革命，打天下，建立中华人民共和国，就因为有这个信念，有这个理想。我们有理想，把马克思主义基本原理同中国实际相结合，所以我们才能取得胜利。革命以后搞建设，我们也是把马克思主义的基本原则同中国实际相结合。"② 他还认为，"马克思主义必须是同中国实际相结合的马克思主义"③，"我们坚信马克思主义，但马克思主义必须与中国实际相结合。只有结合中国实际的马克思主义，才是我们所需要的真正的马克思主义。"④ 正是在坚持马克思主义、坚持将马克思主义的基本原则同中国实际相结合的前提上，在建国后取得重大成就和深入总结历史经验的基础上，以邓小平为代表的党中央领导大力推行改革开放的新政策，成功地走出了一条建设中国特色社会主义的新道路。全国人民沿着这条道路进行了历史性的创造活动，取得了举世瞩目的巨大成就，社会生产力、综合国力和人民生活水平都大大提高，我国的国际地位也不断提高、国际影响日益扩大，社会主义和马克思主义在中国大地上焕发出蓬勃生机和活力。中华民族屹立于世界民族之林，充分显示了马克思主义的巨大指导作用。

进入 21 世纪，江泽民也指出："我们建设有中国特色社会主义，许多问题没有本本可以找，需要运用马克思主义基本原理在分析和总结新的情况和新的实践中求得解答。死搬教条，不顾实践发展提出的新要求，就不能前进。"⑤ 正是在这一前提下，党提出了与马克思主义、毛泽东思想和邓小平理论一脉相承

---

① 秋石：《为什么必须坚持马克思主义在意识形态领域的指导地位而不能搞指导思想的多元化》，《求是》2009 年第 6 期。

② 《邓小平文选》第三卷，人民出版社 1993 年版，第 173 页。

③ 《邓小平文选》第三卷，人民出版社 1993 年版，第 63 页。

④ 《邓小平文选》第三卷，人民出版社 1993 年版，第 213 页。

⑤ 《江泽民文选》第三卷，人民出版社 2006 年版，第 26 页。

的"三个代表"重要思想。面对新世纪新情况新任务，党的十七大报告指出："要巩固马克思主义的指导地位，坚持不懈地用马克思主义中国化最新成果武装全党、教育人民，用中国特色社会主义共同理想凝聚力量，用以爱国主义为核心的民族精神和以改革创新为核心的时代精神鼓舞斗志，用社会主义荣辱观引领风尚，巩固全党全国各族人民团结奋斗的共同思想基础。"① 在纪念党的十一届三中全会 30 周年的时候，胡锦涛进一步指出："改革开放以来我们党的全部理论和全部实践，归结起来就是创造性地探索和回答了什么是马克思主义、怎样对待马克思主义等重大理论和实际问题。这深刻概括了改革开放以来中国社会主义的发展历史。无论是纷乱的战争年代的革命，和平年代的建设，还是新世纪的不断发展，我们都必须坚持马克思主义，发展马克思主义，推进马克思主义中国化。"同时他还说："马克思主义是我们立党立国的根本指导思想。坚持和巩固马克思主义指导地位，是党和人民团结一致、始终沿着正确方向前进的根本患想保证。"②

再次，坚持马克思主义，就要坚决反对教条主义和经验主义。坚持马克思主义，就是坚持用马克思主义的科学方法进行调查研究，就是坚持马克思主义的认识论，就是坚持实事求是的思想路线，就是要反对一切从书本出发的教条主义和一切从经验出发的经验主义，尽管两者的具体表现有所不同，但都是主观与客观的脱离；都是犯了主观主义的毛病。在中国革命过程中，一些在实际斗争中成长起来的工农出身的党员，往往满足于已有的经验，忽视马克思主义理论的学习，而这些人如果误用了自己的经验，就会犯经验主义的错误；一些知识分子出身的党员，却又往往以背诵马克思主义的个别原理和结论而自满，马克思主义的本本读了不少，但是消化不了，不会运用马克思主义的立场、视点和方法来具体地分析和解决中国革命的实际问题，常常犯教条主义错误。相比较而言；犯教条主义错误的人嘴上时时挂着马克思主义的词句，很容易迷

---

① 胡锦涛：《高举中国特色社会主义伟大旗帜为夺取全面建设小康社会新胜利而奋斗》，人民出版社 2007 年版，第 34 页。

② 胡锦涛：《在纪念党的十一届三中全会召开 30 周年大会上的讲话》，《人民日报》2008 年12 月 19 日。

惑、吓唬别人，其危险性更甚。特别是在 20 年代后期 30 年代前期，这种把马克思主义教条化、把共产国际决议和苏联经验神圣化的"唯书"、"唯上"的错误倾向，曾使中国革命几乎陷于绝境。1935 年的遵义会议结束了以王明为代表的"左"倾教条主义在中共中央的统治，开始确立了以毛泽东为代表的新的中央的领导，党才从教条主义的束缚中摆脱出来，党的思想政治路线才重新转到马克思主义的正确轨道上。经过 1942 年开始的为时几年的全党范围的整风运动，教条主义得到彻底的清算。毛泽东在《改造我们的学习》《整顿党的作风》等报告中，对对待马克思主义的两种迥然不同的态度作了深刻的分析，指出在党的历史上，以教条主义为主要特征的主观主义态度，是共产党的大敌，是党性不纯的表现。他批评教条主义者是"墙上芦苇，头重脚轻根底浅；山间竹笋，嘴尖皮厚腹中空"，是不完全的马克思主义者；告诫全党，"马克思列宁主义是科学，科学是老老实实的学问，任何一点调皮都是不行的。"他强调，应该"应用马克思列宁主义的理论和方法，对周围环境作系统的周密的调查和研究"，"要有目的地去研究马克思列宁主义的理论，要使马克思列宁主义的理论和中国革命的实际运动结合起来，是为着解决中国革命的理论问题和策略问题而去从它找立场，找观点，找方法的。"① 这种态度，才是马克思列宁主义的学风，才是党性的表现，才是每一个共产党员应该具备的实事求是的态度。毛泽东还反复强调："要分清创造性的马克思主义和教条式的马克思主义"，"要使中国革命丰富的实际马克思主义化。"② 延安整风是中国共产党历史上一次广泛深入的马克思主义思想解放运动，是全党从教条主义的束缚解放了出来，从对马克思主义的幼稚、蒙昧状态中解放出来，确立了实事求是、一切从实际出发的马克思主义思想路线。

在开始全面建设社会主义新的历史时期，毛泽东在总结正反两方面经验的时候，又多次强调要实现马克思主义和中国实际的第二次结合，要认真总结中国社会主义建设的经验，形成新的理论。1959 年底，他在读苏联《政治经济

---

① 《毛泽东选集》第三卷，人民出版社 1991 年版，第 800—801 页。
② 《毛泽东文集》第二卷，人民出版社 1993 年版，第 373—374 页。

学教科书》的谈话中阐述了对马克思主义既要坚持又要发展的深刻思想。他说:"我们党里有人说,学哲学只要读《反杜林论》、《唯物主义和经验批判主义》就够了,其他的书可以不必读。这种观点是错的。马克思这些老祖宗的书,必须读,他们的基本原理必须遵守,这是第一。但是,任何国家的共产党,任何国家的思想界,都要创造新的理论,写出新的著作,产生自己的理论家,来为当前的政治服务,单靠老祖宗是不行的。""我们在第二次国内战争末期和抗战初期写了《实践论》、《矛盾论》,这些都是适应于当时的需要而不能不写的。现在,我们已经进入社会主义时代,出现了一系列的新问题,如果单有《实践论》、《矛盾论》,不适应新的需要,写出新的著作,形成新的理论,也是不行的。"①

中国革命和建设的实践证明,思想路线是确定政治路线的基础。正确的政治路线能不能制定并贯彻执行,关键是思想路线对不对头。马克思主义不是教条,马克思主义具有与时俱进的理论品质。马克思主义基本原理同中国具体实际相结合,是中国革命、建设、改革和发展事业胜利前进的根本所在。

二、与时俱进地发展马克思主义

坚持马克思主义并不等于发展马克思主义。从本质上讲,马克思主义是不断发展的理论,与时俱进的理论品质正是其生命力顽强的原因之所在。马克思主义的基本原理只有不断地与时代的特征相结合,与各国的国情相结合,才具有生命力。也就是说,在坚持马克思主义的同时,要在实践中不断丰富和发展马克思主义、创新马克思主义,实现马克思主义的与时俱进,即实现马克思主义中国化、时代化和大众化。这也是我们党在长期的革命、建设、改革和发展过程中积累的宝贵经验。

首先,要在实践中丰富和发展马克思主义。马克思主义是科学的理论体系,它不是封闭的、静止的,也不是教义,而是开放的、发展的,是随着时代

---

① 《毛泽东文集》第八卷,人民出版社 1999 年版,第 109 页。

的不断变迁和实践的不断推进而不断发展的科学理论体系。马克思主义经典作家从来都不把马克思主义看做是一成不变的教条，而是把它当作不断发展的理论。对此，恩格斯曾经有过论述，他指出："我们的理论是发展着的理论，而不是必须背得烂熟并机械地加以重复的教条。"① 列宁在领导俄国革命时强调，要善于理解和应用马克思主义原理，要在各方面把马克思主义这门科学推向前进。他说："我们决不把马克思的理论看作某种一成不变的和神圣不可侵犯的东西；恰恰相反，我们深信：它只是给一种科学奠定了基础，社会主义者如果不愿意落后于实际生活，就应当在各方面把这门科学推向前进。我们认为，对于俄国社会主义者来说，尤其需要独立地探讨马克思的理论，因为它所提供的只是一般的指导原理。"②

中国共产党在领导中国革命、建设、改革和发展的过程中，充分认识到马克思主义是随着社会实践的发展而不断发展的科学的理论体系。毛泽东指出："客观现实世界的变化运动永远没有完结，人们在实践中对于真理的认识也就永远没有完结。马克思列宁主义并没有结束真理，而是在实践中不断地开辟认识真理的道路。"③ 正是在这一前提下，毛泽东灵活运用马克思主义的基本原理深入研究中国革命的特殊规律和具体实际问题，创造性地走出了农村包围城市武装夺取全国政权的具有中国特色的革命发展新道路，创立了农村包围城市的革命理论。既坚持了马克思主义的暴力革命原则，又丰富和发展了这一原则；不仅指导中国革命取得了彻底胜利，也为与中国国情类似的殖民地半殖民地国家的人民解放运动提供了重要的经验和启示；同时也是马克思列宁主义普遍原理与中国革命具体实践相结合的光辉典范——毛泽东思想形成的重要标志。

新中国成立以后，以毛泽东为代表的党中央国家马克思列宁主义对生产资料所有制进行社会主义改造的一般理论，结合中国的具体实际，创造性地开辟了一条适合中国特点的社会主义改造道路，并取得了历史性的胜利。尤其是中国共产党根据不同的历史条件对民族资产阶级制定了一系列正确政策，以和平

---

① 《马克思恩格斯选集》第四卷，人民出版社 1995 年版，第 681 页。

② 《列宁选集》第一卷，人民出版社 1995 年版，第 272 页。

③ 《毛泽东选集》第二卷，人民出版社 1991 年版，第 296 页。

方式有秩序地实现了马克思、列宁提出的以赎买方式解决资产阶级问题的伟大设想，丰富和发展了马克思主义关于国家资本主义的学说。这是国际共产主义运动史上的一个创举，也是毛泽东思想在社会主义时期的一个重要发展。进入社会主义时期，毛泽东初步探索了社会主义建设的基本道路，如：领导全党以苏联经验为鉴，在大规模调查研究的基础上积极探索，提出了许多关于中国社会主义建设的重要观点，内容涉及经济、政治、文化、国防、外交等各个方面，取得了初步而可喜的成果。这些关于中国社会主义建设的正确的理论原则和经验总结，是毛泽东思想的重要组成部分，创造性地把马克思列宁主义推向了一个新的发展阶段，为后来的改革开放和建设有中国特色社会主义事业提供了十分宝贵的思想源泉。

十一届三中全会以后，以邓小平为核心的党中央带领全国人民踏上了改革开放和社会主义现代化建设的新征途。在继承和发展马克思主义方面，邓小平认为不以新的思想和观点去继承和发展马克思主义，就不是真正的马克思主义者。他明确指出："多年来，存在着一个对马克思主义、社会主义的理解问题"，"马克思去世以后一百多年，究竟发生了什么变化，在变化的条件下，如何认识和发展马克思主义，没有搞清楚。绝不能要求马克思为解决他去世之后上百年、几百年所产生的问题提供现成答案。列宁同样也不能承担为他去世以后五十年、一百年所产生的问题提供现成答案的任务。真正的马克思列宁主义者必须根据现在的情况，认识、继承和发展马克思列宁主义。"① 邓小平还特别强调，"世界形势日新月异，特别是现代科学技术发展很快。现在的一年抵得上过去古老社会几十年、上百年甚至更长时间。不以新的思想、观点去继承、发展马克思主义，不是真正的马克思主义者。"② 因此，邓小平着眼于时代变化和实践发展，深刻总结国内外社会主义发展的经验与教训，创造性地回答了"什么是马克思主义，怎样坚持马克思主义"、"什么是社会主义、怎样建设社会主义"等一系列基本问题，开创了中国特色社会主义建设的新时期，形成了

① 《邓小平文选》第三卷，人民出版社 1994 年版，第 291 页。

② 《邓小平文选》第三卷，人民出版社 1994 年版，第 291—292 页。

中国特色的社会主义建设理论——邓小平理论，是马克思主义中国化第二次历史性飞跃的重大成果，解决了经济文化落后国家怎样建设和发展社会主义的根本问题，丰富和发展了马克思主义。

当人类社会进入 21 世纪时，整个世界发生了深刻变化，以江泽民为核心的党的第三代中央领导集体准确把握时代特征，深入分析当今世界和中国的实际，强调要以发展着的马克思主义来指导我们的实践。他说："马克思主义是科学，它始终严格地以客观事实为根据。而实际生活总是在不停地变动中，这种变动的剧烈和深刻，近一百多年来达到了前人难以想象的程度。因此，马克思主义必定随着时代、实践和科学的发展而不断发展，不可能一成不变。"① 他还强调，马克思主义自诞生起至今之所以具有巨大的影响和旺盛的生命力，是因为"马克思主义是发展的科学。"② 在此基础上，江泽民为核心的党的第三代中央领导集体不断深化对社会主义初级阶段建设规律的认识，不断深化对共产党执政规律的认识，并将二者有机地联系起来，从建设什么样的党和怎样建设党的高度，进一步回答了什么是社会主义和怎样建设社会主义的问题。同时，从人类文明大视野中来审视和把握初级阶段的社会主义建设，从人类社会发展规律的高度深化了对中国特色社会主义设规律的认识，极大地丰富和发展了马克思列宁主义、毛泽东思想和邓小平理论，开辟了马克思主义中国化的新境界。

新时期新阶段，以胡锦涛为核心的新一届中央领导集体以邓小平理论和"三个代表"重要思想为指导，一切从实际出发，以我国改革开放和现代化建设的实际问题为中心，着眼于马克思主义理论的运用，着眼于对实际问题的理论思考，着眼于新的实践和新的发展，从新世纪新阶段党和国家事业发展全局出发，总结 20 多年来我国改革开放和现代化建设的成功经验，吸取世界上其他国家在发展进程中的经验教训，概括战胜"非典"疫情的重要启示，更加重视经济和社会全面协调发展，不断丰富发展内涵、创新发展理念、开拓发展思路、破解发展难题，提出了坚持以人为本，全面协调可持续的科学发展观。回答了"为

---

① 《十三大以来重要文献选编》（下），人民出版社 1993 年版，第 13 页。

② 江泽民：《深入学习邓小平理论——纪念邓小平同志逝世一周年》，《人民日报》1998 年 2 月 19 日。

什么要发展"、"为谁发展"、"什么事发展"、"如何发展"和"依靠谁发展"等一系列问题,形成了我国关于发展和建设问题的完整的理论体系,丰富和发展了马克思列宁主义、毛泽东思想、邓小平理论和"三个代表"重要思想。

总之,人类社会在不同的发展阶段上有不同的任务和主题,也面临着不同的问题,需要用不同的理论来指导。因此,理论也应该随着时代的前进而不断发展,以便更好地指导变化了的时代主题,否则,理论就会僵化,就会被时代淘汰。马克思主义与中国具体实际结合,形成了毛泽东思想、邓小平理论、"三个代表"重要思想和科学发展观等一系列重大的马克思主义中国化的理论成果,是具体历史条件下的"体现时代性、把握规律性、富于创造性"的优秀理论成果,在我国革命、建设、改革和发展过程中转化为巨大的生产力,极大地促进了中国社会主义各项事业的发展,是对马克思主义的极大丰富和发展。

其次,要在实践中与时俱进地创新马克思主义。马克思主义理论具有科学性、开放性和实践性的特点,这就决定了它具有与时俱进、不断创新的内在自觉,是一门随着实践的深入而不断发展的科学。世界是不断发展变化着的,各国的国情也不完全相同,这就要求马克思主义必须随着时代的发展变化而不断创新,必须与各国的具体实际相结合,以保持自己的生机与活力,体现鲜明的时代特色和民族特色,更好地回答实践中提出的新问题,充分发挥对实践的指导作用。历史上,马克思、恩格斯创立了辩证唯物主义和历史唯物主义的思想路线,毛泽东则用传统文化中"实事求是"这个成语,吸收其中朴素的合理的因素,并从马克思主义哲学的高度作了新的科学概括,赋予了崭新的时代内容,使"实事求是"这一古老的成语获得了新的强大的生命力,成为表述中国共产党人一以贯之的马克思主义思想路线的科学概念,体现了马克思主义与中国具体实际的结合,体现了毛泽东对马克思主义的创新。

早在 30 年代,毛泽东就指出"客观现实世界的变化运动永远没有完结,人们在实践中对于真理的认识也就永远没有完结。马克思列宁主义并没有结束真理,而是在实践中不断地开辟认识真理的道路。"[①] 他还强调必须按照中国的

---

① 《毛泽东选集》第一卷,人民出版社 1991 年版,第 296 页。

特点去应用和创新马克思主义，指出："我们要把马、恩、列、斯的方法用到中国来，在中国创造出一些新的东西。只有一般的理论，不用于中国的实际，打不倒敌人。但如果把理论用到实际上去，用马克思主义的立场、方法来解决中国问题，创造出新的东西，这样就用得了。"① 因此，他在领导中国革命过程中，创立了新民主主义革命理论，极大地丰富了马克思主义的社会革命理论。我国社会主义制度建立初期，毛泽东认真总结社会主义建设的曲折经历，指出：马克思主义老祖宗的东西不能丢，但是光靠现成的东西也很不够，要及时地将中国社会实践斗争的经验马克思主义化，创造出新的马克思主义。人类历史的发展也要求"任何国家的共产党，任何国家的思想界都要创造新的理论，写出新的著作，产生自己的理论家，来为当前的政治服务，单靠老祖宗是不行的。"② 因此，他先后发表了《论十大关系》和《关于正确处理人民内部矛盾的问题》等文章，对中国社会主义建设道路进行了艰辛的探索，提出了许多宝贵的思想，丰富了马克思主义的理论宝库。

在改革开放和社会主义现代化建设过程中，以邓小平为主要代表的中国共产党人在总结历史经验的基础上，重申了党的马克思主义的思想路线。他指出："只有解放思想，坚持实事求是，一切从实际出发，理论联系实际，我们的社会主义现代化建设才能顺利进行，我们党的马列主义、毛泽东思想的理论也才能顺利发展。"③"实事求是，一切从实际出发，理论联系实际，坚持实践是检验真理的标准，这就是我们党的思想路线。"④ 在这条思想路线的指引下，正确评价了毛泽东的历史地位，充分肯定了毛泽东思想的科学价值，充分论述了毛泽东思想作为党的指导思想的重要意义，同时也坚决纠正了毛泽东晚年的"左"的思想错误，实现了党的指导思想和各条战线上的拨乱反正，把党和国家的工作重心转移到以经济建设为中心的社会主义现代化建设上来。还作出了实行改革的重大决策，就是要进一步解放和发展生产力，在此基础上逐步改善

---

① 《毛泽东文集》第二卷，人民出版社 1995 年版，第 258 页。
② 《毛泽东文集》第八卷，人民出版社 1999 年版，第 109 页。
③ 《邓小平文选》第二卷，人民出版社 1994 年版，第 143 页。
④ 《邓小平文选》第二卷，人民出版社 1994 年版，第 278 页。

人民物质文化生活，经过长期奋斗，把中国由不发达的社会主义国家变为富强文明的社会主义现代化国家，使社会主义制度的优越性更充分地体现出来。从此，我国的社会主义现代化建设进入了一个新的历史时期。"解放思想，实事求是"思想路线的重申和改革开放重大决策的提出，是以邓小平为主要代表的中国共产党人在新的变化了的时代条件下，将马克思主义与中国实际相结合的理论结晶，是对马克思主义创造性的发展。以江泽民为核心的党的第三代中央领导集体准确把握时代特征，深入分析当今世界和中国的实际，提出"解放思想、实事求是、与时俱进"的党的思想路线，他特别强调与时俱进是马克思主义的理论品质，他认为，"马克思主义诞生于上个世纪四十年代，至今已经一个半世纪。一百多年来，世界发生了很大的变化。一代又一代的马克思主义者，从时代的发展和本国的国情出发，以创造性的态度对待马克思主义，从而保持了它的巨大的影响和旺盛的生命力。理论是什么？理论就是对实践的总结。一切科学的理论，总是从实践中来，又回到实践中去，接受检验，指导实践，同时在实践中丰富和发展自己。"① 他还高度评价了马克思主义的创新品质，他说："马克思主义的每一次重大突破，社会主义实践上的每一次历史性飞跃，都是马克思主义基本原理与具体实践相结合进行理论创新的结果。"② 党的十六大明确指出，创新是一个民族进步的灵魂，是一个国家兴旺发达的不竭动力，也是一个政党永葆生机的源泉。

党的十三届四中全会以来，以江泽民为主要代表的中国共产党人，坚持马克思列宁主义、毛泽东思想和邓小平理论准确把握时代特征，顺应时代要求，紧跟时代步伐，站在时代前列，以马克思主义的理论勇气和魄力，在深入研究关系党和国家发展全局的重大战略问题和现实生活提出的、干部群众关心的重大理论与实践问题的基础上，提出了"三个代表"重要思想，深化了对对共产党执政规律、社会主义建设规律和人类社会发展规律的认识，推进了马克思主义的发展与创新。

---

① 江泽民：《深入学习邓小平理论——纪念邓小平同志逝世一周年》，《人民日报》1998 年 2 月 19 日。

② 江泽民：《论党的建设》，中央文献出版社 2001 年版，第 455 页。

新世纪新阶段，既是我国大有作为的机遇期，又是我国发展、改革的关键期。以胡锦涛为核心的党中央，从我国发展全局出发正确分析中外现代化建设的丰富经验，不断深化对经济社会发展的一般规律的认识，明确提出推进我国经济社会又好又快发展的科学发展观，并强调"解放思想、实事求是、与时俱进、求真务实"是科学发展观最鲜明的精神实质，是人类实践和认识的发展规律，也是马克思主义的发展规律。从而在内涵上丰富和发展了党的思想路线。党的十六大以后，胡锦涛反复强调十六大报告中提出的"坚持党的思想路线，解放思想、实事求是、与时俱进，是我们党坚持先进性和增强创造力的决定性因素"[①]，反复强调以科学的态度对待马克思主义，用发展着的马克思主义指导新的实践，反复强调"求真务实，是辩证唯物主义和历史唯物主义一以贯之的科学精神，是我们党的思想路线的核心内容，也是党的优良传统和共产党人应该具备的政治品格。"[②] 在这一思想路线的指导下，我们党准确把握世界发展的大势，准确把握社会主义初级阶段的基本国情，不断深入研究我国发展的阶段性特征，不断研究新情况、解决新问题，逐步创立了科学发展观。体现了我们党思想上的新解放、理论上的新发展和实践上的新创造，使党的理论和工作更好地体现时代性、把握规律性、富于创造性。与此同时，胡锦涛还强调，要大力推进理论创新，不断赋予当代中国马克思主义鲜明的实践特色、民族特色、时代特色。他明确指出："马克思主义只有同本国国情和时代特征紧密结合，在实践中不断丰富和发展，才能更好发挥指导实践的作用。"[③]

总之，"每个原理都有其出现的世纪。""每一时代的理论思维，都是一种历史的产物，不同的时代具有非常不同的形式，并因而具有不同的内容。"[④] 理论的生命力在于其不断创新，马克思主义理论本身就是在实践中与时俱进的，

①　《十六大报告辅导读本》，人民出版社 2002 年版，第 11 页。

②　胡锦涛：《大力弘扬求真务实精神大兴求真务实之风　继续深入开展党风廉政建设和反腐败斗争》，《人民日报》2004 年 1 月 13 日。

③　胡锦涛：《在纪念党的十一届三中全会召开 30 周年大会上的讲话》，《人民日报》2008 年 12 月 19 日

④　《马克思恩格斯选集》第一卷，人民出版社 1995 年版，第 113 页。

马克思和恩格斯就是在具体的社会运动中不断发展马克思主义理论，并使之与时俱进。列宁则根据俄国的时代背景将"马克思主义俄国化"，极大地丰富、发展和创新了马克思主义理论体系。同时，马克思主义与时俱进的理论品质也要求我国在马克思主义的具体社会实践中，要体现坚持与发展的统一、继承与创新的统一，依据时代背景和社会条件的变化进行马克思主义中国化和时代化的实践创新活动，并随着时代、实践和科学的发展，在开拓创新、拼搏进取和奋发有为中，促进中国特色社会主义各项事业的发展，始终保持马克思主义的思想指导地位，始终体现马克思主义的强大生命力。

第四节　坚持世界眼光，不断吸收人类文明优秀成果

中国是世界的中国，中国的发展离不开世界，马克思主义时代化开创的中国特色社会主义道路同样对于世界的发展具有重要的意义。坚持世界眼光既是马克思主义的特质和要求，也是马克思主义时代化的基本要求。在推进马克思主义时代的过程中，一方面，要坚持将马克思主义普遍真理与时代特征和中国的具体实际相结合，创造出符合中国革命、建设、改革和发展的理论成果，即时代化的马克思主义成果，更好地指导中国的社会主义实践；另一方面要坚持世界眼光，借鉴国际经验，不断吸收人类文明优秀成果，并逐步融入全球化进程，加强与世界的联系、互动和交流，抓住机遇发展社会主义的力量，在全球化进程中寻找社会主义发展的新生长点，不断提高综合国力，更好地发挥中国在世界的作用，进一步推进马克思主义时代化。

一、坚持世界眼光

所谓世界眼光，就是指"用国际视野来观察和分析世界，从世界的大背景、大环境中寻求准确定位，依据国际形势的基本态势、基本特征以及发展趋势来把握自身发展命运、制定自身发展战略的一种观察角度和思维方

式。"①坚持世界眼光既是马克思主义的特质和要求。马克思和恩格斯认为，无产阶级作为世界历史的产物，其本身也是世界历史性的。在《德意志意识形态》一文中，他们指出："无产阶级只有在世界历史意义上才能存在，就像共产主义——它的事业——只有作为'世界历史性的'存在才有可能实现一样。"②正如列宁在解释马克思恩格斯讲的"工人没有祖国"③时所说："'工人没有祖国'——这就是说：（α）他们的经济地位（雇佣劳动制）不是民族的，而是国际的；（β）他们的阶级敌人是国际的；（γ）他们解放的条件也是国际的；（δ）他们的国际团结比民族团结更重要。"④因此，世界历史范围内的无产阶级具有共同的利益，必须联合起来，才能担负起自己的历史使命，才能推翻资产阶级的反动统治，才能成为社会的主人，才会有自己的祖国。列宁还把对时代特征的准确认识提升到制定正确策略的高度，他强调："只有在这个基础上，即首先考虑到各个'时代'的不同的基本特征（而不是个别国家的个别历史事件），我们才能够正确地制定自己的策略；只有了解了某一时代的基本特征，才能在这一基础上去考虑这个国家或那个国家的更具体的特点。"⑤这里，"无产阶级是世界历史性的"和"各个'时代'的不同的基本特征"体现了马克思主义经典作家的世界眼光。

马克思列宁主义是世界无产阶级革命的指导思想，中国共产党从成立之日起就以马克思列宁主义为指导，体现了中国共产党人的世界眼光。毛泽东在领导中国革命和建设的历史过程中，始终坚持马克思主义的世界眼光，准确把握战争与革命的时代主题，尤其是在俄国十月社会主义革命胜利后，准确判断了中国革命与世界革命的关系，明确指出中国新民主主义革命是世界无产阶级社会主义革命的一部分，"我们要和一切资本主义国家的无产阶级联合起来，要和日本的、英国的、美国的、德国的、意大利的以及一切资本主义国家的无产

①　王公龙：《十七大报告的世界眼光》，《党政论坛》2008 年第 2 期。
②　《马克思恩格斯选集》第一卷，人民出版社 1995 年版，第 86 页。
③　《马克思恩格斯选集》第一卷，人民出版社 1995 年版，第 291 页。
④　《列宁全集》第四十七卷，人民出版社 1990 年版，第 458 页。
⑤　《列宁全集》第三十四卷，人民出版社 1998 年版，第 143 页。

阶级联合起来，才能打倒帝国主义，解放我们的民族和人民，解放世界的民族和人民。"① 上述观点为客观分析革命形势，准确把握中国革命的特点和规律，正确认识新民主主义革命的对象、领导权、革命动力、革命性质和前途等基本问题奠定了重要基础，为新民主主义革命理论的创立作出了巨大贡献，也为指引中国新民主主义革命不断取得胜利起到了关键性的作用。新中共成立前夕，毛泽东在党的七届二中全会上提出，在即将成立的新中国，外交上，要采取和应当采取有步骤地彻底摧毁帝国主义在中国控制权的方针和"另起炉灶"、"打扫干净屋子再请客"以及"一边倒"的外交决策，为新中国开展独立自主的和平外交奠定了基础。新中国成立后，以毛泽东为主要代表的中国共产党人实行独立自主的和平外交发展，倡导用和平共处五项原则来处理国际关系，反对帝国主义、反对霸权主义，支持世界各国人民的正义斗争，并在准确判断世界格局的基础上，提出了"三个世界"划分的理论，为我国独立自主的和平外交政策奠定了坚实的理论基础。这些思想和理论都体现了毛泽东的世界眼光，对当今发展同世界各国的友好合作，维护世界和平，促进共同发展，具有重要的理论和的现实意义。

改革开放以来，以邓小平为代表的中国共产党人坚持世界眼光，准确把握世界历史和人类社会发展的总趋势，科学总结国际社会主义事业的经验教训，与时俱进地借鉴和发挥马克思主义与中国时代特征相结合的基本经验，成功开辟了一条中国特色的社会主义发展道路。建设中国特色社会主义需要一个稳定的国际环境，也需要一个和平的国际环境，制定和实施正确的国际战略和外交政策，对于争取和平的国际环境极为重要。而制定和实施正确的国际战略和外交政策，就需要具有世界眼光，坚持世界眼光。20 世纪 70 年代末以后，邓小平高屋建瓴，深入研究和分析了世界形势的发展变化，形成了"和平与发展"时代主题的新判断。他认为，世界大战在一个相当长的时间内可以避免，我们有可能争取较长时间的和平环境；和平与发展是当今世界带有全球性的两大战略问题，是东西之间、发达国家与发展中国家之间矛盾全局的集中体现；和平

---

① 《毛泽东选集》第二卷，人民出版社 1991 年版，第 659 页。

与发展是相辅相成的，世界和平是促进各国共同发展的前提条件，各国的共同发展则是保持世界和平的重要基础；当今世界和平与发展这两大主题一个都没有得到解决，还需要各国人民长期不懈的共同努力。这些具有世界眼光的论述，一方面，为我国抓住机遇促进社会主义事业的发展、利用和平的国际环境顺利进行社会主义现代化建设、尽快改变中国贫穷落后的面貌指明了方向；另一方面，使我国能够正视世界的发展、西方主导的经济全球化向各领域不断开展深化而给我国社会主义事业发展带来的巨大压力和严峻挑战的局面。十一届三中全会以后，随着我国加入社会主义现代化建设的新时期，邓小平在正确分析和判断国际新形势的基础上，对我国的外交战略和对外政策进行了重大调整，继承和发展了毛泽东的外交思想。他强调要坚持独立自主，一切从中国人民和世界人民的根本利益出发，在国际上要保持自己的独立地位，不与任何大国或国家集团结盟，奉行真正的不结盟政策。1982 年党的十二大召开，邓小平明确指出："中国人民珍惜同其他国家和人民的友谊和合作，更加珍惜自己经过长期奋斗而得来的独立自主权利。任何外国不要指望中国做他们的附庸，不要指望中国会吞下损害我国利益的苦果。"[1]20 世纪 80 年代以来，根据国际形势发生的新变化，邓小平及时果断地指导我们党改变了以往的外交战略，确定了"真正的不结盟"战略，向全世界表明中国坚持独立自主的和平外交政策，坚决反对超级大国争夺霸权，决不依附于任何大国或者集团，顺应了国内外形势的发展。邓小平还强调要反对霸权主义，维护世界和平；确定了冷静观察、稳住阵脚、沉着应付、韬光养晦、有所作为、善于守拙、决不当头的方针；强调中国是维护世界和平与稳定的力量，要对人类进步事业作出更大的贡献。邓小平始终坚持运用马克思主义理论和世界眼光指导我国的外交实践，解决了我国外交面临的一个又一个重大复杂的问题。

冷战结束后，面对复杂多变的国际形势，以江泽民为主要代表的中国共产党人以一种宽广深邃的世界视野，正确分析和科学判断时代特征与世界发展大势，准确把握了建设中国特色社会主义的历史方位和全球背景，提出"三个代

---

① 《邓小平文选》第三卷，人民出版社 1993 年版，第 3 页。

表"重要思想，是对马列主义、毛泽东思想和邓小平理论的继承和发展，反映了当代世界和中国的发展变化对党和国家工作的新要求。同时，以江泽民为主要代表的中国共产党人运用马克思主义辩证法来判断当代世界的总体格局和具体态势，在动态中来把握当今时代的两大主题，在总体不变之中看到具体之变，在具体之变中又把握总体之不变。在全面准确地判断当今世界的时代特征基础上，江泽民提出，"和平与发展仍是当今时代的主题。维护和平，促进发展，事关各国人民的福祉，是各国人民的共同愿望，也是不可阻挡的历史潮流。"① 他还说："世界要和平，人民要合作，国家要发展，社会要进步，是时代的潮流。"② 由此看来，世界总体和平在可预见的时期内能够继续保持。特别是在进入新世纪以后，"人类面临着难得的发展机遇，也面临着严峻的挑战，如何抓住机遇、迎接挑战，继续推进世界和平与发展的崇高事业"③，成为摆在各国政府和人民面前的一个重大课题。以江泽民为总书记的党中央坚持世界眼光，强调要紧紧抓住重要战略机遇期，正确把握世界多极化和经济全球化的发展趋势，维护世界和平，促进共同发展；始终不渝地奉行独立自主的和平外交政策；反对霸权主义和强权政治，维护国家的独立、主权和尊严；在和平共处五项原则的基础上建立国际政治经济新秩序；进一步加强同发展中国家的团结与合作；努力发展大国间长期稳定的友好合作关系。江泽民还指出："我们外交工作的根本目标是，进一步巩固和发展有利于我国的和平国际环境特别是和平周边环境，为我国改革开放和经济建设服务，为祖国统一大业服务。其实，归根到底就是一句话，外交工作要坚定不移地维护我们国家和民族的最高利益。"④

党的十六大以来，以胡锦涛主要代表的中国共产党人正确把握当代中国发展的阶段性特征，深刻总结社会主义中国长期发展的实践经验，积极借鉴当今世界的发展实践和发展理念，顺应世界发展潮流，吸收世界各国有关发展方面的认识和实践上取得的积极成果，在此基础上，提出了推进马克思主义理论创

---

① 《江泽民文选》第三卷，人民出版社 2006 年版，第 566 页。
② 《江泽民文选》第三卷，人民出版社 2006 年版，第 472 页。
③ 《江泽民文选》第三卷，人民出版社 2006 年版，第 473 页。
④ 《江泽民文选》第一卷，人民出版社 2006 年版，第 314 页。

新的标志性重大成果——科学发展观。中国共产党人高举和平、发展、合作的旗帜，强调中国的发展是和平的发展、开放的发展、合作的发展，中国将坚定不移地走和平发展道路，永远做维护世界和平、促进共同发展的坚定力量。中国将坚定不移地奉行独立自主的和平外交政策，在和平共处五项原则的基础上同世界各国发展友好合作关系。中国主张国际关系民主化和发展模式多样化，积极推动经济全球化朝着有利于实现共同繁荣的方向发展，推动国际秩序向公正合理的方向发展。中国将始终不渝地把自身的发展与人类共同进步联系在一起，既充分利用世界和平发展带来的机遇发展自己，又以自身的发展更好地维护世界和平、促进共同发展。2006年6月，胡锦涛进一步提出了建设和谐地区的主张。他指出：同整个世界一样，本地区的形势总体保持稳定，经济普遍增长，区域合作稳步发展；与此同时，"三股势力"仍相当活跃，毒品泛滥、跨国犯罪等问题仍比较突出，特别是经济发展水平还比较低，贫困化问题还未根本解决。"面对机遇和挑战，我们应该全面加强合作，努力把本地区建设成为持久和平、共同繁荣的和谐地区。"① 为了促进这一目标的实现，胡锦涛还提出了四条建议：加强战略协作，巩固睦邻友好；深化务实合作，带动全面发展；拓展人文交流，夯实社会基础，坚持开放合作，维护世界和平。胡锦涛指出："世界关注中国的发展，关心中国未来的发展道路。我愿在此庄严重申，中国的发展，是和平的发展、合作的发展、开放的发展。中国将坚定不移地走和平发展道路，既通过维护世界和平发展自己，又通过自身的发展来促进世界和平。中国将坚持实施互利共赢的开放战略，真诚同各国开展互利合作、实现共同发展。中国将坚持与邻为善、以邻为伴的周边外交方针，奉行睦邻、安邻、富邻的周边外交政策。"② 中国坚持科学发展与和平发展的内在统一，坚持构建和谐社会与构建和谐世界的有机结合，坚定不移地走和平发展之路，致力于与各国共建和谐世界，充分体现了新一代中国共产党人的世界眼光，是对中国共产党和平发展思想的继承和发展。

---

① 胡锦涛：《共创上海合作组织更加美好的明天》，《人民日报》2006年6月16日。
② 胡锦涛：《共创上海合作组织更加美好的明天》，《人民日报》2006年6月16日。

二、不断吸收人类文明优秀成果

马克思主义时代化，要求与时俱进、与时俱进，不断吸收人类文明的一切优秀成果。首先，吸收人类文明的一切优秀成果，就是要把中国和世界统一起来，正确认识社会主义和资本主义的关系，充分吸收人类文明的优秀成果。马克思和恩格斯曾经从历史唯物主义原理的角度提出："历史不外是各个世代的依次交替。每一代都利用以前各代遗留下来的材料、资金和生产力；由于这个缘故，每一代一方面在完全改变了的条件下继续从事先辈的活动，另一方面又通过完全改变了的活动来改变旧的条件。"① 列宁则明确指出："没有资本主义文化的遗产，我们建不成社会主义。除了用资本主义遗留给我们的东西以外，没有别的东西用来建设共产主义。"他还说："如果你们不能利用资产阶级世界留给我们的材料来建设大厦，你们就根本建不成它，你们也就不是共产党人，而是空谈家。要进行社会主义建设，必须充分利用科学、技术和资本主义俄国给我们留下来的一切东西。"② 毛泽东在探索适合中国国情的社会主义建设道路时，曾经阐发了对待人类文明优秀成果的科学态度。他说："一切民族、一切国家的长处都要学"，当然，这种学习"必须有分析有批判地学，不能盲目地学，不能一切照抄，机械搬用"③；"照抄别国的经验是要吃亏的，照抄是一定会上当的。这是一条重要的国际经验。"④ 学习外国长处的目的就是要"来整理中国的，创造出中国自己的、有独特的民族风格的东西。"⑤ 毛泽东曾经讲过中国的资本主义不是多了而是少了，应该发展它。1956 年底，他又说："可以消灭资本主义，又搞资本主义。"⑥ 遗憾的是，毛泽东的这些思想后来并未能坚持。

---

① 《马克思恩格斯全集》第三卷，人民出版社 1960 年版，第 51 页。
② 《列宁全集》第三十六卷，人民出版社 1985 年版，第 129、126 页。
③ 《毛泽东文集》第七卷，人民出版社 1999 年版，第 41 页。
④ 《毛泽东文集》第七卷，人民出版社 1999 年版，第 64 页。
⑤ 《毛泽东文集》第七卷，人民出版社 1999 年版，第 83 页。
⑥ 《毛泽东文集》第七卷，人民出版社 1999 年版，第 170 页。

十一届三中全会以后后，邓小平反思了党领导革命和建设的长期经验，强调"资本主义已经有了几百年历史，各国人民在资本主义制度下所发展的科学和技术，所积累的各种有益的知识和经验，都是我们必须继承和学习的。"①他认为，尽管从社会主义制度上讲，社会主义与资本主义是根本对立的。但是，有的属于人类社会创造的文明成果都可以用，一些反映现代社会化生产规律的先进管理方法，不存在姓"资"姓"社"问题。早在1980年，他就指出："要弄清什么是资本主义。资本主义要比封建主义优越。有些东西并不能说是资本主义的。比如说，技术问题是科学，生产管理是科学，在任何社会，对任何国家都是有用的。我们学习先进的技术、先进的科学、先进的管理来为社会主义服务，而这些东西本身并没有阶级性。"②他还认为计划和市场都是方法，不是社会主义与资本主义的本质区别，"搞市场经济，这个不能说是资本主义"③；"它为社会主义服务，就是社会主义的；为资本主义服务，就是资本主义的"④；"社会主义也可以搞市场经济"⑤，这些论述，为我国创立社会主义市场经济理论，发展社会主义市场经济奠定了重要的思想基础。

以江泽民为主要代表的中国共产党人，根据世界各国多样化文明的发展，提出要充分看到对资本主义也有学习、借鉴、合作和利用的一面，这种学习和借鉴，不仅包括反映现代化、社会化生产规律的先进经营方式和管理方法，而且也包括了优秀的文化成果。江泽民还阐明了学习和借鉴世界各国文明成果应采取的正确态度。1996年12月，在《发展和繁荣社会主义文艺》一文中，江泽民指出："学习和借鉴世界各国的文明成果"，"要采取分析的态度，区分先进和落后。科学和腐朽。有益和有害，积极吸收先进、科学、有益的东西，坚决抵制落后、腐朽、有害的东西。学习和借鉴的目的在于博采众长，丰富自己的民族文化。如果丧失自己的创造能力，盲目崇拜、照搬西方资本主义的价值

---

① 《邓小平文选》第二卷，人民出版社1994年版，第167—168页。
② 《邓小平文选》第二卷，人民出版社1994年版，第351页。
③ 《邓小平文选》第二卷，人民出版社1994年版，第236页。
④ 《邓小平文选》第三卷，人民出版社1993年版，第203页。
⑤ 《邓小平文选》第二卷，人民出版社1994年版，第236页。

观念，结果只能是亦步亦趋，变成人家的附庸。"①

以胡锦涛为总书记的党中央，在深入揭示和平、发展、合作成为时代主流和全球化成为世界发展大势的基础上，积极回应新的挑战和考验，提出了"科学发展观"等一系列党的重大创新理论。胡锦涛还提出了展望未来的新要求，他说："我们要在新世纪把建设有中国特色社会主义伟大事业全面推向前进，既要研究社会主义的历史和现状，又要研究我们同世界的关系，特别是要研究在经济全球化条件下如何处理同资本主义的关系等一系列复杂问题。"② 在党的十七大上，胡锦涛讲述科学发展观时又指出："科学发展观，是立足于社会主义初级阶段基本国情，总结我国发展实践，借鉴国外发展经验，适应新的发展要求提出来的。"③ 可见，马克思主义中国化的理论成果（也是马克思主义时代化的理论成果）——毛泽东思想和中国特色社会主义理论体系，是始终以宽广的世界眼光观察世界和自己的实践的产物，是吸纳和融合人类文明的一切优秀成果的产物，体现了马克思主义与时俱进的本质要求。

其次，中国的发展离不开世界，中国对外开放的实质就是利用资本主义对我们有用的东西。马克思曾经指出，生产力水平和科学技术相对落后的国家进行社会主义建设，必须搞改革开放，"享用资本主义制度的一切肯定成果。"④ 十月革命后，列宁毅然将苏维埃俄国的生存和发展与整个世界经济联系起来。他指出："社会主义共和国不同世界发生联系是不能生存下去的，在目前情况下应当把自己的生存同资本主义的关系联系起来。"⑤ 并开始在经济上极力利用，加紧利用和迅速利用西方资本主义。新民主主义革命时期，毛泽东在分析中国革命形势的基础上指出，中国不是孤立的也不能孤立，中国与世界紧密联系的事实，也是我们的立脚点。我们不是也不能是闭关主义者，中国早已不能

---

① 《十四大以来重要文献选编》（下），人民出版社 1999 年版，第 2152 页。

② 胡锦涛：《在中央党校举办的"学习江泽民同志关于'四个认识'研讨班"开班式上的讲话》，《人民日报》2000 年 11 月 20 日。

③ 《中国共产党第十七次全国代表大会文件汇编》，人民出版社 2007 年版，第 13 页。

④ 《马克思恩格斯全集》第十九卷，人民出版社 1963 年版，第 438 页。

⑤ 《列宁全集》第三十二卷，人民出版社 1985 年版，第 303 页。

闭关。新中国成立前夕，毛泽东即宣布："中国人民愿意同世界各国人民实行友好合作、恢复和发展国际间的通商事业，以利发展生产和繁荣经济。"①1956年，在《论十大关系》一文中，毛泽东又指出："外国资产阶级的一切腐败制度和思想作风，我们要坚决抵制和批判。但是，这并不妨碍我们去学习资本主义国家的先进的科学技术和企业管理方法中合乎科学的方面。工业发达国家的企业，用人少，效率高，会做生意，这些都应当有原则地好好学过来，以利于改进我们的工作。""对外国的科学、技术和文化，不加分析地一概排斥，和前面所说的对外国东西不加分析地一概照搬，都不是马克思主义的态度，都对我们的事业不利。"② 这里毛泽东强调了要批判地而不是盲目地学习外国经验。

十一届三中全会以后，邓小平继承和发展毛泽东思想中关于对外开放的理论和政策，他认真研究和探索怎样才能使我国社会主义经济发展得快一些，多次论述了对外开放的重要性。1980 年，在中央工作会议上的讲话中，邓小平正式使用了"对外开放"的表述，1984 年党的十二届三中全会把实行对外开放定为基本国策。邓小平认为："现在的世界是开放的世界。"③ 在开放的世界中如果不实行开放政策，只能限制自己的发展，甚至会给国家和民族带来灾难。邓小平在反思我国社会主义建设的经验教训后，指出："总结历史经验，中国长期处于停滞和落后状态的一个主要原因是闭关自守。经验证明，关起门来搞建设是不能成功的，中国的发展离不开世界。"④ 这说明，关起门来搞建设、把自己孤立于世界之外是不行的，要发达起来，必须对外开放。中国作为一个发展中的大国，要解决实现现代化进程中存在的许多困难和问题，就必须实行对外开放，利用国内和国际两种资源、两个市场。这不仅是为了解决当前我国经济建设中的矛盾和困难问题，也是我国经济长期发展的客观要求。邓小平还认为，现代世界发展的客观趋势就是对外开放，可以说，这也是现代国家生存和发展的普遍原则。在此基础上，"现在任何国家要发达起来，闭关自守

---

① 《毛泽东选集》第四卷，人民出版社 1991 年版，第 1466 页。
② 《毛泽东选集》第五卷，人民出版社 1977 年版，第 287 页。
③ 《邓小平文选》第三卷，人民出版社 1993 年版，第 64 页。
④ 《邓小平文选》第三卷，人民出版社 1993 年版，第 78 页。

都不可能。"①"社会主义要赢得与资本主义相比较的优势，就必须大胆吸收和借鉴人类社会创造的一切文明成果，吸收和借鉴当今世界各国包括资本主义发达国家的一切反映现代化生产规律的先进经营方式、管理方法。"②"闭关自守、固步自封是愚蠢的。"③

进入20世纪90年代，以江泽民为核心的党中央紧紧把握经济全球化加快的趋势，以更积极的姿态走向世界，不断提高"引进来"的水平。党的十五大报告指出："对外开放是一项长期的基本国策。面对经济、科技全球化趋势，我们要以更加积极的姿态走向世界，完善全方位、多层次、宽领域的对外开放格局，发展开放型经济，增强国际竞争力，促进经济结构优化和国民经济素质提高。"④1998年8月，江泽民在《当前的国际形势和我们的外交工作》中进一步指出："经济全球化作为世界经济发展的客观趋势，是不以人们的意志为转移的，任何国家也回避不了。当今世界是一个开放的世界，谁也不可能孤立于世界之外去发展自己的经济。我们要坚定不移地实行对外开放政策，适应经济全球化趋势，积极参与国际经济合作和竞争，充分利用经济全球化带来的各种有利条件和机遇。不能看到有风险、有不利因素，就因噎废食，不敢参与进去。同时，又要对经济全球化带来的风险保持清醒的认识，坚持独立自主，加强防范工作，增强抵御和化解能力，以切实维护我国的经济安全，更好地发展壮大自己。"⑤2001年11月10日，我国成功加入世界贸易组织，使我国可以更直接、更便捷、更充分地吸收人类社会创造的文明成果。

2011年，胡锦涛在中国加入世界贸易组织10周年高层论坛上的讲话中指出："当今世界是开放的世界。只有坚持改革开放，才能不断进步，才能破解发展进程中的难题。"⑥讲话中，胡锦涛还提出要进一步扩大对外经济技术合

---

① 《邓小平文选》第三卷，人民出版社1993年版，第90页。
② 《邓小平文选》第三卷，人民出版社1993年版，第370页。
③ 《邓小平文选》第三卷，人民出版社1993年版，第44页。
④ 《江泽民文选》第二卷，人民出版社2006年版，第26—27页。
⑤ 《江泽民文选》第二卷，人民出版社2006年版，第201页。
⑥ 胡锦涛：《在中国加入世界贸易组织10周年高层论坛上的讲话》，《人民日报》2011年12月12日。

作、进一步促进对外贸易平衡发展、进一步完善全方位对外开放格局、进一步坚持"引进来"和"走出去"并重、进一步营造公平透明的市场环境、进一步推动共同发展，彰显了中国扩大对外开放决心。这些将促进我国在科学发展中更好地利用资本主义对我们有用的东西，更好地吸收人类文明优秀成果。

总之，马克思主义时代化的过程，既是一个不断将马克思主义基本理论与中国革命、建设、改革和发展的具体实际相结合的过程，又是一个不断创造出符合中国具体实践的理论成果并指导中国具体实践的过程，也是一个以世界眼光和国际视野、不断吸收人类优秀文明成果的过程。正是这一过程的不断向前推进，经过几代人的艰辛探索，中国终于通过改革开放走上了一条适应本国国情、体现时代特征的中国特色社会主义道路，使中国特色社会主义事业取得了一个又一个的辉煌胜利。

第五节　永葆党的先进性，坚定不移地走中国特色社会主义道路

"马克思主义具有与时俱进的理论品质。"[①] 中国共产党从建立之日起就以实现共产主义为最终目标，以马克思列宁主义、毛泽东思想和中国特色社会主义理论为行动指南，以先进的理论武装自己。在世界发展的潮流中，中国共产党团结带领全国各族人民，在革命、建设、改革和发展征程中，取得了伟大的胜利。建党 90 多年以来，中国共产党始终坚持和发展马克思主义，始终代表中国先进生产力的发展要求，代表中国先进文化的前进方向，代表中国最广大人民的根本利益，不断进行理论创新和实践创新，推进了马克思主义时代化，开创了中国特色社会主义道路，也使我们党具有和始终保持了马克思主义政党的先进性，中国特色社会主义迈上了新的征程，中华民族伟大复兴正展现光辉的前景。

---

① 江泽民：《论党的建设》，中央文献出版社 2001 年版，第 509 页。

一、永葆党的先进性

先进性是马克思主义政党的根本特征，是马克思主义政党的生命所系，也是马克思主义政党的力量所在。加强党的先进性建设，是党的建设的根本，是党的执政能力建设的关键，也是与时俱进地推进马克思主义时代化的本质要求。始终保持党的先进性，是马克思主义无产阶级政党建设理论中的一个根本原则，是经济社会发展进步的实际需要，是不断提高党的社会影响力的必然要求。马克思和恩格斯历来认为，无产阶级政党必须是由工人阶级和其他群众中的先进分子组成，必须使党的理论、路线、纲领和方针政策符合社会发展规律，必须通过全体党员高度的思想觉悟和奉献精神来体现其先进性。因此，他们高度重视党的先进性建设，并把保持党的先进性作为马克思主义政党建设的根本要求。马克思和恩格斯认为，无产阶级是大工业产生的最革命和最先进的阶级。在《共产党宣言》中，他们指出："资产阶级生存和统治的根本条件，是财富在私人手里的积累，是资本的形成和增殖；资本的条件是雇佣劳动。雇佣劳动完全是建立在工人的自相竞争之上的。资产阶级无意中造成而又无力抵抗的工业进步，使工人通过结社而达到的革命联合代替了他们由于竞争而造成的分散状态。于是，随着大工业的发展，资产阶级赖以生产和占有产品的基础本身也就从它的脚下被挖掉了。它首先生产的是它自身的掘墓人。资产阶级的灭亡和无产阶级的胜利是同样不可避免的。"[①] 马克思和恩格斯在充分肯定无产阶级是代表先进生产力的发展要求的同时，强调，工人阶级要想作为一个阶级来行动，必须组成独立的革命政党。恩格斯指出："各地的经验都证明，要使工人摆脱旧政党的这种支配，最好的办法就是在每一个国家里建立一个无产阶级的政党，这个政党要有它自己的政策，这种政策显然与其他政党的政策不同，因为它必须表现出工人阶级解放的条件。"[②] 他还进一步强调，这个政党"应当从事的政治是工人的政治；工人的政党不应当成为某一个资产阶级

---

① 《马克思恩格斯选集》第一卷，人民出版社 1995 年版，第 284 页。

② 《马克思恩格斯选集》第二卷，人民出版社 1995 年版，第 639 页。

政党的尾巴，而应当成为一个独立的政党，它有自己的目的和自己的政治。"①在此前提下，马克思和恩格斯强调，工人阶级政党是最坚决地推动运动前进的政党，是具有先进性的革命政党，是先进生产方式的代表，是无产阶级及全人类解放的共同利益的代表。他们提出："共产党人同其他阶级政党不同的地方只是：一方面，在无产者的不同的民族的斗争中，共产党人强调和坚持整个无产阶级共同的不分民族的利益；另一方面，在无产阶级和资产阶级的斗争所经历的各个发展阶段上，共产党人始终代表整个运动的利益。因此，在实践方面，共产党人是各国工人政党中最坚决的、始终推动运动前进的部分；在理论方面，他们比其余的无产阶级群众优越的地方在于他们了解无产阶级运动的条件、进程和一般结果。"②这里的"强调和坚持整个无产阶级共同的不分民族的利益"、"始终代表整个运动的利益"和"是各国工人政党中最坚决的、始终推动运动前进的部分"以及在"理论方面"的表现，都显现了共产党人的先进性。恩格斯还指出："社会生产力已经发展到资产阶级不能控制的程度，只等待联合起来的无产阶级去掌握它，以便确立这样一种状态，这时社会的每一成员不仅有可能参加社会财富的生产，而且有可能参加社会财富的分配和管理，并通过有计划地组织全部生产，使社会生产力及其成果不断增长，足以保证每个人的一切合理的需要在越来越大的程度上得到满足。"③体现了无产阶级政党是先进生产力的代表。列宁则认为无产阶级是一切阶级中最先进的阶级，也是唯一能够革命到底的阶级，党是无产阶级的先锋队、领导者和组织者，是整个运动的代表。他说："马克思主义理论的第一块主要的'基石'是什么呢？这就是：无产阶级是现代社会中唯一彻底革命的阶级，因此它在一切革命中都是先进的阶级。"④"在资本主义制度下，无产阶级是被压迫阶级，是被剥夺了任何生产资料所有权的阶级，是唯一同资产阶级直接对立和完全对立的，因而也是唯一

---

① 《马克思恩格斯选集》第三卷，人民出版社 1995 年版，第 124 页。
② 《马克思恩格斯选集》第一卷，人民出版社 1995 年版，第 285 页。
③ 《马克思恩格斯选集》第三卷，人民出版社 1995 年版，第 336 页。
④ 《列宁全集》第十二卷，人民出版社 1987 年版，第 284 页。

能够革命到底的阶级。"① 他还进一步指出："党是阶级的先进觉悟阶层，是阶级的先锋队。这个先锋队的力量比它的人数大 10 倍, 100 倍, 甚至更多。"②"党是阶级的先进部队，是阶级的领导者和组织者，是整个运动及其根本和主要目的的代表。"③ 在领导俄国无产阶级社会主义革命过程中，列宁还强调应当科学地看待马克思主义，马克思主义不是教条，而是行动的指南。他指出："我们决不能把马克思的理论看作某种一成不变的和神圣不可侵犯的东西；恰恰相反，我们深信：它只是给一种科学奠定了基础，社会党人如果不愿落后于实际生活，就应当在各方面把这门科学推向前进。"④ 此外，列宁还非常重视提高党员队伍的质量，以永葆党先进性。他说："我们应当把党员的称号和作用提高，提高，在提高。"⑤ 正是由于列宁在革命实践中始终坚持马克思主义，注重保持党的先进性，并以一系列新的思想、观点丰富和发展了马克思主义，从而形成了俄国化的马克思主义——列宁主义，指导俄国革命取得了伟大的胜利。

以毛泽东为核心的党的第一代中央领导集体，在领导中国革命过程中，始终坚持将马克思主义建党理论与中国共产党的自身建设实践相结合，并在实践中逐步探索出一条着重从思想上建党、加强党的先进性建设的成功之路。毛泽东构建的思想建党理论，其主旨是在中国革命的特殊环境中，把广大农民、小资产阶级以及其他阶级和阶层中一切愿意为共产主义奋斗的优秀分子，吸收到党的队伍中，来扩大党的群众基础，通过党的教育和培养，最终达到思想入党的目的。

首先，从中国国情出发，从中国革命的实际出发。毛泽东肯定大批农民和其他小资产阶级出身的革命分子（尤其是青年学生）参加共产党能够扩大党的队伍，实现党的群众性、广泛性，但也认为应该强化思想上的教育，加强思想入党。1928 年，毛泽东在写给党中央的报告中强调："我们感觉无产阶级思想

---

① 《列宁选集》第四卷，人民出版社 1995 年版，第 67 页。
② 《列宁全集》第二十四卷，人民出版社 1990 年版，第 38 页。
③ 《列宁全集》第十卷，人民出版社 1987 年版，第 1 页。
④ 《列宁选集》第四卷，人民出版社 1995 年版，第 285 页。
⑤ 《列宁全集》第七卷，人民出版社 1984 年版，第 272 页。

领导的问题，是一个非常重要的问题。边界各县的党，几乎全是农民成分的党，若不给以无产阶级的思想领导，其趋向是会要错误的。除应积极注意各县城和大市镇的职工运动外，并应在政权机关中增加工人的代表。党的各级领导机关也应增加工人和贫农的成分。"① 随着不同社会阶级和阶层的加入，大量非无产阶级思想被带入党内，致使党内思想严重不纯，甚至妨碍了党的政治路线的执行。针对这种状况，毛泽东指出："从教育上提高党内的政治水平，肃清单纯军事观点的理论根源"；"从理论上铲除极端民主化的根苗"；"主要是教育党员使党员的思想和党内的政治生活都政治化、科学化"；"加强教育，从思想上纠正个人主义，批评不正确思想，肃清流寇主义。"② 党建最主要的问题，是思想建设问题，是以马克思列宁主义这一无产阶级的科学思想教育、改造全体党员，用无产阶级思想克服各种非无产阶级思想，从根本上保证中国共产党的工人阶级先锋队性质。

其次，把思想建设放在党的建设的首位。毛泽东认为，必须普遍深入地开展学习和研究马克思主义理论活动，有的放矢地进行理论学习。党员不仅要有深厚的马克思主义理论知识，而且要善于运用这些理论，用马克思主义的立场、观点和方法来分析解决中国的实际问题，以代替主观主义的分析和估量，以无产阶级的思想改造和克服非无产阶级思想。1929 年，毛泽东起草的《古田会议决议》确立了党的思想建设的基本原则。他认为："红军第四军的共产党内存在着各种非无产阶级的思想，这对于执行党的正确路线，妨碍极大。若不彻底纠正，则中国伟大革命斗争给予红军第四军的任务，是必然担负不起来的……缺乏对党员作正确路线的教育，也是使这些不正确思想存在和发展的重要原因。大会根据中央九月来信的精神，指出四军党内各种非无产阶级思想的表现、来源及其纠正的方法，号召同志们起来彻底地加以肃清。"③ 因此，必须加强马克思主义教育，从思想上建设党。他具体分析了党内存在的各种错误倾向的表现、危害及其产生的原因，明确提出纠正的原则和措施，从而指明了在

---

① 《毛泽东选集》第一卷，人民出版社 1991 年版，第 77 页。
② 《毛泽东选集》第一卷，人民出版社 1991 年版，第 85—96 页。
③ 《毛泽东选集》第一卷，人民出版社 1991 年版，第 85 页。

中国的具体条件下，建设无产阶级政党的根本道路。中国共产党从思想上建党，不能机械地照搬马克思列宁主义的理论，而应与中国革命和建设的具体实际相结合，真正体现党的无产阶级的先进本色，从而领导中国革命和建设取得成功。毛泽东非常强调马列主义同中国革命的具体实践相结合，并且通过一定的带有中国民族特点的形式来实现这种结合。毛泽东思想正是这种结合的产物，是马克思主义在中国发展的第一个阶段。

再次，坚定共产主义必胜的信念。中国共产党是在艰难困苦的环境中磨炼出来的。如果没有坚定的共产主义信念，就不可能有吃苦耐劳、艰苦奋斗的精神，坚持革命并取得胜利几乎是不可能的。中国共产党在长期的革命斗争实践中，形成了行之有效的思想政治工作的经验和制度，坚定了党员的共产主义信念，使党员时刻想着共产主义的崇高理想，不惜牺牲个人的一切，随时准备为革命奉献自己的一切。1935 年 12 月，以毛泽东为主要代表的中国共产党人，为适应新的形势、发展壮大党的力量，在瓦窑堡召开中央政治局扩大会议，提出了吸收党员的主要标准，指出："中国共产党是中国无产阶级的先锋队。他应该大量吸收先进的工人雇农入党，造成党内的工人骨干。同时中国共产党又是全民族的先锋队，因此一切愿意为着共产党的主张而奋斗的人，不问他们的阶级出身如何，都可以加入共产党。"尽管农民和小资产阶级出身的知识分子常常在党内占大多数，"但这丝毫也不减低中国共产党的布尔什维克的地位。"在当前"能否为党所提出的主张而坚决奋斗，是党吸收新党员的主要标准。社会成分是应该注意到的，但不是主要的标准。应该使党变为一个共产主义的熔炉，把许多愿意为共产党主张而奋斗的新党员，锻炼成为有最高阶级觉悟的布尔什维克的战士。""党不惧怕非无产阶级党员政治水平的不一致，党用共产主义教育去保证提高他们到先锋队地位。"[①] 这些论述，强调了保持党的先进性的关键是加强对党员的共产主义教育，也是对毛泽东着重从思想上建党思想的阐发。思想建党理论是毛泽东思想的重要组成部分，是对马克思列宁主义关于党的先进性理论的独创性丰富和发展，是毛泽东坚持马列主义建党学说与中国建

---

① 《中共中央文件选集》第十册，中共中央党校出版社 1991 年版，第 620—621 页。

党具体实践相结合的必然结果。

抗日战争时期，毛泽东针对当时的形势、党面临的任务和党员队伍的基本状况，指出，在半殖民地半封建的中国，"建设一个全国范围的、广大群众性的、思想上政治上组织上完全巩固的布尔什维克化的中国共产党"，是一项"伟大的工程。"① 此外，毛泽东将党的作风建设为主中国共产党建设的又一个重要内容。1945 年 4 月，毛泽东在《论联合政府》一文中指出："以马克思列宁主义的理论思想武装起来的中国共产党，在中国人民中产生了新的工作作风，这主要的就是理论和实践相结合的作风，和人民群众紧密地联系在一起的作风以及自我批评的作风。"② 毛泽东还将这三大优良作风作为中国共产党区别于其他政党的显著标志。新中国成立前夕，毛泽东认为，中国共产党不仅应该在战争时期保持先进性，在夺取全国政权后仍要继续保持先进性。为此，他提出："夺取全国胜利，这只是万里长征走完了第一步。如果这一步也值得骄傲，那是比较渺小的，更值得骄傲的还在后头。在过了几十年之后来看中国人民民主革命的胜利，就会使人们感觉那好像只是一出长剧的一个短小的序幕。剧是必须从序幕开始的，但序幕还不是高潮。中国的革命是伟大的，但革命以后的路程更长，工作更伟大，更艰苦。这一点现在就必须向党内讲明白，务必使同志们继续地保持谦虚、谨慎、不骄、不躁的作风，务必使同志们继续地保持艰苦奋斗的作风。"③ 毛泽东的建党理论处处体现着党的先进性建设，是马克思主义关于党的先进性学说与中国实际相结合的产物，是对马克思主义关于党的先进性学说的丰富和发展，是彻底赢得新民主主义革命和社会主义革命胜利的重要保证。

党的十一届三中全会以后，我国进入改革开放的新时期，邓小平领导全党全国人民进行拨乱反正，重新恢复解放思想、实事求是的党的思想路线，端正党的指导思想，坚持和改善党的领导，加强党的先进性建设，逐步实现党的工作重点的转移，确定了社会主义初级阶段的基本路线，开创了一条建设中国特色社会主义的正确道路，实现了马克思主义同中国实际相结合的第二次历史性

---

① 《毛泽东选集》第二卷，人民出版社 1991 年版，第 602 页。
② 《毛泽东选集》第三卷，人民出版社 1991 年版，第 1093—1094 页。
③ 《毛泽东选集》第四卷，人民出版社 1991 年版，第 1438—1439 页。

飞跃，形成了邓小平理论，指引中国改革开放和社会主义现代化建设取得了举世瞩目的成就。

首先，将思想建设、政治建设、组织建设和作风建设贯穿于党的先进性建设之中。"文革"结束后，针对党内思想僵化、教条主义盛行的状况，邓小平指出："不打破思想僵化，不大大解放干部和群众的思想，四个现代化就没希望。""一个党，一个国家，一个民族，如果一切从本本出发，思想僵化，迷信盛行，那就不能前进，它的生机就停止了，就要亡党亡国。"① 所以，他重新恢复了党的"解放思想，实事求是"的思想路线，使全党全国人民摆脱了教条主义的桎梏，开始走上中国特色社会主义的建设道路。随着改革开放和社会主义现代化建设的新形势和新任务的不断要求，邓小平指出："我们现在要建设有中国特色的社会主义，时代和任务不同了，要学习的新知识确实很多，这就更要求我们努力针对新的实际，掌握马克思主义基本理论"②，不断提高政治理论水平。他还强调："学马列要精，要管用的。"③ 党的先进性建设的可靠的组织保证就是要不断加强党的组织建设。对此，邓小平强调："中国的稳定，四个现代化的实现，要有正确的组织路线来保证，要有真正坚持马克思列宁主义、毛泽东思想和党性强的人来接班才能保证。"④ 因此，邓小平深入探索十一届三中全会后党的组织建设的实践，提出了一整套以建立和健全民主集中制、不断加强和改进党的基层组织、大力培养和选拔德才兼备的领导干部为主要内容的组织建设思想，推进了党的先进性建设。随着改革开放的不断向前推进，党内出现的官僚主义和形式主义等不良作风以及少数党员干部的违法乱纪行为，严重败坏了党的声誉，危害了党群关系，影响了社会的风气。邓小平严肃提出，必须加强党的作风建设。他说："在目前的历史转变时期，问题堆积如山，工作百端待举，加强党的领导，端正党的作风，具有决定的意义。"⑤ 加强党的作

---

① 《邓小平文选》第二卷，人民出版社 1994 年版，第 143 页。
② 《邓小平文选》第三卷，人民出版社 1993 年版，第 146 页。
③ 《邓小平文选》第三卷，人民出版社 1993 年版，第 382 页。
④ 《邓小平文选》第二卷，人民出版社 1994 年版，第 193 页。
⑤ 《邓小平文选》第二卷，人民出版社 1994 年版，第 17 页。

风建设重点就是要进行反腐败斗争，邓小平强调："对我们来说，要整顿我们的党，实现我们的战略目标，不惩治腐败，特别是党内的高层的腐败现象，确实有失败的危险。"①1992年初，邓小平发表南方谈话，进一步强调："在整个改革开放过程中都要反对腐败。对干部和共产党员来说，廉政建设要作为大事来抓。"②

其次，将制度建设作为党的先进性建设的重要内容。党的十一届三中全会以后，邓小平参加曾经阐述了我们党应该是一个先进的党，是一支先进的队伍。他说："我们这个党是马列主义、毛泽东思想的党，是领导社会主义事业、领导无产阶级专政的核心力量，是无产阶级的、有社会主义和共产主义觉悟的、有革命纪律的先进队伍。"③他还根据党的历史经验尤其是"文化大革命"的惨痛教训，并站在新时期加强党的先进性建设的高度，深刻论述了党的制度建设的重要性。他说："领导制度、组织制度问题更带有根本性、全局性、稳定性和长期性。这种制度问题，关系到党和国家是否改变颜色，必须引起全党的高度重视。""我们过去发生的各种错误，固然与某些领导人的思想、作风有关，但是组织制度、工作制度方面的问题更为重要，这些方面的制度好可以使坏人无法任意横行，制度不好可以使好人无法充分做好事，甚至会走向反面。"④针对党和国家生活中存在的官僚主义、家长制和特权制等现象，邓小平认为，克服这些现象，既要解决思想问题，更要解决制度问题。因此，他指出："如果不改革现行制度中的弊端，过去出现过的一些严重问题今后就有可能重新出现。只有对这些弊端进行有计划、有步骤而又彻底的改革，人民才会信任我们的领导，才会信任党和社会主义，我们的事业才会有无限的希望。"⑤党的十三大又进一步强调："切实加强党的制度建设，对于党的正确路线的巩固和发展，对于党的决策的民主化和科学化，对于充分发挥各级党组织和党员

---

①　《邓小平文选》第三卷，人民出版社1993年版，第313页。

②　《邓小平文选》第三卷，人民出版社1993年版，第379页。

③　《邓小平文选》第二卷，人民出版社1994年版，第266页。

④　《邓小平文选》第二卷，人民出版社1994年版，第333页。

⑤　《邓小平文选》第二卷，人民出版社1994年版，第333页。

的积极性、创造性，十分重要。"实践证明，加强制度建设推动党的建设逐渐步入民主化、正规化和制度化的轨道，有利于党的先进性的保持和发挥。

再次，将加强党和群众的联系作为党的先进性建设的重要特性。邓小平认为，我们党在执政以后必须始终注意同人民群众的联系。他指出："由于我们党现在已经是在全国执政的党，脱离群众的危险，比以前大大地增加了，而脱离群众对于人民可能产生的危害，也比以前大大地增加了。因此，目前在全党认真地宣传和贯彻执行群众路线也就有特别重大的意义。"①1980 年 12 月，在中共中央工作会议上，邓小平又指出："群众是我们力量的源泉，群众路线和群众观点是我们的传家宝。党的组织、党员和党的干部，必须同群众打成一片，绝对不能同群众相对立。如果哪个党组织严重脱离群众而不能坚决改正，那就丧失了力量的源泉，就一定要失败，就会被人民抛弃。"他还强调："一定要努力帮助群众解决一切能够解决的困难。暂时无法解决的困难，要耐心恳切地向群众解释清楚。"②党的全部任务就是全心全意地为人民服务。党对于人民群众的领导作用，就是正确地给人民群众指出斗争的方向，帮助人民群众自己动手，争取和创造自己的幸福生活。确认这个观念，就是确认党没有超乎人民群众之上的权力，没有向人民群众实行恩赐、包办、强迫命令的权力，更没有在人民群众头上称王称霸的权力。邓小平总结了党始终保持执政地位不动摇的经验，他说："我们的历史经验是，越是困难的时候，越要关心群众。只要你关心群众，同群众打成一片，不仅不搞特殊化，而且同群众一块吃苦，任何问题都容易解决，任何困难都能够克服。"③党的十三届四中全会以来，以江泽民为核心的党的第三代中央领导集体围绕"建设一个什么样的党，怎样建设党"这样一个基本问题，以改革和创新的精神，采取了一系列重要措施，推进党的建设的伟大工程，在保持党的先进性方面取得了明显的成效，使党的先进性理论更趋系统和完善。

保持党的先进性必须保持党在指导思想上的与时俱进，党的十五大将邓小

---

① 《邓小平文选》第一卷，人民出版社 1994 年版，第 221 页。

② 《邓小平文选》第二卷，人民出版社 1994 年版，第 144 页。

③ 《邓小平文选》第二卷，人民出版社 1994 年版，第 228 页。

平理论写进党章，实现了党在指导思想上的第一次与时俱进，党的十六大把"三个代表"重要思想写入党章，实现了党在指导思想上的又一次与时俱进，从而明确了党的先进性建设的目标任务、检验标准和实施途径。江泽民认为工人阶级是中国共产党始终保持先进性的阶级基础，他说："我国工人阶级是近代以来我国社会发展特别是社会化大生产发展的产物，具有严格的组织性纪律性和革命的坚定性彻底性等品格我们党从成立之日起，就把自己定为中国工人阶级的政党，始终坚持工人阶级先锋队的性质，为保持自身的先进性奠定了坚实的阶级基础。"①江泽民还将党的先进性建设提升到马克思主义政党生存发展的根本性问题的高度来论述，他强调，办好中国的事情，关键在我们党。并要求结合形势的发展，紧紧围绕党的中心任务，不断加强党的建设。在建设过程中，要善于总结经验，坚持真理，纠正错误，谦虚谨慎。要勇于正视党员和干部队伍中存在的问题，并依靠全体党员和人民群众不断加以解决。尤其是党的十六大提出的"三个代表"重要思想，开启了党的先进性建设的新视野和新思路。"三个代表"重要思想把党的先进性落实在推动先进生产力的发展上，江泽民阐明了代表先进生产力的发展要求对于保持党的先进性的极端重要性。他指出："敏锐地把握我国社会生产力的发展趋势和要求，坚持以经济建设为中心，通过制定和实施正确的路线方针政策，采取切实的工作步骤，不断促进先进生产力的发展，这是我们党始终站在时代前列，保持先进性的根本体现和根本要求。"②"三个代表"重要思想把党的先进性体现在推进社会主义先进文化建设上。共产党是在先进文化的孕育下产生、发展和壮大起来的。没有体现人类先进文化的马克思主义理论的指导，就不可能有共产党。江泽民指出："牢牢把握中国先进文化的发展趋势和要求，坚持以马克思列宁主义、毛泽东思想、邓小平理论为指导，立足于建设有中国特色社会主义的实践，着眼于世界科学文化的发展前沿，不断发展健康向上、丰富多彩的，具有中国风格、中国特色的社会主义文化，满足人民群众日益增长的文化需求，引导广大人民群众

---

① 《江泽民文选》第三卷，人民出版社 2006 年版，第 284—285 页。

② 江泽民：《论党的建设》，中央文献出版社 2001 年版，第 498 页。

从思想上精神上正确武装和不断提高起来。这也是我们党始终站在时代前列，保持先进性的根本体现和根本要求。"①"三个代表"重要思想把党的先进性归结到代表中国最广大人民的根本利益上。中国共产党是中国工人阶级的先锋队，同时是中国人民和中华民族的先锋队。党的这一性质决定了党必须代表工人阶级的利益和最广大人民的根本利益，这是我们党同其他阶级政党的根本区别。江泽民指出："看一个政党是否光进，是不是工人阶级先锋队，主要应看它的理论和纲领是不是马克思主义的，是不是代表社会发展的正确方向，是不是代表最广大人民的根本利益。"② 我们党 90 多年来所进行的一切奋斗，归根到底都是为了不断实现好维护好发展好最广大人民的根本利益。正因为如此，我们党才始终保持了先进性，巩固了同人民群众的血肉联系。"三个代表"重要思想创造性地回答了新的历史条件下建设什么样的党、怎样建设党这一根本问题，也鲜明地回答了什么是党的先进性、怎样保持党的先进性这一紧迫问题，为共产党员保持先进性指明了努力方向。

党的十六大以来，以胡锦涛为总书记的党中央提出了树立和落实科学发展观、加强党的执政能力建设和党的先进性建设等一系列战略思想，把马克思主义发展到一个新的历史高度。这既是中国共产党先进性的体现，也为在新的历史条件下进一步加强党的先进性建设提供了新的强大思想武器。胡锦涛指出了党永葆先进性的途径，他说："先进性，从根本上说，是由中国共产党的性质和宗旨决定的，是靠坚持不懈地开展自身建设来保持和发展的。"③ 他还强调，在推进中国特色社会主义伟大事业中，必须不断加强党的执政能力建设和先进性建设，提高党的领导水平和执政水平、拒腐防变和抵御风险能力。2003 年 7 月，在纪念"三个代表"重要思想理论研讨会上，胡锦涛告诉我们：党的先进性和党的执政地位都不是一劳永逸、一成不变的，过去先进不等于现在先进，现在先进不等于永远先进；过去拥有不等于现在拥有，现在拥有不等于永远拥

---

① 江泽民：《论党的建设》，中央文献出版社 2001 年版，第 502 页。

② 江泽民：《论党的建设》，中央文献出版社 2001 年版，第 512 页。

③ 胡锦涛：《在庆祝中国八产党成立八十五周年暨总结保持共产党员先进性教育活动大会上的讲话》，人民日报出版社 2006 年版，第 10 页。

有。党要承担起人民和历史赋予的重大使命，必须认真研究自身建设遇到的新情况新问题，在领导改革发展中不断认识自己、加强自己、提高自己。胡锦涛还从我们党对共产党执政规律、对自身建设规律的认识的高度，指出："抓住了先进性建设，就抓住了党的建设的根本，就抓住了加强党的执政能力建设、巩固党的执政地位的关键。"①

进入新世纪，面对国内外形势和党的自身情况的发展变化，党的十六大明确提出把加强党的执政能力建设作为党的建设的一个重要内容，提出要不断提高党的领导水平和执政水平，不断增强拒腐防变和抵御各种风险的能力。党的十六届四中全会确定了加强党的执政能力建设的总体目标："通过全党共同努力，使党始终成为立党为公、执政为民的执政党，成为科学执政、民主执政、依法执政的执政党，成为求真务实、开拓创新、勤政高效、清正廉洁的执政党，归根到底成为始终做到'三个代表'、永远保持先进性、经得住各种风浪考验的马克思主义执政党，带领全国各族人民实现国家富强、民族振兴、社会和谐、人民幸福。"② 这"四个成为"要求党必须在执政理念、执政基础、执政方略、执政体制、执政方式、执政资源和执政环境等各人面体现党的先进性；同时，也只有不断地加强党的先进性建设，使党在指导思想上保持与时俱进，在行动上始终以人民群众的根本利益为出发点，坚持科学的领导体制和工作方法，才能够实现加强党的执政能力建设的目标，切实巩固党的执政地位。

胡锦涛关于党的先进性建设思想内容丰富，他指出，先进性是马克思主义政党的根本特征，党要始终保持先进性就必须自觉、主动、持续地推进先进性建设；党的先进性建设是马克思主义政党生存、发展、壮大的根本性建设，是马克思主义政党自身建设的根本任务；党的先进性建设的根本目标是使党的全部理论和工作体现时代性、把握规律性、富于创造性，使党始终与时代发展同步伐、与人民群众共命运；党的先进性建设的根本目的是使党始终做到"三个代表"，不断提高执政能力、巩固执政地位、完成执政使命；党的先进性建设要

---

① 《十六大以来重要文献选编》（中），中央文献出版社 2006 年版，第 611 页。

② 《十六大以来重要文献选编》（中），中央文献出版社 2006 年版，第 276 页。

同实现党的历史任务联系起来，同加强党的执政能力建设结合起来，把党的先进性要求转化为全党的实际行动、贯彻到党的全部执政活动之中；在执政特别是长期执政条件下党的先进性建设的任务更为艰巨，必须居安思危、永不自满、开拓进取、永不懈怠；党的先进性建设是加强和改进党的建设的长期任务和永恒课题，要把先进性建设的要求贯穿于党的思想、组织、作风和制度建设之中，从各方面加以推进；加强党的先进性建设必须坚持党要管党、从严治党的方针，把做好经常性工作与适当的集中教育结合起来。努力探索新形势下保持党的先进性的长效机制；保持共产党员先进性教育活动是加强党的先进性建设的一项重大举措，关键是要取得实效、真正成为"群众满意工程"；党的先进性建设最终要落实到实现好、维护好、发展好最广大人民的根本利益上来，这是衡量党的先进性的根本标准的观点；等等。胡锦涛关于党的先进性建设的思想，回答了新的历史条件下什么是党的先进性建设、为什么要加强党的先进性建设、怎样加强党的先进性建设等系列重大问题，既为新世纪新阶段全面推进党的先进性建设提供了科学的理论指针，也是我们党新时期先进性建设的经验总结，同时也以新的思想观点继承、丰富和发展了马克思主义政党先进性建设的理论。

二、坚定不移地走中国特色社会主义道路

中国共产党第十七次全国代表大会报告指出："中国特色社会主义道路，就是在中国共产党领导下，立足基本国情，以经济建设为中心，坚持四项基本原则，坚持改革开放，解放和发展生产力，巩固和完善社会主义制度，建设社会主义市场经济、社会主义民主政治、社会主义先进文化、社会主义和谐社会，建设富强民主文明和谐的社会主义现代化国家。中国特色社会主义道路之所以完全正确、之所以能够引领中国发展进步，关键在于我们既坚持了科学社会主义的基本原理，又根据我国实际和时代特征赋予其鲜明的中国特色。在当代中国，坚持中国特色社会主义道路，就是真正坚持社会主义。"[1]

---

① 《中国共产党第十七次全国代表大会文件汇编》，人民出版社 2007 年版，第 11 页。

中国特色社会主义道路是在中国特色社会主义理论体系指导下，以建立和健全中国特色社会主义制度为目标的，体现当代中国共产党人自觉能动性的革命实践，是一条我们自己探索出来的社会主义建设道路。1956 年 4 月 25 日，毛泽东发表《论十大关系》，他指出："特别值得注意的是，最近苏联方面暴露了他们在建设社会主义过程中的一些缺点和错误，他们走过的弯路，你还想走？过去我们就是鉴于他们的经验教训，少走了一些弯路，现在当然更要引以为戒。"① 这是党的第一代中央领导集体探索适合中国情况的社会主义建设道路的起点，直到 1976 年 10 月，中共中央政治局秉承全党和全国人民的意志，粉碎了江青反革命集团，结束了"文化大革命"为止，整个探索过程既有成功的经验，又走了不少弯路。1956 年，随着对生产资料私有制的社会主义改造的基本完成和社会主义制度的建立，我国进入了社会主义建设的新时期，中国共产党带领全国人民满怀豪情地迈进社会主义大门。这时，一个突出的问题摆在了中国人民和中国共产党面前：我们要建设一个什么样的社会主义？我们怎样建设社会主义？我们能不能比别人少走一些弯路？像中国共产党走过的新民主主义革命历程一样，解决这些问题只能靠自己在实践中摸索。从 1956 到 1957 年，以毛泽东为主要代表的中国共产党人，探索社会主义社会的社会矛盾和经济建设的道路，取得了引人注目的初步成果。从 1957 到 1976 年，中国共产党在对中国社会主义建设道路的继续探索中发生了严重失误。由于毛泽东在指导思想上严重"左"倾，我国接连发生阶级斗争扩大化的错误，甚至酿成长达十年的"文化大革命"大动乱，在经济建设方面也受到严重损失。尽管这条社会主义建设道路的探索艰辛坎坷，但是，在这一探索过程中，那些被实践证明是正确的和有价值的理论原则和经验总结，以及那些独到的、创造性的思考，都为毛泽东思想理论宝库增添了新财富，也为后来开辟社会主义建设道路即中国特色社会主义道路，形成新理论即中国特色社会主义理论体系，提供了十分宝贵的思想源泉、理论准备、智慧启迪和前提条件。

党的十一届三中全会后，我国进入了全面建设社会主义的新时期，开始了

---

①　《毛泽东著作选读》下册，人民出版社 1986 年版，第 720—721 页。

探索中国社会主义建设道路的新阶段。从"文化大革命"走出来的中国，是继续走"以阶级斗争为纲"的老路，还是走资产阶级自由化的邪路，还是闯出一条符合中国实际的能够促进社会主义发展的新路？党和国家面临着向何处去的历史抉择。在这个重要的历史关头，邓小平等老一辈无产阶级革命家勇敢地挺身而出，于1978年底召开了党的十一届三中全会，并从党的路线破题，领导全党进行拨乱反正。冲破了"两个凡是"的思想禁锢，领导和支持真理标准问题大讨论，重新确立了党的实事求是的思想路线；果断地摒弃"以阶级斗争为纲"，实现全党工作重点由阶级斗争到经济建设的战略转移，与此同时，提出要坚持四项基本原则，坚持改革开放，形成了党在社会主义初级阶段的基本路线即党的政治路线；大刀阔斧地平反冤假错案，在解放大批老干部的基础上，提出干部要革命化、年轻化、知识化、专业化的"四化"标准，形成了适合社会主义现代化建设需要的组织路线。在此基础上，以正确评价毛泽东和毛泽东思想的历史地位为重点，在党的十一届六中全会上通过了《关于建国以来党的若干历史问题的决议》，完成了党在指导思想上的拨乱反正。

党的十一届三中全会形成的以邓小平为核心的党的第二代中央领导集体，在领导全党实现工作重点转移后，作出了改革开放的历史性决策，开启了我国社会主义现代化建设的新时期，开辟了中国特色社会主义道路。1979年3月，邓小平以无产阶级革命家的大无畏勇气提出了我们党要在中国的建设问题上完成当年在中国革命问题上毛泽东同志领导我们党完成的开创自己道路的任务。1982年9月，邓小平在党的第十二次代表大会开幕词中明确指出："把马克思主义的普遍真理同我国的具体实际结合起来，走自己的路，建设有中国特色的社会主义，这就是我们总结长期历史经验得出的基本结论。"① 这意味着党的十一届三中全会以来，以邓小平为核心的党的第二代中央领导集体在领导全党和全国人民拨乱反正、全面改革的伟大实践中，不仅实现了新中国成立以来党的历史上具有深远意义的伟大转折，而且开辟了中国特色社会主义道路这一独特的社会主义发展之路。1985年9月23日，在中国共产党全国代表会议的讲

① 《邓小平文选》第三卷，人民出版社1993年版，第3页。

话中，邓小平又指出："改革是社会主义制度的自我完善，在一定范围内也发生了某种程度的革命性变革，表明我们已经开始找到了一条建设中国特色的社会主义的路子。"① 从此以后，中国共产党人有了一个建设、巩固和发展社会主义的科学的方向和目标；从此以后，建设中国特色社会主义成了中国共产党历次党代会报告的主题，成了中国共产党人全部理论和实践的主题；从此以后，中国社会主义走上了蓬勃发展的新路，中华民族走上了伟大的复兴之路。

中国共产党是一个能够在实践中不断与时俱进的党。从党的十一届三中全会开始的探索，到党的十二大提出要走自己的道路，建设有中国特色社会主义的社会主义，并不是探索的结束，而是进一步探索中国特色社会主义道路的新起点。以江泽民为主要代表的中国共产党人同样重视走"自己的路"的问题。党的十三届四中全会以来，以江泽民为核心的党的第三代中央领导集体，在建设中国特色社会主义的实践中，加深了对什么是社会主义、怎样建设社会主义和建设什么样的党、怎样建设党的认识，积累了治党治国新的宝贵经验。党的十四大强调，在社会主义发展道路问题上，要走自己的路，不把书本当教条，不照搬外国模式，以马克思主义为指导，以实践作为检验真理的唯一标准，解放思想，实事求是，尊重群众的首创精神，建设有中国特色的社会主义。建设有中国特色社会主义，就是开辟一条前人没有走过的新路。从 1989 年 6 月的十三届四中全会开始，经过近十年的实践探索，中国共产党和中国人民相信，这条路是正确的。1998 年 7 月 21 日，江泽民在会见日本共产党中央政治局委员长不破哲三时说："我们在实践中走出了一条建设有中国特色社会主义道路，国家面貌发生了很大变化。国际上有人认为我们是搞资本主义，或者说我们是走'第三条道路'。这些说法都是不正确的。我们坚定地走社会主义道路，我们搞的是有中国特色社会主义。巩固和发展社会主义制度，还需要一个很长的历史阶段，需要我们几代人、十几代人甚至几十代人坚持不懈地努力奋斗。""在社会主义的发展道路上，我们强调以马克思主义为指导，根据中国国

---

① 《邓小平文选》第三卷，人民出版社 1993 年版，第 3 页。

情走自己的路。"①

进入新世纪新阶段后，中国特色社会主义事业在取得重大成就的同时，我国经济社会发展呈现出新的阶段性特征。面对发展的黄金期和矛盾凸显期并存，以及实践中出现的困难、矛盾和问题，是用改革开放前的老办法来应对挑战，还是搬用西方那一套来解决问题，还是继续坚持走中国特色社会主义道路，在中国特色社会主义发展的这个关键时期，又一次出现了一个选择走什么路的问题。以胡锦涛为主要代表的中国共产党人旗帜鲜明地回答了这个问题：高举中国特色社会主义伟大旗帜，以邓小平理论和"三个代表"重要思想为指导，深入贯彻落实科学发展观，继续解放思想，坚持改革开放，推动科学发展，促进社会和谐，为夺取全面建设小康社会新胜利而奋斗。党的十六大以来，以胡锦涛为总书记的中央领导集体，坚持以邓小平理论和"三个代表"重要思想为指导，深入分析我国进入新世纪以来经济社会发展呈现出来的阶段性特征，认真总结我国发展实践中的经验和存在问题，借鉴国外发展经验，进一步深化对中国特色社会主义道路的认识。尤为典型的是，党的十六届三中全会提出了发展要以人为本，全面协调可持续地发展；十六届四中全会提出了要构建社会主义和谐社会，并把这一任务同发展社会主义市场经济、社会主义民主政治、社会主义先进文化一起，作为中国特色社会主义事业发展的总体布局提了出来。2003 年 12 月 26 日，在纪念毛泽东同志诞辰 110 周年座谈会上的讲话中，胡锦涛对于走中国特色社会主义道路的必要性和科学内容进行阐述："我们必须始终坚持独立自主地探索中国社会主义建设的道路，善于根据国情进行自主创新、又积极借鉴国外有益经验，不断开拓和发展中国特色社会主义道路。中国革命、建设和改革的长期实践充分证明，独立自主，自力更生，坚定不移地走适合中国国情的发展道路，无论过去、现在和将来，都是我们的根本立足点。……我们要坚持的道路，就是邓小平同志开辟的、以江泽民同志为核心的党的第三代中央领导集体坚持并发展了的中国特色社会主义道路。"② 在

① 《江泽民文选》第二卷，人民出版社 2006 年版，第 193 页。

② 《十六大以来重要文献选编》（上），人民出版社 2004 年版，第 647 页。

这个基础上，党的十七大对中国特色社会主义道路与中国特色社会主义伟大旗帜的关系，中国特色社会主义道路与中国特色社会主义理论体系的关系，作了深刻论述；并且第一次对中国特色社会主义道路的本质特征和科学内涵作了深刻论述，在理论上回答了什么是中国特色社会主义道路、怎么样坚持中国特色社会主义道路这一关系到中国长远发展的重大战略问题。正如胡锦涛深刻指出的那样："我们党能够在新时期开创出中国特色社会主义道路，其理论基础是对马克思列宁主义、毛泽东思想的科学继承，其时代背景是对国际形势和时代特征的科学把握，其历史根据是对国内外建设社会主义正反两方面经验的科学总结，其现实依据是对我国改革开放和社会主义现代化建设生动实践、对最广大人民共同愿望的科学认识。"①

中国特色社会主义道路是马克思主义时代化的道路，是实现中华民族伟大复兴的道路。在中国的社会主义建设中，我们党坚持用马克思主义时代化的最新成果引领中国发展。因此，从本质上说，中国特色社会主义道路是马克思主义时代化的道路，是在马克思主义时代化指引下的发展之路，是紧密结合改革开放的实际和时代特征、不断把当代中国马克思主义发展到新境界之路。中国共产党在改革开放中找到中国特色社会主义道路，是坚持不懈地推进科学社会主义创新所结出的硕果。党的十七大报告指出："中国特色社会主义道路之所以完全正确、之所以能够引领中国发展进步，关键在于我们既坚持了科学社会主义的基本原则，又根据我国实际和时代特征赋予其鲜明的中国特色。在当代中国，坚持中国特色社会主义道路，就是真正坚持社会主义。"② 中国特色社会主义道路是中国繁荣发展的唯一正确的道路。近代以来，中华民族梦寐以求的是，不仅要求得民族独立和人民解放，还要实现国家繁荣富强和人民共同富裕。中国特色社会主义道路就是中国共产党积极探索、不断总结社会主义建设历史经验和研究国际形势的基础上而开辟的适合中国实际的道路，是马克思主义时代化的伟大创造，使我国迅速改变贫穷落后的面貌，踏上了现代化的征

---

① 《十七大以来党的重要文献选编》（上），中央文献出版社 2009 年版，第 97 页。
② 《十七大以来党的重要文献选编》（上），中央文献出版社 2009 年版，第 9 页。

程，取得了举世瞩目的成就。中国特色社会主义道路同时是解决中国发展问题唯一正确的道路。鸦片战争以来的历史经验告诉我们，地主阶级革新派、农民领袖、资产阶级改良派和革命派提出的这个主张、那个主义，都不能救中国，只有社会主义才能救中国。党的十一届三中全会以来的实践进一步告诉我们，要能够真正发展中国，不仅要坚持走社会主义道路，还要坚持走适合中国实际情况的中国特色社会主义道路。20 世纪八九十年代世界社会主义运动遭受严重挫折的教训，进一步凸显出中国特色社会主义道路的正确性及其不可战胜的生命力和强大的吸引力。因此，开辟中国特色社会主义道路，对于中国来讲，既是决定中国繁荣发展的关键抉择，也是决定中国社会主义命运的关键抉择，因而是决定当代中国命运的关键抉择；对于中国共产党来讲，既深化了对共产党执政规律、社会主义建设规律和人类社会发展规律的认识，也是党能够在当今世界如此复杂的国内外形势下立于不败之地的关键抉择。

参考文献

（一）著作类

1.《马克思恩格斯选集》第一——四卷，人民出版社 1995 年版。

2.《马克思恩格斯全集》第一卷，人民出版社 1956 年版。

3.《马克思恩格斯全集》第三卷，人民出版社 1960 年版。

4.《马克思恩格斯全集》第四卷，人民出版社 1958 年版。

5.《马克思恩格斯全集》第六卷，人民出版社 1961 年版。

6.《马克思恩格斯全集》第七卷，人民出版社 1959 年版。

7.《马克思恩格斯全集》第十卷，人民出版社 1998 年版。

8.《马克思恩格斯全集》第十一卷，人民出版社 1995 年版。

9.《马克思恩格斯全集》第二十卷，人民出版社 1971 年版。

10.《马克思恩格斯全集》第二十三卷，人民出版社 1972 年版。

11.《马克思恩格斯全集》第二十六卷，人民出版社 1972 年版。

12.《马克思恩格斯全集》第二十七卷，人民出版社 1972 年版。

13.《马克思恩格斯全集》第三十六卷，人民出版社 1975 年版。

14.《马克思恩格斯全集》第四十卷，人民出版社 1982 年版。

15.《马克思恩格斯文集》第三卷，人民出版社 2009 年版。

16.《马克思恩格斯文集》第十卷，人民出版社 2009 年版。

17. 马克思：《资本论》第一卷，人民出版社 2004 年版。

18.《列宁全集》第三卷，人民出版社 1984 年版。

19.《列宁全集》第四卷，人民出版社 1984 年版。

20.《列宁全集》第七卷，人民出版社 1986 年版。

21.《列宁全集》第九卷，人民出版社 1987 年版。

22.《列宁全集》第十卷，人民出版社 1987 年版。

23.《列宁全集》第十一卷，人民出版社 1987 年版。

24.《列宁全集》第十二卷，人民出版社 1987 年版。

25.《列宁全集》第十五卷，人民出版社 1988 年版。

26.《列宁全集》第十七卷，人民出版社 1988 年版。

27.《列宁全集》第二十二卷，人民出版社 1995 年版。

28.《列宁全集》第二十三卷，人民出版社 1990 年版。

29.《列宁全集》第二十四卷，人民出版社 1990 年版。

30.《列宁全集》第二十六卷，人民出版社 1988 年版。

31.《列宁全集》第二十八卷，人民出版社 1990 年版。

32.《列宁全集》第二十九卷，人民出版社 1985 年版。

33.《列宁全集》第三十一卷，人民出版社 1985 年版。

34.《列宁全集》第三十三卷，人民出版社 1985 年版。

35.《列宁全集》第三十四卷，人民出版社 1985 年版。

36.《列宁全集》第三十五卷，人民出版社 1985 年版。

37.《列宁全集》第三十六卷，人民出版社 1985 年版。

38.《列宁全集》第三十八卷，人民出版社 1986 年版。

39.《列宁全集》第四十七卷，人民出版社 1990 年版。

40.《列宁全集》第六十卷，人民出版社 1990 年版。

41.《列宁选集》第一——四卷，人民出版社 1995 年版。

42.《斯大林全集》第四卷，人民出版社 1954 年版。

43.《斯大林全集》第七卷，人民出版社 1958 年，第 185 页。

44.《斯大林全集》第八卷，人民出版社 1954 年版。

45.《斯大林全集》第十卷，人民出版社 1954 年，第 206 页。

46.《斯大林选集》上、下卷，人民出版社 1979 年版。

47.《毛泽东选集》第一——四卷，人民出版社 1991 年版。

48.《毛泽东文集》第一——八卷，人民出版社 1993—1999 年版。

49.《毛泽东著作选读》（上、下册），人民出版社 1986 年版。

50.《毛泽东书信选集》，人民出版社 2003 年版。

51.《建国以来毛泽东文稿》第一——六册，中央文献出版社 1987—1992 年版。

52.《毛泽东年谱（1893－1949）》上、中、下卷，中央文献出版社 2002 年版。

53.《毛泽东思想年编（1912—1975）》，中央文献出版社 2011 年版。

54.《毛泽东外交文选》，中央文献出版社、世界知识出版社 1994 年。

55.《毛泽东军事文选》第六卷，人民出版社 1981 年。

56. 逄先知、金冲及主编：《毛泽东传》第一——六册，中央文献出版社 2011 年版。

57.《缅怀毛泽东》下卷，中央文献出版社 1993 年。

58.《周恩来选集》上、下卷，人民出版社 1980 年。

59.《周恩来统一战线文选》，人民出版社 1984 年版。

60.《刘少奇选集》（下），人民出版社 1985 年版。

61.《刘少奇论新中国经济建设》，中央文献出版社 1993 年版。

62.《陈云文选》（1965—1985），人民出版社 1986 年版。

63. 任建树：《陈独秀著作选编》第一——四卷，上海人民出版社 2009 年版。

64.《李大钊文集》上、下卷，人民出版社 1984 年版。

65.《李大钊全集》第二、三卷，河北教育出版社 1999 年版。

66. 中国李大钊研究会编注：《李大钊全集》第一——四卷，人民出版社 2006 年版。

67.《回忆蔡和森》，人民出版社 1980 年版。

68. 蔡和森：《蔡和森文集》，人民出版社 1980 年版。

69. 罗绍志、宁丹阳、何鹊志等：《蔡和森传》，湖南人民出版社 1980 年版。

70. 中国革命博物馆：《蔡和森文集》，人民出版社 1980 年版。

71.《张闻天文集》第三卷，中共党史出版社 1994 年版。

72.《邓中夏文集》，人民出版社 1983 年版。

73. 姜平：《邓中夏的一生》，南京大学出版社 1985 年版。

74.《瞿秋白文集》第一——五卷，人民文学出版社 1985—1989 年版。

75.《瞿秋白选集》，人民出版社 1985 年版。

76.《瞿秋白论文集》，重庆出版社 1995 年版。

77. 周永祥：《瞿秋白年谱新编》，学林出版社 1992 年版。

78.《艾思奇全书》第二卷，人民出版社 2006 年版。

79.《邓小平文选》第一——三卷，人民出版社 1992—1994 年版。

80.《邓小平年谱（1975—1997)》（下），中央文献出版社 2004 年版。

81.《邓小平思想年谱》，中央文献出版社 1998 年版。

82.《邓小平关于建设有中国特色社会主义的论述（专题摘编)》，北京：中央文献出版社 1992 年版。

83.《江泽民文选》第一——三卷，人民出版社 2006 年版。

84. 江泽民：《论三个代表》，中央文献出版社 2001 年版。

85. 江泽民：《论党的建设》，中央文献出版社 2002 年版。

86. 江泽民：《论有中国特色社会主义》，中央文献出版社 2002 年版。

87.《江泽民论有中国特色社会主义（专题摘编)》，中央文献出版社 2002 年版。

88. 江泽民：《在庆祝中国共产党成立八十周年大会上的讲话 2001 年 7 月 1 日》，人民出版社 2001 年版。

89. 胡锦涛：《在"三个代表"重要思想理论研讨会上的讲话》，人民出版社 2003 年版。

90. 胡锦涛：《在中央人口资源环境工作座谈会上的讲话》，人民出版社 2004 年版。

91. 胡锦涛：《在纪念红军长征胜利 70 周年大会上的讲话》，人民出版社 2006 年版。

92. 胡锦涛：《在纪念党的十一届三中全会召开 30 周年大会上的讲话》，人民出版社 2008 年版。

93. 胡锦涛：《在庆祝清华大学建校 100 周年大会上的讲话》，人民出版社 2011 年版。

94. 胡锦涛：《高举中国特色社会主义伟大旗帜为夺取全面建设小康社会新胜利而奋斗》，人民出版社 2007 年版。

95. 胡锦涛：《高举中国特色社会主义伟大旗帜为夺取全面建设小康社会新胜利而奋斗》，人民出版社 2007 年版。

96.《建国以来重要文献选编》第九册，中央文献出版社 1994 年版。

97.《中共中央文件选集》第十一—十八册，中共中央党校出版社 1991 年版。

98.《中共中央关于加强和改进新形势下党的建设若干重大问题的决定》编写组编：《中共中央关于加强和改进新形势下党的建设若干重大问题的决定》，中国方正出版社 2009 年版。

99. 中共中央党史研究室：《中国共产党历史》第 1 卷（1921—1949）上、下册，中共党史出版社 2002 年版。

100.《中国共产党第八次全国代表大会文件》，人民出版社 1956 年版。

101.《三中全会以来重要文献选编》（上），人民出版社 1982 年版。

102.《十二大以来重要文献选编》（中），人民出版社 1986 年版。

103.《十三大以来重要文献选编》（下），人民出版社 1993 年版。

104.《十四大以来重要文献选编》（下），人民出版社 1999 年版。

105.《十五大以来重要文献选编》（上），人民出版社 2000 年版。

106.《十五大以来重要文献选编》（中），人民出版社 2001 年版。

107.《十六大以来重要文献选编》（上），中央文献出版社 2005 年版。

108.《十六大以来重要文献选编》（中），中央文献出版社 2006 年版。

109.《十六大以来重要文献选编》（下），中央文献出版社 2008 年版。

110.《十六大报告辅导读本》，人民出版社 2002 年版。

111.《十七大以来重要文献选编》（上），中央文献出版社 2009 年版。

112.《中国共产党第十七次全国代表大会文件汇编》人民出版社 2007 年版。

113.《中共中央关于加强和改进新形势下党的建设若干重大问题的决定》，人民出版社 2009 年版。

114.“马克思主义中国化的历史进程和基本经验”课题组：《马克思主义中国化研究——历史进程和基本经验》（上、下），北京出版集团公司、北京人民出版社 2009 年版。

115. 赵明义等：《理论与实际结合：马克思主义·科学社会主义当代化与本国化研究》，山东出版集团、山东人民出版社 2009 年版。

116. 包心鉴：《马克思主义中国化的基本规律与当代走向》，人民出版社 2011 年版。

117. 宋士昌：《科学社会主义通论》第三卷，人民出版社 2004 年版。

118. 丛进：《曲折发展的岁月》，河南人民出版社 1989 年版。

119. 郑德荣：《毛泽东与马克思主义中国化》，东北师范大学出版社 1997 年版。

120. 王桧林：《中国新民主主义理论研究》，党建读物出版社 1998 年版。

121. 何沁：《中华人民共和国史》第 2 版，高等教育出版社 1999 年版。

122.《新民学会资料》，人民出版社 1980 年版。

123. 熊向晖：《历史的注脚》，中央党校出版社 1995 年版。

124. 叶自成：《新中国外交思想：从毛泽东到邓小平》，北京大学出版社 2001 年版。

125. 叶笃初、卢先福：《党的建设词典》，中国中央党校出版社 2009 年版。

126. 庞元正：《科学发展观基本问题研究》，人民出版社 2012 年版。

127. 侯惠勤等：《马克思主义中国化理论创新 30 年（1978—2008)》，中国社会科学出版社 2008 年版。

128. 杨先农：《马克思主义中国化研究纲要》，四川出版集团、四川人民出版社 2008 年版。

129. 张玉瑜：《毛泽东与中国社会主义》，学林出版社 2001 年版。

130. 陈继安主编：《毛泽东军事思想新论》，军事科学出版社 1995 年版。

131.《现代汉语词典》，商务印书馆 1981 年版。

132. 柳国庆：《马克思主义中国化历史经验研究》，浙江大学出版社 2006 年版。

133. 曹普：《科学发展观与当代中国》，海峡出版发行集团、福建人民出版社 2012 年版。

134. 黎康：《马克思主义中国化的多维审思》，江西人民出版社 2011 年版。

135. 饶银华：《世纪之交中国外交思想与实践研究》，中央文献出版社 2007 年版。

136. 刘金田、毛胜：《他们为什么选择中国共产党》，贵州人民出版社 2012 年版。

137. [美] 埃德加·斯诺著；董乐山译：《西行漫记》，三联书店出版社 1979 年版。

138. [美] 莫里斯·迈斯纳：《李大钊与中国马克思主义的起源》，中共党史资料出版社 1989 年版。

（二）论文类

1. 蔡和森：《外力、中流阶级和国民党》，《向导》1923 年日第 16 期。

2. 邓中夏：《论工人运动》，《中国青年》1923 年第 9 期。

3.《少年中国学会》第三卷，《学会消息》1922 年第 11 期。

4.《刘少奇 1958 年 7 月 1 日在干部会议上的讲话》，《党史研究》1980 年第 3 期。

5. 中央文献研究室《中国道路》课题组：《中国道路十章——马克思主义中国化经典文献回眸（一、二）》，《党的文献》2011 年第 1 期。

6. 彭明：《李大钊和马克思主义在中国的传播》，【中国会议】《李大钊研究论文集》1999 年 6 月 30 日。

7. 秋石：《为什么必须坚持马克思主义在意识形态领域的指导地位而不能搞指导思想的多元化》，《求是》2009 年第 6 期。

8. 吴江：《中国革命夺取国家政权的过程——纪念巴黎公社起义九十周年》，《历史研究》1961 年 4 月第 2 期。

9. 梁柱：《重温李大钊对帝国主义的认识》，《红旗文稿》2012 年第 18 期。

10. 高放：《论"马克思主义中国化、时代化、大众化"三位一体》，《学习时报》2009 年 12 月 28 日。

11. 石仲泉：《马克思主义中国化与世界眼光》，《中共中央党校学报》2011 年第 2 期。

12. 肖贵清：《关于马克思主义中国化、时代化、大众化研究的几个问题》，《高校理论战线》2011 年第 5 期。

13. 俞可平：《中华人民共和国六十年政治发展的逻辑》，《马克思主义与现实》2010 年第 1 期。

14. 秋石：《大力推进马克思主义中国化、时代化、大众化》，《求是》2009 年第 23 期。

15. 郑德荣：《"三个代表"重要思想在马克思主义中国化进程中的历史地位》，《东北师大学报（哲学社会科学版）》2004 年第 1 期。

16. 刘建武：《科学发展观与马克思主义中国化的新境界》，《中共党史研究》2009 年第 2 期。

17. 陶文昭：《中国特色社会主义的世界眼光》，《学习论坛》2010 年第 8 期。

18. 田心铭：《毛泽东的马克思主义观的核心思想——把马克思主义普遍真理同中国具体实际相结合》，《北京大学学报（哲学社会科学版）》2010 年第 2 期。

19. 李晓勇：《略论毛泽东对于中国革命性质的认识发展过程》，《马克思主义研究》1989 年第 4 期。

20. 朱汉国：《中国共产党关于"革命分两步走"战略思想的探索过程》，《北京师范大学学报（社会科学版）》1994 年第 2 期。

21. 包心鉴：《马克思主义中国化的历史经验和基本规律》，《重庆邮电大学学报（社会科学版）》2007 年第 5 期。

22. 贾忠诚：《蔡和森对形成新民主主义革命理论的贡献》，《毛泽东思想研究》1985 年第 1 期。

23. 肖贵清，胡运锋：《马克思主义中国化的基本经验》，《思想理论教育导刊》2007 年第 1 期。。

24. 杨军：《邓中夏对马克思主义中国化的初步探索及贡献》，《甘肃社会科学》，2009 年第 5 期。

25. 左双文、郑建：《邓中夏对革命统一战线有哪些理论贡献?》，《毛泽东思想研究》1991 年第 4 期。

26. 武志军：《瞿秋白对马克思主义中国化的重要贡献》，《瞿秋白研究论丛》2005 年第 1 期。

27. 柳礼泉：《邓中夏对早期农民运动的理论贡献》，《毛泽东思想研究》1986 年第 1 期。

28. 徐爱玉、张建荣：《瞿秋白与新民主主义革命理论的萌芽》，《浙江社会科学》2006 年第 3 期。

29. 肖贵清：《陈独秀 1923—1925 年政治思想曲折发展的轨迹》，《河北学刊》2000 年第 6 期。

30. 叶孟魁：《瞿秋白论中国革命是世界革命的一部分》，《瞿秋白研究论丛》2000 年第 2—3 期。

31. 赖亦明、曾芳莲：《青年毛泽东"改造中国与世界"思想的历史演进》，《湖北社会科学》2006 年第 12 期。

32. 宋仲福：《关于"中国革命是世界革命的一部分"之认识史的考察》，《西北师大学报（社会科学版）》1986 年第 2 期。

33. 刘德喜：《论毛泽东思想的世界眼光》，《中共中央党校学报》2000 年第 4 期。

34. 王春良：《简论殖民地半殖民地革命的历史范畴——纪念毛泽东同志诞辰九十周年》，《山东师范大学学报（人文社会科学版）》1984 年第 2 期。

35. 孙宏健：《毛泽东对认识近代中国社会性质的历史贡献》，《内蒙古大学学报（人文社会科学版）》2004 年第 5 期。

36. 田克深：《毛泽东对资产阶级共和国方案的批判》，《山东大学学报（哲学社会科学版）》1990 年第 1 期。

37. 董德刚：《科学的马克思主义观研究》，《中共中央党校学报》2005 年第 3 期。

38. 刘建国：《李大钊是马克思主义在中国传播的奠基人》，《社会科学战线》1984 年 2 期。

39. 辛向阳：《科学发展观对马克思主义中国化的深化与拓展》，《当代世界与社会主义》2009 年第 4 期。

40. 葛洪泽：《邓中夏对新民主主义革命理论的历史贡献》，《毛泽东思想研究》1995 年第 1 期。

41. 田克深：《毛泽东对资产阶级共和国方案的批判》，《山东大学学报（哲学社会科学版）》1990 年第 1 期。

42. 陶文昭：《论邓小平的世界眼光》，《贵州社会科学》2012 第 6 期。

43. 张晓东：《时代主题转换与马克思主义中国化的创新历程》，《毛泽东邓小平理论研究》2006 年 12 期。

44. 麻秀荣：《"三个代表"：马克思主义中国化的最新理论成果》，《学习与探索》2003 年第 4 期。

45. 钱凤华、阎治才：《李大钊关于马克思主义同中国实际相结合的思想》，《社会科学战线》2008 年第 12 期。

46. 宋月红：《李大钊在中国高等学校中对马克思主义的传播》，【中国会议】《纪念〈教育史研究〉创刊二十周年论文集（2）——中国教育思想史与人物研究》2009 年 9 月 1 日。

47. 刘先春、吴阳松：《论马克思主义时代化》，《理论学刊》2010 年第 1 期。

48. 明成满：《科学把握时代主题与马克思主义时代化》，《青海社会科学》2011 年第 3 期。

49. 速继明：《时代主题的变迁与马克思主义时代化的内在逻辑》，《思想理论教育》2011 年第 1 期。

50. 李晓：《苏共二十大与毛泽东适合中国国情的社会主义建设道路的探索》，《青海师范大学学报（哲学社会科学版）》2004 年第 5 期。

51. 陈其胜：《中国国情与马克思主义中国化的逻辑联系》，《学习与实践》2010 年第 12 期。

52. 刘显斌：《瞿秋白关于无产阶级领导权的思想》，《东北师大学报》1982 年第 2 期。

53. 文华：《关于马克思主义中国化、时代化、大众化研究综述》，《红旗文稿》2010 年第 23 期。

54. 郭跃军：《论马克思主义时代化的科学内涵和精神实质》，《黑龙江社会科学》2010 年第 5 期。

55. 曹泳鑫：《马克思主义中国化、时代化、大众化的基本内涵和基本要求》，《毛泽东邓小平思想研究》2010 年第 1 期。

56. 雷云：《把握社会主义的普遍性加深对社会主义本质论的认识》，《中国特色社会主义研究》2012 年第 1 期。

57. 王公龙：《十七大报告的世界眼光》，《党政论坛》2008 年第 2 期。

58. 徐崇温：《坚持不懈地推进马克思主义中国化、时代化、大众化》，《学习论坛》2010 年第 4 期。

59. 李爽：《试论推进马克思主义中国化、时代化、大众化》，《党建研究》2010 年第 2 期。

60. 苑申成：《邓小平对马克思主义中国化、时代化和大众化的杰出贡献》，《思想教育研究》2010 年第 8 期。

61. 钱枫、刘其发：《陈独秀对革命领导权问题的认识与实践》，《江汉论坛》1982 年第 5 期。

62. 刘飞涛：《后危机时代的国际政治格局与趋势》，《国际问题研究》2010 年第 3 期。

63. 张伟良：《蔡和森建党思想的形成及其理论渊源》，《清华大学学报（哲学社会科学版）》1992 年第 2 期。

64. 马力、付佩丽：《"三个代表'重要思想是马克思主义中国化的伟大创新》，《中央社会主义学院学报》2003 年第 6 期。

65. 孙进：《论社会主义建设时期毛泽东对马克思主义中国化的探索与贡献》，《扬州大学学报（人文社会科学版）》2009 年第 5 期。

66. 邹谨、唐棣宣：《邓小平对推进马克思主义时代化的贡献》，《中共南昌市委党校学报》2011 年第 2 期。

67. 徐崇温：《毛泽东对适合中国国情的社会主义建设道路的先行探索》，《中共云南省委党校学报》2010 年第 2 期。

68. 郑玉元、王剑民：《邓小平社会主义本质论是科学社会主义理论发展的新阶段》，《贵州工业大学学报（社会科学版）（季刊）》1999 年第 3 期。

69. 刘建武：《科学发展观开创了马克思主义中国化的新境界》，《求索》2008 年第 8 期。

70. 赵刚：《党的三代领导集体核心对马克思主义时代化理论的贡献》，《安阳师范学院学报》2011 年第 6 期。

71. 党忠：《"三个代表'思想是马克思主义中国化的第三个里程碑》，《探索》2002 年第 5 期。

72. 张允熠、郝良华：《陈独秀、李大钊和毛泽东：马克思主义中国化的早期心路历程》，《安徽史学》2000 年第 4 期。

73. 左云青：《科学发展观对马克思主义中国化的新发展》，《长春理工大学学报（高教版）》2010 年第 4 期。

74. 沈浩：《论毛泽东人民民主专政理论对马克思主义无产阶级专政理论的发展》，《前沿》2006 年第 5 期。

75. 凌弓、郭永康：《论毛泽东的国情观对马克思主义中国化的影响》，《前沿》2004 年第 1 期。

76. 陈君聪：《李大钊论中国国情》，《东岳论丛》1984 年第 3 期。

77. 田子渝，于丽：《陈独秀对马克思主义在我国早期传播的杰出贡献》，《湖北大学学报（哲学社会科学版）》2011 年第 4 期。

78. 秦爱民：《李大钊与中国农民运动理论》，《南京政治学院学报》2003 年第 5 期。

79. 欧阳斌：《马克思主义农民问题理论的历史发展》，《长沙理工大学学报（社会科学版）》1995 年第 3 期。

80. 赵旭英：《浅谈陈独秀对广东马克思主义传播的贡献》，《党史文苑》2011 年 8 月下半月。

81. 谭双泉：《邓中夏对新民主主义革命基本思想的贡献》，《求索》1984 年第 4 期。

82. 刘志礼、魏晓文、刘洁：《和谐社会理论的创新与马克思主义中国化》，《西南大学学报（社会科学版）》2008 年第 1 期。

83. 董晓璐、张忠江：《和谐理论是马克思主义中国化学说的光辉成就》，《求索》2008 年第 4 期。

84. 蔡丽华：《和谐社会与和谐世界：马克思主义中国化的典型成果》，《理论学刊》2007 年第 9 期。

85. 曹宏：《论改革开放以来马克思主义中国化的基本经验》，《山东行政学院山东省经济管理干部学院学报》2010 年第 3 期。

86. 徐治彬：《陈独秀在推进马克思主义中国化进程中的贡献、失误及启示》，《黑龙江史志》2010 年第 5 期。

87. 罗玉明，杨明楚：《陈独秀的"二次革命论"探源》，《安徽史学》1991 年第 3 期。

88. 徐建源：《蔡和森同志在建党初期的杰出贡献》，《辽宁大学学报（哲学社会科学版）》1982 年第 1 期。

89. 易永卿：《蔡和森对中国新民主主义革命理论的探索》，《求索》2004 年第 12 期。

90. 刘长军《"时代化"之理论思维》，《哈尔滨市委党校学报》2012 年第 1 期。

91. 谢金辉：《党的先进性建设与马克思主义中国化》，《湖北行政学院学报》2007 年第 S1 期。

92. 马维振：《马克思主义时代化命题的三维解读》，《哈尔滨市委党校学报》2011 年第 1 期。

93. 张建华：《论马克思主义时代化的内涵》，《郑州轻工业学院学报（社会科学版）》2010 年第 3 期。

94. 程卫红：《邓中夏对中国革命的理论探索》，《聊城大学学报（社会科学版）》2003 年第 2 期。

95. 张俊国：《毛泽东对时代主题的认识考量及现实依据》，《胜利油田党校学报》2007

年第 2 期。

96. 田居俭：《坚持人民民主专政是坚持人民民主专政是中共始终不渝的治国方略》，《北京党史》2009 年第 5 期。

97. 沈浩：《论毛泽东人民民主专政理论对马克思主义无产阶级专政理论的发展》，《前沿》2006 年第 5 期。

98. 佘玉花：《瞿秋白对新民主主义革命理论形成的开拓性贡献》，[中国会议]《瞿秋白研究论丛——纪念瞿秋白同志英勇就义 65 周年专集》2000 年 6 月 1 日。

99. 朱文通，李柏良《浅谈李大钊与毛泽东思想的萌芽》，【中国会议】《毛泽东与中国历史文化》1993 年 10 月 1 日。

100. [苏] Б.А.阿列克谢耶夫、А.Д.久津：《关于伟大十月社会主义革命的动力（文献述评）》，姜桂石：译，王玉德：校译，《内蒙古民族师范学院（社会科学汉文版）》1982 年第 2 期。

101. 肖贵清：《陈独秀政治思想研究》，东北师范大学中共党史专业 2004 年博士学位论文。

102. 沈桂红：《李大钊对马克思主义中国化的探索》，中国地质大学马克思主义理论专业 2010 年硕士学位论文。

103. 钟燕：《邓小平对马克思主义时代化的推进》，湖南师范大学中共党史专业 2011 年硕士学位论文。

（三）报纸类参考文献

1. 周恩来：《在全国统战工作会议上的第二次报告记录》，《人民日报》1950 年 4 月 13 日。

2. 邓小平：《中华人民共和国代表团团长邓小平在联大第六届特别会议上的发言》，《人民日报》1974 年 4 月 11 日。

3. 江泽民：《在李大钊诞辰 100 周年纪念大会上的讲话》，《人民日报》1989 年 10 月 29 日。

4. 江泽民：《深入学习邓小平理论——纪念邓小平同志逝世一周年》，《人民日报》1998 年 2 月 19 日。

5. 杨尚昆：《在瞿秋白同志就义五十周年纪念会上的讲话》，《人民日报》1985 年 6 月 19 日。

6. 胡锦涛：《在中央党校举办的"学习江泽民同志关于'四个认识'研讨班"开班式上的讲话》，《人民日报》2000 年 11 月 20 日。

7. 胡锦涛：《大力弘扬求真务实精神大兴求真务实之风　继续深入开展党风廉政建设和

反腐败斗争》,《人民日报》2004 年 1 月 13 日。

8. 胡锦涛:《与时俱进,继往开来,构筑亚非新型伙伴关系——在亚非峰会上的讲话》,《人民日报》2005 年 4 月 23 日。

9. 胡锦涛:《共创上海合作组织更加美好的明天》,《人民日报》2006 年 6 月 16 日。

10. 胡锦涛:《高举中国特色社会主义伟大旗帜,为夺取全面建设小康社会新胜利而奋斗——在中国共产党第十七次全国代表大会上的报告》,《人民日报》2007 年 10 月 25 日。

11. 胡锦涛:《在纪念党的十一届三中全会召开 30 周年大会上的讲话》,《人民日报》2008 年 12 月 19 日。

12. 胡锦涛:《在中国加入世界贸易组织 10 周年高层论坛上的讲话》,《人民日报》2011 年 12 月 12 日。

13. 胡锦涛:《坚定不移沿着中国特色社会主义道路前进 为全面建成小康社会而奋斗》,《人民日报》2012 年 11 月 18 日。

14. 胡锦涛:《在中央外事工作会议上的讲话》,《人民日报》2006 年 8 月 23 日。

15. 温家宝:《全面落实科学发展观 加快建设环境友好型社会》,《人民日报》2006 年 4 月 24 日。

16.《中共中央关于加强党的执政能力建设的决定》,《人民日报》2004 年 9 月 27 日。

17.《中共中央关于构建社会主义和谐社会若干重大问题的决定》,《人民日报》2006 年 10 月 19 日。

18.《中华人民共和国和俄罗斯联邦关于二十一世纪国际秩序的联合声明》,《人民日报》2005 年 7 月 2 日。

19. 杨春贵:《科学对待马克思主义》,《浙江日报》2009 年 2 月 9 日。

(四) 电子类参考文献

1. [EB/OL] http://baike.baidu.com/view/390665.htm。

2. 中国共产党新闻网,[EB/OL] http://dangshi.people.com.cn/GB/151935/176588/176596/10556145.html。

3. [EB/OL] http://baike.baidu.com/view/13727.htm。

4. [EB/OL] http://baike.baidu.com/view/61084.htm。

5. [EB/OL] http://baike.baidu.com/view/34015.htm。

6. 胡锦涛:沿着中国特色社会主义伟大道路奋勇前进,[EB/OL] http://cpc.people.com.cn/n/2012/0723/c64094—18580418—3.html。

后　记

本书是在我的博士后研究报告基础上修改而成的。对中共推进马克思主义时代化的历史进程及其基本经验进行研究、总结和评价，具有重大的理论意义和实践意义。

2010 年，一个偶然的机会使我萌生了到清华从事博士后研究工作的想法，当时，很多朋友、同事、亲属都劝说我：你已经很出色了，不需要再吃那辛苦了。但是，清华园中"大楼"与"大师"相得益彰的非凡气度，深深地感染着我；老师们"厚德载物"、"行胜于言"的学术品格吸引着我、激励着我；这些成为我继续学习的动力。

我由衷地感激清华大学给我创造了继续深造的机会，也十分感谢老师们对我的悉心教诲。

我首先要感谢导师肖贵清教授给予我的指导和关怀。入站前的情景至今仍历历在目。当年，我慕名联系到了肖老师，表达了要师从他的愿望，肖老师没有任何架子，很快就回复了我的邮件，让我好好准备。收到邮件后，尽管当时我还没有成为肖老师的学生，但我已经从肖老师的言语中感受到了鼓舞的力量和师恩的厚重。承蒙恩师不弃，愿意收我为徒，使我能够到清华大学并顺利从事博士后研究工作。

在站期间，无论报告的选题、整体框架构思，还是具体的写作以及课题的申请都凝聚了肖老师的悉心点拨和全力指导。这期间，我参与了肖老师主持的国家社会科学基金重大项目"中国特色社会主义制度研究"、国家社会科学基金重点项目"中国特色社会主义前沿问题研究"和教育部人文社会科学研究专项任务项目（纪念建党九十周年）"毛泽东推进马克思主义中国化、时代化、大众化研究"的研究。主持了2项省级社会科学基金重点项目、1项省教育厅党建研究重大项目和1项北京市"十二五"规划重点课题。在导师的指导下，在《科学社会主义》、《中国特色社会主义研究》和《当代世界与社会主义》等全国中文核心期刊发表6篇论文，1篇被人大复印资料《马克思列宁主义研究》2012年第12期全文转载。同时，还参加了全国第四次"马克思主义在当代中国的运用与发展"学术研讨会，并作会议发言。上述每一篇论文的发表都凝聚了导师的太多心血，每一篇论文都在导师指导下经过几遍的修改，每一次修改都占用了导师大量的业余时间甚至是休息时间。肖老师不仅这样修改我的文章，众多学生的文章他都是一一这样修改的。每当我们从内心流露出愧疚时，肖老师总是安慰我们说："没关系，看到你们的文章发表了，比我自己发表文章还高兴！"大量的时间被学生占用并没有影响肖老师个人的科研成就，正是这种为师为学的人格风范、严谨的治学态度、渊博的学识涵养、深厚的学术底蕴和诲人不倦的精神感召着我们、激励着我们奋力前行。生活中，肖老师也给了我们至亲的关爱，我们常常是排队等肖老师帮助指导、修改论文，经常过了饭时，而每每都是肖老师自掏腰包请我们吃饭，肖老师总是边开玩笑边调侃地跟我们说："我挣得比你们多。"让我们感受到了父母般的关爱。

同时，感谢马克思主义学院的领导和老师们，使我在博士后研究阶段度过愉快的时光；老师们严谨的治学态度、知识的专业性和系统性让我受益匪浅；感谢学院领导和老师们创办的"求真学术沙龙"和"博士后论坛"，为博士后营造了良好的学术氛围，也使我从中获得诸多理论启发，激励着我在学术研究的道路上永不止步。

最后，感谢我的家人对我学业和工作的大力支持。在我忙于写作时，我的姐姐多次长途往返，帮我分担家务；在我生病时又无微不至地照顾我；当我在北京求学时，妹妹和妹夫为我单独准备了住房……。无论用什么语言也难以表达我对爱人和女儿的感激之情，是他们无私的付出和每时每刻的支持与鼓励汇成我前进的动力。愿所有爱我的人和我爱的人永远健康、快乐！

　　在此报告行将付梓之际，谨向资助其出版的北京工业大学表示我诚挚的敬意和谢意！同时，衷心感谢人民出版社的赵圣涛老师以及相关工作人员为该书的出版所付出的宝贵时间和辛勤工作！

　　在研究报告的撰写过程中，国内外专家、学者的著作和文章给予了我深刻的启迪，他们的观点和见解使我受益匪浅。书中引用、借鉴和吸取了前人与当代学者的许多成果，如有未及列出的参考文献，谨表示由衷的感谢和十分的歉意。由于作者理论水平和写作能力有限，书中难免存在观点浅薄等缺失，敬请同行专家、学者和广大读者斧正。

陈淑玲

2015 年 1 月　于北京

责任编辑：赵圣涛
责任校对：吴晓娟
封面设计：肖　辉

图书在版编目（CIP）数据

中共推进马克思主义时代化研究 / 陈洪玲 著 . – 北京：人民出版社，2015.5
ISBN 978 – 7 – 01 – 014737 – 6

I. ①中… 　II. ①陈… 　III. ①马克思主义 – 发展 – 研究 – 中国 　IV. ① D61

中国版本图书馆 CIP 数据核字（2015）第 068207 号

中共推进马克思主义时代化研究
ZHONGGONG TUIJIN MAKESI ZHUYI SHIDAIHUA YANJIU

陈洪玲　著

人民出版社 出版发行
（100706　北京市东城区隆福寺街 99 号）

环球印刷（北京）有限公司印刷　新华书店经销

2015 年 5 月第 1 版　2015 年 5 月北京第 1 次印刷
开本：710 毫米 × 1000 毫米 1/16　印张：26.25
字数：360 千字　印数：0,001 – 4,500 册

ISBN 978 – 7 – 01 – 014737 – 6　定价：60.00 元

邮购地址 100706　北京市东城区隆福寺街 99 号
人民东方图书销售中心　电话：（010）65250042　65289539